在解题探究中发展数学能力

达延俊　著

学苑出版社

在数学教研中实现数学教师的专业发展

在2010年《中学数学教学参考》杂志社主办的高中数学“高效课堂”研讨会上(河北保定),我有幸与本书作者相识,虽然会议相处只有两三天,但对达延俊老师的事业心已留下了深刻的印象。这两年,又先后两次受邀到中央民族大学附中作专题讲座:《专家型教师的成长之路》(面向教师)、《高考压轴题的突破策略》(面向学生),与达老师的相处就更多了,对达老师的了解也更多了。尤其是对他20多年来坚持自我研修、不断超越的事业追求深感敬佩、由衷赞赏!

达老师从丝绸古道、陇上兰州一路走来,曾先后执教于甘肃省农业机械化学校、兰州第十八中学、兰州第一中学和中央民族大学附属中学。无论在哪里,他都是学生欢迎的老师和朋友,他都是教学科研的参与者或有心人。自1999年1月以来,达老师已先后在《数学教学研究》(兰州)、《中学数学》(武汉)、《数学通讯》(武汉)、《数学通报》(北京)等刊物上发表文章60余篇,指导学生发表习作4篇,策划编辑《高中新课程同步优控学案》系列丛书50册。日积月累,已在教学研究和解题活动中升华起了真切的数学感悟,本书所汇集的正是这些感悟的代表。

这本散发着讲台回响和笔墨留香的文集,是达延俊老师20多年教学实践的辛勤总结,是达延俊老师潜心课题研究的心血结晶。那些教学随笔、课堂反思、读刊心得、解题探索虽然算不上鸿篇巨著,但确实凝聚了达老师对教育的点点滴滴求索、对解题的丝丝缕缕求真。

笔者认为,根据教师对教学的认识和把握,可将教师的教学从低到高分为三种境界,每一境界又可以分出两个层次,形成从低到高的三种境界、六个层次:

第一境界是经验型教师:熟悉教学规范,掌握共性化的教学。

——第一层次,从不会教到能教;(初师)

——第二层次,从能教到会教。(知师)

第二境界是技术型教师：驾驭教学规范，产生个性化的教学。

——第三层次，从教知识到教方法；（明师）

——第四层次，从胜任教学到高效教学。（能师）

第三境界是研究型教师：超越教学规范，创造智慧性的教学。

——第五层次，既教书又育人；（良师）

——第六层次，从教的智慧到爱的艺术。（大师）

本书的出版，是迈向第三境界研究型教师的一个标志。其实，教学是一个发现学生、发展学生，发现自我、发展自我的过程，是师生共度的生命历程。教师最基本的工作是教书育人，既教书又育人，并且，教学是一种学术活动，自动包含研究性、创造性。但真正认识到、并在行动中自觉实践的不是很普遍，现实中存在“重教书，轻育人”、“重教学，轻教研”、“重传承，轻创新”的现象。达老师是认识到、并在行动中自觉实践“教学是一种学术活动”的数学教学热心人。

笔者见过很多像达延俊一样的一线教师，他们在平凡的岗位上孜孜以求，把教书与育人结合在一起、把教学与教研结合在一起、把传承与创新结合在一起，他们的教学研究是朴素的、真切的、现实的，且具有成长为专家型教师的广阔前景。笔者想通过为本书作序的方式，向所有这些一线教师表示敬意与支持。

相信这本文集的出版，对促进一线同行的数学交流会起到积极的推动作用，对促进中青年教师的教学成长会起到积极的推动作用，对促进广大学生的数学成熟会起到积极的推动作用。

罗增儒

2013 年 4 月于西安

在教师专业成长的道路上不断超越

看到眼前这本厚厚的关于高中数学教学研究文集的样稿时，我心中有些许感慨，也倍感欣喜！回想2005年11月我调入中央民族大学附中之初，面对的问题很多，但师资薄弱尤为突出，偌大的一个学校，只有一个在编的数学教师，其余都是代课教师，不可思议。2006年元月，高三期末海淀区统考后，文科学生袁境在数学只得100分(满分150)的情况下，能排上区200名。如果数学能加上30分，就能排上区50名而能考上北大。这对近十年没出一个拔尖学生的学校来说，是很大机遇。于是，向中央民族大学鄂书记报告后，挤出大学进京指标，附带解决住房，面向全国选拔学科带头人。全国许多优秀者参与了选拔，但因当时附中的条件、现状、质量及未卜前途和4月要来上班等因素，最终大多数参与者离我而去。兰州老师达延俊，虽没有国家级奖励，省里奖励也不高，但通过课堂试教、专业测试及专家答辩等环节脱颖而出，并始终来意明确，态度坚决，克服困难(我还亲自跑到兰州一中给校长做工作)，调入附中工作。

2006年3月底，达延俊老师加盟附中高三数学教学工作。他勤奋而忘我地工作，面对全体学生因材施教、个别辅导、逐个提高，很好地完成了高三数学教学任务，达到了学校的预期目的。继达老师调入附中之后，一大批京内外优秀教师先后加盟附中，使得我校的师资队伍整体实力得到了极大的提升。附中教师队伍建设卓有成效，这无疑增添了我办好中央民族大学附中的信心。

2006年8月起，根据学校的发展和实际需求，成立了中央民族大学附中教科室，学校聘任达延俊老师为教科室主任，全面主抓学校的教科研工作，同时任教两个班的数学教学工作(其中一个班为实验班)，达老师在这两个岗位上的任职时间已七年有余，其工作业绩得到了大家的认可。

其一，作为一名高中数学教师，达老师非常热爱自己的教学工作。多年来潜心钻研高中数学教学,积累了丰富的教学经验。形成了情境引入、问题主导、启发探究、变式拓展及检测辅导的数学“五步教学”模式,并在实践中取得了优异成绩,如中央民族大学附中 2012 届高三一班高考文科数学平均分为 134 分,140 分以上 15 人,占北京市海淀区该段总人数的 20%,且杨春雪同学高考数学为满分 150 分(北京市仅两人)。

其二,达老师是一个执著于高中数学教学的研究者,并为之投入了大量的时间和心血。他对于教研的执著与勤奋是值得敬佩的!正如罗增儒教授《序言》中所言:“自 1999 年 1 月以来,达老师已先后在《数学教学研究》(兰州)、《中学数学》(武汉)、《数学通讯》(武汉)、《数学月刊》(江苏)及《数学通报》(北京)等刊物上发表文章 60 余篇。日积月累,已在教学研究和解题活动中升华起了真切的数学感悟,本书所汇集的正是这些感悟的代表。”

其三,达延俊老师是一个优秀的教研引领者和管理者。从引领者的角度来说,他开设有《围棋入门》校本选修课,主编了《高中新课程同步优控学案数学选修 1—1》等校本教材;在《数学通报》等国内中等数学类核心刊物上发表论文,在国际数学教育年会上进行了交流发言。2002 年 12 月破格晋升中学高级教师以来,他累计发表论文数十篇,在中学数学同行中有较大影响,尤其对身边青年教师的影响和激励更大。

中央民族大学附中教科室工作从零开始。逐步培养教师们的教研意识,健全教科研制度,开展系列教研活动和课题研究,完成了中央民族大学附中《高中新课程同步优控学案》系列丛书的策划、编辑和出版,编印高考记实文集《在路上》,组织、筹备每年《教育教学工作会》的相关工作,为教师的专业成长搭建了宽广的平台。近年来,教师的论文发表、获奖、校本教材编写、课题申报和立项等成果数量逐年增加,质量也显著提升;学校的教科研氛围也日益浓厚,各年龄段的业务骨干和教科研能手不断涌现,教师队伍建设工作颇有成效。这些工作的开展和成绩的取得,离不开学校教职工的支持与参与,也离不开达老师的精心谋划与组织。

时至今日,达老师在《数学通报》2013 年第 2 期上发表了《一个优美的结论》一文,实现了个人数学教学科研的新的突破,出版个人专著的愿望也成为了现实,作为中央民族大学附中的校长，我为此感到由衷的高兴！从这些生动的课例及教学感悟中，我能感受到他对教研的执著追求和勤思笃行，也能感受到他愿将自己的教学研究所获与同行分享的诚挚心情。

从达老师的成长经历中我们会得到些许启示：智者创造机会、勇者把握机会、弱者丧失机会；情感、态度和水平的正相关才有价值的体现；教学相长，一花独放不是春，百花齐放春满园。一个有目标、有追求的人会不断超越自我，实现新的更大的提升和突破；一个热爱教学、勤于钻研的教师一定能成为学生爱戴的教师！一个人在平凡的岗位上也能作出不平凡的业绩。

愿达老师再接再厉，百尺竿头更进一步，成为一名专家型教师，更好地发挥引领作用。也真诚地希望全体教师在专业成长的道路上不断超越自我，完善自我，在民族基础教育这个宽广的平台上展示风采，实现价值！让我们共同开拓民族基础教育的非凡事业！

田　琳

2013年6月于北京

目 录

第一部分 教学感悟

期望之中，意料之外的一个惊喜！

——杨春雪同学文科高考数学满分的教学感悟

在高考资源网首页网站公告栏中，一条醒目的喜讯如下：祝贺 KS5U 校园通中央民族大学附中 2012 年高考再上台阶。

据 2012 年 6 月 23 日统计，中央民族大学附中 2012 年高考时共有 565 人参考，共有 559 人上了本科线，比例为 99%。其中理科最高分：何芃 690 分（海淀第 22 名），文科最高分：肖冰洁 662 分、王振行 655 分、杨春雪 653 分（海淀第 3、4、5 名）；理科 650 分以上 23 人（海淀 374 人），文科 620 分以上 28 人（海淀 67 人）；文科杨春雪数学 150 分满分。

2012 年北京高考文科数学满分仅有 2 人，理科没有。很荣幸的是杨春雪同学为本人任教的中央民族大学附属中学高三一班学生，现已经被北京大学录取。

杨春雪同学的满分成绩，不仅是她个人的骄傲！也是我个人 21 年高中数学教学生涯的新起点和骄傲！也是中央民族大学附中的骄傲！

高兴之余，静心思考满分的得来不易之过程显得尤为重要。以下结合这一年高考数学文科复习的教学实践，谈一些粗浅的认识，供同行参考。不妥之处，请商榷指正！

一、确定目标

从高二任教我校文科重点班以来至 2012 年高考结束，历时两年。在 2012 年高考中，我所任教的高三一班平均成绩为 134 分，且杨春雪同学获得了满分 150 分的骄人成绩。回想高三复习起始的第一节课，我跟同学们简述了我校 2011 年高考文科数学的优异成绩，并结合班级现状和未来高考试题难易程度提出了如下奋斗目标：确定 2012 年高考文科数学的班级均分目标为 135 分（难易程度与 2011 年相当），单科高分目标 150 分。虽然没有实现班级平均分目标，但在试题较去年难度提高的前提下，获得这样的成绩，的确是令人倍感欣慰的！我的学生们在高考中的出色发挥令我非常满意。

客观地讲，高考满分是可遇不可求的。但作为数学教师，至少我们的心中要敢想，要善于引导学生向高远的目标努力。俗话说，目标越大，实现的可能性就越大。让高远的愿景目标始终成为激励学生勇攀高峰的不竭动力！

二、教学实践

1. 教辅资料的征订和使用

这一轮高考文科数学复习，虽然也定了一轮和二轮复习的相关数学资料，但在教学过程中基本脱离了这些现成的教辅资料，其功能为学生的自学和参考资料。究其原因，主要还是用起来不顺手，总感不如我意的地方较多，所以干脆自己花时间重新设计高三复习教学案，虽然辛苦，但能将自己的教学理念充分体现，且能结合教情、学情灵活掌握教学进度，适度把握重点、难点，做到张弛有度。

2. 五阶段教学实践

这一轮高考文科数学复习的教学实践，紧扣海淀期中、期末、一模、二模及临考冲刺五个环节依次展开，淡化了一轮、二轮复习的界限。针对五个阶段性目标制定教学计划和内容，在夯实基础的同时，适度超前综合，着眼于学生应试技能的早期培养，着眼于学生综合能力的早期培养。紧扣五阶段目标的教学实践，让每个阶段的短期目标尽可能最大化，即力争海淀期中、期末、一模、二模考出好成绩，使学生占据有利位置和心理优势，不断为下一个目标的实现提供正面激励因素。上述四个阶段的目标完成之后，要着重抓好考前冲刺复习，这一阶段的教学重点是重点板块经典题型的回顾梳理和考前 5 天的“每日两题预测”引领，预测试题注意控制难度，力求把握北京高考命题风格。事实说明，这样的尝试在帮助学生度过考前焦虑情绪、消除心理障碍、营造临考氛围方面的作用是积极的。

主要的教学资源为：

(1)借助网络资源，自主命题 50 余套。

(2)加大原创题力度。

原创题两例：

题 1 【中央民族大学附中零模 20】

设$\{a_n\}$为数列，$\{n_k\}$为正整数集N_+的无限子集，且$n_1<n_2<\cdots<n_k<\cdots$，则数列$a_{n_1},a_{n_2},\cdots,a_{n_k},\cdots$称为数列$\{a_n\}$的一个子列，简记为$\{a_{n_k}\}$. 数列$\{a_n\}$去掉无限项后得到的子列，称为$\{a_n\}$的非平凡子列.

（Ⅰ）数列$\{a_n\}$本身是否是$\{a_n\}$的一个子列，并说明理由；

（Ⅱ）已知数列$\{a_n\}$的前n项和为$S_n=2^n$，$n=1,2,\cdots$，试判断数列$\{a_{2k}\}$($k\in N_+$)是否为$\{a_n\}$一个非平凡子列. 若是，求其前k项和T_k；若不是，请说明理由；

（Ⅲ）在数列$\{a_n\}$中去掉某项后是否可得一个新的等比数列$\{b_n\}$，若存在，试写出b_n与a_n的关系式；若不存在，请说明理由.

题 2 【中央民族大学附中三模 20】

若数列A_n：$a_1,a_2,\cdots,a_n$($n\geqslant 3$)满足$a_{n+1}+a_n=\frac{4}{3^{n+1}}$，则称$A_n$为$D$数列. 记$S(A_n)=a_1+a_2+\cdots+a_n$.

（Ⅰ）若$a_1=1$，写出一个D数列A_5；

（Ⅱ）是否存在非零实数a_1，使得D数列A_n为等比数列. 若存在，求D数列A_n的通项公式；若不存在，请说明理由；

（Ⅲ）（ⅰ）对于给定的偶数n_0，证明：$S(A_{n_0})$是与a_1无关的常数；

（ⅱ）当$n\geqslant 3$时，$S(A_n)<\frac{1}{2}$恒成立，求a_1的取值范围.

专家供题一例（罗增儒教授）：

题目 已知函数$f(x)=a^x$($a>0,a\neq 1$)与$g(x)=x^2$的图象在公共点处的切线重合.

（Ⅰ）求a的值；

（Ⅱ）求公共点处的切线方程；

（Ⅲ）对（Ⅰ）中求出的a值作函数$F(x)=f(x)-g(x)$($x\in \mathbf{R}$)，试问$F(x)$是否有极值（极小值或极大值）.（$e\approx 2.7182$，$\ln 2\approx 0.6931$）

三、一切皆有可能

表 1：杨春雪同学的成绩分析

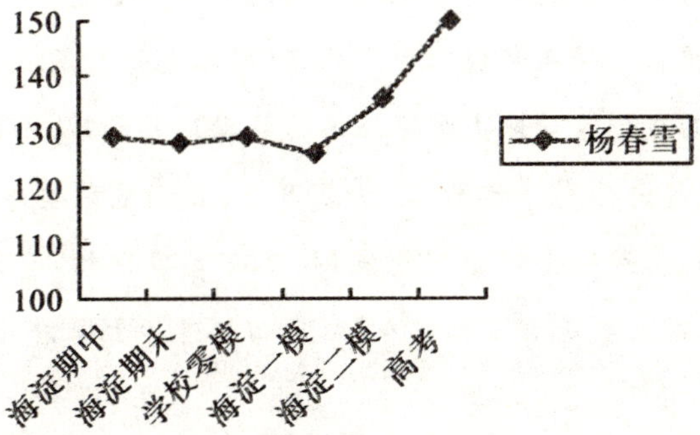

海淀期中	海淀期末	学校零模	海淀一模	海淀二模	2012 高考
129	128	129	126	136	150

从上表中不难看出，杨春雪同学本年度海淀期中、期末、学校零模、海淀一模的数学成绩均低于 130 分，海淀二模略有提高，达到 136 分，但还没有完全发挥自己的水平。作为杨春雪同学的数学教师，我深知她是全班学习最用功的学生之一，可为什么连续多次考试成绩都不太理想，其主要原因就是会而不对失误多。因此，我经常跟她说的话就是："老师相信你，只要减少失误就一定能有好的结果，对此要有足够信心！"

从这个前低后仰的折线图可以看出，杨春雪同学的 2012 高考发挥到了极致，堪称完美！这样的个案也许对我们同行的数学教学会有些许裨益。还是让我们听听杨春雪同学这一年的数学学习感悟吧！

重觅幽香——高中数学学习心得

中央民族大学附中 2012 届高三一班　杨春雪

今年高考中得到数学满分，这对我来说是一个惊喜。从开始的基础薄弱与不自信到后来高考时的从容与淡定，老师的辛勤教导与鼓励、同学的热心帮助以及不断超越自我的勇气是我成长道路上的不竭动力。而今，我记下在数学学习过程中的一些收获，将此作为这一阶段的总结。

基础=时间？

在我看来，数学不是题做得越多就越好，而是要合理分配时间。我常常在新课知识点，例题以及老师布置的习题上花的时间比较多。首先要学厚，透彻掌握老师讲的知识点(尽量将扩充的也掌握)，视野广了，思路也较开阔。另外，多读读课本，分析概念，能够帮助我们主动地去学习而不是被动地接受，从而能够比同时被动学习的同学多一些兴趣与体会。然后，在总复习时，我们应该要学薄，在心中大致清楚有哪几块的知识，形成一个网状知识点图(不一定要很细，有大致的概念)，从而在考试看到题时知道大致是哪个知识点，然后回忆老师上课讲的重点方法，往往成为难题的突破口。

与之相比，我花在整理错题集的时间较少。刚开始，我将错的每一道题都另外写在一个本子上，但是上高三后，我就明显发现这么整理有些力不从心了。一方面，整理错题要花很多时间。另一方面，看着厚厚的错题本，反而有种惧怕的心理。结果是事倍功半，我有段时间就很手忙脚乱。后来，我调整了一下记错题的方法，每次都将自己错的知识点写下，而不是局限在某一道题，一道题可能只写一句话，如果后面有类似的错误，就在后面画正字。在高考前，我的错题本不到十页，但是都是自己比较容易犯错的地方，所以收益也比较大。

最后一题

我将老师讲过的最后一题都记在了错题本上，记得比较细致，并且时不时翻看。在课余的时候，我并没有专门抽出时间去课外加餐最后一题，因为这题比较有“运气”。因此我高考前并没有把这题当重点，只是记下了老师后来讲的每一道最后一题(最好归类一下，看看一般怎么出)，对于自己当时做这道题没想通的地方要重视，可以在老师讲过之后将答案蒙上再做一遍，看看有哪些地方会堵住思维。温故而知新，会有很多的收获。

心态

在高三的数学学习过程中，我感觉对我影响最大的是心态。记得有一次考了118分，就是因为我一直执著于选择题的最后一题，光选择题就做了50分钟，后面自然没时间去认真做了，接下来的几次考试都不理想，我想拿高分，结果却往往事与愿违。后来达老师就一直强调我们要避免失误，将会做的都做对，求全对，避免眼高手低。我之后争强好胜的心理就慢慢减下去了，分数也逐渐地长了起来。

高考进行时

考试时的状态对考试结果影响很大。在高考前一段日子，我选择轻装上阵，每天做达老师写的一道题练手，就没有多花时间了。在考数学前的晚上，我将错题本又看了一遍，加深一下记忆(看了大约20分钟)。在去考场的路上，我进行了一个心理假设。我首先想到我经常出错的一些地方，比如：写填空题答案的格式，均值不等式的等号验证等。然后假设自己已经考了一次数学了，并且由于自己的粗心，考的特别低。然后又想接下来有一次机会要你再来考一次数学，你会怎么样呢？那么我就应该要仔细，要避免低级错误。之后，进考场了，我就比较平静，特别珍惜这次高考的机会，精力比较集中。

另外，我在高考时做的比较顺手，除了最后一道大题，其余的只做了50分钟，后来就花了40分钟做最后一题。刚开始看最后一问也没有思路，我就想起达老师说过的第二问和第三问有联系，首先大胆地猜想最大值就是第二问中的1，然后想到选修中讲的证明方法以及平时做题时用的方法，最后就采用了反证法。之后继续检查了30分钟，检查出一个5分的错误(填空题最后一个)。

兴趣

我刚上高二的时候数学不算好，当时的感受是觉得不想去钻一些题，在课后作业中遇到难题也不想去做，其实后来想想花的时间也不少。接下来，我首先在做课后作业时就比较注重独立思考，即使计算很复杂也算下去，平时做作业也错的不少，促使我在课上认真听老师讲题的逻辑和切入点。后来我是这样想的，即使遇见再难再复杂的题，达老师也能做出来并且用高中知识给我们讲解。因而，我遇见难题的时候也多了一分自信和兴趣，尽管时常做不出来，但是在做不出来的过程中也锻炼了自己的逻辑思维能力。

并且后来上课做题的速度和准确度也提高了，我就可以利用多出来的时间看数学书和整理错题，反而时间用的少了，越学越轻松。

整个学习过程中，我是痛并快乐着。有时候，因为考试失误、心态不好以及遇见高原期等，成绩会一直下滑，这个时候我往往会怀疑自己，这个过程是痛苦的。然而，我现在来看，我应该要感谢那个过程。它教会我更从容面对考试，磨掉了一些锐气，让我更能静下心来。前途是光明的，道路是曲折的。这个学习过程的价值不仅体现在分数上，更加磨砺了意志。

感谢达老师在学习和心态上的教导。

2012我关于高考案例的总结就到此为止了。数学教学的探究永不止步，愿这些点滴感悟对大家有所裨益，将万分欣慰！

注：本文获“海淀区高三教育教学专项研究活动”教学成果二等奖，2013.01.

角色转变让课堂充满生机

内容提要

本文呈现给大家的是一次高中数学习题讲评课的部分实录，课堂进程并没有按教师的课前预设按部就班地进行. 事实上因教师的一个习惯性设问，即“同学们！关于这道题老师就点评到这里，看大家对此是否有不同的看法？”而“打乱”了原有的计划，教学“偏离”了预定的轨道，师生角色发生了转变. 正因如此，学生参与课堂教学的激情被点燃，学生的思维被激活，师生之间的交流更为真切、流畅，课堂教学更加富有勃勃生机.

一、背景

Ⅰ. 授课时间：2011 年 3 月 23 日星期三上午 8:00 ～ 8:45.

Ⅱ. 授课地点：中央民族大学附中高二一班教室.

Ⅲ. 学情分析：全班 59 人，系文科实验班，学生的基础较好，对数学学习的兴趣较为浓厚，具有一定的合作探究意识.

Ⅳ. 教学预设重点说明：

本周教学进入单元复习，为 3 月份月考做准备. 本次月考考查内容涉及推理与证明、数系的扩充、导数及圆锥曲线的相关知识，因此上节课结束时布置了一道抛物线的综合问题供学生课后练习. 题目为：“MN 为抛物线 $C: y^2 = 2px(p > 0)$ 垂直于 x 轴的动弦，F 为焦点，H 为准线与 x 轴的交点，直线 MH 与 NF 交于点 A. 求证：点 A 恒在抛物线 C 上.”

从作业批阅的情况可以看出，学生完成本题的整体情况是不错的. 同学们主要利用的方法是设出点 M、N 的坐标，结合点 F、H 的坐标分别得到直线 MH、NF 的斜率，然后确定直线 MH、NF 的方程，进而求得点 A 的坐标，再代入抛物线方程 $y^2 = 2px$ 验证，从而证明“点 A 恒在抛物线 C 上”这一结论.

存在的主要问题是:在利用上述解法的过程中,同学们普遍忽略了对直线 NF 垂直于 x 轴时,斜率不存在这一特殊情形的讨论.

基于这种情况,我将作业讲评确定为本节课的主题.重点之一是就上述解答存在的疏漏予以纠正,警示上述解法中的易错点,减少此类失误发生的频率,提升应用分类与整合思想解决数学问题的意识,逐步培养学生的思维深刻性;重点之二是补充向量解法,因为从优化解题过程、减少解题失误的角度考虑,在三点共线的背景下,恰当利用向量共线的充要条件探求坐标关系,可以有效地避开因直线斜率不存在而导致的解题失误,亦可适当减少运算量,达到优化解题过程的目的,逐步提升学生应用向量的工具性意识.

二、课堂片段

(一) 教师主导

作业题:如图 1－1,MN 为抛物线 $C: y^2 = 2px(p > 0)$ 垂直于 x 轴的动弦,F 为焦点,H 为准线与 x 轴的交点,直线 MH 与 NF 交于点 A.

求证:点 A 恒在抛物线 C 上.

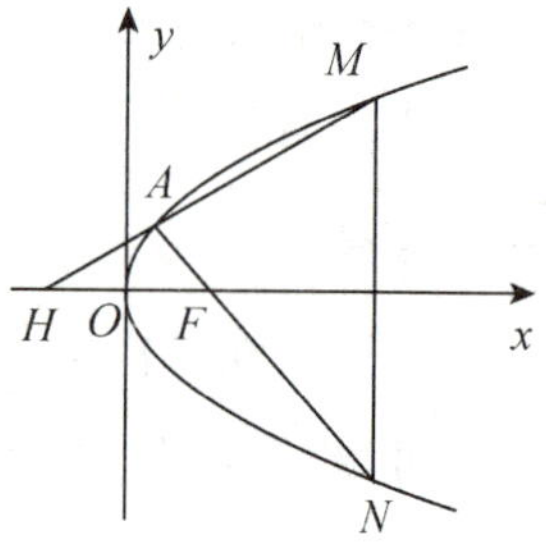

图 1－1

师:批阅了部分同学的作业,可以看出昨天的作业大多数同学完成的不错,但也普遍存在一些问题和失误.这节课就本次作业中暴露的问题首先进行评析,希望同学们予以高度重视,及时纠正解题失误,不断提高分析问题、解决问题的能力.

本次作业解答中存在的主要问题之一是:在利用上述解法的过程中,同学们普遍忽略了对直线 NF 垂直于 x 轴时,斜率不存在这一特殊情形的讨论,对此要予以补充.

事实上,当 NF 垂直于 x 轴时,直线 MH 与 NF 的交点 A 即为 M,显然点 A 在抛物线 C 上(如图 1－2).

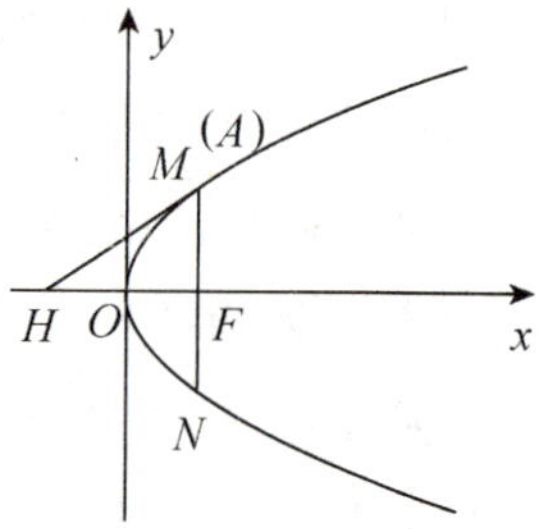

图 1－2

师:上述问题的存在,突出说明了在利用直线方程研究圆锥曲线的相关问题时,同学们极易忽略直线的斜率不存在的特殊情形，对此要予以高度重视. 有效的解决对策是优先考虑特殊情形，进而探究一般情形. 按照这样的途径解答此类问题是符合认知规律的，也能在应试中增加有效得分点，尤其对存在性或探究性问题的分析解答显得更为重要.

师：存在的主要问题之二是解法较为单一. 在三点共线的背景下，对利用向量共线的充要条件探求坐标关系的解法及其优点(不需按斜率存在与否分类讨论)缺乏足够的认识. 反映出同学们在解题时“想得少，算得多”，规避失误因素和优选解题方法的意识比较淡薄. 今后要努力提高这方面的能力，力求达到“多想少算”的境界.

以下补充向量求解点 A 坐标的具体过程，板书如下：

解：依题知 $F\left(\frac{p}{2},0\right)$，$H\left(-\frac{p}{2},0\right)$，设 $M\left(\frac{t^2}{2p},t\right)$，$N\left(\frac{t^2}{2p},-t\right)(t\neq 0)$，$MH$ 与 NF 的交点 $A(x_A,y_A)$，

则 $\overrightarrow{HA}=\left(x_A+\frac{p}{2},y_A\right)$，$\overrightarrow{HM}=\left(\frac{t^2+p^2}{2p},t\right)$，

$\overrightarrow{FA}=\left(x_A-\frac{p}{2},y_A\right)$，$\overrightarrow{FN}=\left(\frac{t^2-p^2}{2p},-t\right)$，

由 $\overrightarrow{HA}\parallel\overrightarrow{HM}$，$\overrightarrow{FA}\parallel\overrightarrow{FN}$，得

$$\left(x_A+\frac{p}{2}\right)t=\left(\frac{t^2+p^2}{2p}\right)y_A \qquad ①$$

$$-t\left(x_A-\frac{p}{2}\right)=\left(\frac{t^2-p^2}{2p}\right)y_A \qquad ②$$

消去 y_A，得

$-\left(x_A+\frac{p}{2}\right)(t^2-p^2)=\left(x_A-\frac{p}{2}\right)(t^2+p^2)$，

解得，$x_A=\frac{p^3}{2t^2}$，将其代入 ①，得 $y_A=\frac{p^2}{t}$，

又 $2px_A=2p\times\frac{p^3}{2t^2}=\frac{p^4}{t^2}=\left(\frac{p^2}{t}\right)^2=y_A^2$，

所以，点 $A(x_A,y_A)$ 在抛物线 $y^2=2px(p>0)$ 上.

点评：至此，关于这道作业题的讲评行将结束，按课前预设准备进行另外两个

有关推理与证明的不等式试题的随堂测试与评析.但是,一句习惯性的问话改变了这节课的进程,由此带来的些许意外、喜悦、收获或感悟是我之前没有想到的……

(二) 转变角色

师:同学们!关于这道题老师就点评到这里,看大家对此是否有不同的看法(一石激起千层浪).

生 1:我是用直线方程的两点式的变式求解的.

师:具体说一下.

生 1:就是把直线的两点式方程取分母变形后建立两直线的方程,然后求 A 点坐标再证明.

师:很好!大家明白了吗?

有些同学积极应答,但有部分同学露出了困惑的目光.

师:看大家的表情似乎还有些疑惑,下面我把直线方程的两点式的变式写一下,然后再分析.

板书如下:

$$\frac{y-y_1}{y_2-y_1}=\frac{x-x_1}{x_2-x_1},\text{则}(x_2-x_1)(y-y_1)=(y_2-y_1)(x-x_1) \qquad ③$$

师:上述变形中所需的条件是什么?方程 ③ 有何特点?

许多学生:分母不为零,……

师:(板书)$y_2 \neq y_1, x_2 \neq x_1$.

两点式方程不能表示平行(重合)于坐标轴的直线,方程 ③ 与两点式方程并不等价,它可以表示平面直角坐标系内的任意一条直线,实质是直线方程一般式的另一种形式.那么生 1 利用方程 ③ 有何好处?

部分学生:不需要分类讨论了.

师:很好!已知多点条件建立直线方程时,利用 ③ 式可以有效避开因直线的斜率存在与否而进行的分类讨论,对此同学们要予以认识和理解.

此时,课堂气氛渐趋活跃,有些同学在悄声议论,也有几个同学在举手,也有部分同学在力推生 2 发言,这种场景在平日是不多见的,看来同学们是真的有话要说!

生 2:我是分别设出直线 MH 和 NF 的方程及其与抛物线的交点来求解的.

师:你说得具体一点(教师板书).

生 2:设直线 MH 的方程为 $y=k\left(x+\frac{p}{2}\right)(k\neq 0)$,且与抛物线的交点为 $B(x_B,y_B)$,$M(x_1,y_1)$,由$\begin{cases}y^2=2px,\\ y=k\left(x+\frac{p}{2}\right).\end{cases}$消去 x 并整理,得 $ky^2-2py+kp^2=0$,

则由韦达定理知 $y_By_1=p^2$ ④

另设直线 NF 的方程为 $y=k'\left(x-\frac{p}{2}\right)(k'\neq 0)$,且与抛物线的交点为 $D(x_D,y_D)$,$N(x_1,-y_1)$,

由$\begin{cases}y^2=2px,\\ y=k'\left(x-\frac{p}{2}\right).\end{cases}$消去 x 并整理,得 $k'y^2-2py-k'p^2=0$,

则由韦达定理知 $-y_1y_D=-p^2$ ⑤

由此可以判断点 $A(x_A,y_A)$ 在抛物线 $y^2=2px(p>0)$ 上.

至此,有些同学并没有完全理解.

师补充如下:比较 ④⑤ 得,$y_D=y_B$,由此易得 $x_D=x_B$,即直线 MH 与 NF 分别和抛物线的交点 B 与 D 重合,亦即 MH 与 NF 的交点在抛物线上.

所以,点 $A(x_A,y_A)$ 在抛物线 $y^2=2px(p>0)$ 上.

众生:噉!……

此时,教室里响起了热烈的掌声,这掌声是不由自主的、发自内心的真诚的鼓励!生 2 露出了羞怯而又自豪的微笑. 同学们兴趣盎然,掌声不息. 置身于此情此景,我被学生们的精彩表现和热情深深感动了!充满生机的课堂才能创造奇迹!才能带给我们无尽的快乐!

师:刚才生 2 的解法其实就是我们在几何证明中通常所说的"同一法",无疑生 2 给我们提供了利用"同一法" 分析解决解析几何相关问题的具体案例. 对此,希望大家予以重视,以便灵活应用"同一法" 解决相关问题.

精彩还在继续……

生 3:利用方程 $x=my+n$ 也可以.

师:很好!此时利用方程 $x=my+n$ 非常恰当,且有效地避开了分类讨论.同学们课后试做一下.

具体解答可参考下述方案进行:

设直线 MH 的方程为 $x=my-\frac{p}{2}$,NF 的方程为 $x=ny+\frac{p}{2}$ 则

由 $\begin{cases} x=my-\frac{p}{2}, \\ x=ny+\frac{p}{2}. \end{cases}$ 得 $x_A=\frac{(m+n)p}{2(m-n)}$,$y_A=\frac{p}{m-n}$,即 $A\left(\frac{(m+n)p}{2(m-n)},\frac{p}{m-n}\right)$,

又 $M(x_1,y_1)$,$N(x_1,-y_1)$ 两点分别在直线 $x=my-\frac{p}{2}$ 和 $x=ny+\frac{p}{2}$ 上,

则 $\begin{cases} x_1=my_1-\frac{p}{2}, \\ x_1=-ny_1+\frac{p}{2}. \end{cases}$ 解得 $x_1=\frac{(m-n)p}{2(m+n)}$,$y_1=\frac{p}{m+n}$,

由 $M(x_1,y_1)$ 在抛物线 $y^2=2px(p>0)$ 上得,$\left(\frac{p}{m+n}\right)^2=2p\cdot\frac{(m-n)p}{2(m+n)}$,

化简,得 $m^2-n^2=1$,

所以,$2px_A=2p\times\frac{(m+n)p}{2(m-n)}=\frac{(m+n)p^2}{m-n}=\frac{(m^2-n^2)p^2}{(m-n)^2}=\frac{p^2}{(m-n)^2}$,

又因为 $y_A^2=\left(\frac{p}{m-n}\right)^2$,由此得 $y_A^2=2px_A$,

所以,点 $A(x_A,y_A)$ 在抛物线 $y^2=2px(p>0)$ 上.

如此充满生机的课堂氛围深深感染了我,我完全变成了这节课的配角.有这么棒的演员(学生),我甘当配角!

离下课的时间不多了,同学们意犹未尽,用期待的目光看着我,等待我呈现更精彩的结尾.

我的思维瞬间被大家的热情激活了,我想到了平日里说得较多的"解几问题平几化的策略",请同学们和我一起试试看.

以下是我在课堂上和学生一起探讨得到的解法(我唱主角):

如图1－3，连接MF，NH，过A，M分别向抛物线的准线做垂线，对应的垂足为B，D，依题知，$NH=HM$，$MF=FN=MD$，

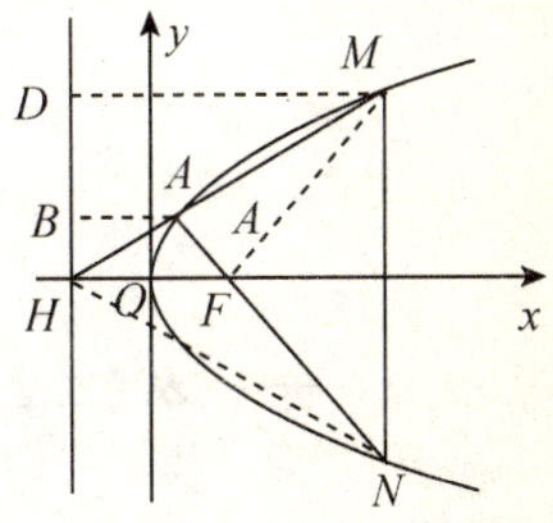

图1－3

因为$\angle AHF=\angle NHF$，所以由三角形的内角平分线性质可得

$$\frac{HA}{HN}=\frac{AF}{FN}=\frac{AF}{FM}=\frac{AF}{MD},$$

又因为$AB /\!/ MD$，所以由平行线分线段成比例定理得，

$\frac{HA}{HM}=\frac{AB}{MD}$，又因为$NH=HM$，

所以$\frac{AF}{MD}=\frac{AB}{MD}\Rightarrow AF=AB$，

故根据抛物线的定义知，点A必在抛物线C上.

众生：噢！……

掌声经久不息.

下课了，我在学生的簇拥下、追问中不舍地离开了教室.

这一节没有按课前预设按部就班进行的习题讲评课，带给我的是久违的感动！无尽的思考！执著的追求！我深信，数学课堂教学一样能充满生机，带给我们快乐和收获！

让我们用心来设计一节课，让我们用适合的方法来组织一节课，让我们用灵活机智的手段来调控一节课，让我们把真情融入一节课！我们就有理由相信，课堂必将会带给我们更多的收获、惊喜和感动！我们的数学课堂教学也必将充满生机！越来越异彩纷呈！

我较为满意的一节课

——从《2.2.3 用平面向量坐标表示向量共线条件》的教学谈起

背景

Ⅰ.授课时间:2009 年 12 月 23 日星期三上午 8:00 ~ 8:45

Ⅱ.授课地点:中央民族大学附中高一八班教室

Ⅲ.学情分析:全班 57 人,通过自主招生考试选拔的优秀少数民族应届初中毕业生,学生来自全国 20 多个省区,差异较大.总体来看,近四分之三的学生基础较好,有近五分之一的学生基础较差,正常教学时间内消化知识有困难,需课后跟踪辅导.

Ⅳ.学案设计说明:

从 2009 ~ 2010 学年第一学期起,中央民族大学附中高一数学备课组扎实推进集体备课,不断探索《五步学案教学法》.学案设计以《人教 B 版数学必修 4》教材为蓝本,在充分整合教材的基础上,学案设计着重体现以下三个重要特点,即在教学引入环节上注重情境创设;在习题选择上坚持面向全体学生,注重基础,适度提高的原则;作业设计中充分地整合了教材练习题与习题,课后不再布置教材上的题目,突出选择性,避免随意性,切实减轻学生作业负担,提高教学效率.

Ⅴ.授课学案:(略)

当这节课结束离开教室的时候,我的心情十分愉快!回想今天的课堂,一些“意外”的场景浮现在我的眼前,学生的精彩表现令我意外之余又倍添感动!随即产生了关于这节课的一些感悟,以下力求将这些真切的感悟呈现给大家,希望与大家分享!

一、问题被暴露令我满意

首先，在【问题导入】的起始环节，我向学生提问："平行向量基本定理是什么?"

平行向量基本定理：如果 $\boldsymbol{a}=\lambda\boldsymbol{b}$，则 $\boldsymbol{a}\parallel\boldsymbol{b}$；反之，如果 $\boldsymbol{a}\parallel\boldsymbol{b}$，且 $\boldsymbol{b}\neq\boldsymbol{0}$，则一定存在唯一一个实数 λ，使 $\boldsymbol{a}=\lambda\boldsymbol{b}$.

暴露问题 1：学生对定理中"$\boldsymbol{b}\neq\boldsymbol{0}$"的条件认识不够清楚，表述时被忽视.

解决对策：通过举反例加深学生对该问题的理解和认识程度，提高对数学问题认识的深刻性. 如 $\boldsymbol{a}=(1,2)$，$\boldsymbol{b}=(0,0)$，显然有 $\boldsymbol{a}\parallel\boldsymbol{b}$ 成立，但并不存在实数 λ，使 $\boldsymbol{a}=\lambda\boldsymbol{b}$ 成立，因为对任意实数 λ，都有 $\lambda\boldsymbol{b}=\boldsymbol{0}$.

接着在【新知探究】环节中，我向学生提问："(1) 如果向量 $\boldsymbol{a}=(1,2)$，$\boldsymbol{b}=(3,6)$，那么 $\boldsymbol{a}$ 与 $\boldsymbol{b}$ 平行吗?它们的坐标之间有何关系?"

通过对平行向量基本定理的复习，绝大多数学生较为快捷地发现了 $\boldsymbol{b}=3\boldsymbol{a}$ 或 $\boldsymbol{a}=\frac{1}{3}\boldsymbol{b}$ 的关系，从而作出 $\boldsymbol{a}\parallel\boldsymbol{b}$ 的正确判断. 对于"它们的坐标之间有何关系?"这一问题，我启发学生从多个角度积极思考问题，很快就有同学举手，我先后请甲、乙、丙三位同学发表了自己的看法，他们关于这两个平行向量坐标关系的描述如下：

甲：坐标的比值相等，即 $\frac{1}{3}=\frac{2}{6}$；

乙：$1\times6=2\times3$.

暴露问题 2："坐标的比值相等"的语言表述不准确.

解决对策：提示学生注意坐标的对应关系，把握问题细节，提高准确应用数学语言表述的能力，培养严谨的思维品质. 将"坐标的比值相等"的描述纠正为：向量 $\boldsymbol{a}$ 与 $\boldsymbol{b}$ 的对应坐标成比例.

针对"(2) 一般而言，若选择基底 $\{\boldsymbol{e}_1,\boldsymbol{e}_2\}$，如果向量 $\boldsymbol{a}=(x_1,y_1)$，$\boldsymbol{b}=(x_2,y_2)$，则当 $\boldsymbol{a}\parallel\boldsymbol{b}$ 时，它们的坐标之间有何关系?"这一问题，我启发学生从特殊与一般的辩证关系入手，推测此时的坐标关系，就此问题，有三位同学分别给出了如下结论：

① $\frac{x_1}{y_1}=\frac{x_2}{y_2}$；② $\frac{x_1}{x_2}=\frac{y_1}{y_2}$；③$x_1y_2=x_2y_1$.

暴露问题3：忽视了(x_1,y_1)，(x_2,y_2)中的坐标有零时，①或②就可能不成立，充分说明解决综合问题时学生分类与整合意识的欠缺，考虑问题欠周密、思维欠严谨.

解决对策：举例说明(x_1,y_1)，(x_2,y_2)中的坐标有零时，(1)、(2)、(3)是否成立.

若$\boldsymbol{a}=(1,2)$，$\boldsymbol{b}=(0,0)$时，①、②不成立，③成立；

若$\boldsymbol{a}=(1,0)$，$\boldsymbol{b}=(2,0)$时，①、②仍不成立，③成立；

若$\boldsymbol{a}=(0,1)$，$\boldsymbol{b}=(0,2)$时，②仍不成立，①、③成立.

借此设问：在以上三个关系式中，用哪个描述$\boldsymbol{a}\parallel\boldsymbol{b}$时的坐标关系最为恰当？

此时，大多数学生都能做出正确的判断，即用“$x_1y_2=x_2y_1$”描述$\boldsymbol{a}\parallel\boldsymbol{b}$时的坐标关系最为恰当.

感悟之一：当教学进行至此时，跟我先前的预设已完全不同了. 教学设计之初并未想在此展开探究，因为这一节内容相对比较简单，本想简明地告诉学生结论，将重点放在结论的证明和应用上. 但当学生的问题暴露后，我临时调整了教学对策，试图通过创设情境、有效启发、合作探究、反思质疑的过程，让学生感悟知识的生成过程，获得成功的心理体验，感受自主学习的乐趣. 这一节课的教学实践说明，这样的临时调整是有效的，相比教师把结论直接告诉学生的线性模式来讲，让学生通过自主探究、反思质疑等亲历知识的生成过程而获得的认识要真切得多！

在如何证明“$x_1y_2=x_2y_1$”的问题中，有一位同学在黑板上写出如下证明过程，即

证明：$\because\boldsymbol{a}\parallel\boldsymbol{b}$，$\therefore\boldsymbol{a}=\lambda\boldsymbol{b}$，则$(x_1,y_1)=\lambda(x_2,y_2)=(\lambda x_2,\lambda y_2)$，

$\therefore x_1=\lambda x_2$，$y_1=\lambda y_2$，$\lambda=\frac{x_1}{x_2}$，$\lambda=\frac{y_1}{y_2}$，即$\frac{x_1}{x_2}=\frac{y_1}{y_2}$，所以$x_1y_2=x_2y_1$.

暴露问题4：再次暴露了学生对定理中“$\boldsymbol{b}\neq 0$”的条件极易忽视的不争事实和分类与整合意识的欠缺.

解决对策：提高分类与整合意识.

感悟之二：从“$\boldsymbol{b}\neq\boldsymbol{0}$”的条件极易被忽视的不争事实来看，充分说明学生中存

在的一些片面认识错误的顽固性，纠正这些偏差不可能一蹴而就，教师在教学中要经常、耐心、反复地加以强调，使学生的认识不断经过螺旋式的上升过程，逐步解决那些顽固的认识偏差和错误.

暴露问题 5：由“$\therefore x_1=\lambda x_2, y_1=\lambda y_2, \lambda=\frac{x_1}{x_2}, \lambda=\frac{y_1}{y_2}$，即$\frac{x_1}{x_2}=\frac{y_1}{y_2}$”的进程可以看出，学生在进行同除变形时，没有考虑分母不等于零的重要条件，这一点对学生来说是一个重要的“疏漏源”，同时学生对“两边同乘以某数(或式)”数学解题方法掌握得还不够熟练，应用还欠自如. 另一方面也说明学生在思考解决问题时，带有明显的定式思维的倾向，表现为分析解决具体问题时解法单一；解题受阻时不会变通，不能另辟蹊径求得问题突破.

解决对策：避开除法运算，减少失误因素，同时利用“两边同乘以某数(或式)”数学解题方法构造两个方程，根据等量关系的传递性获得问题的解决，并说明结果对于“$\boldsymbol{b}=\mathbf{0}$”的情形仍成立.

二、颇感“意外”的解题方法令我满意

在【应用例析】的教学环节中，我想重点谈一下关于“例 3”的教学体会.

例 3　在直角坐标系 xOy 内，已知 $A(-2,-3)$，$B(0,1)$，$C(2,5)$.

求证：A,B,C 三点共线.

教学预想：利用共线向量的坐标表示“$x_1y_2=x_2y_1$”，达到巩固所学知识的目的.

教学片段：将这个问题呈现给学生的时候，我首先让学生们独立思考，寻求解决问题的对策. 在这个环节中，我没有给学生任何限制性的提示，如“利用今天所学的知识如何解决这一问题”等.

不一会儿，罗杨同学发言：“可设直线 AB 的关系式为 $y=kx+b$，将 $A(-2,-3)$，$B(0,1)$ 代入 $y=kx+b$ 求得 k,b，然后验证 $C(2,5)$ 满足所求关系式就行了”.

听了罗杨同学的解法，同学们颇感意外，我也有同感. 随即我简要地做了点评：“罗杨同学能够结合一次函数的知识有效地解决了本问题，值得大家学习！”

接着金冠宇同学发言：“设$\overrightarrow{OA}$…”，刚听到这里，我心里暗自琢磨：“设$\overrightarrow{OA}$ 有什

么用呢?”接着继续听他说:“设$\overrightarrow{OA}=\lambda\overrightarrow{OB}+\mu\overrightarrow{OC}$,然后证明$\lambda+\mu=1$就行了”.听到这里,大多数学生都面露诧异和不解之色,我也深感意外!意外的是我根本没有想过这样来解决问题,但我的学生想到了.

紧接着,我在黑板上板书了如下过程:

设$\overrightarrow{OA}=\lambda\overrightarrow{OB}+\mu\overrightarrow{OC}$,则

$(-2,-3)=\lambda(0,1)+\mu(2,5)=(2\mu,\lambda+5\mu)$,

$\therefore 2\mu=-2,\lambda+5\mu=-3$,解得$\mu=-1,\lambda=2$,

所以$\lambda+\mu=1$,根据直线的向量参数方程式$\overrightarrow{OA}=(1-t)\overrightarrow{OB}+t\overrightarrow{OC}$可知,$A,B,C$三点共线.

至此,学生们豁然开朗,我不由得慢慢鼓掌,同学们的掌声也瞬间爆发出来!

三、独立解决“难题”令我满意

在本节课【课堂练习】中,我选取了四道高考选择题,前三道题属容易题,重在考查学生对本节课所学基础知识的掌握情况.第四题题目如下:

设两个向量$\boldsymbol{a}=(\lambda+2,\lambda^2-\cos^2\alpha)$和$\boldsymbol{b}=\left(m,\dfrac{m}{2}+\sin\alpha\right)$,其中$\lambda,m,\alpha$为实数.若$\boldsymbol{a}=2\boldsymbol{b}$,则$\dfrac{\lambda}{m}$的取值范围是(　　)

A. $[-6,1]$　　B. $[4,8]$　　C. $(-6,1]$　　D. $[-1,6]$

本题属选择题中的把关题,具有较强的综合性,旨在为学有余力的学生提供一个展示自我的平台.令人欣慰的是在5分钟时间里李伯妍和周郑颐两位同学都给出了正确的解答,这真的令我感到有些意外!意外之余也由衷地感到喜悦!以下简述其解答:

解1(李伯妍):设$\dfrac{\lambda}{m}=t$,则$\lambda=mt$,

又$\because\boldsymbol{a}=2\boldsymbol{b}$,

$$\therefore\begin{cases}mt+2=2m, & ①\\ m^2t^2-\cos^2\alpha=m+2\sin\alpha, & ②\end{cases}$$

由②得$m^2t^2-1+\sin^2\alpha=m+2\sin\alpha$,

$\therefore\sin^2\alpha-2\sin\alpha+1=m-m^2t^2+2$,$\therefore(\sin\alpha-1)^2=m-m^2t^2+2$,

又 $\because -1 \leqslant \sin\alpha \leqslant 1$，$\therefore 0 \leqslant (\sin\alpha - 1)^2 \leqslant 4$，则

$0 \leqslant m - m^2t^2 + 2 \leqslant 4$， ③

由 ① 得 $m = \dfrac{2}{2-t}$，将其代入 ③ 中，得 $0 \leqslant \dfrac{2}{2-t} - \dfrac{4t^2}{(2-t)^2} + 2 \leqslant 4$，

解得 $-6 \leqslant t \leqslant 1$，

即 $\dfrac{\lambda}{m}$ 的取值范围是 $[-6,1]$.故选 A.

解 2(周郑颐)：由 $\boldsymbol{a} = 2\boldsymbol{b}$，得 $\begin{cases} \lambda + 2 = 2m & ① \\ \lambda^2 - \cos^2\alpha = m + 2\sin\alpha & ② \end{cases}$，消去 m 得

$2\lambda^2 - \lambda - 2 = 2\cos^2\alpha + 4\sin\alpha$

$= 2 - 2\sin^2\alpha + 4\sin\alpha = -2(\sin\alpha - 1)^2 + 4$，

$\because \alpha \in \mathbf{R}$，$\therefore -4 \leqslant -2(\sin\alpha - 1)^2 + 4 \leqslant 4$，即 $-4 \leqslant 2\lambda^2 - \lambda - 2 \leqslant 4$，

解得 $-\dfrac{3}{2} \leqslant \lambda \leqslant 2$，$\therefore \dfrac{1}{4} \leqslant m \leqslant 2$，

设 $y = \dfrac{\lambda}{m} = \dfrac{2m-2}{m} = 2 - \dfrac{2}{m}$，则此函数在 $[\dfrac{1}{4}, 2]$ 上是增函数，所以

$y_{\max} = 1$，$y_{\min} = -6$，即 $\dfrac{\lambda}{m}$ 的取值范围是 $[-6,1]$. 故选 A.

点评：以上两位同学的解答思路清晰，目标明确，均很好地把握了函数与方程、转换与化归等数学思想的本质. 本题是以向量共线为背景设计的选择题，具有较强的综合性和较高的难度，是选择题中的把关题. 关键之处在于面对三个参数和坐标的多元呈现方式，同学们有时不知从何入手，找到有效的解题切入点. 解答本题涉及的数学方法主要有消元法、代入法、配方法、换元法及参数分离法等，考查的数学思想主要有转换与化归思想和函数与方程思想.

以上是我关于这节课的点滴所思和真切感悟，把它真实地呈现给大家，希望和同行分享！

我们有理由相信，给学生足够的思考空间和时间，他们常常带给我们许多意外的惊喜和感动！让我们为课堂倾注心血和爱，去捕捉惊喜和感动！让我们的课堂教学越来越异彩纷呈.

最近发展区理论指导下的解题教学

——从一类数列的通项公式谈起

最近发展区理论是由苏联教育家维果茨基提出来的.维果茨基的研究表明:教育对儿童的发展能起到主导作用和促进作用,但需要确定儿童发展的两种水平:一种是已经达到的发展水平;另一种是儿童可能达到的发展水平,表现为"儿童还不能独立地完成任务,但在成人的帮助下,在集体活动中,通过模仿,却能够完成这些任务".这两种水平之间的距离,就是"最近发展区".把握"最近发展区",能加速学生的发展.

在高中数学解题教学中,如何有效地利用最近发展区理论指导学生解题,是值得我们深思的课题.我认为在高中数学解题教学中,面对一些学生难以独立完成的所谓难题,教师如何从学生已有的认知基础入手,精心设计不同层次的问题,有效地转换化归为学生熟悉的问题而加以解决的过程就是在解题教学中对最近发展区理论的正确理解和把握.以下通过具体实例加以阐述.

题目 已知数列$\{a_n\}$满足$a_1=2$,$a_{n+1}=\dfrac{3a_n-2}{2a_n-1}$,求数列$\{a_n\}$的通项公式.

试题概述:本题属于递推数列的问题,源于教材,高于教材,属于较难题.

教材案例:如果$a_4=\dfrac{1}{8}$,$a_n=\dfrac{a_{n-1}}{2a_{n-1}+1}(n\geqslant 2)$,猜想它的通项公式(2005年5月第一版,人教社《数学必修5B》P33练习B3).

学生的认知基础:在上述试题的教学过程中,在学生完成数列通项公式的猜想后,教师提出"试求数列$\{a_n\}$的通项公式"的问题是基于学生最近发展区的有效设问,通过引导学生进行"倒数"变形,进而转化成等差数列的问题来处理,是学生不难达到的认知基础.即

$$\frac{1}{a_n}=\frac{2a_{n-1}+1}{a_{n-1}}=2+\frac{1}{a_{n-1}}\Leftrightarrow\frac{1}{a_n}-\frac{1}{a_{n-1}}=2.$$

引例1 已知数列$\{a_n\}$满足$a_1=2$,$a_{n+1}-a_n+a_{n+1}a_n=0$,求数列$\{a_n\}$的通项公式.

引例2 已知数列$\{a_n\}$满足$a_1=2$,$a_{n+1}=\dfrac{a_n}{2a_n+1}$,求数列$\{a_n\}$的通项公式.

分析:$a_{n+1}=\dfrac{3a_n-2}{2a_n-1}$可变为$2a_na_{n+1}-a_{n+1}=3a_n-2$,即$2a_na_{n+1}=a_{n+1}+3a_n-2$,

$$\begin{aligned}设\ 2(a_n-t)(a_{n+1}-t)&=a_{n+1}+3a_n-2-2ta_{n+1}-2ta_n+2t^2\\&=(1-2t)(a_{n+1}-t)+(3-2t)(a_n-t)+2t^2-2-2t^2\\&\quad+t-2t^2+3t\\&=(1-2t)(a_{n+1}-t)+(3-2t)(a_n-t)-2t^2+4t-2,\end{aligned}$$

令$-2t^2+4t-2=0$,解得$t=1$,

即$2(a_n-1)(a_{n+1}-1)=-(a_{n+1}-1)+(a_n-1)$,

两边同时除以$(a_n-1)(a_{n+1}-1)$,得$\dfrac{-(a_{n+1}-1)+(a_n-1)}{(a_n-1)(a_{n+1}-1)}=2$,

所以,$\dfrac{1}{a_{n+1}-1}-\dfrac{1}{a_n-1}=2$,

故数列$\left\{\dfrac{1}{a_n-1}\right\}$是以2为公差,以1为首项的等差数列.

所以$\dfrac{1}{a_n-1}=1+(n-1)\times 2=2n-1\Rightarrow a_n=1+\dfrac{1}{2n-1}=\dfrac{2n}{2n-1}$.

另有:$a_{n+1}=\dfrac{3a_n-2}{2a_n-1}=\dfrac{\frac{3}{2}(2a_n-1)-\frac{1}{2}}{2a_n-1}=\dfrac{3}{2}-\dfrac{1}{2(2a_n-1)}$,

所以$2a_{n+1}=3-\dfrac{1}{2a_n-1}\Leftrightarrow 2a_{n+1}-2=1-\dfrac{1}{2a_n-1}\Leftrightarrow 2(a_{n+1}-1)=\dfrac{2a_n-1-1}{2a_n-1}$

$$\Leftrightarrow a_{n+1}-1=\frac{a_n-1}{2a_n-1},$$

又$a_n-1\neq 0$,所以$\Leftrightarrow\dfrac{1}{a_{n+1}-1}=\dfrac{2a_n-1}{a_n-1}=\dfrac{2a_n-2+1}{a_n-1}=2+\dfrac{1}{a_n-1}$,

即$\dfrac{1}{a_{n+1}-1}-\dfrac{1}{a_n-1}=2$.

目前高中数学教学中普遍存在的两个“欠缺”

笔者认为目前高中数学教学中普遍存在着两个“欠缺”，一方面对提高学生的运算能力强调得多，但欠缺对算法原理的分析和具体落实，教学实际中教与学两方面均存在不足；另一方面在培养学生形成数学思想方法的过程中，从宏观的理论层面上讲得多，欠缺在具体应用中的微观指导. 本文拟从“知切点如何求圆锥曲线的切线斜率?”这一问题入手，探索解决两个“欠缺”的有效途径，供大家参考.

问题 已知 $P(x_0,y_0)(y_0\neq 0)$ 为椭圆 $\dfrac{x^2}{a^2}+\dfrac{y^2}{b^2}=1(a>b>0)$ 上一点，直线 l 过点 P 且与该椭圆相切. 求切线 l 的斜率.

知切点如何求圆锥曲线的切线斜率?通常较为简捷的方法是导数法，但导数法涉及隐函数的求导法则，就此而言脱离了高中数学教学的实际. 结合教学实际，可以有以下解法：

解法 1:(方程法) 设切线 l 的斜率为 k，则其方程为 $y-y_0=k(x-x_0)$，

联立方程组 $\begin{cases}\dfrac{x^2}{a^2}+\dfrac{y^2}{b^2}=1,\\ y-y_0=k(x-x_0).\end{cases}$ 消去 y，得

$$(b^2+a^2k^2)x^2+(2a^2ky_0-2a^2k^2x_0)x+a^2k^2x_0^2-2a^2kx_0y_0+a^2y_0^2-a^2b^2=0,$$

依题知，$2x_0=\dfrac{2a^2k^2x_0-2a^2ky_0}{b^2+a^2k^2}$， ①

$$x_0^2=\frac{a^2k^2x_0^2-2a^2kx_0y_0+a^2y_0^2-a^2b^2}{b^2+a^2k^2}, \quad ②$$

① ÷ ② 得，$\dfrac{1}{x_0}=\dfrac{a^2k^2x_0^2-a^2ky_0}{a^2k^2x_0^2-2a^2kx_0y_0+a^2y_0^2-a^2b^2}$，整理得 $k=\dfrac{y_0^2-b^2}{x_0y_0}$，

又 $\because \dfrac{x_0^2}{a^2}+\dfrac{y_0^2}{b^2}=1$，$\therefore y_0^2-b^2=-\dfrac{b^2}{a^2}x_0^2$，

由以上两式可得

$k=\frac{y_0^2-b^2}{x_0y_0}=-\frac{b^2}{a^2}x_0^2\times\frac{1}{x_0y_0}=-\frac{b^2}{a^2}\cdot\frac{x_0}{y_0}$，即 $k=-\frac{b^2}{a^2}\cdot\frac{x_0}{y_0}$.

评析：符号化是数学的重要特征，它具有高度的抽象性．以符号语言为载体的相关内容符合当前高考数学科考试能力立意的命题要求．成功解决这类问题对学生的能力要求较高，首先要求学生具有良好的心理品质，即不畏难、不急躁、有毅力、有信心；其次要求学生具有扎实的运算能力，即认真细致、算法简捷、表述清晰、一次成功．这些能力的形成并非一蹴而就，更多的需要我们广大一线数学教师在教学实践中从注重学生心理品质的培养、注重算法的合理性与简捷性、课堂教学的引领示范及具体落实举措等方面深入探究和实践．

解法 2：(极限法) 设 $Q(x_1,y_1)$ 是椭圆上异于 P 的任意一点，则 $\begin{cases}\frac{x_1^2}{a^2}+\frac{y_1^2}{b^2}=1, & ③\\ \frac{x_0^2}{a^2}+\frac{y_0^2}{b^2}=1. & ④\end{cases}$

③ − ④ 得，$\frac{x_1^2-x_0^2}{a^2}+\frac{y_1^2-y_0^2}{b^2}=0$，

当 $x_1\neq x_0$，$y_1+y_0\neq 0$ 时，由上式可得 $\frac{y_1-y_0}{x_1-x_0}=-\frac{b^2(x_1+x_0)}{a^2(y_1+y_0)}$，

即 $k_{PQ}=\frac{y_1-y_0}{x_1-x_0}=-\frac{b^2(x_1+x_0)}{a^2(y_1+y_0)}$，

当点 Q 沿该椭圆无限地趋近于点 P 时，$x_1\to x_0$，$y_1\to y_0$，此时

$k_{PQ}\to-\frac{b^2}{a^2}\cdot\frac{x_0}{y_0}$，

根据曲线在一点的切线的定义知，割线 PQ 的极限位置即为曲线在该点的切线，故过点 P 且与该椭圆相切的直线 l 的斜率为 $k=-\frac{b^2}{a^2}\cdot\frac{x_0}{y_0}$.

评析：显然解法 2 更为简捷，简捷之处在于避开了诸如解法 1 中消去 y 整理方程的复杂过程，从而有效地减少了致误因素，提高了解题的准确性，而其中涉及的方法也是解决圆锥曲线问题中常用的点差法，对此学生是易于理解和掌握的．之所以有这样简捷高效的解答，归功于极限思想的恰当应用．在数学教学中，如何更为有效地捕捉住这些转瞬即逝的“亮点”，在形成数学思想方法的优先意识方面给予学生更多、更具体的微观指导是值得我们认真研究的一项重要课题．

记一次难忘的辅导课

2007年10月29日星期一高二六班

例1 若圆 $x^2+y^2+x-6y+c=0$ 与直线 $x+2y-3=0$ 的两个交点分别为 P、Q，O 为坐标原点，当 $OP\perp OQ$ 时，求 c 的值.

解1:联立方程组 $\begin{cases}x^2+y^2+x-6y+c=0,\\x+2y-3=0.\end{cases}$ 消去 x，得

$5y^2-20y+12+c=0$，

设 $P(x_1,y_1)$，$Q(x_2,y_2)$，由韦达定理得 $y_1y_2=\dfrac{12+c}{5}$，

同理消去 y，得

$5x^2-10x-27+4c=0$，由韦达定理得 $x_1x_2=\dfrac{4c-27}{5}$，

当 $OP\perp OQ$ 时，则 $\overrightarrow{OP}\cdot\overrightarrow{OQ}=0$，

$\therefore(x_1,y_1)\cdot(x_2,y_2)=0$，即 $x_1x_2+y_1y_2=0$，

$\therefore\dfrac{4c-27}{5}+\dfrac{12+c}{5}=0$，解得 $c=3$.（熊永畅同学提供）

解2:联立方程组 $\begin{cases}x^2+y^2+x-6y+c=0,\\x+2y-3=0.\end{cases}$ 消去 x，得

$5y^2-20y+12+c=0$，

设 $P(x_1,y_1)$，$Q(x_2,y_2)$，由韦达定理得

$y_1+y_2=4$，$y_1y_2=\dfrac{12+c}{5}$，

又 $x_1x_2=(3-2y_1)(3-2y_2)=9-6(y_1+y_2)+4y_1y_2$

$=-15+4y_1y_2$，

$\therefore x_1x_2+y_1y_2=-15+5y_1y_2=-15+12+c=c-3$.

当 $OP \perp OQ$ 时，则$\overrightarrow{OP} \cdot \overrightarrow{OQ} = 0$，

$\therefore (x_1, y_1) \cdot (x_2, y_2) = 0$，即 $x_1x_2 + y_1y_2 = 0$，

$\therefore c - 3 = 0$，解得 $c = 3$.（教师点评补充）

解 3：由 $x^2 + y^2 + x - 6y + c = 0$ 得

$\left(x + \frac{1}{2}\right)^2 + (y - 3)^2 = \frac{37}{4} - c$，即圆心 $D\left(-\frac{1}{2}, 3\right)$，半径为 $r = \frac{\sqrt{37 - 4c}}{2}$.

圆心 D 到直线 $x + 2y - 3 = 0$ 的距离 $|DE| = \frac{\left|-\frac{1}{2} + 2 \times 3 - 3\right|}{\sqrt{1^2 + 2^2}} = \frac{\sqrt{5}}{2}$，

直线 DE 的斜率 $k = 2$，则其方程为 $y - 3 = 2\left(x + \frac{1}{2}\right)$，即 $2x - y + 4 = 0$.

解方程组 $\begin{cases} x + 2y - 3 = 0 \\ 2x - y + 4 = 0 \end{cases}$ 得点 E 坐标为 $(-1, 2)$，则 $|EO| = \sqrt{5}$，

又 $\because OP \perp OQ$，$\therefore |EO| = |EP|$，在 $\mathrm{Rt}\triangle DEP$ 中，$|DP|^2 = |DE|^2 + |EP|^2$，

$\therefore |DP|^2 = \left(\frac{\sqrt{5}}{2}\right)^2 + (\sqrt{5})^2 = \frac{25}{4}$，

$\therefore \left(\frac{\sqrt{37 - 4c}}{2}\right)^2 = \frac{25}{4}$，解得 $c = 3$.（王潇同学提供）

点评：以上解法充分体现了数形结合思想在解决直线与圆相关问题中的重要性，将平面几何与解析几何有机结合，另辟蹊径，使解答通俗明了，简捷流畅.

解 4：如图 1－4，依题设以 QP 为直径的圆的方程为 $x^2 + y^2 + Sx + Ty = 0$，

$\therefore$ 圆 $x^2 + y^2 + x - 6y + c = 0$ 与圆 $x^2 + y^2 + Sx + Ty = 0$ 的公共弦方程为

$$(1 - S)x - (6 + T)y + c = 0, \quad ①$$

直线 DE 的斜率 $k = 2$，则其方程为

$y - 3 = 2\left(x + \frac{1}{2}\right)$，即 $2x - y + 4 = 0$.

解方程组 $\begin{cases} x + 2y - 3 = 0 \\ 2x - y + 4 = 0 \end{cases}$ 得点 E 坐标为 $(-1, 2)$，则

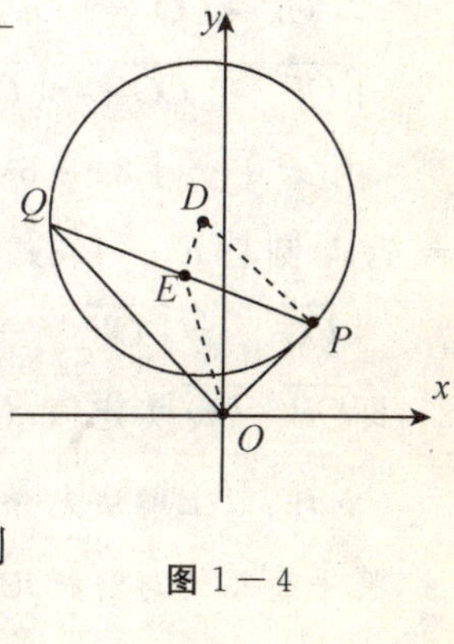

图 1－4

$S=2, T=-4$,

将其代入方程 ① 得 $-x-2y+c=0$,又两圆的公共弦方程亦为 $x+2y-3=0$,

$\therefore c=3$.(万镭同学提供思路)

点评:以上解法巧设以 QP 为直径的圆的方程,进而利用了相交两圆的公共弦方程的特点待定系数求解.视角独特,构造灵活恰当,不落俗套,使人耳目一新.

例 2 已知圆 $x^2+y^2+8x-6y+21=0$ 与直线 $y=mx$ 交于 P、Q 两点,O 为坐标原点.

求证:$\overrightarrow{OP}\cdot\overrightarrow{OQ}$ 为定值.

解 1:联立方程组 $\begin{cases}x^2+y^2+8x-6y+21=0,\\ y=mx.\end{cases}$ 消去 y,得

$(1+m^2)x^2+(8-6m)x+21=0$,

设 $P(x_1,y_1)$,$Q(x_2,y_2)$,由韦达定理得

$x_1+x_2=\dfrac{6m-8}{1+m^2}, x_1x_2=\dfrac{21}{1+m^2}$.

又 $\overrightarrow{OP}\cdot\overrightarrow{OQ}=(x_1,y_1)\cdot(x_2,y_2)=x_1x_2+y_1y_2$,

$y_1y_2=m^2x_1x_2$,

$\therefore x_1x_2+y_1y_2=(1+m^2)x_1x_2=(1+m^2)\dfrac{21}{1+m^2}=21$.

即 $\overrightarrow{OP}\cdot\overrightarrow{OQ}$ 为定值.(向五洲同学提供)

解 2:如图 1-5,$\because \overrightarrow{OP}$ 与 $\overrightarrow{OQ}$ 同向,

$\therefore \overrightarrow{OP}\cdot\overrightarrow{OQ}=|\overrightarrow{OP}|\cdot|\overrightarrow{OQ}|$,由切割线定理得

$|\overrightarrow{OP}|\cdot|\overrightarrow{OQ}|=|\overrightarrow{OC}|^2$,

由 $x^2+y^2+8x-6y+21=0$,得 $(x+4)^2+(y-3)^2=4$,$\therefore$ 圆心 $E(-4,3)$,半径 $|EC|=2$.

$|\overrightarrow{OC}|^2=|\overrightarrow{OE}|^2-|\overrightarrow{EC}|^2=[(-4)^2+3^2]-4=21$,即 $\overrightarrow{OP}\cdot\overrightarrow{OQ}$ 为定值.(龚继文同学提供)

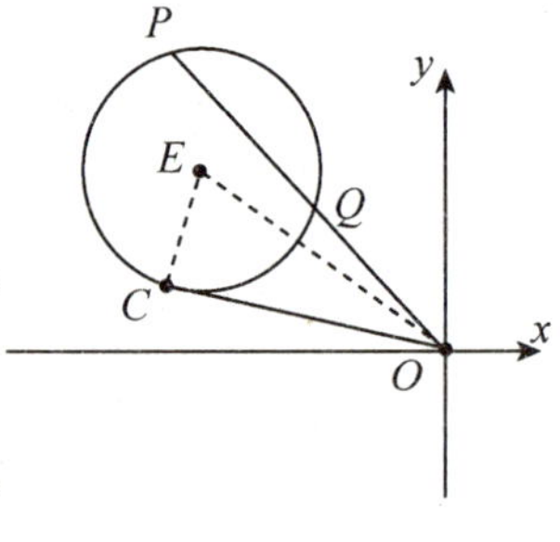

图 1-5

点评:以上解法充分体现了数形结合思想在解决直线与圆相关问题中的重要性,将平面几何与解析几何有机结合,另辟蹊径,超凡脱俗.

例 3 已知 $P(3,4)$ 为圆 $O: x^2+y^2=64$ 内一定点,圆周上有两个动点 A、B,恒有 $\overrightarrow{PA}\cdot\overrightarrow{PB}=0$,求弦 AB 中点 M 的轨迹方程.

解 1: 如图 1-6 设 $M(x,y)$,连接 OM、OA、MP,则在 $\mathrm{Rt}\triangle AMO$ 中,$|MA|^2=|OA|^2+|OM|^2$,又 $|MA|=|MP|$,

$\therefore |MP|^2=|OA|^2+|OM|^2$,即

$(x-3)^2+(y-4)^2=64-(x^2+y^2)$,整理得

$x^2+y^2-3x-4y-\dfrac{39}{2}=0$.

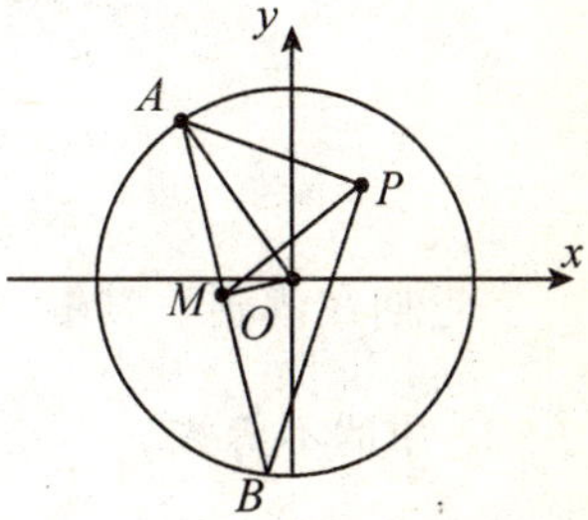

图 1-6

解 2: 如图 1-7 设 $M(x,y)$,连接 OM 并延长交圆于 E、F 两点,则由相交弦定理得

$|AM||BM|=|EM||MF|$,即 $|MP|^2=|EM||MF|$,

$\therefore (x-3)^2+(y-4)^2=(r-|OM|)(r+|OM|)$

$=r^2-|OM|^2=64-(x^2+y^2)$,

整理得 $x^2+y^2-3x-4y-\dfrac{39}{2}=0$.(杨瀚文同学提供)

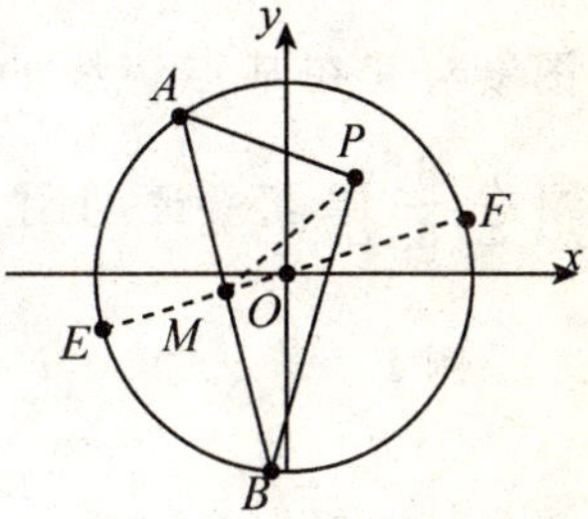

图 1-7

点评:以上解法将平面几何与解析几何有机结合,另辟蹊径,使解答通俗明了,简捷流畅.

一类不等式证明题的高等背景

近期在读刊学习中，几道不等式证明题引起了我的思考，也有些许困惑. 诸如文[1]中的不等式“$\frac{1}{1+x^3}\leqslant -\frac{768}{4225}x+\frac{4325}{4225}$①”是如何想到的?对于不同的问题，结果又将如何?带着这些疑问，笔者进行了认真思考和探究. 联想到函数的局部图象与其在某点切线位置常常有恒定不变的“高低”关系，这种关系的代数化就是不等关系，也是“以直代曲”的重要思想方法的体现.

由此猜想，不等式①所反映的正是函数“$f(x)=\frac{1}{1+x^3}, x\in(0,1)$”的局部图象与其在某点切线的位置关系，联系取最值时的条件进一步推测切点为“$\left(\frac{1}{4},\frac{64}{65}\right)$”，经验证，上述猜想完全正确，具体如下：

例 1 若 $x_i>0, i=1,2,3,4$，且 $\sum_{i=1}^{4}x_i=1$，则 $\frac{1}{1+x_1^3}+\frac{1}{1+x_2^3}+\frac{1}{1+x_3^3}+\frac{1}{1+x_4^3}\leqslant\frac{256}{65}$[1].

分析：设 $f(x)=\frac{1}{1+x^3}, x\in(0,1), f'(x)=\frac{-3x^2}{(1+x^3)^2}$,

$f'\left(\frac{1}{4}\right)=-\frac{768}{4225}, f\left(\frac{1}{4}\right)=\frac{64}{65}$,

函数 $f(x)$ 的图象在点 $\left(\frac{1}{4},\frac{64}{65}\right)$ 处的切线方程为 $y-\frac{64}{65}=-\frac{768}{4225}\left(x-\frac{1}{4}\right)$,

即 $y=-\frac{768}{4225}x+\frac{4325}{4225}$.

注意到 $\frac{1}{1+x^3}\leqslant-\frac{768}{4225}x+\frac{4325}{4225}$.（证明见文[1]）

再看以下几例：

例 2 若 $x_i>0, i=1,2,3$,且 $\sum_{i=1}^{3}x_i=1$,则 $\frac{1}{1+x_1^2}+\frac{1}{1+x_2^2}+\frac{1}{1+x_3^2}\leqslant\frac{27}{10}$[2].

分析:设 $f(x)=\frac{1}{1+x^2}, x\in(0,1)$ $f'(x)=\frac{-2x}{(1+x^2)^2}$,

$f'\left(\frac{1}{3}\right)=-\frac{27}{50}, f\left(\frac{1}{3}\right)=\frac{9}{10}$,

函数 $f(x)$ 的图象在点 $\left(\frac{1}{3},\frac{9}{10}\right)$ 处的切线方程为 $y-\frac{9}{10}=-\frac{27}{50}\left(x-\frac{1}{3}\right)$,

即 $y=-\frac{27}{50}x+\frac{27}{25}$.

注意到 $\frac{1}{1+x^2}\leqslant-\frac{27}{50}x+\frac{27}{25}$②.(读者可自证)

例 3 若 $a,b,c,d\in\mathbf{R}^+$,则 $\frac{1}{(1+a^2)^2}+\frac{1}{(1+b^2)^2}+\frac{1}{(1+c^2)^2}+\frac{1}{(1+d^2)^2}\leqslant\frac{824}{289}$[3] $\left(\text{原题中“}\frac{824}{289}\text{”应改为“}\frac{1024}{289}\text{”}\right)$.

分析:设 $f(x)=\frac{1}{(1+x^2)^2}, x\in(0,1)$ $f'(x)=\frac{-2(1+x^2)2x}{(1+x^2)^4}=\frac{-4x}{(1+x^2)^3}$,

$f'\left(\frac{1}{4}\right)=-\frac{4096}{4913}, f\left(\frac{1}{4}\right)=\frac{256}{289}$,

函数 $f(x)$ 的图象在点 $\left(\frac{1}{4},\frac{256}{289}\right)$ 处的切线方程为 $y-\frac{256}{289}=-\frac{4096}{4913}\left(x-\frac{1}{4}\right)$,

即 $y=-\frac{4096}{4913}x+\frac{5376}{4913}$.

注意到 $\frac{1}{(1+x^2)^2}\leqslant-\frac{4096}{4913}x+\frac{5376}{4913}$③.(证明见文[3])

例 4 若 $x,y,z,\in\mathbf{R}^+, x+y+z=1$,求证:$\frac{1}{1+x+x^2}+\frac{1}{1+y+y^2}+\frac{1}{1+z+z^2}\geqslant\frac{27}{13}$[4].

分析:设 $f(x)=\frac{1}{1+x+x^2}, x\in(0,1)$ 则 $f'(x)=\frac{-2x+1}{(1+x+x^2)^2}$,

$f'\left(\frac{1}{3}\right)=\frac{27}{169}, f\left(\frac{1}{3}\right)=\frac{9}{13}$,

函数 $f(x)$ 的图象在点 $\left(\frac{1}{3},\frac{9}{13}\right)$ 处的切线方程为 $y-\frac{9}{13}=\frac{27}{169}\left(x-\frac{1}{3}\right)$，

即 $y=\frac{27}{169}x+\frac{108}{169}$，

注意到 $f(x)\geqslant\frac{27}{169}x+\frac{108}{169}$④.（证明见文[4]）

综上所述，上述不等式证明中的难点无疑是不等式"①、②、③、④"的发现.追根溯源，它们有一个共同的内在规律，即"以直代曲"，将函数问题转化为其切线问题的高等数学的统一背景.抓住这一点，先前的困惑就自然解决了，也会使读者更好理解这些不等式的证明方法，更有利于将所学知识真正内化为自己所有.

以下提供一道试题，请读者自行证明：

题目:若 $x_i>0,i=1,2,3,4,5$，且 $\sum\limits_{i=1}^{5}x_i=1$，则 $\sum\limits_{i=1}^{5}\frac{1}{1+x_i^4}\leqslant\frac{3125}{626}$.

参考文献

[1] 田彦武.一个不等式的推广及猜想[J].中学数学，2007，02.

[2] 佟成军.一个不等式的再质疑与另证[J].数学通讯，2005，21.

[3] 陈宝安，安振平.一个四元分式不等式[J].中学数学，2007，07.

[4] 张延卫.数学问题解答2045[J].数学通报，2012，02.

没有“定值”条件就不能用均值不等式求最值吗?

近日,给学生布置了如下这道试题:

题目1 如图1－8,一铁棒欲通过如图所示的直角走廊,试回答下列问题:

(1) 求棒长 L 关于 α 的函数关系式 $L(\alpha)$;

(2) 求能通过直角走廊铁棒的长度的最大值.

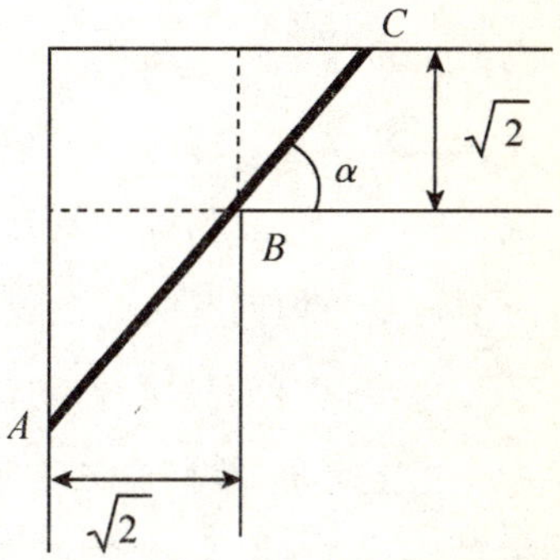

图1－8

分析:(1) 关于第一问,简解如下:

$AB=\frac{\sqrt{2}}{\cos\alpha}, BC=\frac{\sqrt{2}}{\sin\alpha}$,

$L(\alpha)=AC=AB+BC$

$=\frac{\sqrt{2}}{\cos\alpha}+\frac{\sqrt{2}}{\sin\alpha}\left(0<\alpha<\frac{\pi}{2}\right)$.

对于第二问,通常利用整体换元法解决,即

(2) $L(\alpha)=\frac{\sqrt{2}(\cos\alpha+\sin\alpha)}{\sin\alpha\cos\alpha}$,

令 $t=\cos\alpha+\sin\alpha=\sqrt{2}\sin\left(\alpha+\frac{\pi}{4}\right)$,因为 $0<\alpha<\frac{\pi}{4}$,所以 $t\in(1,\sqrt{2}]$,

则 $\sin\alpha\cos\alpha=\frac{(\sin\alpha+\cos\alpha)^2-1}{2}=\frac{t^2-1}{2}$,

$L=\frac{2\sqrt{2}t}{t^2-1}=\frac{2\sqrt{2}}{t-\frac{1}{t}}$,当 $t\in(1,\sqrt{2}]$ 时,$t-\frac{1}{t}$ 随着 t 的增大而增大,

所以 $t-\frac{1}{t}\in\left(0,\frac{\sqrt{2}}{2}\right]$,

故 $L\in[4,+\infty)$,所以能够通过这个直角走廊的铁棒的最大长度为4.

课间,有一位同学来找我,让我看一下她的解答是否正确.

其解答如下：

因为 $0<\alpha<\frac{\pi}{2}$，所以

$$L(\alpha)=AC=AB+BC=\frac{\sqrt{2}}{\cos\alpha}+\frac{\sqrt{2}}{\sin\alpha}\geqslant 2\sqrt{\frac{\sqrt{2}}{\cos\alpha}\times\frac{\sqrt{2}}{\sin\alpha}}=\frac{4}{\sqrt{\sin2\alpha}}\geqslant 4,$$

当且仅当 $\alpha=\frac{\pi}{4}$ 时，两处等号同时成立，所以 $L(\alpha)\geqslant 4$.

点评：此解答无疑是正确的，突破了"正、定、等"三大条件的束缚，使均值不等式的应用领域得以拓展.

长期以来，在各种教辅资料中涉及均值定理的应用时都免不了要总结一个口诀："一正二定三相等"，笔者在教学中也不例外，常把"它"挂在嘴边以提醒学生. 以至于遇到最值问题时就先看有无"定值"条件，若无，就武断地认为均值定理"失效了". 也许，你也有过类似的认识！

由上可见，我们应该重新辩证地认识"一正二定三相等"的所谓绝对条件了. 是不是这样理解就比较客观，即"一正二定三相等"的条件适用于应用均值不等式一次就能求出最值的题目；若多次应用就不应拘泥于这一条件的限制，只要同向不等式各处等号成立的条件一样即可. 为了佐证这一观点，再举两例：

题目 2 已知 $a>b>0$，则 $a^2+\frac{25}{b(a-b)}$ 的最小值为__________.

解析：因为 $a>b>0$，所以 $a^2+\frac{25}{b(a-b)}\geqslant 2\sqrt{\frac{25a^2}{b(a-b)}}=10\sqrt{\frac{1}{\frac{b}{a}-\frac{b^2}{a^2}}}$，

又 $0<\frac{b}{a}<1$，所以

$$\sqrt{\frac{1}{\frac{b}{a}-\frac{b^2}{a^2}}}=\sqrt{\frac{1}{\frac{b}{a}\left(1-\frac{b}{a}\right)}}\geqslant\sqrt{\frac{4}{\left[\frac{b}{a}+\left(1-\frac{b}{a}\right)\right]^2}}=2\text{，则 } a^2+\frac{25}{b(a-b)}\geqslant 20.$$

当且仅当 $\frac{b}{a}=1-\frac{b}{a}$，$a^2=\frac{25}{b(a-b)}$，即 $a=\sqrt{10}$，$b=\frac{\sqrt{10}}{2}$ 时，$a^2+\frac{25}{b(a-b)}$ 的最小值为 20.

题目 3 【北京 2010 高考数学文 19】

已知椭圆C的左、右焦点坐标分别是$(-\sqrt{2},0)$，$(\sqrt{2},0)$，离心率是$\frac{\sqrt{6}}{3}$，直线$y=t$与椭圆C交于不同的两点M、N，以线段MN为直径作圆P，圆心为P.

(Ⅰ)求椭圆C的方程；(解略)

(Ⅱ)若圆P与x轴相切，求圆心P的坐标；(解略)

(Ⅲ)设$Q(x,y)$是圆P上的动点，当t变化时，求y的最大值.

分析：对于第(Ⅲ)问，由(Ⅱ)知，圆P的方程为$x^2+(y-t)^2=3(1-t^2)$，因为点$Q(x,y)$在圆P上，所以$y=t\pm\sqrt{3(1-t^2)-x^2}\leqslant t+\sqrt{3(1-t^2)}$，求$y$的最大值的问题归结为如何求函数$f(t)=t+\sqrt{3(1-t^2)}\ (-1<t<1)$的最大值了.

解析：$t+\sqrt{3(1-t^2)}=t+\sqrt{(3-3t)(1+t)}\leqslant t+\frac{(3-3t)+(1+t)}{2}=2$，

所以$y_{\max}=2$，此时$t=\frac{1}{2}$.

故当t变化时，y的最大值为2.

注：如此应用均值不等式求解函数的最大值问题的确有一定的难度和技巧，虽然$\sqrt{(3-3t)(1+t)}\leqslant\frac{(3-3t)+(1+t)}{2}$的变换中，$\frac{(3-3t)+(1+t)}{2}$非定值，但着眼于整体来看，$t+\frac{(3-3t)+(1+t)}{2}=2$是定值，且能保证"="成立，故可通过这样的灵活应用达到求解该函数的最大值的目的. 对此，读者应予以重视，要辩证地理解应用均值不等式求最值的三字诀："正、定、等."

附：

黄信解法

$$L^2(\alpha)=\frac{2(1+2\cos\alpha\sin\alpha)}{\sin^2\alpha\cos^2\alpha}=\frac{8(1+\sin2\alpha)}{\sin^2 2\alpha}=8\left(\frac{1}{\sin^2 2\alpha}+\frac{1}{\sin2\alpha}\right)$$

$=8\left(\frac{1}{\sin 2\alpha}+\frac{1}{2}\right)^2-2$

又 $0<\alpha<\frac{\pi}{2}$，$0<2\alpha<\pi$，$1<\sin 2\alpha\leqslant 1$，$\frac{1}{\sin 2\alpha}\geqslant 1$，

所以 $8\left(\frac{1}{\sin 2\alpha}+\frac{1}{2}\right)^2-2\geqslant 16$，故 $L(\alpha)\geqslant 4$，

所以能够通过这个直角走廊的铁棒的最大长度为 4.

注：本文发表于《数学通讯》上半月，2012.09.

获取必要条件　避开分类讨论

——一个“投机取巧”的解答给我的启示

在今天文科重点班的数学复习课上，我给学生们提供了如下试题，即

【2011年高考浙江卷文科21】设函数 $f(x)=a^2\ln x-x^2+ax(a>0)$.

(Ⅰ) 求 $f(x)$ 单调区间；

(Ⅱ) 求所有实数 a，使 $e-1\leqslant f(x)\leqslant e^2$ 对 $x\in[1,e]$ 恒成立(e 为自然对数的底数).

题目给出后，我希望学生能够在10分钟内解决这一问题.5分钟过后，我巡视发现：关于第(Ⅰ)问，绝大多数同学做得都很顺手，给出了正确解答，即

因为 $f(x)=a^2\ln x-x^2+ax$，其中 $x>0$，

所以 $f'(x)=\dfrac{a^2}{x}-2x+a=-\dfrac{(x-a)(2x+a)}{x}$，

由于 $a>0$，所以 $f(x)$ 的增区间为 $(0,a)$，减区间为 $(a,+\infty)$.

关于第(Ⅱ)问，很多同学都有分类解决的清晰思路，但进展得很不顺畅，问题究竟出在哪里呢？

于是，我先让甲同学在黑板上写下了他关于第(Ⅱ)问解析的部分片段，具体如下：

依题，得 $e-1\leqslant f(x)\leqslant e^2\Leftrightarrow e-1\leqslant f(x)_{\min}\leqslant f(x)_{\max}\leqslant e^2$，

(1) 当 $a\leqslant 1$ 时，由(Ⅰ)知，$f(x)$ 在区间 $[1,e]$ 上单调递减，所以

$f(x)_{\max}=f(1)=a-1\leqslant e^2$，即 $a\leqslant e^2+1$，

又 $f(x)_{\min}=f(e)=a^2-e^2+ae\geqslant e-1,\cdots$，(进行不下去了)

教师点拨：$f(x)_{\min}=f(e)=a^2-e^2+ae\geqslant e-1$，即 $a^2+1+ae\geqslant e^2+e$，

由于 $a\leqslant 1$，所以 $a^2+1<e^2$，$ae\leqslant e$，则 $a^2+1+ae<e^2+e$，故此时不存在 a.

接着先前的讨论继续，有

(2) 当$1<a<e$时，由(Ⅰ)知，$f(x)$在区间$[1,a]$上单调递增，在区间$[a,e]$上单调递减，所以$f(x)_{\max}=f(a)=a^2\ln a\leqslant e^2$，显然成立；

又$f(1)=a-1\geqslant e-1$，即$a\geqslant e$，这与$1<a<e$矛盾. 故此时不存在a.

(3) 当$a\geqslant e$时，由(Ⅰ)知，$f(x)$区间$[1,e]$上单调递增，所以

$f(x)_{\min}=f(1)=a-1\geqslant e-1$，即$a\geqslant e$；

$f(x)_{\max}=f(e)=a^2-e^2+ae\leqslant e^2$，即

$a^2+ae-2e^2\leqslant 0$，得$a\leqslant e$，所以$a=e$.

综上所述，当$a=e$时，不等式$e-1\leqslant f(x)\leqslant e^2$对$x\in[1,e]$恒成立.

点评：通性通法是解决问题的基本方法，希望同学们能够切实掌握.

这时，肖冰洁同学发表了不同的看法，介绍了她自称的"投机取巧"的解法，如下：

(Ⅱ) 证明：由题意得，$f(1)=a-1\geqslant e-1$，即$a\geqslant e$，

由(Ⅰ)知$f(x)$在$[1,e]$恒成立，

要使$e-1\leqslant f(x)\leqslant e^2$对$x\in[1,e]$恒成立，

只要$\begin{cases}f(1)=a-1\geqslant e-1\\ f(e)=a^2-e^2+ae\leqslant e^2\end{cases}$，解得$a=e$.

(掌声响起来！)

点评：这不是投机取巧，是获取必要条件后避开分类讨论的好办法. 一般地，对于恒成立问题，通常可以将区间端点或内部的某些特殊值代入求出相关变量的一个取值范围，即得所求变量取值范围的一个必要条件. 在这个条件下，往往可以避开繁杂的分类讨论，优化了解题过程，这是值得重视的一种有效策略.

再举几例：

例 1 设函数$f(x)=x^3-ax^2+ax(a\in\mathbf{R})$.

(Ⅰ) 讨论$f(x)$单调区间；

(Ⅱ) 若$f(x)\geqslant 0$对$x\in[0,2]$恒成立，求a的取值范围.

例 2 设$a\in\mathbf{R}$，函数$f(x)=ax^3-3x^2$.

(Ⅰ) 若$x=2$是函数$y=f(x)$的极值点，求a的值；

（Ⅱ）若函数 $g(x)=f(x)+f'(x)$，$x\in[0,2]$，在 $x=0$ 处取得最大值，求 a 的取值范围.

解 1：（Ⅰ）$f'(x)=3ax^2-6x=3x(ax-2)$.

因为 $x=2$ 是函数 $y=f(x)$ 的极值点，所以 $f'(2)=0$，即 $6(2a-2)=0$，因此 $a=1$.

经验证，当 $a=1$ 时，$x=2$ 是函数 $y=f(x)$ 的极值点.

（Ⅱ）解 1：由题设，$g(x)=ax^3-3x^2+3ax^2-6x=ax^2(x+3)-3x(x+2)$.

当 $g(x)$ 在区间 $[0,2]$ 上的最大值为 $g(0)$ 时，

$g(0)\geqslant g(2)$，即 $0\geqslant 20a-24$. 故得 $a\leqslant\dfrac{6}{5}$.

反之，当 $a\leqslant\dfrac{6}{5}$ 时，对任意 $x\in[0,2]$，

$$g(x)\leqslant\frac{6}{5}x^2(x+3)-3x(x+2)=\frac{3x}{5}(2x^2+x-10)=\frac{3x}{5}(2x+5)(x-2)\leqslant 0,$$

而 $g(0)=0$，故 $g(x)$ 在区间 $[0,2]$ 上的最大值为 $g(0)$.

综上，a 的取值范围为 $\left(-\infty,\dfrac{6}{5}\right]$.

评析：在这种情境下，先从整体和局部的关系出发，考查特殊端点的状况获得命题成立的一个必要条件，合情推理、猜想此必要条件即为充要条件，进而证明此条件也是命题成立的充分条件即可. 这种不落俗套、合情推理、简捷高效的解题思路是需要认真体会和总结的.

解 2：（Ⅱ）由题设，$g(x)=ax^3-3x^2+3ax^2-6x=ax^3+3(a-1)x^2-6x$.

$g'(x)=3ax^2+6(a-1)x-6=3[ax^2+2(a-1)x-2]$.

当 $a=0$ 时，$g'(x)=-6x-6\leqslant 0$ 在区间 $[0,2]$ 上恒成立，

故 $g(x)$ 在区间 $[0,2]$ 上单调递减，最大值为 $g(0)$；

当 $a\neq 0$ 时，令 $ax^2+2(a-1)x-2=0$ ①，则 $\Delta=4(a-1)^2+8a=4a^2+4$，

（ⅰ）当 $a<0$ 时，$\dfrac{-2}{a}>0$，$\dfrac{2(a-1)}{-a}<0$，所以方程①有两个不相等的负实根，不妨设为 x_1，x_2，且 $x_1<x_2$，此时函数 $g(x)$ 在 $(x_2,+\infty)$ 内为增函数，又 $x_2<0$，

故 $g(x)$ 在区间$[0,2]$上单调递减，最大值为 $g(0)$；

（ⅱ）当 $a>0$ 时，$\frac{-2}{a}<0$，所以方程①有一个负实根和一个正实根，不妨设为 $x_1<0$，$x_2>0$，此时函数 $g(x)$ 在(x_1,x_2)内单调递减，在$(x_2,+\infty)$内单调递增，所以 $g(x)$ 在$(0,x_2)$内单调递减，在$(x_2,+\infty)$内单调递增.

不论 x_2 与 2 的大小关系如何，只要 $g(0)\geqslant g(2)$ 成立，$g(x)$ 在区间$[0,2]$上的最大值必为 $g(0)$，

由 $g(0)\geqslant g(2)$，得 $0\geqslant 20a-24$，即 $a\leqslant\frac{6}{5}$.

故 $g(x)$ 在区间$[0,2]$上的最大值为 $g(0)$.

综上，当 $g(x)$ 在区间$[0,2]$上的最大值为 $g(0)$ 时，a 的取值范围为 $\left(-\infty,\frac{6}{5}\right]$.

例 3　设函数 $f(x)=ax^3-3x+1$，若 $x\in[-1,1]$ 时，$f(x)\geqslant 0$ 恒成立，求实数 a 的取值范围.

解析：若 $x\in[-1,1]$ 时，$f(x)\geqslant 0$ 恒成立，则$\begin{cases}f(-1)\geqslant 0\\f(1)\geqslant 0\end{cases}\Rightarrow 2\leqslant a\leqslant 4$，

注意到 $f\left(\frac{1}{2}\right)=\frac{1}{8}a-\frac{3}{2}+1\geqslant 0\Rightarrow a\geqslant 4$，所以 $a=4$.

此时，
$$\begin{aligned}f(x)&=4x^3-3x+1=4x^3-4x+x+1\\&=4x(x^2-1)+x+1=(x+1)[4x(x-1)+1]\\&=(x+1)(2x-1)^2\geqslant 0,\end{aligned}$$

经验证，$a=4$ 即为所求.

例 4　设函数 $f(x)=x^2-ax+\frac{a}{2}$，若 $x\in[-1,1]$ 时，$f(x)>0$ 恒成立，求实数 a 的取值范围.

解析：若 $x\in[-1,1]$ 时，$f(x)>0$ 恒成立，则$\begin{cases}f(-1)>0\\f(1)>0\end{cases}\Rightarrow -\frac{2}{3}<a<2$，

又函数 $f(x)=x^2-ax+\frac{a}{2}$ 的对称轴方程为 $x=\frac{a}{2}$，则 $-\frac{1}{3}<\frac{a}{2}<1$，

所以$\frac{a}{2}\in[-1,1]$，

$f(x)_{\min}=f\left(\frac{a}{2}\right)=-\frac{a^2}{4}+\frac{a}{2}>0$，解得$0<a<2$，

综上，实数a的取值范围是$(0,2)$.

例5 已知函数$f(x)=e^x(ax^2+a+1)(a\in\mathbf{R})$.

（Ⅰ）若$a=-1$，求曲线$y=f(x)$在点$(1,f(1))$处的切线方程；

（Ⅱ）若$f(x)\geqslant\frac{2}{e^2}$对任意$x\in[-2,-1]$恒成立，求实数$a$的取值范围.

解析：（Ⅰ）当$a=-1$时，$f(x)=-x^2e^x$，$f(1)=-e$.

$f'(x)=-x^2e^x-2xe^x$，

因为切点为$(1,-e)$，则$k=f'(1)=-3e$，

所以在点$(1,-e)$处的曲线的切线方程为：$y=-3ex+2e$.

（Ⅱ）由题意得，$f(-2)=e^{-2}(4a+a+1)\geqslant\frac{2}{e^2}$，即$a\geqslant\frac{1}{5}$（必要条件）.

$f'(x)=e^xax^2+2ax+a+1=e^x[a(x+1)^2+1]$，

因为$a\geqslant\frac{1}{5}$，所以$f'(x)>0$恒成立，故$f(x)$在$[-2,-1]$上单调递增，

要使$f(x)\geqslant\frac{2}{e^2}$恒成立，则$f(-2)=e^{-2}(4a+a+1)\geqslant\frac{2}{e^2}$，解得$a\geqslant\frac{1}{5}$.

所以，实数a的取值范围是$\left[\frac{1}{5},+\infty\right)$.

一题多证培养发散思维能力

不等式证明问题是高中数学的难点之一，本文试从一道题的多种证法谈起，旨在培养学生的发散思维能力，力求对突破此难点有所裨益.

例　已知 a、b、x、y 均为正数，且 $\frac{a}{x}+\frac{b}{y}=1$.

求证：$x+y\geqslant(\sqrt{a}+\sqrt{b})^2$.

分析：巧添常数 1，应用基本不等式证明.

证法 1：$\because a$、b、x、y 均为正数，且 $\frac{a}{x}+\frac{b}{y}=1$，

$\therefore x+y=(x+y)\cdot 1=(x+y)\left(\frac{a}{x}+\frac{b}{y}\right)=a+b+\frac{ya}{x}+\frac{xb}{y}$

$\geqslant a+b+2\sqrt{\frac{ya}{x}\cdot\frac{xb}{y}}=(\sqrt{a})^2+2\sqrt{ab}+(\sqrt{b})^2=(\sqrt{a}+\sqrt{b})^2$，

当且仅当 $\frac{y}{x}a=\frac{x}{y}b$ 时“=”成立，

即 $x+y\geqslant(\sqrt{a}+\sqrt{b})^2$.

分析：等价变形，变用定值条件证明.

证法 2：$\because x+y\geqslant(\sqrt{a}+\sqrt{b})^2\geqslant\Leftrightarrow(x-a)+(y-b)\geqslant 2\sqrt{ab}$　①

由 a、b、x、y 均为正数，且 $\frac{a}{x}+\frac{b}{y}=1$，得

$0<\frac{a}{x}<1, 0<\frac{b}{y}<1, \therefore x-a>0, y-b>0, ay+bx=xy$　②

$\therefore(x-a)+(y-b)\geqslant 2\sqrt{(x-a)(y-b)}=2\sqrt{xy-ay-bx+ab}=2\sqrt{ab}$，

$\therefore$ 不等式 ① 成立，即 $x+y\geqslant(\sqrt{a}+\sqrt{b})^2$.

分析：减少变元，转化为函数的最值问题求解.

证法 3:由$\dfrac{a}{x}+\dfrac{b}{y}=1$,得

$x=\dfrac{ay}{y-b}(y>b>0,a>0)$,

$$\therefore t=x+y=\frac{ay}{y-b}+y=\frac{y^2-by+ay}{y-b}$$

$$=\frac{(y-b)^2+(a+b)(y-b)+ab}{y-b}=(y-b)+\frac{ab}{y-b}+a+b$$

$$\geqslant 2\sqrt{(y-b)\cdot\frac{ab}{y-b}}+a+b=(\sqrt{a}+\sqrt{b})^2,$$

当且仅当$y-b=\dfrac{ab}{y-b}$,即$y=b+\sqrt{ab}$时"="成立,故原不等式得证.

分析:利用三角代换转化求证.

证法 4:依题设$\dfrac{a}{x}=\sin^2\theta,\dfrac{b}{y}=\cos^2\theta,\theta\in\left(0,\dfrac{\pi}{2}\right)$,

$$\therefore x+y=\frac{a}{\sin^2\theta}+\frac{b}{\cos^2\theta}=a\csc^2\theta+b\sec^2\theta$$

$$=a(1+\cot^2\theta)+b(1+\sec^2\theta)=a+b+a\cot^2\theta+b\tan^2\theta$$

$$\geqslant a+b+2\sqrt{ab\cot^2\theta\tan^2\theta}=a+b+2\sqrt{ab},$$

即$x+y\geqslant(\sqrt{a}+\sqrt{b})^2$.

证法 5:由证法 4 题设可得,$a=x\sin^2\theta,b=y\cos^2\theta$,

$\therefore x+y\geqslant(\sqrt{a}+\sqrt{b})^2$,

$\Leftrightarrow x+y\geqslant x\sin^2\theta+y\cos^2\theta+2\sqrt{xy}\sin\theta\cos\theta$

$\Leftrightarrow x(1-\sin^2\theta)+y(1-\cos^2\theta)\geqslant 2\sin\theta\cos\theta\sqrt{xy}$

$\Leftrightarrow x\cos^2\theta+y\sin^2\theta\geqslant 2\sin\theta\cos\theta\sqrt{xy}$

$\Leftrightarrow(\sqrt{x}\cos\theta-\sqrt{y}\sin\theta)^2\geqslant 0$,故原不等式得证.

证法 6:由证法 4 题设可得,$\sqrt{a}=\sqrt{x}\sin\theta,\sqrt{b}=\sqrt{y}\cos\theta$,

$$\therefore\sqrt{a}+\sqrt{b}=\sqrt{x}\sin\theta+\sqrt{y}\cos\theta=\sqrt{x+y}\left(\frac{\sqrt{x}}{\sqrt{x+y}}\sin\theta+\frac{\sqrt{y}}{\sqrt{x+y}}\cos\theta\right)$$

$= \sqrt{x+y}\sin(\theta+\varphi) \leqslant \sqrt{x+y}$,

$\therefore x+y \geqslant (\sqrt{a}+\sqrt{b})^2$.

如上所述,在不等式证明的教学过程中,教师要善于抓住典型问题进行一题多证的探索与分析,必将对培养学生的发散思维能力大有裨益.

注:本文发表于《数学通讯》上半月,2004.09.

从一道题谈学生发散思维能力的培养

发散思维即求异思维，它包括横向思维、逆向思维及多向思维．发散思维具有多向性、流畅性及独特性等特点，即思考问题时注重多思路、多方案，解决问题时注重多途径、多方式；就其侧重点而言，可分为题型发散、解法发散、构造发散、分解发散及创造发散等发散思维；就其运用而言，它对同一个问题从不同的方向、不同的侧面、不同的层次横向拓展、逆向深入，采用探索、转换、迁移、构造、组合及分解等手法，开启学生心扉，激发学生潜能，提高学生素质，这对造就创造性人才至关重要．本文着重通过对一道试题的分析，谈谈对学生发散思维能力培养的一点浅见，供参考．

例 (1) 证明下面的命题：

一次函数 $f(x)=kx+h(k\neq 0)$，若 $m<n$，$f(m)>0$，$f(n)>0$，则对任意的 $x\in(m,n)$，都有 $f(x)>0$；

(2) 试用上面的命题证明下面的命题：

若 a、b、c 均为实数，且 $|a|<1$，$|b|<1$，$|c|<1$，则 $ab+bc+ca>-1$.

本题着重考查一次函数的单调性和函数建模思想在不等式证明中的应用．就题目设置而言，蕴涵了丰富的思维量．不论就命题(1)本身的证明，还是就命题(1)在命题(2)中的应用而言，全面、深刻地考查了思维的灵活性、敏捷性、严谨性及分解发散、横向发散、构造发散等发散思维能力．

分析：对于命题(1)要以 k 的不同范围讨论，应用单调性即可证明；对于命题(2)要突出“主元”思想，构造一次函数，利用(1)证明．

证明：(1) 当 $k>0$ 时，$f(x)=kx+h$ 在 (m,n) 上是增函数，则有

$f(m)<f(x)<f(n)$，　$\because f(m)>0$，$\therefore f(x)>0$，

当 $k<0$ 时，$f(x)=kx+h$ 在 (m,n) 上是减函数，则有

$f(m) > f(x) > f(n)$，　　$\because f(n) > 0$，$\therefore f(x) > 0$，

综上所述，当 $k \neq 0$ 时，对于任意的 $x \in (m,n)$，都有 $f(x) > 0$.

评注：分类讨论思想应用意识的培养是学生思维活动中的难点，教学中要注重对引起分类讨论的因素的分析，就本命题而言，要从 $k \neq 0$ 的条件入手，进行变换，即$k < 0$ 或 $k > 0$，学生便可自觉按"$k < 0$ 或 $k > 0$"两种情形讨论，对此着意强调，培养分解发散思维能力，同时就 k 在不同条件下对函数 $f(x) = kx + h$ 在(m,n)上的单调性应用的侧重点不同，$k > 0$ 时重左边，$k < 0$ 时重右边，在选择上极具灵活性.

(2) 分析：所证不等式"$ab + bc + ca > -1$"可变为 $ab + bc + ca + 1 > 0$，其中 a、b、c 具有对称性，可任选一个作为"主元"，进而构造函数模型.

证明：原不等式等价于$(b + c)a + bc + 1 > 0$，

构造函数 $f(x) = (b + c)x + bc + 1, x \in (-1,1)$.

$\because |a| < 1, |b| < 1, |c| < 1$，

当 $b + c = 0$ 时，$f(a) = bc + 1 = -b^2 + 1 > 0$，

即 $ab + bc + ca > -1$；

当 $b + c \neq 0$ 时，$f(x) = (b + c)x + bc + 1$ 为一次函数，

$\because f(-1) = -b - c + bc + 1 = (1 - b)(1 - c) > 0$，

　$f(1) = b + c + bc + 1 = (1 + b)(1 + c) > 0$，

$\therefore$ 根据命题(1) 的结论，对于任意的 $a \in (-1,1)$，都有

$f(a) > 0$，即 $ab + bc + ca > -1$.

综上所述，当 a、b、c 为实数，且 $|a| < 1, |b| < 1, |c| < 1$ 时，$ab + bc + ca > -1$ 成立.

评注：上述过程的难点无疑是函数模型的建立，就其应用的方法来讲，都是数学解题中常用的移项、分组、提取公因式等基本方法，从而突出"主元"，构造函数模型. 对学生构造发散思维能力的培养是很好的素材. 另外，以 $b + c$ 为整体对象实施讨论，进一步强化学生分解发散思维能力的培养. 同时，注重分析命题(1) 怎样应用到命题(2) 中，培养学生横向发散思维能力.

由上可见，在众多变量中确定 a 为“主元”，从而构造了关于 a 的一次函数. 这种“主元”思想是将问题转化为函数问题的前提，进而运用函数的单调性证明不等式是一种重要方法，在高考中对此亦作重点考查. 如果没有命题(1) 的限制，命题(2) 有无其它证法，这是值得认真思考的一个问题.

首先，这一问题的提出就会将学生自然引入题型发散和解法发散的思维活动中，题型发散就一题多变而言方式很多，其中弱化条件就是一种重要的方法. 将命题(1) 去掉，原题即改为：

已知 a、b、c 均为实数，且 $|a|<1$，$|b|<1$，$|c|<1$.

求证：$ab+bc+ca>-1$.

分析：注意到 a、b、c 同号时左边恒为正，不等式 $ab+bc+ca>-1$ 显然成立. 关键是当 a、b、c 中有一正两负或两正一负时情形较为复杂，因而可考虑分类讨论，以便转移重点、分散难点、寻求突破.

证明：$\because |a|<1$，$|b|<1$，$|c|<1$，

(ⅰ) 当 a、b、c 同号时，则 $ab+bc+ca>0$，

$\therefore ab+bc+ca>-1$ 成立.

(ⅱ) 当 a、b、c 中有一个为 0 时，不妨设 $a=0$，则

$ab+bc+ca=bc>-1$，

$\therefore ab+bc+ca>-1$ 成立.

(ⅲ) 当 a、b、c 中有两正一负时，不妨设 $0<a<1$，$0<b<1$，$-1<c<0$，此时

欲证 $ab+bc+ca>-1$，

需证 $ab+1>-c(a+b)>0$. ①

以下就不等式 ① 的证法重点分析.

思考一：当不等式两边非负时，两边平方转换是寻求解题突破的重要手段之一.

对 ① 式两边平方，得

$a^2b^2+2ab+1>c^2(a+b)^2$ ②

思考二：联想到命题(1) 在命题(2) 中的应用，纵向发散，突出“主元”，可构造

一元二次函数模型进行对②式证明的尝试.

由②式得：

$c^2(a+b)^2-(ab+1)^2<0$, ③

构造一元二次函数

$g(x)=(a+b)^2x^2-(ab+1)^2, x\in(-1,0)$,

当 $c\in(-1,0)$ 时，欲证 $g(c)<0$，

$\because \Delta=4(a+b)^2(ab+1)^2>0$,

数形结合，要使 $g(c)<0$ 在 $(-1,0)$ 上成立，只需证明

$$\begin{cases} g(-1)\leqslant 0, \\ g(0)\leqslant 0. \end{cases}$$

$$\begin{aligned}\because g(-1)&=(a+b)^2-(ab+1)^2=a^2+b^2-a^2b^2-1\\&=a^2(1-b^2)+(b^2-1)=(b^2-1)(1-a^2),\end{aligned}$$

$\because 0<a<1, 0<b<1 \therefore b^2-1<0, 1-a^2>0$,

$\therefore g(-1)<0$,

又 $g(0)=-(ab+1)^2<0$,

故 $g(x)=(a+b)^2x^2-(ab+1)^2$ 在 $x\in(-1,0)$ 时，$g(x)<0$ 恒成立，

$\therefore$ 当 $c\in(-1,0)$ 时，$g(x)<0$ 亦成立，

即 $(a+b)^2c^2-(ab+1)^2<0$ 成立，

故 $ab+bc+ca>-1$.

(Ⅳ)当 a、b、c 中有一正两负时，与(Ⅲ)同理.

综上所述，$ab+bc+ca>-1$ 成立.

评注：从题型变换开始，通过一系列分类、变形、转换、构造及组合等方式，使一个复杂的问题分解为几个单一问题直至解决，充分地向学生展示这一过程，必将使学生的分解、纵向及构造发散等思维能力得以有效的巩固与强化.

当我们沉浸在纵向发散，突出“主元”思想的迁移中使解题获得成功的同时，需要及时变换角度，拓展思维空间，进行新的思索和尝试.

事实上，像②式“$a^2b^2+2ab+1>c^2(a+b)^2$”这样的不等式证明题，立足于不

等式证明的基本方法，像比较法、综合法、分析法等做一些思考，寻求新的突破.

思考三：对于②式，因受 c 的制约，移项以后无法再变形，难有作为. 注意到 $0<c^2<1$，可通过以下两个问题引导学生积极思考.

问题1：$(a+b)^2$ 与 $c^2(a+b)^2$ 的大小关系又如何？

问题2：$a^2b^2+2ab+1$ 与 $(a+b)^2$ 的大小关系又如何？

通过以上设问，创设思维情景，学生应该能够利用放缩法对②式加以证明.

证明：$\because -1<c<0$，$\therefore 0<c^2<1$，

故 $c^2(a+b)^2<(a+b)^2$，

又 $\because a^2b^2+2ab+1-(a+b)^2=a^2b^2+1-a^2-b^2=(1-a^2)(1-b^2)>0$，

$\therefore a^2b^2+2ab+1>c^2(a+b)^2$，

$\therefore$ 原不等式 $ab+bc+ca>-1$ 成立.

思考四：在思考三的启示下，回到最初的不等式①“$ab+1>-c(a+b)>0$”中，是否可用放缩法证明，分析如下：

$\because -1<c<0$，$0<-c<1$，

$\therefore -c(a+b)<a+b$，

又 $\because ab+1-(a+b)=a(b-1)+(1-b)=(b-1)(a-1)>0$，

$\therefore ab+1>-c(a+b)$.

即在(Ⅲ)的条件下，不等式 $ab+bc+ca>-1$ 成立.

无疑，积极地引导学生，精心设问，创设思维情景，就能有效地调动学生的主动性和参与精神，对学生的探索、创新能力及发散思维能力至关重要，教学中要予以足够重视.

思考五：对于满足条件 $|a|<1$，$|b|<1$，$|c|<1$ 的实数 a、b、c 的有关问题，三角代换通常能另辟蹊径，不妨一试.

证明：$\because |a|<1$，$|b|<1$，$|c|<1$，

令 $a=\sin\alpha$，$b=\sin\beta$，$c=\sin\gamma$，α、β、$\gamma\in\left(-\frac{\pi}{2},\frac{\pi}{2}\right)$，

$$\begin{aligned}\therefore ab+bc+ca&=\sin\alpha\sin\beta+\sin\beta\sin\gamma+\sin\gamma\sin\alpha\\&=\sin\beta(\sin\alpha+\sin\gamma)+\sin\gamma\sin\alpha\end{aligned}$$

$$=2\sin\frac{\alpha+\gamma}{2}\cos\frac{\alpha-\gamma}{2}\sin\beta-\frac{1}{2}[\cos(\alpha+\gamma)-\cos(\alpha-\gamma)]$$

$$=2\sin\frac{\alpha+\gamma}{2}\cos\frac{\alpha-\gamma}{2}\sin\beta-\frac{1}{2}[1-2\sin^2\frac{\alpha+\gamma}{2}-2\cos^2\frac{\alpha-\gamma}{2}+1]$$

$$=2\sin\frac{\alpha+\gamma}{2}\cos\frac{\alpha-\gamma}{2}\sin\beta+2\sin^2\frac{\alpha+\gamma}{2}+2\cos^2\frac{\alpha-\gamma}{2}-1.$$

欲证 $ab+bc+ca>-1$,

需证 $2\sin\frac{\alpha+\gamma}{2}\cos\frac{\alpha-\gamma}{2}\sin\beta+\sin^2\frac{\alpha+\gamma}{2}+\cos^2\frac{\alpha-\gamma}{2}-1>-1$,

即证 $2\sin\frac{\alpha+\gamma}{2}\cos\frac{\alpha-\gamma}{2}\sin\beta+\sin^2\frac{\alpha+\gamma}{2}+\cos^2\frac{\alpha-\gamma}{2}>0$.

$$\because \sin^2\frac{\alpha+\gamma}{2}+\cos^2\frac{\alpha-\gamma}{2}\geqslant 2\left|\sin\frac{\alpha+\gamma}{2}\cos\frac{\alpha-\gamma}{2}\right|$$

$$>2\left|\sin\frac{\alpha+\gamma}{2}\cos\frac{\alpha-\gamma}{2}\right|\left|\sin\beta\right|,$$

$\because \beta\in\left(-\frac{\pi}{2},\frac{\pi}{2}\right)$,

又 $\because 2\left|\sin\frac{\alpha+\gamma}{2}\cos\frac{\alpha-\gamma}{2}\sin\beta\right|\geqslant-2\sin\frac{\alpha+\gamma}{2}\cos\frac{\alpha-\gamma}{2}\sin\beta$,

$\therefore 2\sin\frac{\alpha+\gamma}{2}\cos\frac{\alpha-\gamma}{2}\sin\beta+\sin^2\frac{\alpha+\gamma}{2}+\cos^2\frac{\alpha-\gamma}{2}>0$,

故不等式 $ab+bc+ca>-1$ 成立.

综上所述,面对数学问题,我们的探索是永无止境的,作为教师,如何在解题教学中不断地设问、引导、善变、猜想,创设一个全新的思维情景,从而充分地调动学生的主动参与意识和培养学生具备良好的思维品质及能力是根本目的.

当我们通过这道试题若干证法的探析,重要的是给学生展示思维的全过程,创设思维情景,培养探索创新精神,进而全面提高发散思维能力和优秀的思维品质.孔子说:"学而不思则罔,思而不学则殆."只有多思多想多实践,才能使一切可能的猜想变为现实,也才能真正体味到"纸上得来终觉浅,心中悟出方知深"的真谛.

注:本文发表于《中学教育科研》,2004.06.

实用数学口诀解读

形式化是数学的重要特征之一，在中学数学教学中对有关知识进行形式化的精练概括是十分必要的，随之形成的数学口诀对解决相关数学问题发挥着十分重要的作用，以下结合教学实际对一些实用数学口诀进行解读，供读者参考.

一、一列二解三表示

“一列二解三表示”是对求解函数定义域问题的过程与步骤的精练概括，即先根据函数有意义的条件列出不等式或不等式组，然后解出它，最后选择区间或集合形式正确表示函数的定义域.

例 1 【2006 广东卷】求函数 $f(x)=\dfrac{3x^2}{\sqrt{1-x}}+\lg(3x+1)$ 的定义域.

解析：由$\begin{cases}1-x>0\\3x+1>0\end{cases}\Rightarrow -\dfrac{1}{3}<x<1$，故函数 $f(x)$ 的定义域是$\left(-\dfrac{1}{3},1\right)$.

二、同区间为正，异区间为负

根据对数函数 $y=\log_a x\,(a>0,a\neq 1)$ 的图象和性质我们可以得到如下结论：

① 当 $0<a<1,0<x<1$ 时，$y>0$；　当 $a>1,x>1$ 时，$y>0$.

② 当 $0<a<1,x>1$ 时，$y<0$；　当 $a>1,0<x<1$ 时，$y<0$.

综上可知，当对数的底数与真数在同一个区间时，对数的值大于0；当对数的底数与真数不在同一个区间时，对数的值小于 0.“同区间为正，异区间为负”的总结由此而得，在涉及对数正负的判断问题中恰当应用它则事半功倍.

例 2 已知 $\log_a 2<1\,(a>0,a\neq 1)$，求 a 的取值范围.

解析：当 $0<a<1$ 时，$\log_a 2<0$，则 $\log_a 2<1$；

当 $a>1$ 时，$\log_a 2<1\Leftrightarrow\log_a 2<\log_a a$，

又函数 $y=\log_a x$ 在$(0,+\infty)$ 内是增函数，故 $2<a$.

综上可得，$0 < a < 1$ 或 $a > 2$.

三、底不同时需同底

在分析指数函数与对数函数的许多问题时，通常都需要将它们的底数化相同，即“底不同时需同底”成为分析解决“指、对”问题的基本策略之一.

例 3 已知 $\log_m 2 < \log_n 2 < 0$，则(　　)

A. $1 < n < m$　　B. $1 < m < n$　　C. $0 < m < n < 1$　　D. $0 < n < m < 1$

解析：$\log_m 2 < \log_n 2 < 0 \Leftrightarrow \frac{1}{\log_2 m} < \frac{1}{\log_2 n} < 0$

$\Leftrightarrow \log_2 n < \log_2 m < 0$，　$\therefore 0 < n < m < 1$，故选 D.

四、奇变偶不变，符号看象限

诱导公式是三角函数部分的重要内容之一，公式杂而多，逐个记忆则费时费力，“奇变偶不变，符号看象限”是突破诱导公式记忆障碍的经典数学口诀. 即在求形如$\frac{k\pi}{2} \pm \alpha (k \in \mathbf{Z})$ 角的三角函数时，若 k 为奇数，则三角函数的名称遵循正余互变规律；若 k 为偶数，则所求三角函数的名称不变. 与此同时，在假设 α 为锐角的前提下，根据角$\frac{k\pi}{2} \pm \alpha$ 所在的象限及所求的三角函数来判断正负号的选择. 如$\frac{5\pi}{2} + \alpha$ 在第二象限，则 $\sin\left(\frac{5\pi}{2} + \alpha\right) = \cos\alpha$，又如 $3\pi + \alpha$ 在第三象限，则 $\cos(3\pi + \alpha) = -\cos\alpha$ 等.

例 4 【2004 年全国】函数 $y = 2\sin\left(\frac{\pi}{3} - x\right) - \cos\left(\frac{\pi}{6} + x\right) (x \in \mathbf{R})$ 的最小值等于(　　)

A. -3　　B. -2　　C. -1　　D. $-\sqrt{5}$

解析：$\because y = 2\sin\left(\frac{\pi}{3} - x\right) - \cos\left(\frac{\pi}{6} + x\right) = 2\sin\left[\frac{\pi}{2} - \left(\frac{\pi}{6} + x\right)\right] - \cos\left(\frac{\pi}{6} + x\right)$

$= 2\cos\left(\frac{\pi}{6} + x\right) - \cos\left(\frac{\pi}{6} + x\right) = \cos\left(\frac{\pi}{6} + x\right)$.

$\therefore$ 函数的最小值等于 -1，故选 C.

五、降幂扩角，升幂缩角

“降幂扩角，升幂缩角”是对二倍角余弦公式 $\cos 2\theta = \cos^2\theta - \sin^2\theta = 2\cos^2\theta -$

$1=1-2\sin^2\theta$ 中角的倍半关系与三角函数的幂指数的对应关系的一种简要概括，有助于同学们记住二倍角余弦公式.

例 5 【2006 辽宁卷】已知函数 $f(x)=\sin^2x+2\sin x\cos x+3\cos^2x,x\in\mathbf{R}.$

（Ⅰ）求函数 $f(x)$ 的最大值及取得最大值的自变量 x 的集合；

（Ⅱ）求函数 $f(x)$ 的单调增区间.

解析：（Ⅰ）$f(x)=\dfrac{1-\cos2x}{2}+\sin2x+\dfrac{3(1+\cos2x)}{2}$

$$=1+\sin2x+\cos2x=2+\sqrt{2}\sin\left(2x+\frac{\pi}{4}\right).$$

∴ 当 $2x+\dfrac{\pi}{4}=2k\pi+\dfrac{\pi}{2}$，即 $x=k\pi+\dfrac{\pi}{8}(k\in\mathbf{Z})$ 时，$f(x)$ 取得最大值 $2+\sqrt{2}$.

函数 $f(x)$ 的取得最大值的自变量 x 的集合为 $\left\{x\mid x=k\pi+\dfrac{\pi}{8},k\in\mathbf{Z}\right\}$.

（Ⅱ）因为 $f(x)=2+\sqrt{2}\sin\left(2x+\dfrac{\pi}{4}\right)$，

由题意得，$2k\pi-\dfrac{\pi}{2}\leqslant 2x+\dfrac{\pi}{4}\leqslant 2k\pi+\dfrac{\pi}{2}\ (k\in\mathbf{Z})$，

即 $k\pi-\dfrac{3\pi}{8}\leqslant x\leqslant k\pi+\dfrac{\pi}{8}(k\in\mathbf{Z})$，

因此函数 $f(x)$ 的单调增区间为 $\left[k\pi-\dfrac{3\pi}{8},k\pi+\dfrac{\pi}{8}\right](k\in\mathbf{Z})$.

六、同增异减

复合函数的单调性与内层函数 $u=\varphi(x)$ 和外层函数 $y=f(u)$ 之间的关系如下表：

	$u=\varphi(x)$	$y=f(u)$	$y=f[(\varphi(x)]$	结论
单调性	增	增	增	同增异减
	减	减	增	
	增	减	减	
	减	增	减	

例 6 【2006 天津卷】如果函数 $f(x)=a^x(a^x-3a^2-1)(a>0,a\neq1)$ 在区间 $[0,+\infty)$ 上是增函数，那么实数 a 的取值范围是（　　）

A. $\left(0,\frac{2}{3}\right]$　　B. $\left[\frac{\sqrt{3}}{3},1\right)$　　C. $(1,\sqrt{3}]$　　D. $\left[\frac{3}{2},+\infty\right)$

解析:函数 $y=a^x(a^x-3a^2-1)(a>0,a\neq1)$ 可以看作是关于 a^x 的二次函数,若 $a>1$,则 $t=a^x$ 是增函数,原函数在区间$[0,+\infty)$上是增函数,则要求对称轴$\frac{3a^2+1}{2}\leqslant0$,矛盾;若 $0<a<1$,则 $t=a^x$ 是减函数,原函数在区间$[0,+\infty)$上是增函数,则要求当 $t=a^x(0<t<1)$ 时,$y=t^2-(3a^2+1)t$ 在 $t\in(0,1)$ 上为减函数,即对称轴$\frac{3a^2+1}{2}\geqslant1$,$\therefore a^2\geqslant\frac{1}{3}$,$\therefore$ 实数 a 的取值范围是$\left[\frac{\sqrt{3}}{3},1\right)$,选 B.

七、一正二定三相等

"一正二定三相等"意在强调利用均值不等式($a>0,b>0$,则 $a+b\geqslant2\sqrt{ab}$,当且仅当 $a=b$ 时"="成立)求最值时应该具备的三个绝对条件,缺一不可.

例 7 【2006 重庆卷】若 $a,b,c>0$ 且 $a(a+b+c)+bc=4-2\sqrt{3}$,则 $2a+b+c$ 的最小值为(　　)

A. $\sqrt{3}-1$　　B. $\sqrt{3}+1$　　C. $2\sqrt{3}+2$　　D. $2\sqrt{3}-2$

解析:若 $a,b,c>0$ 且 $a(a+b+c)+bc=4-2\sqrt{3}$,

所以 $a^2+ab+ac+bc=4-2\sqrt{3}$,

$$4-2\sqrt{3}=a^2+ab+ac+bc$$
$$=\frac{1}{4}(4a^2+4ab+4ac+4bc)\leqslant\frac{1}{4}(4a^2+4ab+4ac+2bc+b^2+c^2)$$

$\therefore(2\sqrt{3}-2)^2\leqslant(2a+b+c)^2$,则$(2a+b+c)\geqslant2\sqrt{3}-2$,选 D.

八、指乘对除 lna

在高中阶段要求掌握的八个导数公式中,指数函数与对数函数的导数公式相对较难记忆,公式$(\log_a x)'=\frac{1}{x}\log_a e=\frac{1}{x\ln a}$与公式$(a^x)'=a^x\ln a$记忆的难点在于 $\ln a$. 经过认真思考,我认为"指乘对除 $\ln a$"能够较好地反映这两个公式的特点,有助于突破记忆障碍,帮助我们记牢这两个公式.

例 8 已知函数 $y=\lg(ax-1)-\lg(x-1)$ 在 $[10,+\infty)$ 上是增函数，求 a 的取值范围.

解析：$\because ax-1>0, x\in[10,+\infty)$，$\therefore a>\frac{1}{x}$，$\left(\frac{1}{x}\right)_{\max}=\frac{1}{10}$，故 $a>\frac{1}{10}$；

又 $y=\lg\frac{ax-1}{x-1}$，$y'=\frac{x-1}{(ax-1)\ln 10}\cdot\left(\frac{ax-1}{x-1}\right)'$

$$=\frac{x-1}{(ax-1)\ln 10}\times\frac{1-a}{(x-1)^2}=\frac{1-a}{(x-1)(ax-1)\ln 10},$$

当 $y'>0$ 时，$1-a>0$，$\therefore a<1$.

综上所述，$\frac{1}{10}<a<1$.

九、面面渐合，法趋同向

在利用空间向量的知识计算二面角时，常常需要确定平面的法向量的方向，法向量的方向如何标记才能使它们的夹角等于对应二面角的平面角？如图 1－9 所示，二面角 $\alpha-AB-\beta$ 的平面角等于平面 α 的法向量 $\boldsymbol{m}$ 与平面 β 的法向量 $\boldsymbol{n}$ 的夹角，即当平面 β 与平面 α 逐渐重合时它们的法向量的方向趋于同向，则此时两个平面法向量的夹角与二面角的大小相等；若方向趋于反向，则它们的大小互补.

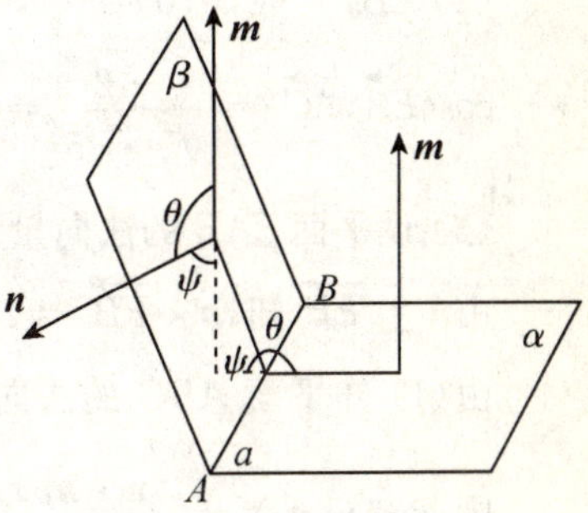

图 1－9

由此可见，"面面渐合，法趋同向"是确认法向量的夹角与二面角大小相等的重要依据（其中 $\cos\langle\boldsymbol{n},\boldsymbol{m}\rangle=\frac{\boldsymbol{n}\cdot\boldsymbol{m}}{|\boldsymbol{n}|\cdot|\boldsymbol{m}|}$）.

例 9 如图 1－10，已知三棱锥 $O-ABC$ 的侧棱 OA，OB，OC 两两垂直，且 $OA=1$，$OB=OC=2$，E 是 OC 的中点.

(1) 求 O 点到面 ABC 的距离；

(2) 求异面直线 BE 与 AC 所成的角；

(3) 求二面角 $E-AB-C$ 的大小.

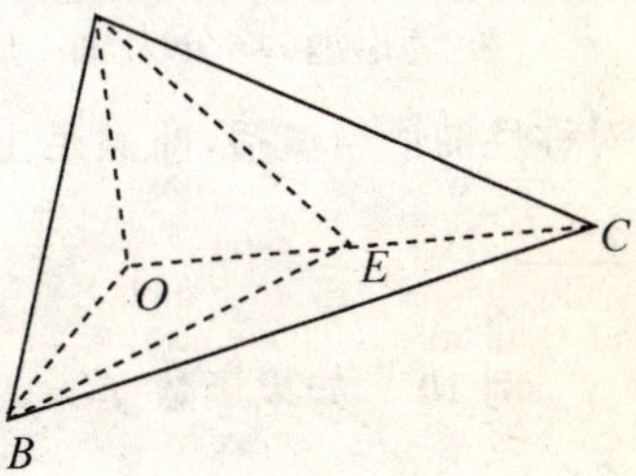

图 1－10

解析：(1) 以 O 为原点，OB、OC、OA 分别为 x、y、z 轴建立空间直角坐标系.

则有 $A(0,0,1)$、$B(2,0,0)$、$C(0,2,0)$、$E(0,1,0)$

设平面 ABC 的法向量为 $\boldsymbol{n}_1=(x,y,z)$，

则由 $\boldsymbol{n}_1\perp\overrightarrow{AB}$ 知：$\boldsymbol{n}_1\cdot\overrightarrow{AB}=2x-z=0$；

由 $\boldsymbol{n}_1\perp\overrightarrow{AC}$ 知：$\boldsymbol{n}_1\cdot\overrightarrow{AC}=2y-z=0$.

取 $\boldsymbol{n}_1=(1,1,2)$，则点 O 到面 ABC 的距离为 $d=\dfrac{|\boldsymbol{n}_1\cdot\overrightarrow{OA}|}{|\boldsymbol{n}_1|}=\dfrac{2}{\sqrt{1+1+4}}=\dfrac{\sqrt{6}}{3}$.

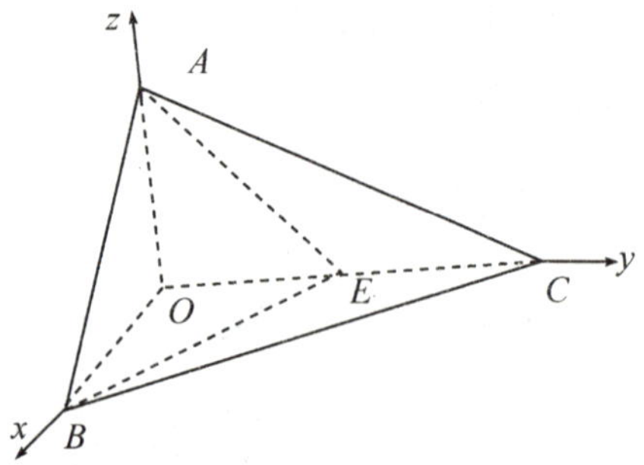

图 1－11

(2) $\overrightarrow{EB}=(2,0,0)-(0,1,0)=(2,-1,0)$，$\overrightarrow{AC}=(0,2,-1)$.

$\cos\langle\overrightarrow{EB},\overrightarrow{AC}\rangle=\dfrac{-2}{\sqrt{5}\cdot\sqrt{5}}=-\dfrac{2}{5}$，所以异面直线 BE 与 AC 所成的角 $\arccos\dfrac{2}{5}$.

(3) 设平面 EAB 的法向量为 $\boldsymbol{n}=(x,y,z)$，则由 $\boldsymbol{n}\perp\overrightarrow{AB}$ 知，$\boldsymbol{n}\cdot\overrightarrow{AB}=2x-z=0$；

由 $\boldsymbol{n}\perp\overrightarrow{EB}$ 知，$\boldsymbol{n}\cdot\overrightarrow{EB}=2x-y=0$. 取 $\boldsymbol{n}=(1,2,2)$.

由(1) 知平面 ABC 的法向量为 $\boldsymbol{n}_1=(1,1,2)$.

则 $\cos\langle\boldsymbol{n},\boldsymbol{n}_1\rangle=\dfrac{\boldsymbol{n}\cdot\boldsymbol{n}_1}{|\boldsymbol{n}||\boldsymbol{n}_1|}=\dfrac{1+2+4}{\sqrt{9}\cdot\sqrt{6}}=\dfrac{7}{3\sqrt{6}}=\dfrac{7\sqrt{6}}{18}$.

故二面角 $E-AB-C$ 的大小为 $\arccos\dfrac{7\sqrt{6}}{18}$.

十、变量相消，均分为轴

“变量相消，均分为轴”是对抽象数学表达式“$f(a+x)=f(b-x)$”所隐含的对称性的恰当概括，即满足上述条件的函数 $y=f(x)(x\in\mathbf{R})$ 的对称轴为 $x=\dfrac{a+b}{2}$.

例 10 如果函数 $f(x)=x^2+bx+c$ 对任意实数 t 都有 $f(t)=f(4-t)$，那么(　　)

A. $f(2)<f(1)<f(4)$　　B. $f(1)<f(2)<f(4)$

C. $f(2) < f(4) < f(1)$　　D. $f(4) < f(2) < f(1)$

解析：∵ 对于任意实数 t 都有 $f(t) = f(4-t)$，

∴ 函数 $f(x)$ 的对称轴为 $x = \frac{t + (4-t)}{2} = 2$，则函数 $f(x)$ 在 $[2, +\infty)$ 上为增函数，又 $f(1) = f(4-1) = f(3)$，∴ $f(2) < f(3) < f(4)$，即 $f(2) < f(1) < f(4)$，故选 A.

综上所述，恰当地总结数学口诀对突破数学知识难点的识记是大有裨益的，同时合理地应用数学口诀也能有效地提高解题效率. 如何紧密结合高中数学课堂教学的实际，总结出更多经典实用的数学口诀是值得我们研究的重要课题.

以问题反思为主线的试卷讲评案例分析

戒勉语

端正态度，明确目标．夯实基础，减少失误．

不懈努力，勤思善问．调整心态，戒骄戒躁．

中央民族大学附属中学2012届高三文科数学月考试卷(2011．12)

一、选择题(本大题共8小题，每小题5分，共40分)

1．已知集合$A=\{x\mid x^2+x-2<0\}$，$B=\{x\mid x^2+x=0\}$，则$A\cap B=$(　　)

A．$\{0,-1\}$　　B．$\{-1,1\}$　　C．$\{-1\}$　　D．$\{0\}$

反思1：一元二次不等式如何解？

反思2：代入选项试求解如何？

2．若复数$z=\frac{i}{1-i}$(i是虚数单位)，则$|z|=$(　　)

A．$\frac{1}{2}$　　B．$\frac{\sqrt{2}}{2}$　　C．1　　D．$\sqrt{2}$

反思1：复数的除法法则是什么？复数的几何意义？

反思2：复数的模如何计算？

3．已知直线$l_1:2x-my+1=0$与$l_2:x+(m-1)y-1=0$，则“$m=2$”是“$l_1\perp l_2$”的(　　)

A．充分不必要条件　　B．必要不充分条件

C．充分且必要条件　　D．既不充分又不必要条件

反思1：两直线垂直的充要条件是什么？

反思2：从集合的角度如何判断充要条件？

反思3：为什么知道两直线垂直的充要条件，但结果会错呢？

4．一空间几何体的三视图如图1－12所示，则该几何体的体积为(　　)

A. $2\pi+2\sqrt{3}$　　B. $4\pi+2\sqrt{3}$　　C. $2\pi+\frac{2\sqrt{3}}{3}$　　D. $4\pi+\frac{2\sqrt{3}}{3}$

反思 1:这个空间几何体是什么?你能画出其直观图吗?

反思 2:如果求它的表面积又如何?

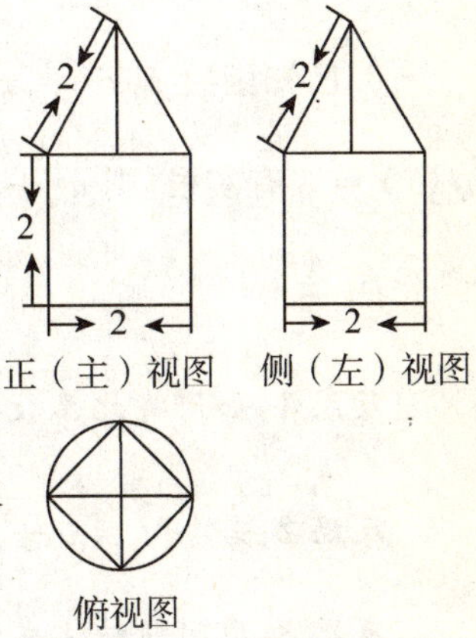

图 1－12

5. 要用一根铁丝制作一个容积为 $8m^3$,且底面为正方形的直棱柱框架,至少需要铁丝(　　)

A. 16m　　B. 20m　　C. 24m　　D. 32m

反思 1:实际问题转化为数学问题,应建立怎样的数学模型?

反思 2:用什么样的方法解决数学问题?

6. $\triangle ABC$ 的内角 A,B,C 的对边分别为 a,b,c,若 $\cos\frac{A}{2}=\frac{2\sqrt{5}}{5}$,$bc=5$,则 $\triangle ABC$ 的面积等于　(　　)

A. $2\sqrt{5}$　　B. 4　　C. $\sqrt{5}$　　D. 2

反思 1:选择哪个公式计算三角形面积?

反思 2:你熟悉余弦的二倍角公式吗?

7. 定义运算:$\begin{vmatrix} a_1 & a_2 \\ a_3 & a_4 \end{vmatrix}=a_1a_4-a_2a_3$,将函数 $f(x)=\begin{vmatrix} \sqrt{3} & \sin\omega x \\ 1 & \cos\omega x \end{vmatrix}$ $(\omega>0)$ 的图象向左平移 $\frac{5}{6}\pi$ 个单位,所得图象对应的函数为偶函数,则 ω 的最小值是(　　)

A. $\frac{1}{5}$　　B. 1　　C. $\frac{11}{5}$　　D. 2

反思 1:你理解新定义"$\begin{vmatrix} a_1 & a_2 \\ a_3 & a_4 \end{vmatrix}=a_1a_4-a_2a_3$"了吗?

反思 2:$f(x)=\sqrt{3}\cos\omega x-\sin\omega x$ 的变形是什么?

顺便写出以下几个变形:

$\sqrt{3}\cos\omega x+\sin\omega x=$ ＿＿＿＿＿,$\cos\omega x+\sqrt{3}\sin\omega x=$ ＿＿＿＿＿,

$\cos\omega x+\sin\omega x=$ __________, $\cos\omega x-\sin\omega x=$ __________,

$3\sin\omega x-\sqrt{3}\cos\omega x=$ __________.

8. 已知函数 $f(x)=x^2+ax+\dfrac{1}{x^2}+\dfrac{a}{x}+b(x\in\mathbf{R}$,且 $x\neq 0)$,若实数 a,b 使得 $f(x)=0$ 有实根,则 a^2+b^2 的最小值为(　　)

A. $\dfrac{4}{5}$　　B. $\dfrac{3}{4}$　　C. 1　　D. 2

反思 1:如何将此函数变为以"$x+\dfrac{1}{x}$"为整体的形式?

反思 2:若令"$t=x+\dfrac{1}{x}$",此函数是关于 t 的什么函数?

反思 3:原问题转化成什么问题了?如何解决?

二、填空题(本大题共 6 小题. 每小题 5 分,共 30 分)

9. 函数 $f(x)=\begin{cases}x^2, x\leqslant 1\\ \dfrac{1}{x}, x>1\end{cases}$ 的值域是________.

问题 1:函数 $f(x)$ 的值域与函数 $y=x^2(x\leqslant 1)$ 和函数 $y=\dfrac{1}{x}(x>1)$ 的值域有何关系?

问题 2:数形结合?

10. 若向量 $\boldsymbol{a},\boldsymbol{b}$ 的夹角为 $30°$, $|\boldsymbol{a}|=\sqrt{3}$, $|\boldsymbol{b}|=2$,则 $\boldsymbol{a}\cdot\boldsymbol{b}=$ ________; $|\boldsymbol{a}+\boldsymbol{b}|=$ ________.

问题 1: $\boldsymbol{a}\cdot\boldsymbol{b}=$?

问题 2:如何求 $|\boldsymbol{a}+\boldsymbol{b}|=$?

11. 图 1－13 程序框图的程序执行后输出的结果是________.

问题1：列表法如何求？

变量	S	n
初值	0	1
1	$0+1=1$	$1+2=3$
2	$0+1+3=4$	$3+2=5$
3	$0+1+3+5=9$	$5+2=7$
4	$0+1+3+5+7=16$	$7+2=9$
…	…	…
24	$0+1+3+5+\cdots+47=24^2=576$	$47+2=49$
25	$0+1+3+5+\cdots+47+49=25^2=625$	$49+2=51>50$
输出	$S=625$	

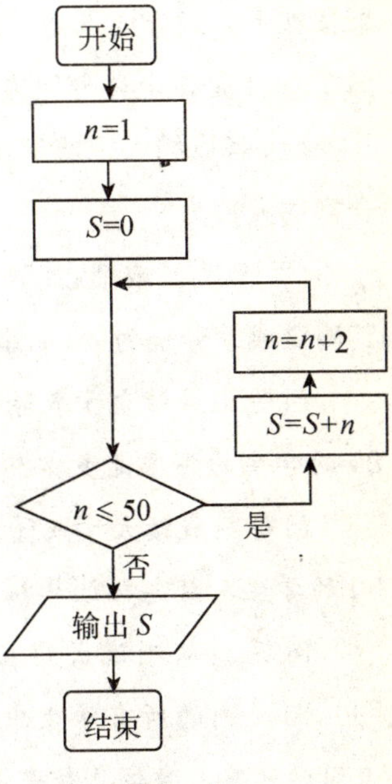

图1－13

12. 当实数x满足约束条件$\begin{cases}x>0,\\ y\geqslant x,\\ 2x+y+k\leqslant 0.\end{cases}$（其中$k$为小于零的常数）时，$z=3x+y$的最大值为2，则实数$k$的值是________.

问题1：直线$2x+y+k=0$有何特点？

问题2：画出不等式组$\begin{cases}x>0\\ y\geqslant x\\ 2x+y+k\leqslant 0\end{cases}$表示的可行域？

问题3：$z=3x+y$的最大值在何条件下产生？

问题4：当实数x满足约束条件$\begin{cases}x>0\\ y\geqslant x\\ 2x+y-2\leqslant 0\end{cases}$时，$z=ax+y$取最大值的解有无穷多，则实数的$a$值是________.

13. 某班50名学生在一次数学测试中，成绩全部介于50与100之间，将测试结果按如下方式分成五组：第一组[50,60)，第二组[60,70)，……，第五组[90,100]。图 1－14 是按上述分组方法得到的频率分布直方图.

(1) 若成绩大于或等于 60 且小于 80，认为合格，求该班在这次数学测试中成绩合格的人数为________；

(2) 从测试成绩在[50,60)∪[90,100]内的所有学生中随机抽取两名同学，设其测试成绩分别为 m、n，事件"$|m-n|>10$"的概率为________.

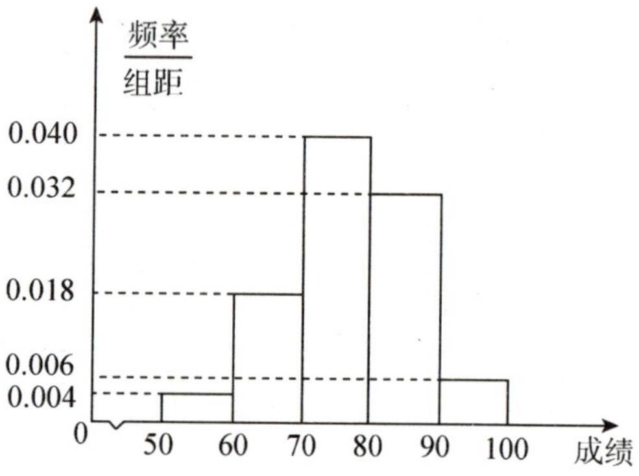

图 1－14

问题 1：成绩大于或等于 60 且小于 80 的学生的频率是多少？

问题 2：成绩大于或等于 60 且小于 80 的学生人数怎样计算？

问题 3：从测试成绩在[50,60)∪[90,100]内的所有学生中随机抽取两名同学的基本事件总数是多少？

问题 4：事件"$|m-n|>10$"的基本事件数是多少？

14. 在数列 $\{a_n\}$ 中，对任意 $n \in \mathbf{N}^*$，都有 $\dfrac{a_{n+2}-a_{n+1}}{a_{n+1}-a_n}=k$（$k$ 为常数），则称 $\{a_n\}$ 为"等差比数列". 下面对"等差比数列"的判断：①k 不可能为 0；② 等差数列一定是等差比数列；③ 等比数列一定是等差比数列；④ 通项公式为 $a_n=a\cdot b^n+c(a\neq 0,b\neq 0,1)$ 的数列一定是等差比数列，其中正确的判断为________.

问题 1：k 为什么不可能为 0？

问题 2：什么样的等差数列不是等差比数列？

问题 3：什么样的等比数列不是等差比数列？

三、解答题

15.（本小题满分 13 分）

已知函数 $f(x)=\sin(\omega x+\varphi)$　$(\omega>0,|\varphi|<\pi)$ 的图象如图 1－15 所示.

(Ⅰ)求 ω,φ 的值；

(Ⅱ)当 $0 \leqslant x \leqslant \pi$ 时，求满足条件 $f(x)f\left(x-\frac{\pi}{4}\right)=-\frac{1}{4}$ 的 x 的值的集合.

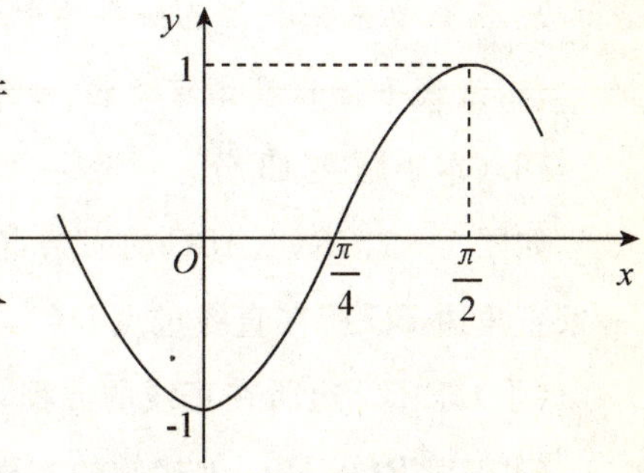

图 1－15

反思 1：在 w 值的求解中应注意什么？代入 $\left(\frac{\pi}{4},0\right)$ 求 φ 应注意什么？

反思 2：$f\left(x-\frac{\pi}{4}\right)$ 如何求？诱导公式你掌握了吗？特殊角的三角函数值你记熟了吗？

反思 3：已知三角函数值求角的易错点在哪里？

反思 4：为什么常常答非所问呢？

反思 5：集合的元素有限且较少时怎样表示比较简明？

16.(本小题满分 13 分)

已知数列 $\{a_n\}$ 成等差数列，S_n 表示它的前 n 项和，且 $a_1+a_3+a_5=6,S_4=12$.

(Ⅰ)求数列 $\{a_n\}$ 的通项公式 a_n；

反思 1：你为什么被扣了 1 分？首项和公差的方程组解对了吗？

(Ⅱ)数列 $\{a_nS_n\}$ 中，从第几项开始(含此项)以后各项均为正整数？

反思 2：如何解多项式不等式？有必要用导数吗？到底是从第 7 项还是第 8 项开始？

点评：认真审题，规范解题；夯实基础，分类整合；灵活选择，适当复查.

17.(本小题满分 13 分)

如图 1－16，在四棱锥 $P-ABCD$ 中，底面 $ABCD$ 是直角梯形，$AB \parallel CD$，$AB \perp AD$，$PA \perp$ 平面 $ABCD$，$PA=AD=CD=2AB$. 点 E 是 PD 的中点.

(Ⅰ)求证：$AE \parallel$ 平面 PBC；

(Ⅱ)求证：平面 $ABE \perp$ 平面 PCD.

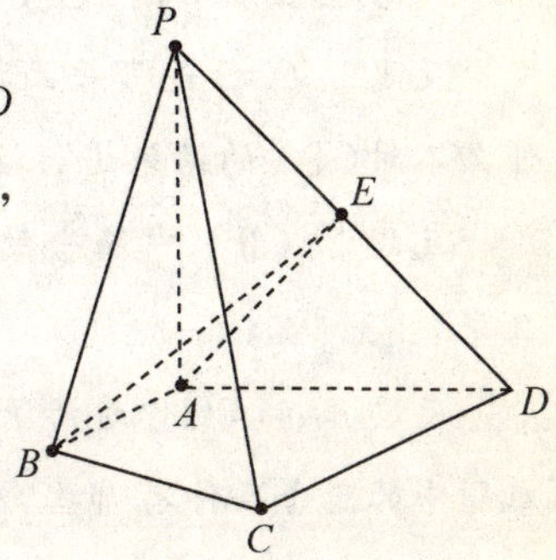

图 1－16

反思 1：线面平行的论证途径主要有哪些？

反思 2：线面垂直的论证途径主要有哪些？

反思 3：要充分挖掘已知条件中的垂直条件，分显化和隐含两个角度梳理.

注：线线平行的载体有哪些？线线垂直的载体有哪些？

18.（本小题共 13 分）

如图 1－17，$\mathbf{Rt}\triangle ABC$ 的一条直角边 AC 所在直线的方程为 $x-3y+3=0$，另一条直角边 BC 所在直线过点 $D(2,5)$，斜边 AB 的中点为 $M(1,0)$.

（Ⅰ）求 BC 边所在直线的方程；

（Ⅱ）求 $\mathbf{Rt}\triangle ABC$ 外接圆的方程；

（Ⅲ）求直角边 AC 的长度 $|AC|$.

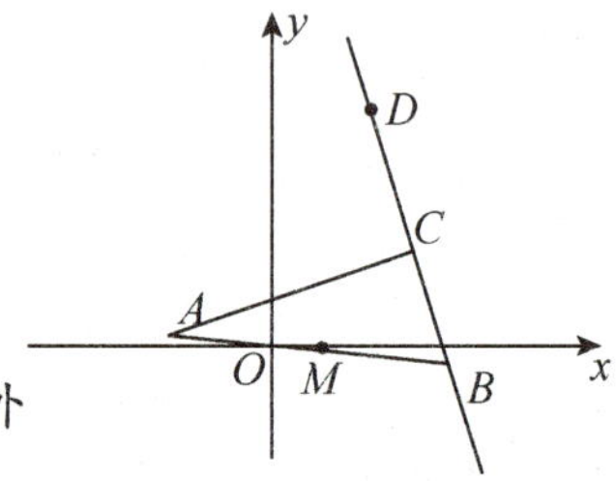

图 1－17

反思 1：如何求 BC 边所在直线方程？

反思 2：如何求 $\mathbf{Rt}\triangle ABC$ 外接圆方程？$\mathbf{Rt}\triangle ABC$ 外接圆圆心在哪里？半径怎么求？一般三角形呢？

反思 3：求直角边 AC 的长度 $|AC|$ 问题一定要求点 A 的坐标吗？应如何有效地转化？

19.（本小题共 14 分）

已知函数 $f(x)=\dfrac{1}{3}x^3-ax^2+(a^2-1)x+b(a,b\in\mathbf{R})$.

（Ⅰ）若 $x=1$ 为 $f(x)$ 的极值点，求 a 的值；

（Ⅱ）若 $y=f(x)$ 的图象在点 $(1,f(1))$ 处的切线方程为 $x+y-3=0$，求 $f(x)$ 在区间 $[-2,4]$ 上的最大值；

（Ⅲ）当 $a\neq 0$ 时，若 $f(x)$ 在区间 $(-1,1)$ 上不单调，求 a 的取值范围.

反思 1：$f(x)$ 是可导函数，“$f'(x_0)=0$”是“$f(x_0)$ 为极值”的充要条件吗？你为什么不对（Ⅰ）的结果进行检验？

反思 2：（Ⅱ）中隐含的确定性条件是什么？闭区间上的可导函数的最值怎么求？

反思 3：$a\neq 0$ 你看清了吗？$f(x)$ 在区间 $(-1,1)$ 上不单调等价于什么？你认为本题中的隐含条件有哪些？对简化解题的作用如何体现？

反思 4：取值范围的规范回答如何落实？这样问该怎么办？

（Ⅲ）当 $a\neq 0$ 时，若 $f(x)$ 在区间 $(-1,1)$ 单调，求 a 的取值范围.

感悟：要抓细节，避免随意性失分，优化解题过程.

再练一题：已知函数 $f(x)=\frac{1}{3}x^3-\frac{a^2-2}{2}x^2+(a-1)x+b(a,b\in\mathbf{R})$.

（Ⅰ）若 $x=1$ 为 $f(x)$ 的极值点，求 a 的值；

$a=-1$ 或 2，经验证 $a=-1$ 符合题意.

20.（本题满分 14 分）

如何把有限小数（包括整数）表示为无限小数，对此我们作如下规定：对于正有限小数（包括正整数）x，当 $x=a_0.a_1a_2\cdots a_n$ 时，其中 $0\leqslant a_i\leqslant 9, i=1,2,\cdots,n$，$a_n\neq 0$，$a_0$ 为非负整数，记 $x=a_0.a_1a_2\cdots(a_n-1)9999\cdots$，而当 $x=a_0$ 为正整数时，则记 $x=(a_0-1).9999\cdots$；对于负有限小数（包括负整数）y，则现将 $-y$ 表示为无限小数，再在所得无限小数之前加负号；又规定数 0 表示为 $0.0000\cdots$. 于是，任何实数都可以用一个确定的无限小数来表示.

（Ⅰ）分别将实数 2.001，5，-8 表示成无限小数的形式.

（Ⅱ）设 $x=a_0.a_1a_2\cdots a_n\cdots$ 为非负实数. 称有理数 $x_n=a_0.a_1a_2\cdots a_n$ 为实数 x 的 n 位不足近似，而有理数 $\overline{x_n}=x_n+\frac{1}{10^n}$ 称为 x 的 n 位过剩近似，$n=1,2,\cdots$. 对于负实数 $x=-a_0.a_1a_2\cdots a_n\cdots$，其 n 位不足近似与 n 位过剩近似分别规定为 $x_n=-a_0.a_1a_2\cdots a_n-\frac{1}{10^n}$ 与 $\overline{x_n}=-a_0.a_1a_2\cdots a_n$.

（ⅰ）比较 x_n，x 与 $\overline{x_n}$ 的大小（不必证明）；

（ⅱ）当 $x=2$ 时，求数列 $\{x_n\}$ 的通项公式及其前 n 项和 S_n；

（Ⅲ）设 x,y 是任意两个实数，在（Ⅱ）的条件下，$x>y\Leftrightarrow\exists$ 非负整数 n，使得 $x_n>\overline{y_n}$.

证明：$\exists$ 有理数 r 满足 $x>r>y$.

反思 1：时间不够是正常的，要通过对基础试题的合理、简洁、高效的解答争取时间，往往是前面的某个试题上花费的时间较多而导致时间紧张.

反思 2：要克服对压轴题的畏难心理，认真阅读、仔细审题，突破情境，争取（Ⅰ）问得满分，（Ⅱ）问能得分，（Ⅲ）问看临场发挥的策略突破.

反思3:创新是北京高考题的鲜明特征,但试题一般不刻意在解题技巧上为难考生,注重通性通法的考查,难在解题策略的选择和落实.

反思4:基础题易得分,也易失分,切中题意,规范回答是关键,如将2.001表示成无限小数的形式.当$x=2$时,求数列$\{x_n\}$的通项公式及其前n项和S_n.

反思5:要加强对数学问题本质的探求,避免简单复杂的形式化,如

$x_n=1.\underbrace{99\cdots9}_{n个}$.

参考答案

一、选择题:

ABAC　CDBA

二、填空题:

9. $[0,+\infty)$　　10. $3;\sqrt{13}$　　11. 625　　12. $-\frac{3}{2}$　　13. $29;\frac{3}{5}$

14. ①④

三、解答题:

15.(Ⅰ)由图可知 $T=4\left(\frac{\pi}{2}-\frac{\pi}{4}\right)=\pi,\omega=\frac{2\pi}{T}=2$,

又由 $f\left(\frac{\pi}{2}\right)=1$ 得,$\sin(\pi+\varphi)=1$,得 $\sin\varphi=-1$　$\because |\varphi|<\pi \therefore \varphi=-\frac{\pi}{2}$.

(Ⅱ)$\left\{\frac{7\pi}{24},\frac{11\pi}{24},\frac{19\pi}{24},\frac{23\pi}{24}\right\}$

16.(Ⅰ)由题意知$\begin{cases}3a_1+6d=6,\\4a_1+6d=12.\end{cases}$解得$\begin{cases}a_1=6,\\d=2.\end{cases}$

$\therefore a_n=-2n+8\quad(n\in\mathbf{N}^*)$.

(Ⅱ)$a_nS_n=(-2n+8)(-n^2+7n)$

$\because -2n+8$ 从第5项起为负数,$-n^2+7n$ 从第8项起为负数.

$\therefore a_n\cdot S_n$ 从第8项起,恒为正整数.

17.(Ⅰ)取 PC 的中点 F,连结 EF、BF.

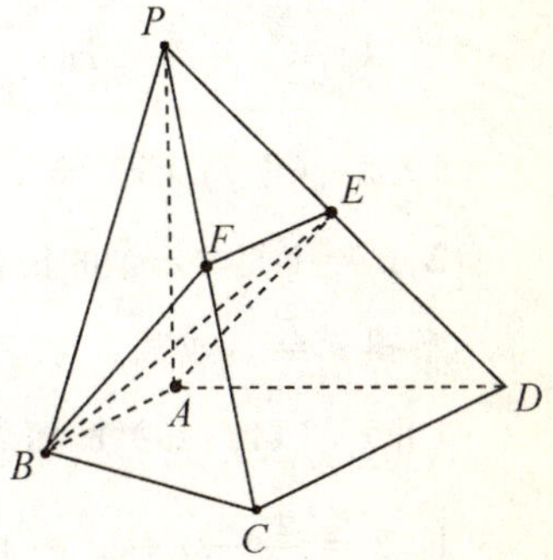

图 1－18

在 $\triangle PCD$ 中，$EF \mathrel{\underline{\underline{/\!/}}} \frac{1}{2}CD$，又 $AB \mathrel{\underline{\underline{/\!/}}} \frac{1}{2}CD$，故 $AB /\!/ EF$，

所以四边形 $ABFE$ 为 $\square$，$\therefore AE /\!/ BF$.

又 $AE \not\subset$ 平面 PBC，$BF \subset$ 平面 PBC，

$\therefore AE /\!/$ 平面 PBC；

（Ⅱ）$\because PA = AD$，点 E 为 PD 的中点，

$\therefore AE \perp PD$.

又 $PA \perp$ 平面 $ABCD$，$\therefore PA \perp CD$，

又 $CD \perp AD$，$AD \cap PD = A$，$\therefore CD \perp$ 平面 PAD.

$\therefore CD \perp AE$.

$\because PD \cap CD = D$，$\therefore AE \perp$ 平面 PCD.

$\because AE \subset$ 平面 ABE，$\therefore$ 平面 $ABE \perp$ 平面 PCD.

18 解：（Ⅰ）因为 AC 边所在直线的方程为 $x - 3y + 3 = 0$，且 $AC \perp BC$，

所以 $k_{BC} = -3$.

又因为点 $D(2,5)$ 在直线 BC 上，所以 AD 边所在直线的方程为

$y - 5 = -3(x-2)$，即 $3x + y - 11 = 0$.

（Ⅱ）由$\begin{cases} x - 3y + 3 = 0, \\ 3x + y - 11 = 0. \end{cases}$ 解得点 $C(3,2)$，

因为斜边 AB 中点为 $M(1,0)$. 所以 M 为外接圆的圆心.

又 $|CM| = \sqrt{(3-1)^2 + (2-0)^2} = 2\sqrt{2}$.

从而 $\mathrm{Rt}\triangle ABC$ 外接圆的方程为 $(x-2)^2 + y^2 = 8$.

（Ⅲ）取 AC 中点 H，连结 MH，所以 $MH \perp AC$，且 $AH = HC$，

$\mathrm{Rt}\triangle MHC$ 中，$|MH| = \dfrac{|1+3|}{\sqrt{1^2+3^2}} = \dfrac{4}{\sqrt{10}} = \dfrac{2\sqrt{10}}{5}$，

所以 $|CH| = \sqrt{|MC|^2 - |MH|^2} = \sqrt{8 - \dfrac{8}{5}} = \dfrac{4\sqrt{10}}{5}$，

所以 $|AC| = 2|CH| = \frac{8\sqrt{10}}{5}$,

19. 解:(Ⅰ)$f'(x) = x^2 - 2ax + a^2 - 1$,

$\because x = 1$ 是 $f(x)$ 的极值点,$\therefore f'(x) = 0$,即 $a^2 - 2a = 0$,

解得 $a = 0$ 或 2.

(Ⅱ)$\because (1, f(1))$ 是切点,$\therefore 1 + f(1) - 3 = 0$,$\therefore f(1) = 2$.

即 $2 = \frac{1}{3} - a + a^2 - 1 + b$,$a^2 - a + b - \frac{8}{3} = 0$,

$\because$ 切线 $x + y - 3 = 0$ 的斜率为 -1,

$\therefore f'(1) = -1$,即 $a^2 - 2a + 1 = 0$,$a = 1$,代入解得 $b = \frac{8}{3}$.

$\therefore f(x) = \frac{1}{3}x^3 - x^2 + \frac{8}{3}$,$\therefore f'(x) = x^2 - 2x$,

$\therefore x = 0$ 和 $x = 2$ 是 $y = f(x)$ 的两个极值点.

$\because f(0) = \frac{8}{3}$,$f(2) = \frac{4}{3}$,$f(-2) = -4$,$f(4) = 8$

$\therefore y = f(x)$ 在 $[-2, 4]$ 上的最大值为 8.

(Ⅲ)因为函数 $f(x)$ 在区间 $(-1, 1)$ 不单调,

所以函数 $f'(x)$ 在 $(-1, 1)$ 上存在零点.

而 $f'(x) = 0$ 的两根为 $a - 1$,$a + 1$,区间长为 2,

$\therefore$ 在区间 $(-1, 1)$ 上不可能有 2 个零点.

所以 $f'(-1)f'(1) < 0$,即 $a^2(a + 2)(a - 2) < 0$,

$\because a^2 > 0$,$\therefore (a + 2)(a - 2) < 0$,$-2 < a < 2$,

又 $\because a \neq 0$,$\therefore a \in (-2, 0) \cup (0, 2)$.

20. (Ⅰ)$2.001 = 2.000999\cdots$,$5 = 4.999\cdots$,$-8 = -7.999\cdots$;

(Ⅱ)(ⅰ)$x_n \leqslant x \leqslant \overline{x_n}$;

(ⅱ)$x_n = 2 - \frac{1}{10^n}$,$S_n = 2n + \frac{1}{9}\left(1 - \frac{1}{10^n}\right)$.

(Ⅲ)证明:由于 $x > y$,故存在非负整数 n,使得 $x_n > \overline{y_n}$. 令

$r=\frac{1}{2}(x_n+\overline{y_n})$，则 r 为有理数，则

$r-\overline{y_n}=\frac{1}{2}(x_n+\overline{y_n})-\overline{y_n}=\frac{1}{2}(x_n-\overline{y_n})>0$，

$r-x_n=\frac{1}{2}(x_n+\overline{y_n})-x_n=\frac{1}{2}(\overline{y_n}-x_n)<0$，

所以 $\overline{y_n}<r<x_n$

且有 $y\leqslant\overline{y_n}<r<x_n\leqslant x$，即得 $x>r>y$.

数学解题教学的有效模式

——一题多变

何谓有效的高中数学教学模式?这是许多数学教育工作者长期探索和研究的重要课题,是没有穷尽的.本文结合教学实践,浅议一题多变的数学解题教学模式,供参考.

一次课堂教学中选用的原题如下:

已知椭圆 $C:\frac{x^2}{2}+y^2=1$ 的右焦点为 F,M,N 为椭圆 C 上的两个动点,且 $MN\perp x$ 轴,直线 MF 与椭圆的另一个交点为 Q.

求证:直线 NQ 恒过 x 轴上一定点.

关于本题的解析,笔者在《多元变量的消元对策》一文中进行了详细的分析,在此不再赘述,以下重点研究这道题的几个变式.

变式题目 1:

已知椭圆 $C:\frac{x^2}{2}+y^2=1$ 的右焦点为 F,过点 $T(2,0)$ 的直线交椭圆 C 于 N,Q 两点,过点 N 且垂直于 x 轴的直线交椭圆 C 于 M 点.

求证:M、F、Q 三点共线.

解:$\because F(1,0)$,依题设 $NT:y=k(x-2)$,$N(x_1,y_1)$,$Q(x_2,y_2)$,$M(x_1,-y_1)$,

由$\begin{cases}y=k(x-2),\\x^2+2y^2=2.\end{cases}$ 消去 y,得 $(2k^2+1)x^2-8k^2x+8k^2-2=0$,

$\therefore x_1+x_2=\frac{8k^2}{1+2k^2}$,$x_1x_2=\frac{8k^2-2}{1+2k^2}$,

又 $k_{FM}=\frac{-y_1}{x_1-1}$,$k_{FQ}=\frac{y_2}{x_2-1}$,

$\therefore k_{FQ}-k_{FM}=\frac{y_2}{x_2-1}-\frac{-y_1}{x_1-1}=\frac{y_2}{x_2-1}+\frac{y_1}{x_1-1}=\frac{y_1(x_2-1)+y_2(x_1-1)}{(x_1-1)(x_2-1)}$,

其中$y_1(x_2-1)+y_2(x_1-1)$

$=k(x_1-2)(x_2-1)+k(x_2-2)(x_1-1)$

$=k[2x_1x_2-3(x_1+x_2)+4]=k\left(\frac{16k^2-4}{1+2k^2}-\frac{24k^2}{1+2k^2}+4\right)$

$=k\left(\frac{16k^2-4-24k^2+4+8k^2}{1+2k^2}\right)=0$,

所以,M、F、Q三点共线.

变式题目2:

已知椭圆$C:\frac{x^2}{2}+y^2=1$的右焦点为F,过点$T(2,0)$的直线交椭圆C于N,Q两点,直线QF与椭圆C交于M点.

求证:直线$MN\perp x$轴.

解:$\because F(1,0)$,依题设$NT:y=k_1(x-2)$,$N(x_1,y_1)$,$Q(x_2,y_2)$,$M(x_3,y_3)$,

由$\begin{cases}y=k_1(x-2),\\x^2+2y^2=2.\end{cases}$消去$y$,得$(2k_1^2+1)x^2-8k_1^2x+8k_1^2-2=0$,

$\therefore x_1x_2=\frac{8k_1^2-2}{1+2k_1^2}$ ①

又$k_1=\frac{y_1}{x_1-2}$,$x_1^2+2y_1^2=2$,

$\therefore$由①,得$(1+2k_1^2)x_2x_1=8k_1^2-2$,即

$\left(1+2\frac{y_1^2}{(x_1-2)^2}\right)x_2x_1=8\frac{y_1^2}{(x_1-2)^2}-2$,

化简并整理,得$x_1=\frac{4-3x_2}{3-2x_2}$.

依题设$MQ:y=k_2(x-1)$,

由$\begin{cases}y=k_2(x-1)\\x^2+2y^2=2\end{cases}$,消去$y$,得$(2k_2^2+1)x^2-4k_2^2x+2k_2^2-2=0$,

$\therefore x_2x_3=\frac{2k_2^2-2}{1+2k_2^2}$ ②

又 $k_2=\dfrac{y_2}{x_2-1}$， $x_2^2+2y_2^2=2$，

∴ 由 ①，得 $(1+2k_2^2)x_2x_3=2k_2^2-2$，即

$$\left(1+2\frac{y_2^2}{(x_2-1)^2}\right)x_2x_3=2\frac{y_2^2}{(x_2-1)^2}-2,$$

化简并整理，得 $x_3=\dfrac{4-3x_2}{3-2x_2}$，

∴ $x_3=x_1$，故直线 $MN\perp x$ 轴.

点评：体会 k_1，k_2 借助不同的两点 N，Q 分别表示.

变式题目 3：已知椭圆 C：$\dfrac{x^2}{2}+y^2=1$ 的右焦点为 F，过点 $T(2,0)$ 的直线交椭圆 C 于 N，Q 两点.

（Ⅰ）求证：$\angle OFN=\angle TFQ$；

（Ⅱ）若 $\overrightarrow{TQ}=\lambda\overrightarrow{TN}(\lambda>0)$，求证：$|\overrightarrow{FQ}|=\lambda|\overrightarrow{FN}|$.

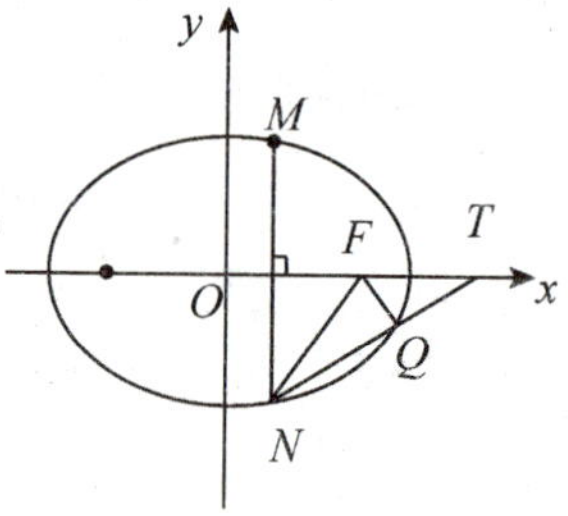

图 1－19

证明：（Ⅰ）∵ $F(1,0)$，依题设 NQ：$y=k(x-2)$，$N(x_1,y_1)$，$Q(x_2,y_2)$，

由 $\begin{cases}y=k(x-2),\\x^2+2y^2=2.\end{cases}$ 消去 y，得

$(2k^2+1)x^2-8k^2x+8k^2-2=0$，

当 $\Delta>0$ 时，解得 $-\dfrac{\sqrt{2}}{2}<k<\dfrac{\sqrt{2}}{2}$，

∴ $x_1+x_2=\dfrac{8k^2}{1+2k^2}$……①，　　$x_1x_2=\dfrac{8k^2-2}{1+2k^2}$……②，

又 $k_{NF}=\dfrac{y_1}{x_1-1}$，$k_{QF}=\dfrac{y_2}{x_2-1}$，

∴ $k_{NF}+k_{QF}=\dfrac{y_1}{x_1-1}+\dfrac{y_2}{x_2-1}=\dfrac{y_1(x_2-1)+(x_1-1)y_2}{(x_1-1)(x_2-1)}$，

其中 $y_1(x_2-1)+(x_1-1)y_2=k(x_1-2)(x_2-1)+k(x_2-2)(x_1-1)$

$$=2kx_1x_2-3k(x_1+x_2)+4k=k\left(\frac{16k^2-4}{1+2k^2}-\frac{24k^2}{1+2k^2}+4\right)=0,$$

$\therefore k_{NF}+k_{QF}=0$，

所以，直线 FN 与直线 FQ 的倾斜角互补，即 $\angle OFN=\angle TFQ$；

点评：可把变式题目 2 中求证“直线 $MN\perp x$ 轴”的问题转化为本问题加以解决.

（Ⅱ）$\overrightarrow{TQ}=(x_2-2,y_2)$，$\overrightarrow{TN}=(x_1-2,y_1)$，由 $\overrightarrow{TQ}=\lambda\overrightarrow{TN}(\lambda>0)$，得

$x_2-2=\lambda(x_1-2)$，$y_2=\lambda y_1$，

$$\therefore|\overrightarrow{FQ}|=\sqrt{(x_2-1)^2+y_2^2}=\sqrt{x_2^2-2x_2+1+1-\frac{x_2^2}{2}}=\sqrt{\frac{(x_2-2)^2}{2}}=2-x_2,$$

$$|\overrightarrow{FN}|=\sqrt{(x_1-1)^2+y_1^2}=\sqrt{x_1^2-2x_1+1+1-\frac{x_1^2}{2}}=\sqrt{\frac{(x_1-2)^2}{2}}=2-x_1,$$

$\therefore|\overrightarrow{FQ}|=\lambda|\overrightarrow{FN}|$.

（Ⅱ）证明 2：$\because\overrightarrow{TQ}=(x_2-2,y_2)$，$\overrightarrow{TN}=(x_1-2,y_1)$，

若 $\overrightarrow{TQ}=\lambda\overrightarrow{TN}$，则 $(x_2-2,y_2)=\lambda(x_1-2,y_1)$，

$\therefore x_2-2=\lambda x_1-2\lambda$，$y_2=\lambda y_1$，

又 $\overrightarrow{FQ}=(x_2-1,y_2)$，$\overrightarrow{FN}=(x_1-1,y_1)$，

只需证明 $x_2-1=\lambda(x_1-1)$ 即可.

$$\begin{cases}x_1^2+2y_1^2=2\\x_2^2+2y_2^2=2\end{cases}\Rightarrow\begin{cases}\lambda^2x_1^2+2\lambda^2y_1^2=2\lambda^2\\x_2^2+2y_2^2=2\end{cases}\Rightarrow x_2^2-\lambda^2x_1^2=2(1-\lambda^2)$$

$$\Rightarrow(x_2-\lambda x_1)(x_2+\lambda x_1)=2(1-\lambda^2),$$

由 $x_2-2=\lambda x_1-2\lambda$，得 $x_2-\lambda x_1=2-2\lambda$，

$\therefore(2-2\lambda)(x_2+\lambda x_1)=2(1-\lambda^2)$，又 $\lambda\neq1$，

$\therefore x_2+\lambda x_1=1+\lambda\Rightarrow x_2-1=\lambda(1-x_1)$，

$$|\overrightarrow{FQ}|=\sqrt{(x_2-1)^2+y_2^2}=\sqrt{\lambda^2(1-x_1)^2+\lambda^2y_1^2}$$

$$=\lambda\sqrt{(1-x_1)^2+y_1^2}=\lambda|\overrightarrow{FN}|,$$

即 $|\overrightarrow{FQ}|=\lambda|\overrightarrow{FN}|$.

点评：本题亦可设 N 关于 x 轴的对称点为 M，进而证明 M,F,Q 三点共线，再证明的 $\overrightarrow{FQ}=-\lambda\overrightarrow{FM}$ 即可.

跳出解题模式谈解题

——关于一道模拟考试压轴题简解的思考

题目 【2010年4月北京石景山区高三综合练习理科20题】

已知函数 $f(x)=px-\dfrac{p}{x}-2\ln x$.

(1) 若 $p=2$,求曲线 $f(x)$ 在点 $(1,f(1))$ 处的切线;

(2) 若函数 $f(x)$ 在其定义域内为增函数,求正实数 p 的取值范围;

(3) 设函数 $g(x)=\dfrac{2e}{x}$,若在 $[1,e]$ 上至少存在一点 x_0,使得 $f(x_0)>g(x_0)$ 成立,求实数 p 的取值范围.

对于上述问题的(1)、(2)两问,在此不再赘述,其参考答案如下:

(1) $y=2x-2$;(2) $[1,+\infty)$.

以下着重分析第(3)问,先看命题者给出的参考解答:

解析: $\because g(x)=\dfrac{2e}{x}$ 在 $[1,e]$ 上是减函数,

$\therefore x=e$ 时,$g(x)_{\min}=2$;　　$x=1$ 时,$g(x)_{\max}=2e$,

即 $g(x)\in[2,2e]$.

又 $f'(x)=p+\dfrac{p}{x^2}-\dfrac{2}{x}=\dfrac{px^2-2x+p}{x^2}$,　令 $h(x)=px^2-2x+p$,

① 当 $p<0$ 时,$h(x)=px^2-2x+p$ 其图象为开口向下的抛物线,对称轴 $x=\dfrac{1}{p}$ 在 y 轴的左侧,且 $h(0)<0$,所以 $f(x)$ 在 $x\in[1,e]$ 内是减函数.

当 $p=0$ 时,在 $h(x)=-2x$,因为 $x\in[1,e]$,所以,$h(x)<0$,$f'(x)=-\dfrac{2x}{x^2}<0$.

此时,$f(x)$ 在 $x\in[1,e]$ 内是减函数.

故当 $p\leqslant 0$ 时，$f(x)$ 在 $x\in[1,e]$ 上单调递减，则 $f(x)_{\max}=f(1)=0<2$，不合题意；

② 当 $0<p<1$ 时，由 $x\in[1,e]\Rightarrow x-\frac{1}{x}\geqslant 0$，

所以 $f(x)=p(x-\frac{1}{x})-2\ln x\leqslant x-\frac{1}{x}-2\ln x$.

又由(2)知当 $p=1$ 时，$f(x)$ 在 $x\in[1,e]$ 上是增函数，

$\therefore x-\frac{1}{x}-2\ln x<e-\frac{1}{e}-2\ln e=e-\frac{1}{e}-2<2$，不合题意；

③ 当 $p\geqslant 1$ 时，由(2)知 $f(x)$ 在 $x\in[1,e]$ 上是增函数，

$f(1)=0<2$.

又 $g(x)$ 在 $x\in[1,e]$ 上是减函数，故只需 $f(x)_{\max}>g(x)_{\min}$，$x\in[1,e]$，

而 $f(x)_{\max}=f(e)=p(e-\frac{1}{e})-2\ln e$，$g(x)_{\min}=2$，

即 $p\left(e-\frac{1}{e}\right)-2\ln e>2$，　解得 $p>\frac{4e}{e^2-1}$，

所以实数 p 的取值范围是 $\left(\frac{4e}{e^2-1},+\infty\right)$.

简解探究：

(3) 依题设函数 $h(x)=f(x)-g(x)$，即 $h(x)=px-\frac{p}{x}-2\ln x-\frac{2e}{x}$，

若在区间 $[1,e]$ 上至少存在一点 x_0，使得 $f(x_0)>g(x_0)$ 成立，即 $h(x)_{\max}>0$.

因为 $h'(x)=p+\frac{p}{x^2}-\frac{2}{x}+\frac{2e}{x^2}$，

注意到 $h'(x)=p\left(1+\frac{1}{x^2}\right)+\frac{2(e-x)}{x^2}$，且 $\frac{2(e-x)}{x^2}\geqslant 0$，$1+\frac{1}{x^2}>0$，

（ⅰ）当 $p\geqslant 0$ 时，必有 $h'(x)=p\left(1+\frac{1}{x^2}\right)+\frac{2(e-x)}{x^2}\geqslant 0$，函数 $h(x)$ 在区间 $[1,e]$ 上单调递增，则 $h(x)_{\max}=h(e)=pe-\frac{p}{e}-2\ln e-\frac{2e}{e}=pe-\frac{p}{e}-4>0$，

解得 $p>\frac{4e}{e^2-1}$；

(ⅱ)注意到 $h(x)=px-\frac{p}{x}-2\ln x-\frac{2e}{x}=p\left(x-\frac{1}{x}\right)-2\left(\ln x+\frac{e}{x}\right)$,

当 $p<0$ 时,又 $x\in[1,e]$,所以 $x-\frac{1}{x}>0,\ln x+\frac{e}{x}>0$,

因此 $p\left(x-\frac{1}{x}\right)-2\left(\ln x+\frac{e}{x}\right)<0$,即 $h(x)<0$.

故此时不存在 $x_0\in[1,e]$,使得 $f(x_0)>g(x_0)$ 成立.

综上所述,实数 p 的取值范围是 $\left(\frac{4e}{e^2-1},+\infty\right)$.

点评:在利用函数的导数研究函数的相关问题时,不仅要重视导函数解析式的结构特点也要高度重视原函数解析式的结构特点,以便灵活高效地解决问题.不要教条地、僵化地应用所谓的解题模式,而要跳出所谓解题模式束缚,具体问题具体分析,要善于根据导函数、原函数的解析式的结构特点,整体把握,有效突破.

立足课本例习题　感受配角变换之重要

配角变换是三角函数解题中十分重要的转化思想之一. 本文立足于课本[1]例习题归纳总结这种转化思想在三角函数解题中的具体应用,供读者参考.

例 1 【P38 例 3】利用和角公式计算$\dfrac{1+\tan 15^\circ}{1-\tan 15^\circ}$的值.

分析:选择 $1=\tan 45^\circ$ 转化原式,然后整体逆用两角和正切公式便可简化求解.

解:$\because\ 1=\tan 45^\circ$,

$$\therefore\ \frac{1+\tan 15^\circ}{1-\tan 15^\circ}=\frac{\tan 45^\circ+\tan 15^\circ}{1-\tan 45^\circ\tan 15^\circ}$$

$$=\tan(45^\circ+15^\circ)=\tan 60^\circ=\sqrt{3}.$$

例 2 【P40 练习 4.(1)】利用和(差)角公式证明

$\tan 20^\circ+\tan 40^\circ+\sqrt{3}\tan 20^\circ\tan 40^\circ=\sqrt{3}$.

分析:注意到 $60^\circ=20^\circ+40^\circ$,对此两边取正切便可整体突破.

解:$\because \tan 60^\circ=\tan(20^\circ+40^\circ)=\dfrac{\tan 20^\circ+\tan 40^\circ}{1-\tan 20^\circ\tan 40^\circ}$,

又$\because \tan 60^\circ=\sqrt{3}$,$\therefore \sqrt{3}(1-\tan 20^\circ\tan 40^\circ)=\tan 20^\circ+\tan 40^\circ$,

$\therefore \tan 20^\circ+\tan 40^\circ+\sqrt{3}\tan 20^\circ\tan 40^\circ=\sqrt{3}$.

例 3 【P42 习题 11】已知 $\cos(\alpha-\beta)=-\dfrac{4}{5}$,$\cos(\alpha+\beta)=\dfrac{4}{5}$,且 $\alpha-\beta\in\left(\dfrac{\pi}{2},\pi\right)$,$\alpha+\beta\in\left(\dfrac{3\pi}{2},2\pi\right)$,求 $\cos 2\alpha$,$\cos 2\beta$ 值.

分析:利用 $2\alpha=(\alpha-\beta)+(\alpha+\beta)$ 求解.

解:$\because \cos(\alpha-\beta)=-\dfrac{4}{5}$,且 $\alpha-\beta\in\left(\dfrac{\pi}{2},\pi\right)$,

---

[1] 人教 B 版必修四。

$$\therefore \sin(\alpha-\beta)=\sqrt{1-\cos^2(\alpha-\beta)}=\frac{3}{5},$$

又$\because \cos(\alpha+\beta)=\frac{4}{5}$，且$\alpha+\beta\in\left(\frac{3\pi}{2},2\pi\right)$，

$$\therefore \sin(\alpha+\beta)=-\sqrt{1-\cos^2(\alpha+\beta)}=-\frac{3}{5}.$$

$$\begin{aligned}\therefore \cos2\alpha &= \cos[(\alpha-\beta)+(\alpha+\beta)]\\ &= \cos(\alpha-\beta)\cos(\alpha+\beta)-\sin(\alpha-\beta)\sin(\alpha+\beta)\\ &= -\frac{4}{5}\times\frac{4}{5}-\frac{3}{5}\times\left(-\frac{3}{5}\right)=-\frac{7}{25}.\end{aligned}$$

同理可得，$\cos2\beta=\cos[(\alpha+\beta)-(\alpha-\beta)]=-1$.

一道经典试题的赏析和变式拓展

题目 【2007年普通高等学校招生全国统一考试理科21题】

已知椭圆$\frac{x^2}{3}+\frac{y^2}{2}=1$的左、右焦点分别为$F_1,F_2$.过$F_1$的直线交椭圆于$B,D$两点,过$F_2$的直线交椭圆于$A,C$两点,且$AC\perp BD$,垂足为$P$.

(Ⅰ)设P点的坐标为(x_0,y_0),证明:$\frac{x_0^2}{3}+\frac{y_0^2}{2}<1$;

(Ⅱ)求四边形$ABCD$的面积的最小值.

证明:(Ⅰ)椭圆的半焦距$c=\sqrt{3-2}=1$,

由$AC\perp BD$知点P在以线段F_1F_2为直径的圆上,故$x_0^2+y_0^2=1$,

所以,$\frac{x_2^2}{3}+\frac{y_0^2}{2}\leqslant\frac{x_0^2}{2}+\frac{y_0^2}{2}=\frac{1}{2}<1$.

(Ⅱ)(ⅰ)当BD的斜率k存在且$k\neq 0$时,BD的方程为$y=k(x+1)$,代入椭圆方程$\frac{x^2}{3}+\frac{y^2}{2}=1$,并化简得$(3k^2+2)x^2+6k^2x+3k^2-6=0$.

设$B(x_1,y_1),D(x_2,y_2)$,则

$x_1+x_2=-\frac{6k^2}{3k^2+2},x_1x_2=\frac{3k^2-6}{3k^2+2}$

$|BD|=\sqrt{1+k^2}\cdot|x_1-x_2|=\sqrt{(1+k^2)\cdot[(x_2+x_2)^2-4x_1x_2]}=\frac{4\sqrt{3}(k^2+1)}{3k^2+2}$.

因为AC与BC相交于点P,且AC的斜率为$-\frac{1}{k}$,

所以,$|AC|=\frac{4\sqrt{3}\left(\frac{1}{k^2}+1\right)}{3\times\frac{1}{k^2}+2}=\frac{4\sqrt{3}(k^2+1)}{2k^2+3}$.

四边形$ABCD$的面积

$$S=\frac{1}{2}|BD||AC|=\frac{24(k^2+1)^2}{(3k^2+2)(2k^2+3)}\geqslant\frac{24(k^2+1)^2}{\left[\frac{(3k^2+2)+(2k^2+3)}{2}\right]^2}=\frac{96}{25}.$$

当 $k^2=1$ 时，上式取等号.

(ⅱ) 当 BD 的斜率 $k=0$ 或斜率不存在时，四边形 $ABCD$ 的面积 $S=4$.

综上，四边形 $ABCD$ 的面积的最小值为 $\frac{96}{25}$.

点评：(1) 为什么可以将"$|BD|=\frac{4\sqrt{3}(k^2+1)}{3k^2+2}$"中的"$k$ 换为 $-\frac{1}{k}$"便可得"$|AC|=\frac{4\sqrt{3}\left(\frac{1}{k^2}+1\right)}{3\times\frac{1}{k^2}+2}=\frac{4\sqrt{3}(k^2+1)}{2k^2+3}$"？这是本题求解过程中简化运算的关键所在，原因是因为椭圆具有中心对称性，因此将直线 AC 平移过另一个焦点 F_1，被椭圆所截得的弦长与 $|AC|$ 相等，对此转化手段要认真体会.

(2) 利用均值不等式求最值是解答本题的最简方法，观察到"$(3k^2+2)+(2k^2+3)=5(k^2+1)$"，从而得 $(3k^2+2)(2k^2+3)\leqslant\left[\frac{(3k^2+2)+(2k^2+3)}{2}\right]^2=\frac{25}{4}(k^2+1)^2$，进而实现了分子分母的公因式"$(k^2+1)^2$"的约分，转化为定值而完成解答.

变式拓展：

已知椭圆 $\frac{x^2}{3}+\frac{y^2}{2}=1$，过点 $M(0,1)$ 的两条互相垂直的动直线分别交椭圆于 A,C 两点和 B,D 两点，且 $AC\perp BD$. 求四边形 $ABCD$ 的面积的取值范围.

解：(ⅰ) 当 BD 的斜率 k 存在且 $k\neq 0$ 时，BD 的方程为 $y=kx+1$，代入椭圆方程 $\frac{x^2}{3}+\frac{y^2}{2}=1$，并化简得 $(2+3k^2)x^2+6kx-3=0$.

设 $B(x_1,y_1)$，$D(x_2,y_2)$，则

$$x_1+x_2=-\frac{6k}{2k^2+3},x_1x_2=\frac{-3}{2k^2+3}.$$

$$|BD|=\sqrt{1+k^2}\cdot|x_1-x_2|=\sqrt{(1+k^2)\cdot[(x_2+x_2)^2-4x_1x_2]}$$

$$=\frac{2\sqrt{6}\sqrt{1+k^2}\sqrt{1+3k^2}}{2+3k^2},$$

因为 AC 与 BC 相交于点 M，且 AC 的斜率为 $-\frac{1}{k}$.

所以，$|AC|=\dfrac{2\sqrt{6}\sqrt{1+\frac{1}{k^2}}\sqrt{1+\frac{3}{k^2}}}{2+\frac{3}{k^2}}=\dfrac{2\sqrt{6}\sqrt{k^2+1}\sqrt{k^2+3}}{2k^2+3},$

四边形 $ABCD$ 的面积

$$S=\frac{1}{2}|BD||AC|=\frac{12(k^2+1)\sqrt{(3k^2+1)(k^2+3)}}{(3k^2+2)(2k^2+3)},$$

又 $\dfrac{(k^2+1)^2(3k^2+1)(k^2+3)}{(3k^2+2)^2(2k^2+3)^2}=\dfrac{(k^2+1)^2[3(k^2+1)-2][(k^2+1)+2]}{[3(k^2+1)-1]^2[2(k^2+1)+1]^2}$

$$=\frac{\left(3-\frac{2}{k^2+1}\right)\left(1+\frac{2}{k^2+1}\right)}{\left(3-\frac{1}{k^2+1}\right)^2\left(2+\frac{1}{k^2+1}\right)^2},$$

令 $\dfrac{1}{k^2+1}=t, 0<t<1$，则

$$y=\frac{(3-2t)(1+2t)}{(3-t)^2(2+t)^2}=\frac{-4t^2+4t+3}{(-t^2+t+6)^2}=4\times\frac{-t^2+t+\frac{3}{4}}{\left(-t^2+t+\frac{3}{4}+\frac{21}{4}\right)^2}$$

$$=4\times\frac{-t^2+t+\frac{3}{4}}{(-t^2+t+\frac{3}{4})^2+\frac{21}{2}\times(-t^2+t+\frac{3}{4})+\left(\frac{21}{4}\right)^2}$$

$$=4\times\frac{1}{(-t^2+t+\frac{3}{4})+\left(\frac{21}{4}\right)^2\times\frac{1}{\left(-t^2+t+\frac{3}{4}\right)}+\frac{21}{2}},$$

再令 $s=-t^2+t+\frac{3}{4}=-\left(t-\frac{1}{2}\right)^2+1$，则 $\frac{3}{4}<s\leqslant 1$.

所以 $y=\dfrac{4}{s+\left(\dfrac{21}{4}\right)^2\times\dfrac{1}{s}+\dfrac{21}{2}}=\dfrac{4}{s+\dfrac{441}{16s}+\dfrac{21}{2}}$,

易知 $f(s)=s+\dfrac{441}{16s}$ 在 $\left(\dfrac{3}{4},1\right]$ 上单调递减,

所以 $\dfrac{457}{16}=f(1)<s+\dfrac{441}{16s}\leqslant f\left(\dfrac{3}{4}\right)=\dfrac{65}{2}$,

所以 $\dfrac{625}{16}<s+\dfrac{441}{16s}+\dfrac{21}{2}\leqslant 48$, $\dfrac{1}{12}<\dfrac{4}{s+\dfrac{441}{16s}+\dfrac{21}{2}}\leqslant\dfrac{64}{625}$, 即 $\dfrac{1}{12}<y\leqslant\dfrac{64}{625}$,

又因为 $S=12\sqrt{y}$, 所以 $2\sqrt{3}<S\leqslant\dfrac{96}{25}$.

(ⅱ) 当 BD 的斜率 $k=0$ 或斜率不存在时, 四边形 $ABCD$ 的面积 $S=2\sqrt{3}$.

综上, 四边形 $ABCD$ 的面积的取值范围是 $\left[2\sqrt{3},\dfrac{96}{25}\right]$.

点评:

(1) 比较"$S_1=\dfrac{24(k^2+1)^2}{(3k^2+2)(2k^2+3)}$ 与 $S_2=\dfrac{12(k^2+1)\sqrt{(3k^2+1)(k^2+3)}}{(3k^2+2)(2k^2+3)}$"及其最值的求解, 可见变式拓展题较原题难度增加了不少, 关键是求 $S_2=\dfrac{12(k^2+1)\sqrt{(3k^2+1)(k^2+3)}}{(3k^2+2)(2k^2+3)}$ 的最值难度加大了.

(2) 在具体过程中, 要认真体会的转化之一是: $\dfrac{(k^2+1)^2(3k^2+1)(k^2+3)}{(3k^2+2)^2(2k^2+3)^2}=\dfrac{\left(3-\dfrac{2}{k^2+1}\right)\left(1+\dfrac{2}{k^2+1}\right)}{\left(3-\dfrac{1}{k^2+1}\right)^2\left(2+\dfrac{1}{k^2+1}\right)^2}$, 进而利用换元法转化变形, 化繁为简、化难为易. 从本问题的解答中, 可见换元法在数学解题中的重要作用, 对此要予以认真体会.

认识圆的直径式方程

【人教版新教材《数学》第二册(上)第82页习题7.7第3题】

已知一个圆的直径的端点是$A(x_1,y_1)$,$B(x_2,y_2)$,求证:圆的方程是

$$(x-x_1)(x-x_2)+(y-y_1)(y-y_2)=0 \qquad (※)$$

我们称(※)方程为圆的"直径式"方程.以下加以证明.

证法1:因为直径的端点$A(x_1,y_1)$,$B(x_2,y_2)$,所以圆心和半径分别为

$\left(\frac{x_1+x_2}{2},\frac{y_1+y_2}{2}\right)$,$\frac{1}{2}\sqrt{(x_1-x_2)^2+(y_1-y_2)^2}$.

从而圆的方程为

$$\left(x-\frac{x_1+x_2}{2}\right)^2+\left(y-\frac{y_1+y_2}{2}\right)^2=\frac{(x_1-x_2)^2+(y_1-y_2)^2}{4}$$

化简,得

$x^2-(x_1+x_2)x+x_1x_2+y^2-(y_1+y_2)y+y_1y_2=0$,

即$(x-x_1)(x-x_2)+(y-y_1)(y-y_2)=0$.

证法2:如图1－20所示,设$P(x,y)$是所求圆上的任意一点(P与A,B不重合),则$AP\perp BP$.

$\therefore |AP|^2+|BP|^2=|AB|^2$,即

$$(x-x_1)^2+(y-y_1)^2+(x-x_2)^2+(y-y_2)^2$$
$$=(x_1-x_2)^2+(y_1-y_2)^2$$

化简,得

$x^2-(x_1+x_2)x+x_1x_2+y^2-(y_1+y_2)y+y_1y_2=0$,

即$(x-x_1)(x-x_2)+(y-y_1)(y-y_2)=0$.

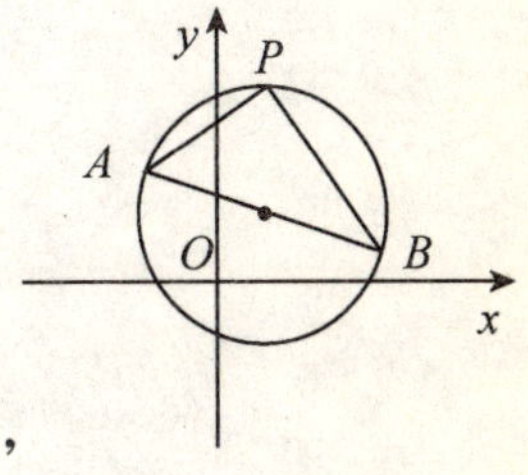

图1－20

显然,当P与A或B重合时,上述方程亦成立.

故所求圆的方程为$(x-x_1)(x-x_2)+(y-y_1)(y-y_2)=0$.

证法3:设$P(x,y)$是所求圆上与A,B都不重合的一点,则$\overrightarrow{AP}\perp\overrightarrow{BP}$.

若 $P(x,y)$ 是与点 A 或点 B 重合的点，则 $\overrightarrow{AP}=0$ 或 $\overrightarrow{BP}=0$.

所以，若 $P(x,y)$ 是圆上的任意一点，则 $\overrightarrow{AP}\cdot\overrightarrow{BP}=0$,

即 $(x-x_1,y-y_1)\cdot(x-x_2,y-y_2)=0$

即 $(x-x_1)(x-x_2)+(y-y_1)(y-y_2)=0$.

注：本文发表于《中学生学习报》，2003.09.

第二部分　解题策略

利用函数思想判断三角形形状

例 设$\triangle ABC$的三边长a、b、c满足$a^n+b^n=c^n(n>2)$，则$\triangle ABC$是(　　)

A. 钝角三角形 B. 锐角三角形 C. 等腰直角三角形 D. 非等腰直角三角形

分析：由$a^n+b^n=c^n(n>2)$可知，$a<c$，$b<c$，因此角A和角B均为锐角，故三角形的形状取决于角C的状况，对此许多同学不知从何下手，以下利用函数思想分析解答，供同学们参考.

解：由$a^n+b^n=c^n(n>2)$，可得$\left(\frac{a}{c}\right)^n+\left(\frac{b}{c}\right)^n=1$.

设$y=\left(\frac{a}{c}\right)^x+\left(\frac{b}{c}\right)^x$，

$\because 0<\frac{a}{c}<1, 0<\frac{b}{c}<1$，

$\therefore$ 函数$y=\left(\frac{a}{c}\right)^x+\left(\frac{b}{c}\right)^x$在$(-\infty,+\infty)$上是减函数.

又$2<n$，$\therefore\left(\frac{a}{c}\right)^2+\left(\frac{b}{c}\right)^2>\left(\frac{a}{c}\right)^n+\left(\frac{b}{c}\right)^n=1$，$\therefore a^2+b^2>c^2$，

故C为锐角.

因此$\triangle ABC$为锐角三角形.

函数思想是高中数学中最为重要的思想之一，贯穿了高中数学的全过程，对此同学们在学习中应给予高度的重视.

注：本文表发于《中学生学习报》，2003.06

例说直线方程“$x=my+n$”在解题中的应用

我们知道，直线方程的一般式为 $Ax+By+C=0$(A、B不同时为0)．当 $B\neq 0$ 时，方程可改写为 $y=-\frac{A}{B}x-\frac{C}{B}$，令 $-\frac{A}{B}=k$，$-\frac{C}{B}=b$，即 $y=kx+b$，此方程表示过 y 轴上一点 $(0,b)$ 的直线(不包括 y 轴)，此即大家熟悉的斜截式方程；当 $A\neq 0$ 时，方程可改写为 $x=-\frac{B}{A}y-\frac{C}{A}$，令 $-\frac{B}{A}=m$，$-\frac{C}{A}=n$，即 $x=my+n$，此方程表示过 x 轴上一点 $(n,0)$ 的直线(不包括 x 轴)，此即直线方程的另一种重要形式．就当前高中数学教学的实际而言，我认为大家对方程 $x=my+n$ 的认识、理解和应用远不及斜截式方程 $y=kx+b$，尤其学生对它的认识更为有限．以下例析直线方程 $x=my+n$ 在解题中的应用，通过比较进一步加深对它的认识、理解和应用，努力培养学生的选择意识、不断提高解题效率．

例1 已知椭圆 $\frac{x^2}{9}+\frac{y^2}{5}=1$ 的右焦点为 F，经过 F 的直线 l 与椭圆交于 A、B 两点，求 $\triangle AOB$ 面积的取值范围．

分析：因为 $F(2,0)$，且构成 $\triangle AOB$，所以直线 l 可设为 $x=my+2$．

解1：$\because F(2,0)$，依题设直线 l 的方程为 $x=my+2$，联立方程组

$$\begin{cases}\frac{x^2}{9}+\frac{y^2}{5}=1,\\ x=my+2.\end{cases}$$

消去 x 并化简，得 $(5m^2+9)y^2+20my-25=0$，

设 $A(x_1,y_1)$，$B(x_2,y_2)$，则

$$S_{\triangle AOB}=\frac{1}{2}|OF|(|y_1|+|y_2|)=|y_1|+|y_2|=|y_1-y_2|.$$

又 $\because y_1+y_2=\frac{-20m}{5m^2+9}$，$y_1y_2=\frac{-25}{5m^2+9}$，

$\therefore S_{\triangle AOB}=|y_1-y_2|=\sqrt{(\frac{-20m}{5m^2+9})^2-4\times(\frac{-25}{5m^2+9})}$

$=\frac{1}{5m^2+9}\sqrt{400m^2+100(5m^2+9)}$

$=\frac{30\sqrt{m^2+1}}{5m^2+9}=\frac{30\sqrt{m^2+1}}{5(m^2+1)+4}.$

令 $t=\sqrt{m^2+1}(t\geqslant 1)$，则 $S_{\triangle AOB}=\frac{30t}{5t^2+4}=\frac{30}{5t+\frac{4}{t}}$，

设 $f(t)=5t+\frac{4}{t}$，又函数 $f(t)$ 在 $\left[\frac{2\sqrt{5}}{5},+\infty\right)$ 上为增函数，所以当 $t=1$ 时，$f(t)_{\min}=9$，但 $f(t)$ 没有最大值.

此时，$0<S_{\triangle AOB}\leqslant\frac{30}{9}$，即 $0<S_{\triangle AOB}\leqslant\frac{10}{3}$.

解 2：当 l 的斜率不存在时，其方程为 $x=2$，

将 $x=2$ 代入方程 $\frac{x^2}{9}+\frac{y^2}{5}=1$，解得 $y=\pm\frac{5}{3}$，由解 1 知 $S_{\triangle AOB}=\frac{10}{3}$；

当 l 的斜率存在时，设其方程为 $y=k(x-2)(k\neq 0)$，联立方程组

$$\begin{cases}\frac{x^2}{9}+\frac{y^2}{5}=1,\\ y=k(x-2).\end{cases}$$

消去 x 并化简，得 $(5+9k^2)y^2+20ky-25k^2=0$，

设 $A(x_1,y_1)$，$B(x_2,y_2)$，则

$S_{\triangle AOB}=\frac{1}{2}|OF|(|y_1|+|y_2|)=|y_1|+|y_2|=|y_1-y_2|$.

又 $\because y_1+y_2=\frac{-20k}{5+9k^2}$，$y_1y_2=\frac{-25k^2}{5+9k^2}$，

$\therefore S_{\triangle AOB}=|y_1-y_2|=\sqrt{(\frac{-20k}{5+9k^2})^2-4\times(\frac{-25k^2}{5+9k^2})}=30\sqrt{\frac{k^2+k^4}{(5+9k^2)^2}}$.

令 $t=5+9k^2(t>5)$，则 $k^2=\frac{t-5}{9}$，$k^4=\left(\frac{t-5}{9}\right)^2=\frac{t^2-10t+25}{81}$，

$S_{\triangle AOB}=30\sqrt{\frac{t^2-t-20}{81t^2}}=\frac{10}{3}\sqrt{-20\cdot\frac{1}{t^2}-\frac{1}{t}+1}$,

设 $g(t)=-20\cdot\frac{1}{t^2}-\frac{1}{t}+1=-20\left(\frac{1}{t}+\frac{1}{40}\right)^2+\frac{81}{80}$,又函数 $g(t)$ 在 $(5,+\infty)$ 上为增函数,所以 $0<g(t)<1$,此时,$0<S_{\triangle AOB}<\frac{10}{3}$.

综上所述,$0<S_{\triangle AOB}\leqslant\frac{10}{3}$.

点评:就上述两种解法而言,显然解 1 优于解 2. 此时选择方程 $x=my+n$ 一方面避免了因直线 l 的斜率是否存在而引起的分类讨论;另一方面选择方程 $x=my+n$ 所得 $\triangle AOB$ 的面积函数表达式 $S_{\triangle AOB}=\frac{30\sqrt{m^2+1}}{5m^2+9}$ 较 $S_{\triangle AOB}=30\sqrt{\frac{k^2+k^4}{(5+9k^2)^2}}$ 简单一些,相对来说降低了问题的难度,更有利于学生掌握.

例 2 【2007 年北京海淀高三第二学期期中试题】如图 2-1,在直角坐标系中,O 为坐标原点,直线 $AB\perp x$ 轴于点 C,$|\overrightarrow{OC}|=4$,$\overrightarrow{CD}=3\overrightarrow{DO}$,动点 M 到直线 AB 的距离是它到点 D 的距离的 2 倍.

(1) 求点 M 的轨迹方程;

(2) 设点 Q 为点 M 的轨迹与 x 轴的正半轴的交点,直线 l 交点 M 的轨迹于 E、F 两点(E、F 与点 Q 不重合),且满足 $\overrightarrow{QE}\perp\overrightarrow{QF}$. 动点 P 满足 $2\overrightarrow{OP}=\overrightarrow{OE}+\overrightarrow{OF}$,求直线 QP 的斜率的取值范围.

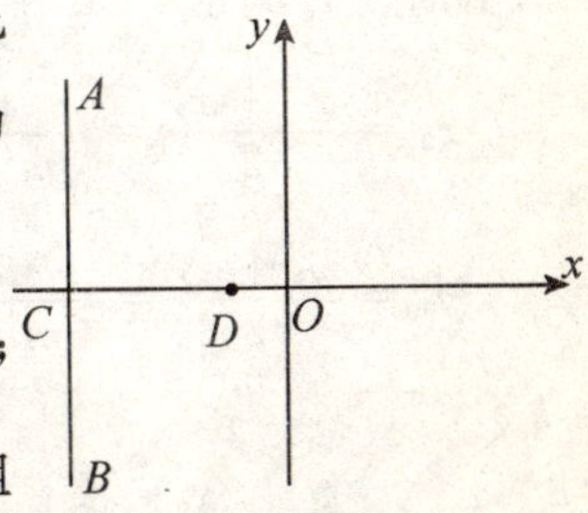

图 2-1

分析:利用椭圆的第二定义易求点 M 的轨迹方程. 此时,由 $\overrightarrow{QE}\perp\overrightarrow{QF}$ 可得直线 l 与 x 轴不平行,可设直线 l 的方程为 $x=my+n$.

解 1:(1) M 的轨迹方程为 $\frac{x^2}{4}+\frac{y^2}{3}=1$(具体过程略);

(2) 依题设直线 l 的方程为 $x=my+n$,联立方程组

$$\begin{cases}\dfrac{x^2}{4}+\dfrac{y^2}{3}=1,\\ x=my+n.\end{cases}$$

消去 x 并化简，得 $(3m^2+4)y^2+6mny+3n^2-12=0$，

设 $A(x_1,y_1)$，$B(x_2,y_2)$，则 $y_1+y_2=\dfrac{-6mn}{3m^2+4}$，$y_1y_2=\dfrac{3n^2-12}{3m^2+4}$，

又 $x_1+x_2=m(y_1+y_2)+2n=\dfrac{8n}{3m^2+4}$，

$x_1x_2=(my_1+n)(my_2+n)=m^2y_1y_2+nm(y_1+y_2)+n^2=\dfrac{4n^2-12m^2}{3m^2+4}$.

由 $\overrightarrow{QE}\perp\overrightarrow{QF}$，$Q(2,0)$，得 $(x_1-2)(x_2-2)+y_1y_2=0$，

$\therefore x_1x_2-2(x_1+x_2)+4+y_1y_2=0$，

将 $x_1+x_2=\dfrac{8n}{3m^2+4}$，$x_1x_2=\dfrac{4n^2-12m^2}{3m^2+4}$ 及 $y_1y_2=\dfrac{3n^2-12}{3m^2+4}$ 代入上式并化间，得

$7n^2-16n+4=0$，即 $(7n-2)(n-2)=0$，

解得 $n=\dfrac{2}{7}$ 或 $n=2$.

当 $n=2$ 时，直线 l 的方程为 $x=my+2$，此时直线过点 $(2,0)$，不合题意；

当 $n=\dfrac{2}{7}$ 时，直线 l 的方程为 $x=my+\dfrac{2}{7}$，此时 l 与椭圆恒交于不同的两点 E、F，由动点 P 满足 $2\overrightarrow{OP}=\overrightarrow{OE}+\overrightarrow{OF}$ 知点 P 为线段 EF 的中点，设 $P(x_0,y_0)$，则

$x_0=\dfrac{x_1+x_2}{2}=\dfrac{4n}{3m^2+4}=\dfrac{8}{7(3m^2+4)}$，

$y_0=\dfrac{y_1+y_2}{2}=\dfrac{-3mn}{3m^2+4}=\dfrac{-6m}{7(3m^2+4)}$，

$$\therefore k_{PQ}=\frac{y_0}{x_0-2}=\frac{\dfrac{-6m}{7(3m^2+4)}}{\dfrac{8}{7(3m^2+4)}-2}=\frac{m}{7m^2+8}$$

当 $m=0$ 时，$k_{PQ}=0$；

当 $m \neq 0$ 时，$k_{PQ} = \dfrac{m}{7m^2+8} = \dfrac{1}{\dfrac{8}{m}+7m}$，

当 $m>0$ 时，$7m+\dfrac{8}{m} \geqslant 2\sqrt{56} = 4\sqrt{14}$，此时 $0 < \dfrac{1}{\dfrac{8}{m}+7m} \leqslant \dfrac{1}{4\sqrt{14}} = \dfrac{\sqrt{14}}{56}$；

当 $m<0$ 时，$7m+\dfrac{8}{m} \leqslant -2\sqrt{56} = -4\sqrt{14}$，

此时 $-\dfrac{\sqrt{14}}{56} = -\dfrac{1}{4\sqrt{14}} \leqslant \dfrac{1}{\dfrac{8}{m}+7m} < 0$.

综上所述，$-\dfrac{\sqrt{14}}{56} \leqslant k_{PQ} \leqslant \dfrac{\sqrt{14}}{56}$.

解 2:当 l 的斜率不存在时，直线 QP 的斜率为 0；

当 l 的斜率存在时，设其方程为 $y=kx+b(k\neq 0)$，联立方程组

$$\begin{cases}\dfrac{x^2}{4}+\dfrac{y^2}{3}=1,\\ y=kx+b.\end{cases}$$

消去 y 并化简，得

$(3+4k^2)x^2+8kbx+4b^2-12=0$，

设 $A(x_1,y_1)$，$B(x_2,y_2)$，则

又 $\because x_1+x_2=\dfrac{-8kb}{3+4k^2}$，$x_1x_2=\dfrac{4b^2-12}{3+4k^2}$，

$y_1y_2=(kx_1+b)(kx_2+b)=k^2x_1x_2+bk(x_1+x_2)+b^2$.

由 $\overrightarrow{QE} \perp \overrightarrow{QF}$，$Q(2,0)$ 得 $(x_1-2)(x_2-2)+y_1y_2=0$，

$\therefore (1+k^2)x_1x_2+(bk-2)(x_1+x_2)+b^2+4=0$，

将 $x_1+x_2=\dfrac{-8kb}{3+4k^2}$，$x_1x_2=\dfrac{4b^2-12}{3+4k^2}$ 代入上式并化简，得

$7b^2+16bk+4k^2=0$，即 $(7b+2k)(b+2k)=0$，

解得 $b=-\dfrac{2}{7}k$ 或 $b=-2k$.

当 $b=-2k$ 时，直线 l 的方程为 $y=k(x-2)$，此时直线过点 $(2,0)$，不合题意；

当 $b=-\frac{2}{7}k$ 时，直线 l 的方程为 $y=k\left(x-\frac{2}{7}\right)$，此时 l 与椭圆恒交于不同的两点 E、F，由动点 P 满足 $2\overrightarrow{OP}=\overrightarrow{OE}+\overrightarrow{OF}$ 知点 P 为线段 EF 的中点，设 $P(x_0,y_0)$，则

$$x_0=\frac{x_1+x_2}{2}=\frac{-4kb}{3+4k^2}=\frac{8k^2}{7(3+4k^2)},$$

$$y_0=\frac{y_1+y_2}{2}=k\cdot\frac{x_1+x_2}{2}+b=k\cdot\frac{8k^2}{7(3+4k^2)}-\frac{2}{7}k=\frac{-6k}{7(3+4k^2)},$$

$$\therefore k_{PQ}=\frac{y_0}{x_0-2}=\frac{\frac{-6k}{7(3+4k^2)}}{\frac{8k^2}{7(3+4k^2)}-2}=\frac{k}{7+8k^2}=\frac{1}{\frac{7}{k}+8k},$$

当 $k>0$ 时，$8k+\frac{7}{k}\geqslant 2\sqrt{56}=4\sqrt{14}$，此时 $0<\frac{1}{\frac{7}{k}+8k}\leqslant\frac{1}{4\sqrt{14}}=\frac{\sqrt{14}}{56}$；

当 $k<0$ 时，$8k+\frac{7}{k}\leqslant -2\sqrt{56}=-4\sqrt{14}$，

此时 $-\frac{\sqrt{14}}{56}=-\frac{1}{4\sqrt{14}}\leqslant\frac{1}{\frac{7}{k}+8k}<0$.

综上所述，$-\frac{\sqrt{14}}{56}\leqslant k_{PQ}\leqslant\frac{\sqrt{14}}{56}$.

由此可见，当直线经过 x 轴上一点 $(n,0)$（不包括 x 轴）时，利用方程 $x=my+n$ 解题往往能化繁为简，有效地提高解题效率.

注：本文发表于《数学爱好者》，2008.11.

直线的斜截式方程“$y=kx+b$”在定点问题中的应用

定点问题是解析几何研究的重要问题之一，是动中有静的辩证思想在数学中的重要体现，也是高考数学科解析几何命题的重要内容之一，也无疑是高中数学教学的难点所在.为此，寻求对此类问题有效的解法势在必然.诚然，解决此类具体问题的解法多样灵活，但在教学实践中，多样的解法时常带给学生的困惑是如何作出切实可行的选择？笔者认为，直线的斜截式方程“$y=kx+b$”能有效地解决这一类问题，达到多题一解之目的.以下例析，供参考.

原理分析：利用“$y=kx+b$”研究定点问题的关键在于k,b线性关系的寻求，通常将b表示成k的线性关系即可，如$b=pk+q$(其中p,q为常数)，由此可得直线$y=kx+b$必过定点$(-p,q)$.

例1 已知$C(x_0,y_0)$为抛物线$y^2=2px(p>0)$上的一个定点，$A(x_1,y_1)$、$B(x_2,y_2)$为其上的任意两点，且$CA\perp CB$.

求证：直线AB过定点$(2p+x_0,-y_0)$.

证明：(1) 当$AB\perp x$轴时，$A(2p+x_0,\sqrt{4p^2+y_0^2})$，$B(2p+x_0,-\sqrt{4p^2+y_0^2})$，

此时，$\overrightarrow{CA}=(2p,\sqrt{4p^2+y_0^2}-y_0)$，$\overrightarrow{CB}=(2p,-\sqrt{4p^2+y_0^2}-y_0)$，

$\overrightarrow{CA}\cdot\overrightarrow{CB}=4p^2+y_0^2-(4p^2+y_0^2)=0$，所以，$CA\perp CB$.反之亦然；

(2) 当AB与x轴不垂直时，设AB的方程为$y=kx+b(k\neq 0)$，则

$\begin{cases}y=kx+b,\\y^2=2px.\end{cases}$ 消去y，得$k^2x^2+(2kb-2p)x+b^2=0$，

消去x，得$ky^2-2py+2pb=0$，

在直线$y=kx+b$与抛物线相交的前提下，则

$x_1+x_2=\dfrac{-2kb+2p}{k^2}$，$x_1x_2=\dfrac{b^2}{k^2}$，$y_1+y_2=\dfrac{2p}{k}$，$y_1y_2=\dfrac{2pb}{k}$，

由$\overrightarrow{CA}=(x_1-x_0,y_1-y_0)$，$\overrightarrow{CB}=(x_2-x_0,y_2-y_0)$，

$$\begin{aligned}\overrightarrow{CA}\cdot\overrightarrow{CB}&=(x_1-x_0)(x_2-x_0)+(y_1-y_0)(y_2-y_0)\\&=x_1x_2-x_0(x_1+x_2)+x_0^2+y_1y_2-y_0(y_1+y_2)+y_0^2\\&=\frac{b^2}{k^2}-x_0\times\frac{-2kb+2p}{k^2}+x_0^2+\frac{2pb}{k}-y_0\times\frac{2p}{k}+y_0^2=0,\end{aligned}$$

化简并整理，得 $b^2+2kbx_0-2px_0+k^2x_0^2+2pbk-2pky_0+k^2y_0^2=0$， ①

以 b 为主元整理，得 $b^2+(2kx_0+2pk)b=-k^2x_0^2+2px_0+2pky_0-k^2y_0^2$，

配方，得$[b+(kx_0+pk)]^2=-k^2x_0^2+2px_0+2pky_0-k^2y_0^2+k^2x_0^2+p^2k^2+2pk^2x_0$，

又因为 $y_0^2=2px_0$，

所以，$[b+(kx_0+pk)]^2=y_0^2+2pky_0+p^2k^2=(y_0+pk)^2$， ②

则 $b+(kx_0+pk)=\pm(y_0+pk)$，

当 $b+(kx_0+pk)=y_0+pk$ 时，$b=-kx_0+y_0$，此时 $y-y_0=k(x-x_0)$，不合题意；

当 $b+(kx_0+pk)=-(y_0+pk)$ 时，$b=-kx_0-y_0-2pk$，

此时 $y=kx+(-kx_0-y_0-2pk)=k(x-x_0-2p)+y_0$，即

$y-y_0=k[x-(x_0+2p)]$，所以直线 AB 过点$(2p+x_0,-y_0)$.

综上，直线 AB 过定点$(2p+x_0,-y_0)$.

解题感悟：客观地讲，进行至②式，对 k，b 关系的揭示有些看不清，没有好的思路，一时不知如何因式分解？想到了主元思想，先以 k 为主元尝试，感觉复杂就放弃了，再以 b 为主元进行尝试，结果较顺利，取得了成功！因此，在复杂多变量的多项式面前，要突出以某个变量为主线的主元思想，往往能使分解变形顺利实现，突破解题瓶颈.

例 2 设椭圆$\dfrac{x^2}{a^2}+\dfrac{y^2}{b^2}=1(a>b>0)$的右顶点为 $Q(a,0)$，$A(x_1,y_1)$、$B(x_2,y_2)$为其上的任意两点，且 $QA\perp QB$.

求证:直线 AB 过定点.

证明:(1) 当 $AB \perp x$ 轴时,由

$\begin{cases} y = x - a, \\ b^2x^2 + a^2y^2 = a^2b^2. \end{cases}$ 消去 y,得$(a^2+b^2)x^2 - 2a^3x + a^2c^2 = 0$,

显然 $ax_1 = \dfrac{a^2c^2}{a^2+b^2}$,解得 $x_1 = \dfrac{ac^2}{a^2+b^2}$,故 AB 过点$\left(\dfrac{ac^2}{a^2+b^2}, 0\right)$.

(2) 当 AB 与 x 轴不垂直时,设 AB 的方程为 $y = kx + m(k \neq 0)$,则

$\begin{cases} y = kx + m, \\ b^2x^2 + a^2y^2 = a^2b^2. \end{cases}$ 消去 y,得$(b^2 + a^2k^2)x^2 + 2kma^2x + a^2m^2 - a^2b^2 = 0$,

消去 x,得$(b^2+a^2k^2)y^2 - 2mb^2y + m^2b^2 - a^2b^2k^2 = 0$,

在直线 $y = kx + m$ 与抛物线相交的前提下,则

$x_1 + x_2 = \dfrac{-2kma^2}{b^2+a^2k^2}, x_1x_2 = \dfrac{a^2m^2 - a^2b^2}{b^2+a^2k^2}$,

$y_1 + y_2 = \dfrac{2mb^2}{b^2+a^2k^2}, y_1y_2 = \dfrac{m^2b^2 - a^2b^2k^2}{b^2+a^2k^2}$,

由$\overrightarrow{QA} = (x_1 - a, y_1), \overrightarrow{QB} = (x_2 - a, y_2)$,

$$\begin{aligned}\overrightarrow{QA} \cdot \overrightarrow{QB} &= (x_1 - a)(x_2 - a) + y_1y_2 = x_1x_2 - a(x_1 + x_2) + a^2 + y_1y_2 \\ &= \frac{a^2m^2 - a^2b^2}{b^2+a^2k^2} - a \cdot \frac{-2kma^2}{b^2+a^2k^2} + \frac{m^2b^2 - a^2b^2k^2}{b^2+a^2k^2} + a^2 = 0.\end{aligned}$$

化简并整理,得$(a^2+b^2)m^2 + 2ka^3m - a^2b^2k^2 + a^4k^2 = 0$,即

$(a^2+b^2)m^2 + 2ka^3m + a^2c^2k^2 = 0$,

$\Delta = 4k^2a^6 - 4(a^2+b^2)a^2c^2k^2 = 4k^2a^2b^4$,

解得 $m = \dfrac{-2ka^3 \pm 2kab^2}{2(a^2+b^2)}$,即 $m = \dfrac{-ka^3 - kab^2}{a^2+b^2} = -ka$,或 $m = \dfrac{-ka^3 + kab^2}{a^2+b^2}$,

当 $m = -ka$, $y = kx + m = y = (kx - a)$,不合题意;

当 $m = \dfrac{-ka^3 + kab^2}{a^2+b^2}$ 时,$y = kx + m = kx + \dfrac{-ka^3 + kab^2}{a^2+b^2} = k\left(x - \dfrac{a^3 - ab^2}{a^2+b^2}\right)$

$$= k\left(x - \frac{ac^2}{a^2+b^2}\right),$$

即直线 AB 的方程为 $y=k\left(x-\dfrac{ac^2}{a^2+b^2}\right)$，所以直线 AB 经过定点 $\left(\dfrac{ac^2}{a^2+b^2},0\right)$.

综上，直线 AB 恒过定点 $\left(\dfrac{ac^2}{a^2+b^2},0\right)$.

解题感悟：对于方程 $(a^2+b^2)m^2+2ka^3m+a^2c^2k^2=0$ 根的求解，没有一味地拘泥于十字相乘法，而是选择先求判别式，在用求根公式求解，收到了很好的效果. 由此可见，平时教学中一味强调十字相乘法的重要性不能过于绝对，数学解题方法的优劣之分往往取决于它的应用时机是否合适.

例 3 已知椭圆 C：$\dfrac{x^2}{2}+y^2=1$ 的右焦点为 F，M，N 为椭圆 C 上的两个动点，且 $MN\perp x$ 轴，直线 MF 与椭圆的另一个交点为 Q.

求证：直线 NQ 恒过 x 轴上一定点.

证明：$\because F(1,0)$，设 $M(x_1,-y_1)$，$N(x_1,y_1)$，$Q(x_2,y_2)$，NQ：$y=kx+b$，

由 $\begin{cases}y=kx+b,\\ \dfrac{x^2}{2}+y^2=1.\end{cases}$ 消去 y，得

$(1+2k^2)x^2+4kbx+2b^2-2=0$，

$$\therefore x_1+x_2=\frac{-4kb}{1+2k^2} \quad ①$$

$$x_1\cdot x_2=\frac{2b^2-2}{1+2k^2} \quad ②$$

由 M，F，Q 三点共线，得 $\dfrac{-y_1}{x_1-1}=\dfrac{y_2}{x_2-1}$，两边平方，得 $\dfrac{y_1^2}{(x_1-1)^2}=\dfrac{y_2^2}{(x_2-1)^2}$，即 $y_1^2(x_2-1)^2=y_2^2(x_1-1)^2$，

将 $y_1^2=2-x_1^2$，$y_2^2=2-x_2^2$ 代入上式并化简，得 $3(x_1+x_2)=4+2x_1x_2$，

再将 ①，② 代入，得 $3\times\dfrac{-4kb}{1+2k^2}=4+2\times\dfrac{2b^2-2}{1+2k^2}$，

整理，得 $2k^2+3kb+b^2=0$，即 $(2k+b)(k+b)=0$，解得 $b=-k$ 或 $b=-2k$，

当 $b=-k$ 时，$y=kx+b=k(x-1)$，不合题意；

当 $b=-2k$ 时，$y=kx+b=k(x-2)$，故直线 NQ 过 x 轴上的定点(2,0).

解题感悟：对于三点共线所得关系“$\frac{-y_1}{x_1-1}=\frac{y_2}{x_2-1}$”的平方转化是利用椭圆方程等价转化的关键，进而消元得到关于“x_1+x_2”与“x_1x_2”的关系后整体突破.

例 4 【2011 山东文】在平面直角坐标系 xOy 中，已知椭圆 C：$\frac{x^2}{3}+y^2=1$. 如图 2－2 所示，斜率为 $k(k>0)$ 且不过原点的直线 l 交椭圆 C 于 A，B 两点，线段 AB 的中点为 E，射线 OE 交椭圆 C 于点 G，交直线 $x=-3$ 于点 $D(-3,m)$.

(Ⅰ) 求 m^2+k^2 的最小值；

(Ⅱ) 若 $|OG|^2=|OD|\cdot|OE|$.

(ⅰ) 求证：直线 l 过定点；

(ⅱ) 试问点 B，G 能否关于 x 轴对称？若能，求出此时 $\triangle ABG$ 的外接圆方程；若不能，请说明理由.

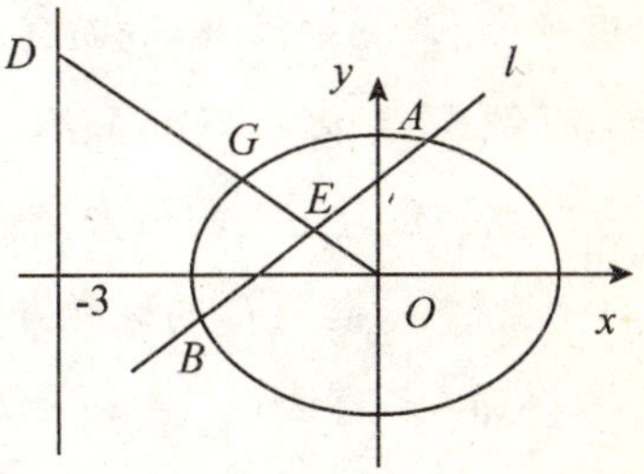

图 2－2

【解析】(Ⅰ)(略)；

(Ⅱ)(ⅰ) 由题意：设直线 l：$y=kx+n(n\neq 0)$，

由 $\begin{cases} y=kx+n, \\ \frac{x^2}{3}+y^2=1. \end{cases}$ 消 y，得 $(1+3k^2)x^2+6knx+3n^2-3=0$，

设 $A(x_1,y_1)$、$B(x_1,y_1)$，AB 的中点 $E(x_0,y_0)$，则由韦达定理，得

$x_1+x_2=\frac{-6kn}{1+3k^2}$，即 $x_0=\frac{-3kn}{1+3k^2}$，$y_0=kx_0+n=\frac{-3kn}{1+3k^2}\times k+b=\frac{n}{1+3k^2}$，

所以中点 E 的坐标为 $E\left(\frac{-3kn}{1+3k^2},\frac{n}{1+3k^2}\right)$，

因为 O、E、D 三点在同一直线上，所以 $k_{OE}=K_{OD}$，即 $-\frac{1}{3k}=-\frac{m}{3}$，解得 $m=\frac{1}{k}$，

由 $|OG|^2=|OD|\cdot|OE|$，得

$x_G^2=-3x_0=\frac{9kn}{1+3k^2}$，$y_G^2=my_0=\frac{mn}{1+3k^2}=\frac{n}{k(1+3k^2)}$，

将(x_G, y_G)代入$\frac{x^2}{3}+y^2=1$化简并整理，得

$\frac{3kn}{1+3k^2}+\frac{n}{k(1+3k^2)}=1$，即$3k^3-3k^2n+k-n=0$，$(k-n)(3k^2+1)=0$，

所以，$k=n$，

故直线l的方程为$y=kx+k$，即有$y=k(x+1)$，令$x=-1$得，$y=0$，与实数k无关，所以直线l过定点$(-1,0)$.

(ⅱ)(略).

解题感悟：对于条件"$|OG|^2=|OD|\cdot|OE|$"的应用要通过"化曲为直"来实现对(x_G, y_G)的求解，进而利用其在椭圆上的关系求解.

例 5 【2007年全国卷】已知椭圆C的中心在坐标原点，焦点在x轴上，椭圆C上的点到焦点距离的最大值为3，最小值为1.

(Ⅰ)求椭圆C的标准方程；

(Ⅱ)若直线$l: y=kx+m$与椭圆C相交于A，B两点(A，B不是左右顶点)，且以AB为直径的圆过椭圆C的右顶点，求证：直线l过定点，并求出该定点的坐标.

解：(Ⅰ)由题意设椭圆的标准方程为$\frac{x^2}{a^2}+\frac{y^2}{b^2}=1(a>b>0)$，

$a+c=3$，$a-c=1$，$a=2$，$c=1$，$b^2=3$，

$\therefore \frac{x^2}{4}+\frac{y^2}{3}=1$.

(Ⅱ)设$A(x_1, y_1)$，$B(x_2, y_2)$，由$\begin{cases} y=kx+m, \\ \frac{x^2}{4}+\frac{y^2}{3}=1. \end{cases}$得

$(3+4k^2)x^2+8mkx+4(m^2-3)=0$，

$\Delta=64m^2k^2-16(3+4k^2)(m^2-3)>0$，$3+4k^2-m^2>0$.

$x_1+x_2=-\frac{8mk}{3+4k^2}$，$x_1\cdot x_2=\frac{4(m^2-3)}{3+4k^2}$.

$y_1\cdot y_2=(kx_1+m)\cdot(kx_2+m)=k^2x_1x_2+mk(x_1+x_2)+m^2=\frac{3(m^2-4k^2)}{3+4k^2}$.

$\because$ 以AB为直径的圆过椭圆的右顶点$D(2,0)$，$k_{AD}\cdot k_{BD}=-1$，

$\therefore \frac{y_1}{x_1-2}\cdot\frac{y_2}{x_2-2}=-1$，$y_1y_2+x_1x_2-2(x_1+x_2)+4=0$，

$\frac{3(m^2-4k^2)}{3+4k^2}+\frac{4(m^2-3)}{3+4k^2}+\frac{16mk}{3+4k^2}+4=0$，

$7m^2+16mk+4k^2=0$，解得

$m_1=-2k$，$m_2=-\frac{2k}{7}$，且满足 $3+4k^2-m^2>0$.

当 $m=-2k$ 时，$l: y=k(x-2)$，直线过定点(2,0)，与已知矛盾；

当 $m=-\frac{2k}{7}$ 时，$l: y=k\left(x-\frac{2}{7}\right)$，直线过定点$\left(\frac{2}{7},0\right)$.

综上可知，直线 l 过定点，定点坐标为$\left(\frac{2}{7},0\right)$.

由此可见，直线的斜截式方程“$y=kx+b$”在研究直线过定点的问题中有着十分重要的作用，恰当应用能切实有效地解决这类问题. 当然，在具体应用中要根据不同的问题，切实有效地把握主元思想、化曲为直、平方转化、公式转化及整体转化等数学思想方法，有针对性地解决解题过程中的难点，实现彻底有效的解题.

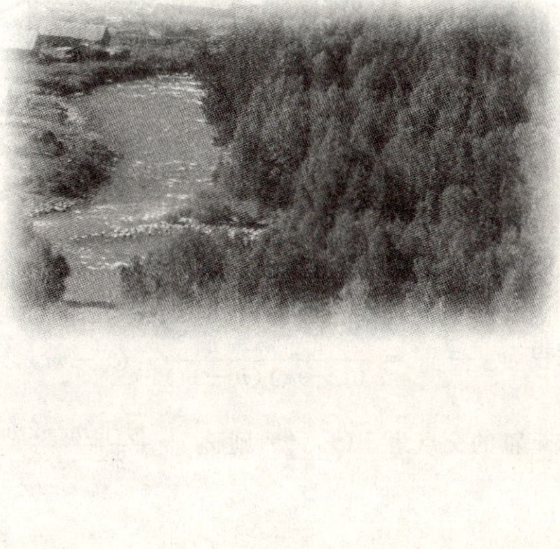

多变量消元的对策分析

定点定值问题是解析几何研究的重要问题之一，也是高考数学科的常考热点，事实上也是考生备考复习的难点所在.为什么会在这类问题面前，考生常常会感到“难”而作为有限呢?究其根源，是因为在解决这类问题的过程中常常会涉及多个变量，这些变量通常是点的坐标、直线的斜率、截距等，这些变量之间互相联系、互相制约，计算量大，加之考生对字母、符号的运算信心不足，所以常因难以找到有效手段减少变量个数，致使问题难以获得圆满解决.常费时费力、半途而废、无功而返.本文拟通过一道典型试题的解法分析，例说多变量消元的对策，供大家参考.

题目 已知椭圆 C：$\frac{x^2}{2}+y^2=1$ 的右焦点为 F，M，N 为椭圆 C 上的两个动点，且 $MN\perp x$ 轴，直线 MF 与椭圆的另一个交点为 Q.

求证：直线 NQ 恒过 x 轴上一定点.

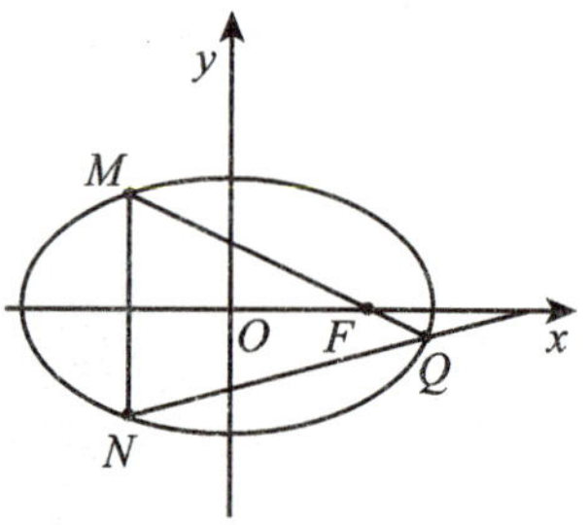

图 2－3

解 1：如图 2－3 所示，$\because F(1,0)$，设点 $M(m,y_1)$，$N(m,-y_1)$，$Q(n,y_2)$，

由 M，F，Q 三点共线可得 $y_2(1-m)=y_1(n-1)$，

即 $y_2=\frac{1-n}{1-m}y_1$，

又 $k_{NQ}=\frac{y_2+y_1}{n-m}=\frac{2-m-n}{(1-m)(n-m)}y_1$，则

直线 NQ 的方程为 $y+y_1=\frac{2-m-n}{(1-m)(n-m)}y_1(x-m)$，

设直线 NQ 与 x 轴的交点为 $T(x_T,0)$，则 $x_T=\frac{m+n-2mn}{2-m-n}$，

M,Q 在椭圆上，$\begin{cases}\dfrac{m^2}{2}+y_1^2=1\\ \dfrac{n^2}{2}+y_2^2=1\end{cases}\Rightarrow\begin{cases}\dfrac{m^2}{2}+y_1^2=1, & ①\\ \dfrac{n^2}{2}+\left(\dfrac{1-n}{1-m}\right)^2y_1^2=1. & ②\end{cases}$

② $-$ ① $\times\left(\dfrac{1-n}{1-m}\right)^2$，得 $\dfrac{n^2}{2}-\dfrac{m^2}{2}\left(\dfrac{1-n}{1-m}\right)^2=1-\left(\dfrac{1-n}{1-m}\right)^2$，

$\dfrac{1}{2}[n(1-m)+m(1-n)][n(1-m)-m(1-n)]=(2-m-n)(n-m)$，

$\therefore \dfrac{1}{2}(n+m-2mn)(n-m)=(2-m-n)(n-m)$，

$\therefore \dfrac{n+m-2mn}{2-m-n}=2$，即 $x_T=2$，

故直线 NQ 恒过 x 轴上的定点 $(2,0)$.

点评：根据二元方程组的加减消元法整体突破.

解 2：$\because F(1,0)$，设 $M(x_1,y_1)$，$N(x_1,-y_1)$，$Q(x_2,y_2)$，

$MQ:y=k(x-1)$，

由 $\begin{cases}y=k(x-1),\\ \dfrac{x^2}{2}+y^2=1.\end{cases}$ 消去 y，得

$\dfrac{x^2}{2}+k^2(x-1)^2=1$，即 $\left(\dfrac{1}{2}+k^2\right)x^2-2k^2x+k^2-1=0$，

$\therefore x_1+x_2=\dfrac{4k^2}{1+2k^2}$……③，　　$x_1\cdot x_2=\dfrac{2k^2-2}{1+2k^2}$……④，

设 NT 方程为 $\dfrac{y-y_2}{x-x_2}=\dfrac{-y_1-y_2}{x_1-x_2}$，

令 $y=0$，则 $x_T=\dfrac{y_2(x_2-x_1)}{y_1+y_2}+x_2=\dfrac{x_1y_2-y_2x_2+x_2y_1+y_2x_2}{y_1+y_2}$

$$=\frac{x_1(kx_2-k)+x_2(kx_1-k)}{k(x_1+x_2)-2k}=\frac{2kx_1x_2-k(x_1+x_2)}{k(x_1+x_2)-2k},$$

将 ①② 代入上式，得

$$x_T=\frac{-\dfrac{4k}{1+2k^2}}{-\dfrac{2k}{1+2k^2}}=2,$$

故直线 NQ 恒过 x 轴上的定点(2,0).

点评:由直线的点斜式方程和圆锥曲线的方程联立,根据转化所得二元一次方程的根系关系,转变为 k 参数的单变量关系式,然后消元.

解 3: $\because F(1,0)$,设 $M(x_1,y_1)$,$N(x_1,-y_1)$,$Q(x_2,y_2)$,$T(t,0)$

$MQ: x=my+1$,

由 $\begin{cases} x=my+1, \\ x^2+2y^2=2. \end{cases}$ 消去 x,得 $(m^2+2)y^2+2my-1=0$,

$\therefore y_1+y_2=\dfrac{-2m}{m^2+2}$, $\quad y_1 \cdot y_2=\dfrac{-1}{m^2+2}$,

$\because k_{NT}=\dfrac{-y_1}{x_1-t}$,$k_{QT}=\dfrac{y_2}{x_2-t}$,

$\therefore \dfrac{-y_1}{x_1-t}=\dfrac{y_2}{x_2-t}$, 解得 $t=\dfrac{x_1y_2+x_2y_1}{y_2+y_1}$,

又 $\because x_1=my_1+1$,$x_2=my_2+1$,

$$\therefore t=\frac{x_1y_2+x_2y_1}{y_2+y_1}=\frac{(my_1+1)y_2+(my_2+1)y_1}{y_2+y_1}$$

$$=\frac{2my_1y_2+y_1+y_2}{y_2+y_1}=\frac{\dfrac{-2m}{m^2+2}-\dfrac{2m}{m^2+2}}{\dfrac{-2m}{m^2+2}}=2,$$

故直线 NQ 恒过 x 轴上的定点(2,0).

点评:由直线 $x=my+1$ 和圆锥曲线的方程联立,根据转化所得二元一次方程的根系关系,转变为 m 参数的单变量关系式,然后消元.

解 4: $\because F(1,0)$,设点 $M(t,s)$,$N(t,-s)$,$Q(x_0,y_0)$,

由 M,F,Q 三点共线可得 $s(x_0-1)=y_0(t-1)$ ①

又 M,Q 在椭圆上,所以 $t^2+2s^2=2$ ②

$x_0^2+2y_0^2=2$ ③

$K_{NQ}=\dfrac{y_0+s}{x_0-t}$,则直线 NQ 的方程为 $y+s=\dfrac{y_0+s}{x_0-t}(x-t)$ ④

设直线 NQ 与 x 轴的交点为 $T(x_T,0)$,则 $x_T=\dfrac{sx_0+y_0t}{y_0+s}$ ⑤

$$x_T=\frac{sx_0+y_0t}{y_0+s}=\frac{(sx_0+y_0t)(y_0-s)}{(y_0+s)(y_0-s)}=\frac{sx_0y_0+y_0^2t-s^2x_0-sty_0}{y_0^2-s^2}$$

$$=\frac{2sy_0(x_0-t)+2y_0^2t-2s^2x_0}{2y_0^2-2s^2} \quad ⑥$$

由 ③ − ②，得 $2y_0^2-2s^2=t^2-x_0^2$，

$$\therefore x_T=\frac{2sy_0(x_0-t)+x_0t^2-x_0^2t+2}{(t+x_0)(t-x_0)}=\frac{-2sy_0+x_0t+2}{t+x_0} \quad ⑦$$

我们注意到 $-2sy_0=\sqrt{4s^2y_0^2}=\sqrt{2s^2\cdot 2y_0^2}=\sqrt{(2-t^2)\cdot(2-x_0^2)}$

$$=\sqrt{4+t^2x_0^2-2(t^2+x_0^2)} \quad ⑧$$

由 ①，得 $s^2(x_0-1)^2=y_0{}^2(t-1)^2$，

$\therefore 2s^2(x_0-1)^2=2y_0{}^2(t-1)^2$，

展开上式并化简，得

$$3(t+x_0)-4-2x_0t=0, \therefore t+x_0=\frac{4+2x_0t}{3} \quad ⑨$$

$$\therefore (t+x_0)^2=\left(\frac{4+2x_0t}{3}\right)^2 \Rightarrow t^2+x_0^2=\frac{16-2x_0t+4t^2x_0^2}{9} \quad ⑩$$

$$\therefore 4+t^2x_0^2-2(t^2+x_0^2)=\frac{4+4x_0t+t^2x_0^2}{9}=\left(\frac{2+x_0t}{3}\right)^2,$$

$\therefore -2sy_0=\dfrac{|2+x_0t|}{3}=\dfrac{2+x_0t}{3}$，把其代入 ⑦ 式，得

$$\therefore x_T=\frac{\frac{x_0t+2}{3}+x_0t+2}{t+x_0}=\frac{\frac{4x_0t+8}{3}}{\frac{2x_0t+4}{3}}=2,$$

故直线 NQ 恒过 x 轴上的定点 $(2,0)$.

点评：本解法略显复杂，但不失为灵活应用圆锥曲线的方程进行多变量消元的有效尝试，整体转化是其显著特点，鉴于此，将此解整理与此，供参考.

不等式证明难点突破策略——等价转化

不等式证明是高中数学教学的难点，也是全国各省区高考数学科命题压轴题的重要载体. 面对此类试题，考生常感束手无策. 本文着重例析转化思想在不等式证明中的应用，为同学们解决这类"难"题抛砖引玉.

例1 【中央民族大学附中 2011 年 3 月 19 日星期六高三理科零模 20】

已知数列$\{a_n\}$中，$a_1=2, a_{n+1}=\dfrac{4a_n-2}{3a_n-1}(n\in\mathbf{N}^*)$，设$b_n=\dfrac{3a_n-2}{a_n-1}$.

（Ⅰ）试写出数列$\{b_n\}$的前三项；

（Ⅱ）求证：数列$\{b_n\}$是等比数列，并求数列$\{a_n\}$的通项公式；

（Ⅲ）设$\{a_n\}$的前n项和为S_n，求证：

$$\frac{(n+1)\cdot 2^{n+1}-n-2}{2^{n+1}-1}<S_n\leqslant\frac{(n+2)\cdot 2^{n-1}-1}{2^{n-1}}(n\in\mathbf{N}^*).$$

先看命题者提供的参考解答：

（Ⅰ）由$a_1=2, a_{n+1}=\dfrac{4a_n-2}{3a_n-1}(n\in\mathbf{N}^*)$，得$a_2=\dfrac{6}{5}, a_3=\dfrac{14}{13}$.

由$b_n=\dfrac{3a_n-2}{a_n-1}$，可得$b_1=4, b_2=8, b_3=16$.

（Ⅱ）**证明**：因$a_{n+1}=\dfrac{4a_n-2}{3a_n-1}$，故

$$b_{n+1}=\frac{3a_{n+1}-2}{a_{n+1}-1}=\frac{12a_n-6-6a_n+2}{4a_n-2-3a_n+1}=2\cdot\frac{3a_n-2}{a_n-1}=2b_n.$$

显然$a_n\neq\dfrac{2}{3}$，因此数列$\{b_n\}$是以$\dfrac{3a_1-2}{a_1-1}=4$为首项，以 2 为公比的等比数列，

即$b_n=\dfrac{3a_n-2}{a_n-1}=4\cdot 2^{n-1}=2^{n+1}$.　解得$a_n=\dfrac{2^{n+1}-2}{2^{n+1}-3}$.

（Ⅲ）因为$a_n=1+\dfrac{1}{2^{n+1}-3}=1+\dfrac{2^n}{2^n\cdot 2^{n+1}-3\cdot 2^n}$

$$>1+\frac{(2^{n+1}-1)-(2^n-1)}{2^n\cdot 2^{n+1}-2^n-2^{n+1}+1}=1+\frac{1}{2^n-1}-\frac{1}{2^{n+1}-1},$$

所以 $S_n>\sum\limits_{k=1}^{n}\left(1+\frac{1}{2^k-1}-\frac{1}{2^{k+1}-1}\right)=n+1-\frac{1}{2^{n+1}-1}$

$$=\frac{(n+1)\cdot 2^{n+1}-n-2}{2^{n+1}-1},$$

又 $a_n=1+\frac{1}{2^{n+1}-3}\leqslant 1+\frac{4}{2^{n+1}}=1+\frac{1}{2^{n-1}}$(当且仅当 $n=1$ 时取等号),

故 $S_n\leqslant\sum\limits_{k=1}^{n}\left(1+\frac{1}{2^{k-1}}\right)=n+\frac{1-2^{-n}}{1-2^{-1}}=\frac{(n+2)\cdot 2^{n-1}-1}{2^{n-1}}.$

点评:客观地讲,上述变形放缩的技巧性强,对考生数学综合知识的掌握和灵活运用的要求很高,只有数学思维品质达到一定高度的考生才可能有所作为.如何让看似很难的问题离考生的距离显得不那么遥远,等价转化的思想是切实有效的.

以下呈现笔者分析解答第(Ⅲ)的心路历程,以期对同学们有所裨益!

分析:现将结论进行等价转化,具体如下:

$$\frac{(n+1)\cdot 2^{n+1}-n-2}{2^{n+1}-1}<S_n\leqslant\frac{(n+2)\cdot 2^{n-1}-1}{2^{n-1}}$$

$$\Leftrightarrow n+\frac{2^{n+1}-2}{2^{n+1}-1}<S_n\leqslant n+2-\frac{1}{2^{n-1}}\Leftrightarrow n+1-\frac{1}{2^{n+1}-1}<S_n\leqslant n+2-\frac{1}{2^{n-1}}$$

$$\Leftrightarrow 1-\frac{1}{2^{n+1}-1}<S_n-n\leqslant 2-\frac{1}{2^{n-1}},$$

再对数列 $\{a_n\}$ 的通项公式变形如下:$a_n=\frac{2^{n+1}-2}{2^{n+1}-3}=1+\frac{1}{2^{n+1}-3}$,然后求 S_n,

即 $S_n=a_1+a_2+\cdots+a_n=n+\left(\frac{1}{2^2-3}+\frac{1}{2^3-3}+\cdots+\frac{1}{2^{n+1}-3}\right)$,

故 $S_n=a_1+a_2+\cdots+a_n\Leftrightarrow S_n-n=\frac{1}{2^2-3}+\frac{1}{2^3-3}+\cdots+\frac{1}{2^{n+1}-3}$,

所以,欲证 $1-\frac{1}{2^{n+1}-1}<S_n-n\leqslant 2-\frac{1}{2^{n-1}}$,

需证 $1-\frac{1}{2^{n+1}-1}<\frac{1}{2^2-3}+\frac{1}{2^3-3}+\cdots+\frac{1}{2^{n+1}-3}\leqslant 2-\frac{1}{2^{n-1}}$,

注意到 $1+\frac{1}{2}+\frac{1}{2^2}+\cdots+\frac{1}{2^{n-1}}=\frac{1-\frac{1}{2^n}}{1-\frac{1}{2}}=2-\frac{1}{2^{n-1}}$,

自然想,若能证明 $\frac{1}{2^{n+1}-3}\leqslant\frac{1}{2^{n-1}}$ 即可,

事实上 $\frac{1}{2^{n+1}-3}\leqslant\frac{1}{2^{n-1}}\Leftrightarrow 2^{n-1}\leqslant 2^{n+1}-3\Leftrightarrow 2^{n+1}-2^{n-1}\geqslant 3$

$$\Leftrightarrow 3\cdot 2^{n-1}\geqslant 3\Leftrightarrow 2^{n-1}\geqslant 1,$$

当 $n=1$ 时,等号成立;

故 $S_n-n\leqslant 2-\frac{1}{2^{n-1}}$.

对于 $S_n-n>1-\frac{1}{2^{n+1}-1}$ 的证明,一时没有好的思路突破,但因为 $1-\frac{1}{2^{n+1}-1}$ 的分母结构不符合等比数列的前 n 项和公式 $S_n=\frac{a_1(1-q^n)}{1-q}(q\neq 1)$ 的形式特征,所以不能转化为等比数列的求和问题放缩求解.联想裂项求和的一个典型案例,如下:

$$1-\frac{1}{2}+\frac{1}{2}-\frac{1}{3}+\frac{1}{3}-\frac{1}{4}+\cdots+\frac{1}{n-1}-\frac{1}{n}=1-\frac{1}{n},$$

期望 $1-\frac{1}{2^{n+1}-1}$ 通过以下方式得到:

$$1-\frac{1}{2^2-1}+\frac{1}{2^2-1}-\frac{1}{2^3-1}+\cdots+\frac{1}{2^n-1}-\frac{1}{2^{n+1}-1}=1-\frac{1}{2^{n+1}-1}$$

如此一来,只需证明 $\frac{1}{2^{n+1}-3}>\frac{1}{2^n-1}-\frac{1}{2^{n+1}-1}$ 即可,事实上有,

$$\frac{1}{2^{n+1}-3}>\frac{1}{2^n-1}-\frac{1}{2^{n+1}-1}\Leftrightarrow\frac{1}{2^{n+1}-3}>\frac{2^n}{(2^n-1)(2^{n+1}-1)}$$

$$\Leftrightarrow(2^n-1)(2^{n+1}-1)>(2^{n+1}-3)2^n$$

$$\Leftrightarrow 2^{2n+1}-3\cdot 2^n+1>2^{2n+1}-3\cdot 2^n\Leftrightarrow 1>0.$$

故 $\frac{1}{2^{n+1}-3}>\frac{1}{2^n-1}-\frac{1}{2^{n+1}-1}$ 成立,

所以 $S_n-n>1-\dfrac{1}{2^{n+1}-1}$，

综上所述，$1-\dfrac{1}{2^{n+1}-1}<S_n-n\leqslant 2-\dfrac{1}{2^{n-1}}$，即

$\dfrac{(n+1)\cdot 2^{n+1}-n-2}{2^{n+1}-1}<S_n\leqslant\dfrac{(n+2)\cdot 2^{n-1}-1}{2^{n-1}}(n\in\mathbf{N}^*)$.

例 2 已知函数 $f(x)=\ln x-\dfrac{a(x-1)}{x+1}$.

（Ⅰ）若函数 $f(x)$ 在 $(0,+\infty)$ 上为单调增函数，求 a 的取值范围；

（Ⅱ）设 $m,n\in\mathbf{R}^+$，且 $m\neq n$，求证：$\dfrac{m-n}{\ln m-\ln n}<\dfrac{m+n}{2}$.

解：（Ⅰ）（解略）$a\leqslant 2$.

（Ⅱ）分析：因为 $m,n\in\mathbf{R}^+$，且 $m\neq n$，所以

$$\frac{m-n}{\ln m-\ln n}<\frac{m+n}{2}\Leftrightarrow\frac{m-n}{\ln\frac{m}{n}}<\frac{m+n}{2}\Leftrightarrow\ln\frac{m}{n}>\frac{2(m-n)}{m+n}$$

$$\Leftrightarrow\ln\frac{m}{n}>\frac{2\left(\frac{m}{n}-1\right)}{\frac{m}{n}+1},$$

证明：由（Ⅰ）知，当 $a=2$ 时，函数 $f(x)=\ln x-\dfrac{2(x-1)}{x+1}$ 在因 $(0,+\infty)$ 上为增函数，

注意到 $f(1)=0$，则当 $x>1$ 时，$f(x)>f(1)=0$，即 $\ln x>\dfrac{2(x-1)}{x+1}$，

不妨设 $0<n<m$，则 $\dfrac{m}{n}>1$，此时不等式

$$\frac{m-n}{\ln m-\ln n}<\frac{m+n}{2}\Leftrightarrow\ln\frac{m}{n}>\frac{2\left(\frac{m}{n}-1\right)}{\frac{m}{n}+1},$$

取 $x=\dfrac{m}{n}$，并将其代入 $\ln x>\dfrac{2(x-1)}{x+1}$，得 $\ln\dfrac{m}{n}>\dfrac{2\left(\frac{m}{n}-1\right)}{\frac{m}{n}+1}$ 成立，

故$\dfrac{m-n}{\ln m-\ln n}<\dfrac{m+n}{2}$.

我尝试了很多途径，但均未能奏效. 究其原因，还是对所证不等式的变形转化不到位所致，甚至连 $\ln m-\ln n=\ln\dfrac{m}{n}$ 这样的变形都没有想到. 事实上，在“不妨设 $0<n<m$，则$\dfrac{m}{n}>1$”的条件下，将所证不等式“$\dfrac{m-n}{\ln m-\ln n}<\dfrac{m+n}{2}$”等价变形为“$\ln\dfrac{m}{n}>\dfrac{2\left(\dfrac{m}{n}-1\right)}{\dfrac{m}{n}+1}$”的形式，然后比对函数 $f(x)=\ln x-\dfrac{a(x-1)}{x+1}$ 的解析式，自然想到利用“$a=2$”时的特殊情形解决此问题，理当是水到渠成的事情.

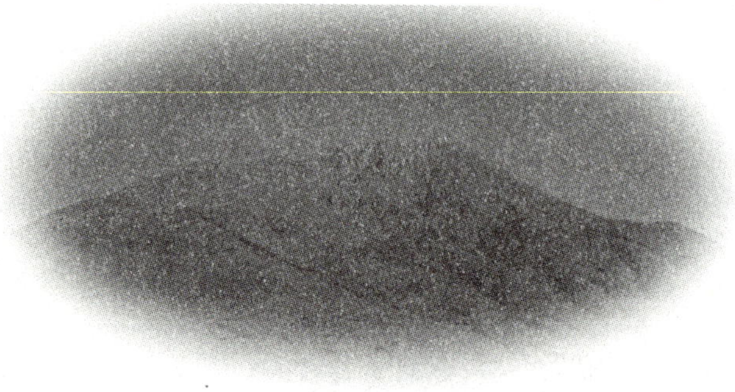

跨越超越函数这道“门槛”的有效策略

——以曲代直　整体突破

转化思想是数学的核心思想，“以直代曲”是在数形结合背景下解决函数导数综合问题的有效转化对策. 所谓“直”，一般是指曲线的某条切线(或割线)，通常情况下，曲线在切线(或割线)的同侧，如函数 $f(x)=\ln x, g(x)=e^x, h(x)=x\ln x, p(x)=xe^x, q(x)=\dfrac{\ln x}{x}, r(x)=\dfrac{e^x}{x}(x>0)$ 等，需要特别关注的是函数在某些特殊点处的切线，如切点为 $(0,0)$、$(1,0)$ 与 $(0,1)$ 等处的切线. 借切线(或割线)代替曲线，将等量关系据此转化为不等量关系，将超越函数转化为代数函数，进而将问题朝着初等化的方向转变，直至被解决. 以下具体分析这种策略的应用，供读者参考.

例 1　【2011 年海淀一模理 18】

已知函数 $f(x)=x-a\ln x, g(x)=-\dfrac{1+a}{x}(a\in\mathbf{R})$.

(Ⅰ)若 $a=1$，求函数 $f(x)$ 的极值；

(Ⅱ)设函数 $h(x)=f(x)-g(x)$，求函数 $h(x)$ 的单调区间；

(Ⅲ)若在 $[1,e](e=2.718\cdots)$ 上存在一点 x_0，使得 $f(x_0)<g(x_0)$ 成立，求 a 的取值范围.

解析:(Ⅰ) $f(x)$ 的定义域为 $(0,+\infty)$，

当 $a=1$ 时，$f(x)=x-\ln x, f'(x)=1-\dfrac{1}{x}=\dfrac{x-1}{x}$，

x	$(0,1)$	1	$(1,+\infty)$
$f'(x)$	$-$	0	$+$
$f(x)$	↘	极小值	↗

所以 $f(x)$ 在 $x=1$ 处取得极小值 1.

(Ⅱ) $h(x)=x+\dfrac{1+a}{x}-a\ln x$，

$$h'(x)=1-\frac{1+a}{x^2}-\frac{a}{x}=\frac{x^2-ax-(1+a)}{x^2}=\frac{(x+1)[x-(1+a)]}{x^2}.$$

① 当 $a+1>0$，即 $a>-1$ 时，在 $(0,1+a)$ 上 $h'(x)<0$，在 $(1+a,+\infty)$ 上 $h'(x)>0$，所以 $h(x)$ 在 $(0,1+a)$ 上单调递减，在 $(1+a,+\infty)$ 上单调递增；

② 当 $1+a\leqslant 0$，即 $a\leqslant -1$ 时，在 $(0,+\infty)$ 上 $h'(x)>0$，

所以，函数 $h(x)$ 在 $(0,+\infty)$ 上单调递增.

(Ⅲ) 在 $[1,e]$ 上存在一点 x_0，使得 $f(x_0)<g(x_0)$ 成立，即

在 $[1,e]$ 上存在一点 x_0，使得 $h(x_0)<0$，即

函数 $h(x)=x+\frac{1+a}{x}-a\ln x$ 在 $[1,e]$ 上的最小值小于零.

由(Ⅱ)可知

① 当 $1+a\geqslant e$，即 $a\geqslant e-1$ 时，$h(x)$ 在 $[1,e]$ 上单调递减，

所以 $h(x)$ 的最小值为 $h(e)$，由 $h(e)=e+\frac{1+a}{e}-a<0$ 可得 $a>\frac{e^2+1}{e-1}$，

因为 $\frac{e^2+1}{e-1}>e-1$，所以 $a>\frac{e^2+1}{e-1}$；

② 当 $1+a\leqslant 1$，即 $a\leqslant 0$ 时，$h(x)$ 在 $[1,e]$ 上单调递增，

所以 $h(x)$ 最小值为 $h(1)$，由 $h(1)=1+1+a<0$ 可得 $a<-2$；

③ 当 $1<1+a<e$，即 $0<a<e-1$ 时，可得 $h(x)$ 最小值为 $h(1+a)$，

因为 $0<\ln(1+a)<1$，所以，$0<a\ln(1+a)<a$，

故 $h(1+a)=2+a-a\ln(1+a)>2$，

此时，$h(1+a)<0$ 不成立.

综上讨论，可得所求 a 的范围是：$a>\frac{e^2+1}{e-1}$ 或 $a<-2$.

关于第(Ⅲ)问的进一步研究：

$\exists x_0\in[1,e]$，使得 $f(x_0)<g(x_0)$ 成立，即 $x_0-a\ln x_0<-\frac{1+a}{x_0}$，

此即 $ax_0\ln x_0-x_0^2-a-1>0$，

设函数 $t(x)=ax\ln x-x^2-a-1$，则问题转化为 $t(x)$ 在 $[1,e]$ 上的最大值大

于零即可.

由 $t'(x)=a(1+\ln x)-2x$,

$\because x\in[1,e]$, $\therefore 0\leqslant \ln x\leqslant 1$,

① 当 $a\leqslant 0$ 时, $t'(x)<0$, $t(x)$ 在 $[1,e]$ 上单调递减,

故 $t(x)_{\max}=t(1)=-a-2>0$, 解得 $a<-2$;

② 当 $a>0$ 时,令 $t'(x)=0$,但无法解得超越方程 $a(1+\ln x)-2x=0$ 的根,故做如下等价变形,即

$a(1+\ln x)-2x=0\Leftrightarrow \ln x=\dfrac{2}{a}x-1$,

设 $p(x)=\ln x$, $q(x)=\dfrac{2}{a}x-1$,

易知直线 $y=x-1$ 为曲线 $p(x)=\ln x$ 的切线,切点为 $(1,0)$,直线 $q(x)=\dfrac{2}{a}x-1$ 恒过 $(0,-1)$ 点,斜率为 $k=\dfrac{2}{a}$,如图 2－4 所示:

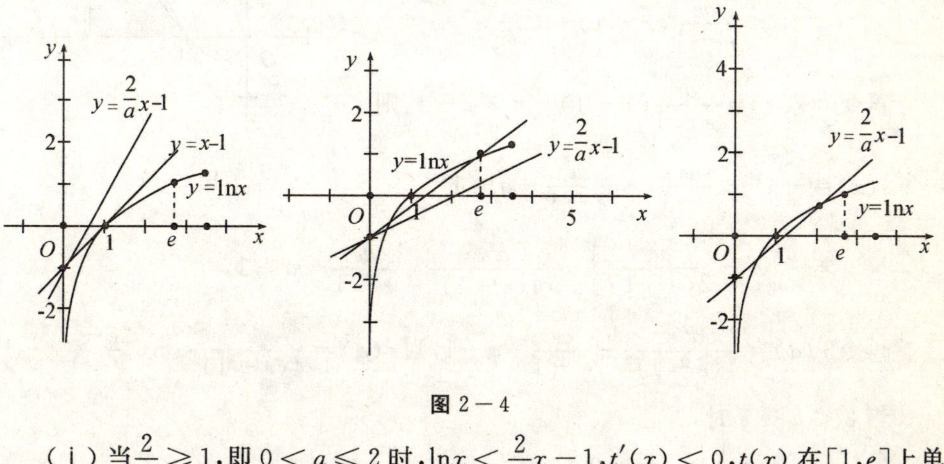

图 2－4

(ⅰ) 当 $\dfrac{2}{a}\geqslant 1$,即 $0<a\leqslant 2$ 时, $\ln x<\dfrac{2}{a}x-1$, $t'(x)<0$, $t(x)$ 在 $[1,e]$ 上单调递减,故 $t(x)_{\max}=t(1)=-a-2>0$, 解得 $a<-2$, 这与 $0<a\leqslant 2$ 矛盾;

(ⅱ) 当 $0<\dfrac{2}{a}\leqslant\dfrac{2}{e}$,即 $a\geqslant e$ 时, $\ln x>\dfrac{2}{a}x-1$, $t'(x)>0$, $t(x)$ 在 $[1,e]$ 上

单调递增，故 $t(x)_{\max}=t(e)=ea-a-e^2-1>0$，解得 $a>\dfrac{e^2+1}{e-1}$；

（ⅲ）当 $\dfrac{2}{e}<\dfrac{2}{a}<1$，即 $2<a<e$ 时，设 $t'(x)=0$ 的根为 x'，此时 $t'(x)>0$ 在 $[1,x']$ 上成立，则函数 $t(x)$ 在 $[1,x']$ 上单调递增，$t'(x)<0$ 在 $[x',e]$ 上成立，则函数 $t(x)$ 在 $[1,x']$ 上单调递减，故 $t(x)_{\max}=t(x')$，但无法求到 $t(x')$，所以难以直接判断 $t(x')$ 的符号.

此种情况下，回归函数解析式，恰当选取切线或割线，以直代曲，整体突破，便可判别函数所在区间的符号.

如图 2－5 所示，我们注意到，经过 $A(1,0)$ 和 $B(e,e)$ 的直线方程为 $y=\dfrac{e}{e-1}(x-1)$，且

在 $[1,e]$ 上恒有 $0\leqslant x\ln x\leqslant\dfrac{e}{e-1}(x-1)$，

所以，$t(x)=ax\ln x-x^2-a-1$

$$\leqslant\frac{ae}{e-1}(x-1)-x^2-a-1$$

再令　$s(x)=\dfrac{ae}{e-1}(x-1)-x^2-a-1$，则

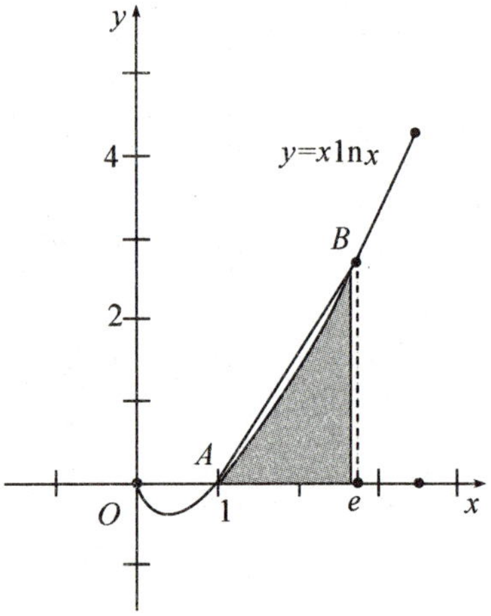

图 2－5

$$s(x)=-x^2+\frac{ae}{e-1}x-\frac{ae}{e-1}-a-1$$

$$=-\left[x-\frac{ae}{2(e-1)}\right]^2+\frac{a^2e^2}{4(e-1)^2}-\frac{ae}{e-1}-a-1,$$

再令 $r(a)=\dfrac{a^2e^2}{4(e-1)^2}-\dfrac{ae}{e-1}-a-1$，则 $r(a)=\dfrac{e^2}{4(e-1)^2}a^2-\dfrac{2e-1}{e-1}a-1$，

当 $2<a<e$ 时，

$$r(2)=\frac{e^2}{(e-1)^2}-\frac{4e-2}{e-1}-1=\frac{e^2}{(e-1)^2}-\frac{5e-3}{e-1}$$

$$=\frac{-4e^2+8e-3}{(e-1)^2}=\frac{-(2e-3)(2e-1)}{(e-1)^2}<0,$$

$$r(e)=\frac{e^4}{4(e-1)^2}-\frac{e(2e-1)}{e-1}-1=\frac{e^4}{4(e-1)^2}-\frac{2e^3-2e^2-e+1}{(e-1)^2}$$

$$=\frac{e^4-8e^3+8e^2+4e-4}{4(e-1)^2}=\frac{e^4-3e^3-5e^3+8e^2+4e-4}{4(e-1)^2}$$

$$=\frac{e^3(e-3)-e(5e^2-8e-4)-4}{4(e-1)^2}=\frac{e^3(e-3)-e(e-2)(5e+2)-4}{4(e-1)^2},$$

又 $\because 2<e<3$，$\therefore e^3(e-3)<0$，$-e(e-2)(5e+2)<0$，

$\therefore \frac{e^3(e-3)-e(e-2)(5e+2)-4}{4(e-1)^2}<0$，

故当 $2<a<e$ 时，所以 $r(e)<0$，则 $r(a)<0$，

所以 $s(x)<0$，故 $t(x)=ax\ln x-x^2-a-1<0$，

由（ⅰ），（ⅱ），（ⅲ）得，$a>\frac{e^2+1}{e-1}$.

综上讨论可得所求 a 的范围是：$a>\frac{e^2+1}{e-1}$ 或 $a<-2$.

点评：本题以直代曲的过程中，先尝试用 $\ln x\leqslant x-1$（$y=x-1$ 是 $y=\ln x$ 的切线）转化，得

$t(x)=ax\ln x-x^2-a-1\leqslant ax(x-1)-x^2-a-1$，用它试图推证 $t(x)<0$ 未能奏效，理由如下：

令 $s(x)=ax(x-1)-x^2-a-1$，其中

$s(1)=-a-2<0$，但 $s(e)=ae^2-ae-a-e^2-1$ 的正负与 $2<a<e$ 有关.

这说明用 $\ln x\leqslant x-1$ 转化时误差较大，需要控制误差，使直线替代曲线的精度更高，为此，从整体考虑，进行尝试. 起初也想找曲线 $y=x\ln x$ 的某条切线来以直代曲，但分析图形发现在区间 $[1,e]$ 上其切线均在该曲线的下方，故不能选择切线. 换为区间 $[1,e]$ 上的割线 AB 代替曲线恰如其分.

莫柳茵同学的简洁解法：

设函数 $t(x)=ax\ln x-x^2-a-1$，则问题转化为 $t(x)$ 在 $[1,e]$ 上的最大值大于零即可.

由 $t'(x)=a(1+\ln x)-2x$，

（ⅲ）当 $\frac{2}{e}<\frac{2}{a}<1$，即 $2<a<e$ 时，设 $t'(x)=0$ 的根为 x'，此时 $t'(x)>0$

在$[1,x']$上成立，则函数$t(x)$在$[1,x']$上单调递增，$t'(x)<0$在$[x',e]$上成立，则函数$t(x)$在$[1,x']$上单调递减，故$t(x)_{\max}=t(x')$，但无法求到$t(x')$，所以难以直接判断$t(x')$的符号.

但，$t'(x')=a(1+\ln x')-2x'=0$，$a\ln x'=2x'-a$，则

$$t(x')=ax'\ln x'-(x')^2-a-1=x'(2x'-a)-(x')^2-a-1$$
$$=(x')^2-ax'-(a+1)=(x'+1)[x'-(a+1)],$$

又$\because x'\in[1,e]$，$2<a<e$，$\therefore x'+1>0$，$x'-(a+1)<0$，

$\therefore t(x)_{\max}=t(x')<0$.

点评：这个解法充分地体现了设而不求的思想，有效地解决了超越方程无法求根但需判断极值符号的疑难问题，值得认真体会和学习，真可谓事半功倍.

例 2 【2010 全国新课标卷理科第 22 题】

设函数$f(x)=e^x-1-x-ax^2$.

(Ⅰ)若$a=0$，求$f(x)$的单调区间；

(Ⅱ)设当$x\geqslant 0$时，$f(x)\geqslant 0$，求a的取值范围.

参考解答：(Ⅰ)$a=0$时，$f(x)=e^x-1-x$，$f'(x)=e^x-1$，

当$x>0$时，$f'(x)>0$；当$x<0$时，$f'(x)<0$.

故$f(x)$在$(-\infty,0)$上单调减少，在$(0,+\infty)$上单调增加.

(Ⅱ)$f'(x)=e^x-1-2ax$，由(Ⅰ)知$e^x\geqslant 1+x$，当且仅当$x=0$时等号成立，

故$f'(x)\geqslant x-2ax=(1-2a)x$，

从而当$1-2a\geqslant 0$时，

即$a\leqslant\dfrac{1}{2}$时，$f'(x)\geqslant 0(x\geqslant 0)$，而$f(x)=0$，

于是当$x\geqslant 0$时，$f(x)\geqslant 0$.

再由$e^x>1+x(x\neq 0)$可得$e^{-x}>1-x(x\neq 0)$，从而当$a>\dfrac{1}{2}$时，

$f'(x)<e^x-1+2a(e^{-x}-1)=e^{-x}(e^x-1)(e^x-2a)$，

故当$x\in(0,\ln 2a)$时，$f'(x)<0$，而$f(x)=0$，于是当$x\in(0,\ln 2a)$时，$f(x)<0$.

综上所述，a 的取值范围是 $\left(-\infty,\frac{1}{2}\right]$.

评析：体会“以曲代直”思维方法之巧妙！

别解探究：($y=e^x$ 在 $x=0$ 处的切线为 $y=x+1$)

(Ⅱ) $f'(x)=e^x-1-2ax$，由 $x\geqslant 0$ 得，$e^x\geqslant 1, e^x-1\geqslant 0$.

(ⅰ) 当 $a\leqslant 0$ 时，$f'(x)\geqslant 0$，$f(x)$ 在 $[0,+\infty)$ 上单调递增，

故 $f(x)_{\min}=f(0)=0$，所以，当 $x\geqslant 0$ 时，$f(x)\geqslant 0$；

(ⅱ) 当 $0<2a\leqslant 1$，即 $0<a\leqslant\frac{1}{2}$ 时，$e^x>2ax+1$，$f'(x)>0$，$f(x)$ 在 $[0,+\infty)$ 上单调递增，

故 $f(x)_{\min}=f(0)=0$，所以，当 $x\geqslant 0$ 时，$f(x)\geqslant 0$；

(ⅲ) 当 $2a>1$，即 $a>\frac{1}{2}$ 时，设 $f'(x)=0$ 的根为 $x'(x'>0)$，此时 $f'(x)<0$ 在 $[0,x']$ 上成立，则函数 $f(x)$ 在 $[0,x']$ 上单调递减，$f'(x)>0$ 在 $[x',+\infty)$ 上成立，则函数 $f(x)$ 在 $[x',+\infty)$ 上单调递增，故 $f(x)_{\min}=f(x')$，但无法求到 $f(x')$，所以难以直接判断 $f(x')$ 的符号.

此种情况下，回归方程 $f'(x)=0$，将 $e^{x'}-1=2ax'$ 代入 $f(x)_{\min}=f(x')$ 的表达式得，

$f(x')=e^{x'}-1-x'-a(x')^2=-a(x')^2+2ax'-x'$，

若 $f(x')\geqslant 0$，则 $-a(x')^2+2ax'-x'\geqslant 0$，

此时设 $r(a)=[-(x')^2+2x']a-x'\left(a>\frac{1}{2}\right)$，

因此，若 $r(a)\geqslant 0$ 时，需满足条件

$$\begin{cases}-(x')^2+2x'\geqslant 0\\ r\left(\frac{1}{2}\right)\geqslant 0\end{cases}\Rightarrow\begin{cases}-(x')^2+2x'\geqslant 0\\ -\frac{1}{2}(x')^2\geqslant 0\end{cases}，又\ x'>0，$$

所以此方程组无解，即 $a>\frac{1}{2}$ 时，$f(x')\geqslant 0$ 不成立，即当 $x\geqslant 0$ 时，$f(x)\geqslant 0$ 不成立.

综上所述，a 的取值范围是 $\left(-\infty,\frac{1}{2}\right]$.

点评：本解答中，将 $f(x')$ 转换视角，看成关于 a 的函数是解决问题的成功之所在. 其核心是主元思想的灵活应用.

雷如涿同学的解答：

（ⅲ）当 $2a>1$，即 $a>\frac{1}{2}$ 时，设 $f'(x)=0$ 的根为 $x'(x'>0)$，此时 $f'(x)<0$ 在 $[0,x']$ 上成立，则函数 $f(x)$ 在 $[0,x']$ 上单调递减，所以 $f(x)\leqslant f(0)=0$，即当 $x\geqslant 0$ 时，$f(x)\geqslant 0$ 不成立.

综述，先找结论成立的一个充分条件，然后再证其为充要条件即可. 这种解决问题的思维方式值得好好品味.

拓展提升：

1. 设函数 $f(x)=e^x-1-x-ax^2$.

（Ⅰ）若 $a=0$，求 $f(x)$ 的单调区间；

（Ⅱ）设当 $x\geqslant 0$ 时，$f(x)\geqslant 0$，求 a 的取值范围.

解：由 $f(x)\geqslant 0$，得 $ax^2\leqslant e^x-1-x$，

当 $x=0$ 时，$a\in\mathbf{R}$；

当 $x>0$ 时，$a\leqslant\frac{e^x-1-x}{x^2}$，

设 $g(x)=\frac{e^x-1-x}{x^2}$，则

$$g'(x)=\frac{(e^x-1)x^2-2x(e^x-1-x)}{x^4}=\frac{(e^x-1)x-2(e^x-1-x)}{x^3}$$

$$=\frac{e^x(x-2)+x+2}{x^3},$$

再设 $t(x)=e^x(x-2)+x+2$，则 $t'(x)=xe^x-e^x+1$，

再设 $v(x)=xe^x-e^x+1$，则 $v'(x)=xe^x>0$，

所以，$t'(x)>t'(0)=0$，$t(x)>t(0)=0$，即 $g'(x)>0$，

故 $g(x)=\frac{e^x-1-x}{x^2}$ 在 $(0,+\infty)$ 上增函数，所以 $g(x)>\lim\limits_{x\to 0}g(x)$.

如何求$\lim\limits_{x\to 0}g(x)$？

$$\lim_{x\to 0}g(x)=\lim_{x\to 0}\frac{e^x-1-x}{x^2}=\lim_{x\to 0}\frac{(e^x-1-x)'}{(x^2)'}=\lim_{x\to 0}\frac{e^x-1}{2x}$$

$$=\lim_{x\to 0}\frac{(e^x-1)'}{(2x)'}=\lim_{x\to 0}\frac{e^x}{2}=\frac{1}{2},$$

$a\leqslant\lim\limits_{x\to 0}g(x)=\dfrac{1}{2}$，

所以，a 的取值范围是$\left(-\infty,\dfrac{1}{2}\right]$.

注解：这是因为当 $f(0)=g(0)$ 时，$\dfrac{f(x)}{g(x)}=\dfrac{f(x)-f(0)}{g(x)-g(0)}$，

所以$\lim\limits_{x\to 0}\dfrac{f(x)}{g(x)}=\lim\limits_{x\to 0}\dfrac{f(x)-f(0)}{g(x)-g(0)}=\lim\limits_{x\to 0}\dfrac{f'(x)}{g'(x)}$.

2. 已知函数 $f(x)=\ln x-\dfrac{a}{x}(a\in\mathbf{R})$. 当 $x>1$ 时，$f(x)<x^2$ 恒成立，求 a 的取值范围.

解：由 $f(x)<x^2$，得 $\ln x-\dfrac{a}{x}<x^2$，

因为 $x>1$，所以 $\ln x-\dfrac{a}{x}<x^2\Leftrightarrow x\ln x-a<x^3\Leftrightarrow a>x\ln x-x^3$，

设 $g(x)=x\ln x-x^3$，$g'(x)=\ln x+1-3x^2$，

注意到，函数 $y=\ln x$ 在 $x=1$ 处的切线方程为 $y=x-1$，

且 $\ln x\leqslant x-1\Leftrightarrow\ln x+1\leqslant x$，

所以，$g'(x)=\ln x+1-3x^2\leqslant x-3x^2=x(1-3x)<0$，

故函数 $g(x)=x\ln x-x^3$ 在区间$(1,+\infty)$上单调递减，

则 $g(x)<g(1)=-1$，

所以，$a\geqslant-1$，即 a 的取值范围是$[-1,+\infty)$.

评析：“$\ln x\leqslant x-1\Leftrightarrow\ln x+1\leqslant x$”的灵活应用，充分体现了“以直代曲”的思想方法的重要价值，简捷高效地解决了导数的符号判断，避免了重设新函数再求导的繁琐过程.

谈二次函数区间根问题之解答策略

——关注细节挖掘隐含条件

一、基础要点

1. 重视三个数学思想：分类与整合思想、数形结合思想及转换与化归思想.

2. 常用数学方法：配方法、判别式法及换元法.

二、解题策略

一看二次项系数是否为零；二求判别式明确根的基本情况；三要关注细节挖掘隐含条件（这里的细节主要包括与坐标轴交点的特征、对称轴的特征及根的符号等）；四要以图形为先导寻求解题思路；五要分类整合转换数学语言完成过程表述.

三、典例分析

例 1 已知命题 p：方程 $a^2x^2+ax-2=0$ 在 $[-1,1]$ 上有解；命题 q：只有一个实数 x 满足不等式 $x^2+2ax+2a\leqslant 0$，若命题“p 或 q”是假命题，求 a 的取值范围.

解 1：设 $f(x)=a^2x^2+ax-2$，则 $f(-1)=a^2-a-2$，$f(1)=a^2-a-2$，

(1) 当方程 $a^2x^2+ax-2=0$ 在 $[-1,1]$ 上有一解时，只需满足条件

$f(-1)f(1)\leqslant 0$，且 $f(-1)$ 与 $f(1)$ 不同时为 0，即

$(a^2-a-2)(a^2-a-2)\leqslant 0$，解得 $-2\leqslant a\leqslant -1$，或 $1\leqslant a\leqslant 2$；

(2) 当方程 $a^2x^2+ax-2=0$ 在 $[-1,1]$ 上有两解时，需满足条件

$$\begin{cases}\Delta\geqslant 0,\\ f(-1)>0,\\ f(1)>0,\\ -1\leqslant -\dfrac{1}{2a}\leqslant 1.\end{cases}$$ 解得 $a<-2$，或 $a>2$；

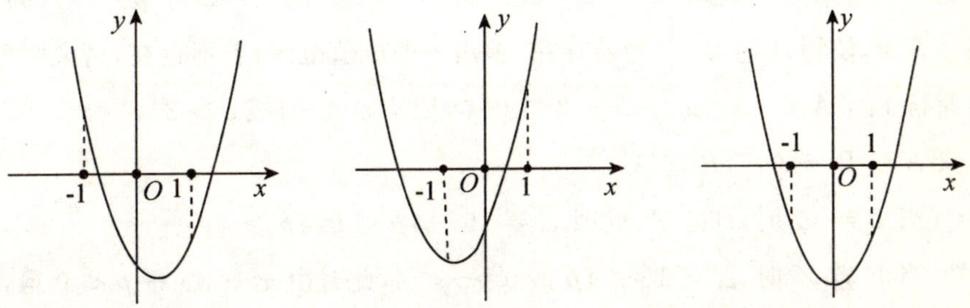

图 2－6

综上所述，$a \leqslant -1$，或 $a \geqslant 1$.

又当只有一个实数 x 满足不等式 $x^2 + 2ax + 2a \leqslant 0$ 时，

$\Delta = (2a)^2 - 8a = 0$，解得 $a = 0$ 或 $a = 2$，

若命题"p 或 q"是假命题，则命题 p 和命题 q 都是假命题，故

$\{a \mid -1 < a < 1\} \cap \{a \mid a \neq 0$ 且 $a \neq 2\} = \{a \mid -1 < a < 0$ 或 $0 < a < 1\}$，

即 a 的取值范围是 $(-1,0) \cup (0,1)$.

解 2：设 $f(x) = a^2x^2 + ax - 2$，则 $f(-1) = a^2 - a - 2$，

$f(1) = a^2 - a - 2$，

若命题"p 或 q"是假命题，则 p 与 q 都是假命题.

当命题 p 是假命题时，即方程 $a^2x^2 + ax - 2 = 0$ 在 $[-1,1]$ 上无解，

当 $a = 0$ 时，$-2 = 0$，故方程 $a^2x^2 + ax - 2 = 0$ 在 $[-1,1]$ 上无解；

当 $a \neq 0$ 时，$a^2 > 0$，并注意到 $y = f(x)$ 与 y 轴的交点为 $(0,-2)$，

故方程 $a^2x^2 + ax - 2 = 0$ 在 $[-1,1]$ 上无解的充要条件是

$f(1) < 0$，且 $f(-1) < 0$，

解得 $-1 < a < 0$ 或 $0 < a < 1$.

综上所述，当 $-1 < a < 1$ 时，命题 p 是假命题；

由解 1 知，命题 q 都是假命题时，$a \neq 0$ 且 $a \neq 2$，

故若命题"p 或 q"是假命题，则

$\{a \mid -1 < a < 1\} \cap \{a \mid a \neq 0$ 且 $a \neq 2\} = \{a \mid -1 < a < 0$ 或 $0 < a < 1\}$，

即 a 的取值范围是 $(-1,0) \cup (0,1)$.

例 2 已知 $A=\{x \mid x^2-x-2>0\}$，$B=\{x \mid x^2+4x+p<0\}$，问是否存在 $p\in\mathbf{R}$，使得 $A\cup B=A$？若存在，求出 p 的取值范围；若不存在，请说明理由.

解析 1：$\because A=\{x \mid x^2-x-2>0\}\Leftrightarrow\{x \mid x<-1 或 x>2\}$，

又 $A\cup B=A$，$\therefore B\subseteq A$，

① 当 $B=\varnothing$ 时，$B\subseteq A$，此时 $\Delta=16-4p\leqslant 0\Rightarrow p\geqslant 4$；

② 当 $B\neq\varnothing$ 时，$\Delta=16-4p>0\Rightarrow p<4$，此时由 $x^2+4x+p<0$ 得，

$-2-\sqrt{4-p}<x<-2+\sqrt{4-p}$， 当 $B\subseteq A$ 时，则

$-2+\sqrt{4-p}\leqslant -1$ 或 $2\leqslant -2-\sqrt{4-p}$，解得 $3\leqslant p<4$.

综上可得，$p\in[3,+\infty)$.

解析 2：（注意到函数的对称轴为 $x=-2$ 这个细节，数形结合便可简化解题过程）

$\because f(x)=x^2+4x+p=(x+2)^2+p-4$，其对称轴 $x=-2$，

① 当 $B=\varnothing$ 时，$B\subseteq A$， 此时

$\Delta=16-4p\leqslant 0\Rightarrow p\geqslant 4$；

② 当 $B\neq\varnothing$ 时，$\Delta=16-4p>0\Rightarrow p<4$， 此时

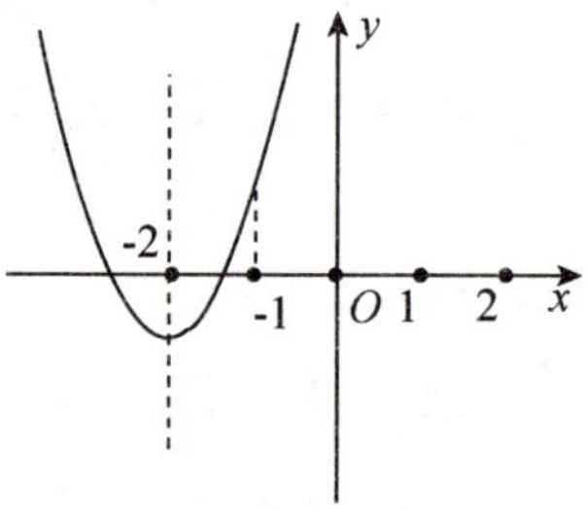

图 2－7

当 $B\subseteq A$ 时，只需满足条件 $f(-1)\geqslant 0$ 即可.

$\therefore f(-1)=(-1)^2+4(-1)+p=p-3\geqslant 0$， $3\leqslant p<4$.

综上所述，$p\in[3,+\infty)$.

例 3 【全国 Ⅱ 卷】设 $a\in\mathbf{R}$，函数 $f(x)=ax^2-2x-2a$. 若 $f(x)>0$ 的解集为 A，$B=\{x \mid 1<x<3\}$，$A\cap B\neq\varnothing$，求实数 a 的取值范围.

解 1：当 $a=0$ 时，$f(x)=-2x$ 不合题意；

当 $a\neq 0$ 时，$f(x)$ 为二次函数，令 $f(x)=0$，解得其两根为

$$x_1=\frac{1}{a}-\sqrt{2+\frac{1}{a^2}},\quad x_2=\frac{1}{a}+\sqrt{2+\frac{1}{a^2}},$$

由此可知 $x_1<0$，$x_2>0$，

（ⅰ）当 $a>0$ 时，$A=\{x \mid x<x_1\}\cup\{x \mid x>x_2\}$，

$A\cap B\neq\varnothing$ 的充要条件是 $x_2<3$，即 $\frac{1}{a}+\sqrt{2+\frac{1}{a^2}}<3$，解得 $a>\frac{6}{7}$.

(ⅱ) 当 $a<0$ 时，$A=\{x\mid x_1<x<x_2\}$，

$A\cap B\neq\varnothing$ 的充要条件是 $x_2>1$，即 $\frac{1}{a}+\sqrt{2+\frac{1}{a^2}}>1$，解得 $a<-2$.

综上，使 $A\cap B\neq\varnothing$ 成立的 a 的取值范围为 $(-\infty,-2)\cup\left(\frac{6}{7},+\infty\right)$.

解 2：当 $a=0$ 时，$f(x)=-2x$ 不合题意；

当 $a\neq0$ 时，$f(x)$ 为二次函数，令 $f(x)=0$，则

$\Delta=4+8a^2>0$，设其两根分别为 x_1,x_2，且 $x_1<x_2$，注意到 $x_1x_2=-2<0$，则必有 $x_1<0,x_2>0$.

由此可知，

(ⅰ) 当 $a>0$ 时，$A=\{x\mid x<x_1\}\cup\{x\mid x>x_2\}$，

$A\cap B\neq\varnothing$ 的充要条件是 $x_2<3$，即 $f(3)>0$，解得 $a>\frac{6}{7}$；

(ⅱ) 当 $a<0$ 时，$A=\{x\mid x_1<x<x_2\}$，

$A\cap B\neq\varnothing$ 的充要条件是 $x_2>1$，即 $f(1)>0$ 解得 $a<-2$.

综上，使 $A\cap B=\varnothing$ 成立的 a 的取值范围为 $(-\infty,-2)\cup(\frac{6}{7},+\infty)$.

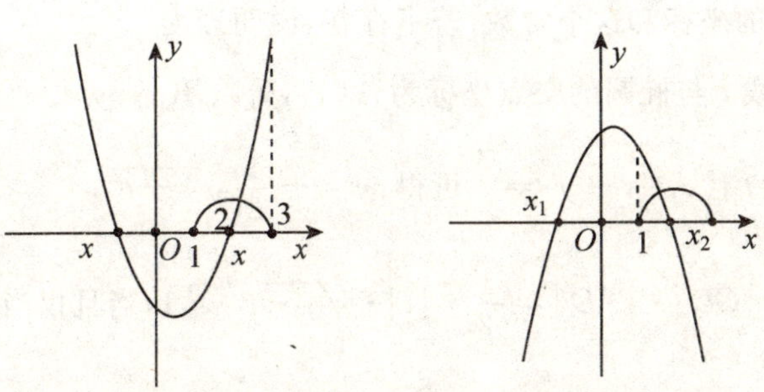

图 2－8

关于“x_1x_2、x_1+x_2、y_1y_2、y_1+y_2”运算的简化策略

在解析几何中，涉及直线和圆锥曲线的关系问题时，常常需要计算“x_1x_2、x_1+x_2、y_1y_2、y_1+y_2”的值或表达式. 特别在含有多个字母的相关运算中，往往有较大的运算量，对学生而言，无疑是一个难点. 有什么好的对策能帮助学生化解这一难点？结合教学实践，谈一些体会，供参考.

题目　已知椭圆$\frac{x^2}{4}+y^2=1$中心为O，右顶点为M，过定点$D(t,0)(t\neq\pm 2)$作直线l交椭圆于A、B两点如图 2－9.

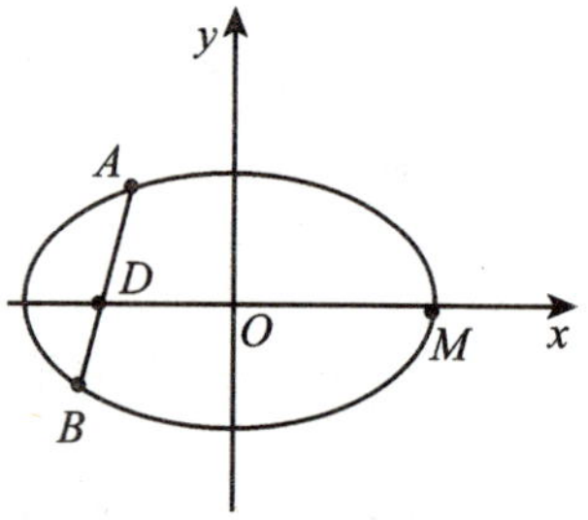

图 2－9

(1) 若直线l与x轴垂直，求三角形OAB面积的最大值；

(2) 若$t=\frac{6}{5}$，直线l的斜率为1，求证：$\angle AMB=90°$；

(3) 在x轴上，是否存在一点E，使直线AE和BE的斜率的乘积为非零常数？若存在，求出点E的坐标和这个常数；若不存在，说明理由.

解析：设直线l与椭圆的交点坐标为$A(x_1,y_1)$、$B(x_2,y_2)$.

(1) 把$x=t$代入$\frac{x^2}{4}+y^2=1$可得：$y=\pm\frac{1}{2}\sqrt{4-t^2}$，

则$S_{\triangle OAB}=|OD|\cdot|AD|=\frac{1}{2}\cdot|t|\cdot\sqrt{4-t^2}\leqslant 1$，当且仅当$t=\pm\sqrt{2}$时取等号；

(2) 由$\begin{cases}y=x-\frac{6}{5},\\ \frac{x^2}{4}+y^2=1.\end{cases}$得$125x^2-240x+44=0$，$x_1x_2=\frac{44}{125}$，$x_1+x_2=\frac{48}{25}$，

所以 $k_{AM}k_{BM}=\dfrac{y_1y_2}{(x_1-2)(x_2-2)}=\dfrac{\left(x_1-\frac{6}{5}\right)\left(x_2-\frac{6}{5}\right)}{(x_1-2)(x_2-2)}$

$$=\frac{x_1x_2-\frac{6}{5}(x_1+x_2)+\frac{36}{25}}{x_1x_2-2(x_1+x_2)+4}=\frac{\frac{44}{125}-\frac{6}{5}\cdot\frac{48}{25}+\frac{36}{25}}{\frac{44}{125}-2\cdot\frac{48}{25}+4}$$

$$=\frac{-64}{64}=-1\Rightarrow\angle AMB=90^\circ$$

点评:在确定的数字运算中,得到“x_1x_2、x_1+x_2”的值后,若需要“y_1y_2、y_1+y_2”的结果,通常借助直线方程转化即可,如上由“$y_1y_2=\left(x_1-\frac{6}{5}\right)\left(x_2-\frac{6}{5}\right)$”求解.

(3) **解1**:当直线 l 与 x 轴不垂直时,可设直线方程为:$y=k(x-t)(k\neq0)$,

由$\begin{cases}y=k(x-t),\\ \dfrac{x^2}{4}+y^2=1.\end{cases}$ 消去 y,整理得$(4k^2+1)x^2-8k^2tx+4k^2t^2-4=0$,

则$\begin{cases}\Delta>0,\\ x_1+x_2=\dfrac{8k^2t}{4k^2+1},\\ x_1x_2=\dfrac{4k^2t^2-4}{4k^2+1}.\end{cases}$ ①

再由 $y=k(x-t)$ 得,$kx=y+kt$,

由$\dfrac{x^2}{4}+y^2=1$,得 $k^2x^2+4k^2y^2-4k^2=0$,

再将 $kx=y+kt$ 代入上式并整理,得$(1+4k^2)y^2+2kty+k^2t^2-4k^2=0$.

则 $y_1y_2=\dfrac{k^2(t^2-4)}{1+4k^2}$, ②

若存在定点 $E(m,0)$ 符合题意,且 $k_{AE}\times k_{BE}$ 为非零常数,

又 $k_{AE}k_{BE}=\dfrac{y_1y_2}{(x_1-m)(x_2-m)}=\dfrac{y_1y_2}{x_1x_2-m(x_1+x_2)+m^2}$,

把 ①、② 式代入上式整理得

$$k_{AE}k_{BE}=\frac{k^2(t^2-4)}{4k^2t^2-8k^2tm+4k^2m^2+m^2-4}$$

$$=\frac{t^2-4}{4t^2-8tm+4m^2+\frac{1}{k^2}(m^2-4)}\text{(其中 } m\text{、}t\text{ 都是常数)}$$

要使得上式对变量 $k(k\neq 0)$ 恒成立，当且仅当 $m^2-4=0$，解得 $m=\pm 2$，

当 $m=2$ 时，定点 E 就是椭圆的右顶点 $(2,0)$，此时，$s=\frac{t+2}{4(t-2)}$；

当 $m=-2$ 时，定点 E 就是椭圆的左顶点 $(-2,0)$，此时，$s=\frac{t-2}{4(t+2)}$；

当直线 l 与 x 轴垂直时，由 $\begin{cases}x=t,\\ \frac{x^2}{4}+y^2=1.\end{cases}$ 解得两交点坐标为

$A(t,\frac{1}{2}\sqrt{4-t^2})$，$B(t,-\frac{1}{2}\sqrt{4-t^2})$，可验证：$k_{AE}k_{BE}=\frac{t+2}{4(t-2)}$ 或 $\frac{t-2}{4(t+2)}$.

所以，存在一点 $E(2,0)$（或 $(-2,0)$），使直线 AE 和 BE 的斜率的乘积为非零常数 $\frac{t+2}{4(t-2)}$（或 $\frac{t-2}{4(t+2)}$）.

解 2：依题设直线 l 的方程为：$x=my+t$，

由 $\begin{cases}x=my+t,\\ \frac{x^2}{4}+y^2=1.\end{cases}$ 消去 x 整理，得 $(m^2+4)y^2+2mty+t^2-4=0$，

则 $\begin{cases}\Delta>0,\\ y_1+y_2=\frac{-2mt}{m^2+4},\\ y_1y_2=\frac{t^2-4}{m^2+4}.\end{cases}$ ①

再由 $x=my+t$ 得，$my=x-t$，

由 $\frac{x^2}{4}+y^2=1$，得 $m^2x^2+4m^2y^2-4m^2=0$，

再将 $my=x-t$ 代入上式并整理，得 $(m^2+4)x^2-8tx+4t^2-4m^2=0$，

$$则\begin{cases}\Delta>0,\\ x_1+x_2=\dfrac{8t}{m^2+4},\\ x_1x_2=\dfrac{4t^2-4m^2}{m^2+4}.\end{cases} \quad ②$$

若存在定点 $E(s,0)$ 符合题意，且 $k_{AE}\times k_{BE}$ 为非零常数，令 $k_{AE}k_{BE}=r$，

又 $k_{AE}k_{BE}=\dfrac{y_1y_2}{(x_1-s)(x_2-s)}=\dfrac{y_1y_2}{x_1x_2-s(x_1+x_2)+s^2}$，

把 ①、② 式代入上式整理得

$k_{AE}k_{BE}=\dfrac{t^2-4}{(s^2-4)m^2+4t^2-8ts+4s^2}$（其中 s、t 都是常数），

要使得上式对变量 $m(m\neq0)$ 恒成立，当且仅当 $s^2-4=0$，解得 $s=\pm2$，

当 $s=2$ 时，定点 E 就是椭圆的右顶点$(2,0)$，此时，$r=\dfrac{t+2}{4(t-2)}$；

当 $s=-2$ 时，定点 E 就是椭圆的左顶点$(-2,0)$，此时，$r=\dfrac{t-2}{4(t+2)}$；

所以，存在一点 $E(2,0)$（或$(-2,0)$），使直线 AE 和 BE 的斜率的乘积为非零常数$\dfrac{t+2}{4(t-2)}$（或$\dfrac{t-2}{4(t+2)}$）.

解 3：依题设直线 l 的方程为：$x=my+t$，

由$\begin{cases}x=my+t,\\ \dfrac{x^2}{4}+y^2=1.\end{cases}$ 消去 x 整理，得$(m^2+4)y^2+2mty+t^2-4=0$，

$$则\begin{cases}\Delta>0,\\ y_1+y_2=\dfrac{-2mt}{m^2+4}, \quad ①\\ y_1y_2=\dfrac{t^2-4}{m^2+4}.\end{cases} \qquad 又\begin{cases}x_1=my_1+t,\\ x_2=my_2+t.\end{cases} \quad ②$$

若存在定点 $E(s,0)$ 符合题意，且 $k_{AE}\times k_{BE}=r$（r 为非零常数），则

$$k_{AE}k_{BE}=\frac{y_1y_2}{(x_1-s)(x_2-s)}=\frac{y_1y_2}{x_1x_2-m(x_1+x_2)+m^2}=r. \quad ③$$

由②得，$x_1x_2=m^2y_1y_2+mt(y_1+y_2)+t^2$，$x_1+x_2=m(y_1+y_2)+2t$，

所以 $x_1x_2-s(x_1+x_2)+s^2=m^2y_1y_2+mt(y_1+y_2)+t^2-sm(y_1+y_2)-2st+s^2$，

$\therefore y_1y_2=rm^2y_1y_2+rmt(y_1+y_2)+rt^2-rsm(y_1+y_2)-2rst+rs^2$

$\Leftrightarrow(rm^2-1)y_1y_2+(rmt-rsm)(y_1+y_2)+rt^2-2rst+rs^2$

把①代入上式，得

$(rm^2-1)(t^2-4)+(rmt-rsm)(-2mt)+(rt^2-2rst+rs^2)(m^2+4)$

$=0\Leftrightarrow rm^2t^2-4rm^2-t^2+4-2rm^2t^2+2m^2rst+rm^2t^2+4rt^2-2m^2rst-8rst+rs^2m^2+4rs^2=0$

$\Leftrightarrow 4rm^2-t^2+4+4rt^2-8rst+rs^2m^2+4rs^2=0$

$\Leftrightarrow m^2r(s^2-4)+4-t^2+4rt^2-8rst+4rs^2=0$，(其中 r、t、s 都是常数)

要使得上式对变量 $m(m\neq 0)$ 恒成立，当且仅当

$\begin{cases}s^2-4=0,\\4-t^2+4rt^2-8rst+4rs^2=0.\end{cases}$ 解得 $s=\pm 2$

当 $s=2$ 时，定点 E 就是椭圆的右顶点 $(2,0)$，此时，$r=\dfrac{t+2}{4(t-2)}$；

当 $s=-2$ 时，定点 E 就是椭圆的左顶点 $(-2,0)$，此时，$r=\dfrac{t-2}{4(t+2)}$；

所以，存在一点 $E(2,0)$(或 $(-2,0)$)，使直线 AE 和 BE 的斜率的乘积为非零常数 $\dfrac{t+2}{4(t-2)}\left(\text{或}\dfrac{t-2}{4(t+2)}\right)$.

点评：在此需要特别指出的是：在直线方程和圆锥曲线方程的消元过程中，在直线方程中要注意对“my 或 kx”的整体把握，在圆锥曲线方程中要注意在方程的两边同乘以“m^2 或 k^2”的技巧，从而整体代入消元，避免了分类讨论，简化了繁杂运算，提高了运算效率.

最值问题的突破策略之寻求转化峰回路转

问题(原创) 在平面直角坐标系 xOy 中,点 B 与点 $A(-1,-1)$ 关于原点 O 对称,P 是动点,且直线 AP 与 BP 的斜率之积等于 $-\frac{1}{9}$.

(Ⅰ)求动点 P 的轨迹 C 的方程;

(Ⅱ)在(Ⅰ)的条件下,曲线 C 上是否存在两点 M,N,使得四边形 $AMBN$ 为菱形,若存在,求 M,N 的坐标;若不存在,请说明理由;

(Ⅲ)当 $\triangle PAB$ 的面积最大时,求点 P 的坐标.

分析:(Ⅰ)用基本轨迹法(通常也称五步法)求解,即建系设标、约束条件、坐标转化、整理化简、验证陈述.

解:因为点 B 与 $A(-1,-1)$ 关于原点 O 对称,所以点 B 的坐标为(1,1).

设点 P 的坐标为(x,y).

依题得$\frac{y-1}{x-1}\cdot\frac{y+1}{x+1}=-\frac{1}{9}$,

化简得 $x^2+9y^2=10(x\neq\pm1)$.

故动点 P 的轨迹 C 的方程为 $x^2+9y^2=10(x\neq\pm1)$.

点评:注意轨迹方程中要注明条件“$x\neq\pm1$”,在轨迹方程的求解问题中要注意“曲线与方程的关系问题”,即要明确认识“曲线的方程和方程的曲线”的基本概念及其满足的条件.

(Ⅱ)不存在;

假设存在两点 M,N,使得四边形 $AMBN$ 为菱形,则线段 MN 与线段 AB 一定互相垂直平分,依题得,$M(1,-1)$,$N(-1,1)$ 或 $N(1,-1)$,$M(-1,1)$,这与 $x^2+9y^2=10(x\neq\pm1)$ 矛盾.故假设不成立,所以不存在两点 M,N,使得四边形 $AMBN$ 为菱形.

点评:解好第一问,才能有效解答第二问.

以下重点探究第(Ⅲ)问的解决对策.

策略一:数形结合、切线转化.

解1:设直线 l 的方程为 $y=x+b$,将其代入 $x^2+9y^2=10$ 并整理,得

$10x^2+18bx+9b^2-10=0$,则

当 $\Delta=(18b)^2-40(9b^2-10)=324b^2-360b^2+400=0$,即直线 l 与椭圆 $x^2+9y^2=10(x\neq\pm 1)$ 相切时,$\triangle PAB$ 的面积最大,此时

$b^2=\frac{400}{36}$,$b=\pm\frac{10}{3}$,此时 $x^2\pm 6x+9=0$,

解得 $x=\pm 3$,

当 $x=3$ 时,$y=-\frac{1}{3}$;当 $x=-3$ 时,$y=\frac{1}{3}$,

所以点 P 的坐标为 $\left(3,-\frac{1}{3}\right)$或$\left(-3,\frac{1}{3}\right)$.

点评:利用切线法解决此类问题无疑事半功倍,但教学实践表明,学生能用此法者寥寥无几.学生的一般想法是设出点 P 的坐标,建立面积函数的关系求最值的通性通法.这样的通性通法能顺利实施吗?又会遇到哪些新的困惑呢?让我们在具体探究过程中回答以上问题.

如:设(Ⅲ) 设 $P(x_0,y_0)$,则点 P 到直线 $y=x$ 的距离为 $d=\frac{|x_0-y_0|}{\sqrt{2}}$,

又 $x_0^2+9y_0^2=10$,

$$S=\frac{1}{2}|AB|d=|x_0-y_0| \qquad ①$$

点评:大多数学生能得到 ① 式,但无力求这个函数的最值.就其认知基础而言,多数学生有能力解决二元一次方程和二元二次方程联立所得方程组解的问题,对于像 ① 式含有绝对值的方程,就有些心里没底,无所适从了.究其原因,我认为还是学生运用数学思想方法的意识淡薄,转化求变能力不足,探究创新精神不强.冰冻三尺,非一日之寒!提高这些方面的意识和能力不可能一蹴而就,需要教师在数学教学中长久坚持引导和培养.

策略二：假设限制条件，去绝对值简化方程结构.

依题不妨设 $x_0>y_0$，则 $S=x_0-y_0\Leftrightarrow y_0=x_0-S$，将其代入 $x_0^2+9y_0^2=10$，并整理得

$$10x_0^2-18Sx_0+9S^2-10=0 \quad ②$$

要注意到 $-\sqrt{10}\leqslant x_0\leqslant\sqrt{10}$，且 $x_0\neq\pm1$，

方程②的 $\Delta=(18S)^2-40(9S^2-10)=-36S^2+400$，要使方程②在 $-\sqrt{10}\leqslant x_0\leqslant\sqrt{10}$，且 $x_0\neq\pm1$ 的范围中有解，需要满足条件：$\Delta\geqslant0$，解得 $0<S\leqslant\frac{10}{3}$.

当 $S=\frac{10}{3}$ 时，方程②为：$x_0^2-6x_0+9=0$，解的 $x_0=3$.

以下同解1.

策略三：直接取绝对值转化.

由 $S=|x_0-y_0|\Leftrightarrow y_0=x_0\pm S$，将其代入 $x_0^2+9y_0^2=10$，并整理得

$$10x_0^2\pm18Sx_0+9S^2-10=0 \quad ②$$

以下同解2.

策略四：由 $\sin^2\theta+\cos^2\theta=1$ 代换求解.

先将方程 $x_0^2+9y_0^2=10$ 变为 $\left(\frac{x_0}{\sqrt{10}}\right)^2+\left(\frac{y_0}{\frac{\sqrt{10}}{3}}\right)^2=1$，

令 $\frac{x_0}{\sqrt{10}}=\cos\theta,\frac{y_0}{\frac{\sqrt{10}}{3}}=\sin\theta$，即 $x_0=\sqrt{10}\cos\theta,y_0=\frac{\sqrt{10}}{3}\sin\theta$，则

$$S=|x_0-y_0|=\left|\sqrt{10}\cos\theta-\frac{\sqrt{10}}{3}\sin\theta\right|=\frac{\sqrt{10}}{3}|\sin\theta-3\cos\theta|=\frac{10}{3}|\sin(\theta-\varphi)|,$$

其中，$\tan\varphi=3\left(0<\varphi<\frac{\pi}{2}\right)$，则 $\sin\varphi=\frac{3}{\sqrt{10}},\cos\varphi=\frac{1}{\sqrt{10}}$，

当 $|\sin(\theta-\varphi)|=1$ 时，$S\leqslant\frac{10}{3}$，此时，$\theta-\varphi=k\pi+\frac{\pi}{2},k\in\mathbf{Z}$，

即 $\theta=k\pi+\frac{\pi}{2}+\varphi,k\in\mathbf{Z}$，

所以，$\sin\theta=\sin\left(k\pi+\frac{\pi}{2}+\varphi\right)=\cos(k\pi+\varphi)$，$\cos\theta=\cos\left(k\pi+\frac{\pi}{2}+\varphi\right)$

$=-\sin(k\pi+\varphi)$.

当 k 为偶数时，$\sin\theta=\cos\varphi=\frac{1}{\sqrt{10}}$，$\cos\theta=-\sin\varphi=-\frac{3}{\sqrt{10}}$，

当 k 为奇数时，$\sin\theta=-\cos\varphi=-\frac{1}{\sqrt{10}}$，$\cos\theta=\sin\varphi=\frac{3}{\sqrt{10}}$，

所以点 P 的坐标为$\left(3,-\frac{1}{3}\right)$或$\left(-3,\frac{1}{3}\right)$.

策略五：三角形面积的多角度表达.

至此，我们很有效地解决了上述问题，但换一个全新的视角，我们便会得到如下有趣的转化，即设 PO 的方程为 $y=kx(k\neq 1)$，则点 $B(1,1)$ 到直线 PO 的距离为 $d_B=\frac{|k-1|}{\sqrt{1+k^2}}$，$|PO|=\sqrt{\frac{10(1+k^2)}{9k^2+1}}$，

$$S=|PO|d_B=\sqrt{\frac{10(1+k^2)}{9k^2+1}}\times\frac{|k-1|}{\sqrt{k^2+1}}=\sqrt{\frac{10}{9k^2+1}}\times|k-1|=\sqrt{\frac{10(k-1)^2}{9k^2+1}}$$

$$=\sqrt{\frac{10(k-1)^2}{10+18(k-1)+9(k-1)^2}}=\sqrt{\frac{10}{\frac{10}{(k-1)^2}+\frac{18}{k-1}+9}}$$

$$=\sqrt{\frac{10}{10\left(\frac{1}{k-1}+\frac{9}{10}\right)^2+\frac{9}{10}}}\leqslant\sqrt{\frac{10}{\frac{9}{10}}}=\frac{10}{3}.$$

当且仅当$\frac{1}{k-1}+\frac{9}{10}=0$，即 $k=-\frac{1}{9}$ 时取等号.

此时，由 $x_0^2+9y_0^2=x_0^2+9\times\frac{x_0^2}{81}=10$，得 $x_0=\pm 3$.

以下不再赘述.

综上，数学解题中转化思想的魅力体现得淋漓尽致，但愿以上的分析能对读者有所启示.

注：本文获海淀区高三年级教育教学专题研究成果二等奖，2013.01.

第三部分 解题方法

解析椭圆中一类三角形面积的最值问题

最值问题是解析几何圆锥曲线中研究的重要问题之一，也是高考数学科考查的重点内容．本文拟从椭圆中一类三角形面积的最值问题谈起，从不同的角度阐述其解法，力求对读者有所裨益．

例 1　过椭圆$\dfrac{x^2}{4}+\dfrac{y^2}{3}=1$的左焦点$F_1$作一直线交椭圆于$P$、$Q$两点，$A$为椭圆的右顶点．求$\triangle PAQ$面积的最大值．

分析：如图 3－1，因为$F_1(-1,0)$，$A(2,0)$，且

当直线PQ的斜率不存在时，$|y_1-y_2|=3$，

$S_{\triangle PAQ}=\dfrac{1}{2}|y_1-y_2||F_1A|=\dfrac{3}{2}|y_1-y_2|=\dfrac{9}{2}$．

当直线PQ的斜率存在时，设直线PQ的方程为$y=k(x+1)(k\neq 0)$，

$P(x_1,y_1)$，　$Q(x_2,y_2)$，

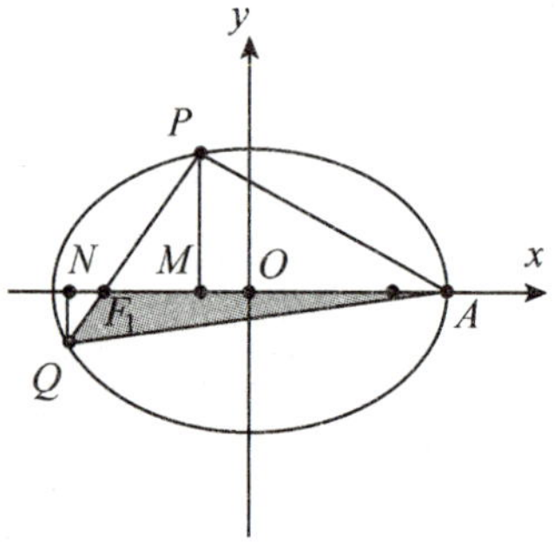

图 3－1

联立方程组得

$\begin{cases}y=k(x+1),\\3x^2+4y^2-12=0.\end{cases}$ 消去x并整理得

$(3+4k^2)y^2-6ky-9k^2=0$，显然$\Delta>0$，

$\therefore y_1+y_2=\dfrac{6k}{3+4k^2}$，$y_1y_2=-\dfrac{9k^2}{3+4k^2}$，

$$\therefore |y_1-y_2|=\sqrt{(y_1+y_2)^2-4y_1y_2}$$

$$=\sqrt{\left(\frac{6k}{3+4k^2}\right)^2+\frac{36k^2}{3+4k^2}}=\sqrt{\frac{36k^2+36k^2(3+4k^2)}{(3+4k^2)^2}}$$

$$=12\sqrt{\frac{k^4+k^2}{(3+4k^2)^2}},$$

$\therefore S_{\triangle PAQ}=\frac{1}{2}|y_1-y_2||F_1A|=18\sqrt{\frac{k^4+k^2}{(3+4k^2)^2}}$.

或联立方程组$\begin{cases}y=k(x+1),\\3x^2+4y^2-12=0.\end{cases}$消去 y 并整理,得

$(3+4k^2)x^2+8k^2x+4k^2-12=0$,

$\therefore x_1+x_2=\frac{-8k^2}{3+4k^2}, x_1x_2=\frac{4k^2-12}{3+4k^2}$,

$$\therefore |x_1-x_2|=\sqrt{(x_1+x_2)^2-4x_1x_2}=\sqrt{\left(\frac{-8k^2}{3+4k^2}\right)^2-\frac{4(4k^2-12)(3+4k^2)}{(3+4k^2)^2}}$$

$$=\frac{12\sqrt{k^2+1}}{3+4k^2},$$

$$\therefore |PQ|=\sqrt{k^2+1}|x_1-x_2|=\frac{12(k^2+1)}{3+4k^2},$$

又 $\because A(2,0)$ 到直线 $y=k(x+1)$ 的距离 $d=\frac{|2k-0+k|}{\sqrt{k^2+1}}=\frac{3|k|}{\sqrt{k^2+1}}$,

$$\therefore S_{\triangle PAQ}=\frac{1}{2}|PQ|d=\frac{1}{2}\times\frac{12(k^2+1)}{3+4k^2}\times\frac{3|k|}{\sqrt{k^2+1}}=18\sqrt{\frac{k^4+k^2}{(3+4k^2)^2}},$$

记 $S_{\triangle PAQ}=S$,则 $S=18\sqrt{\frac{k^4+k^2}{(3+4k^2)^2}}$.

由此可见,求 S 的最大值问题,关键在于求函数 $f(k)=\frac{k^4+k^2}{(3+4k^2)^2}(k\neq 0)$ 的最大值.以下就函数 $f(k)$ 最大值问题进行多角度的研究.

策略一:转化分子分离常数.

$$f(k)=\frac{k^4+k^2}{(3+4k^2)^2}=\frac{k^4+k^2}{16k^4+24k^2+9}=\frac{\frac{1}{16}(16k^4+24k^2+9)-\frac{1}{2}k^2-\frac{9}{16}}{16k^4+24k^2+9}$$

$$=\frac{1}{16}\left[1-\frac{8k^2+9}{16k^4+24k^2+9}\right]<\frac{1}{16},$$

所以,$S=18\sqrt{\frac{k^4+k^2}{(3+4k^2)^2}}<\frac{18}{4}=\frac{9}{2}$.

综上，$\triangle PAQ$ 面积的最大值为$\frac{9}{2}$.

策略二：转化分母分离常数．

$$f(k)=\frac{k^4+k^2}{(3+4k^2)^2}=\frac{k^4+k^2}{16k^4+24k^2+9}=\frac{k^4+k^2}{16(k^4+k^2)+8k^2+9}$$

$$=\frac{1}{16+\frac{8k^2+9}{k^4+k^2}}<\frac{1}{16}.$$

策略三：配方换元转化二次．

$$f(k)=\frac{\frac{1}{16}(4k^2+3)^2-\frac{1}{8}(4k^2+3)-\frac{3}{16}}{(4k^2+3)^2}=\frac{1}{16}-\frac{1}{8(4k^2+3)}-\frac{3}{16(4k^2+3)^2},$$

令 $t=\frac{1}{4k^2+3}$，则 $0<t<\frac{1}{3}$，

$$\therefore f(k)=g(t)=-\frac{1}{16}(3t^2+2t-1)=-\frac{3}{16}\left(t+\frac{1}{3}\right)^2-\frac{1}{24}.$$

又 $\because$ 函数 $g(t)$ 在$(0,\frac{1}{3})$上是减函数，

$\therefore g(\frac{1}{3})<g(t)<g(0)$，即 $0<g(t)<\frac{1}{16}$.

策略四：取分母化二次方程．

$y=\frac{k^4+k^2}{(3+4k^2)^2}(y>0)$，则 $y(3+4k^2)^2=k^4+k^2$，整理，得

$$(16y-1)k^4+(24y-1)k^2+9y=0. \qquad ①$$

当 $16y-1=0$ 时，$y=\frac{1}{16}$(此时直线 PQ 的斜率不存在)；

当 $16y-1\neq 0$ 时，$\Delta=(24y-1)^2-4(16y-1)9y$，

令 $t=k^2$，则 $t>0$，设 $f(t)=(16y-1)t^2+(24y-1)t+9y$，

其对称轴为 $t=\frac{24y-1}{-2(16y-1)}$，

此时方程 ① 转化为

$$(16y-1)t^2+(24y-1)t+9y=0. \qquad ②$$

∴ 当 $\Delta \geqslant 0$ 时，即 $(24y-1)^2-4(16y-1)9y \geqslant 0$，化简得，$-16y+1 \geqslant 0$，解得 $0 < y \leqslant \frac{1}{16}$，

且 $16y-1 \neq 0$，所以 $0 < y < \frac{1}{16}$，此时 $16y-1<0$，则 $\frac{9y}{16y-1}<0$，所以方程②有正根，符合题意.

策略五：换元化为三角函数.

解：设 $k=\tan\theta$，期中 $\theta \in \left(0,\frac{\pi}{2}\right) \cup \left(\frac{\pi}{2},\pi\right)$，则

$$f(k)=g(\theta)=\frac{(\tan^2\theta+1)\tan^2\theta}{(3+4\tan^2\theta)^2}=\left(\frac{\sec\theta\tan\theta}{3+4\tan^2\theta}\right)^2$$

$$=18\times\frac{|\sec\theta\times\tan\theta|}{4\sec^2\theta-1}=18\times\frac{|\sin\theta|}{3+\sin^2\theta}=18\times\frac{1}{\frac{3}{|\sin\theta|}+|\sin\theta|},$$

设 $f(t)=t+\frac{3}{t}$，$t\in(0,1)$，则函数 $f(t)$ 在 $(0,1)$ 上是减函数，所以

$f(t)>f(1)=4$，

$\therefore S_{\triangle PAQ}=18f(t)<\frac{9}{2}$；

当 $\theta=\frac{\pi}{2}$ 时，$S_{\triangle PAQ}=\frac{9}{2}$.

综上，$\triangle PAQ$ 面积的最大值为 $\frac{9}{2}$.（黄乐中同学提供）

评注：该解法巧用三角代换法将无理函数转变为有理函数，起到了简化运算、化繁为简的作用，收到了事半功倍的效果，值得认真品味.

例 2 过椭圆 $\frac{x^2}{25}+\frac{y^2}{9}=1$ 的左焦点 F_1 作一直线交椭圆于 P、Q 两点，A 为椭圆的右顶点. 求 $\triangle PAQ$ 面积的最大值.

解 1：$\because F_1(-4,0)$，$A(5,0)$，如图 3－2 所示，当直线 PQ 的斜率存在时，设直线 PQ 的方程为 $y=k(x+4)(k\neq 0)$，$P(x_1,y_1)$，$Q(x_2,y_2)$，

联立方程组得

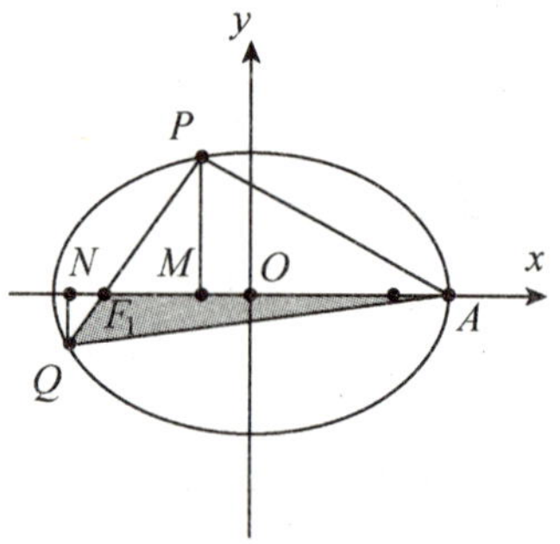

图 3－2

$\begin{cases} y = k(x+4), \\ 9x^2 + 25y^2 - 225 = 0. \end{cases}$ 消去 x 并整理得

$(9+25k^2)y^2 - 72ky - 81k^2 = 0$,

$\therefore y_1 + y_2 = \dfrac{72k}{9+25k^2}, y_1y_2 = -\dfrac{81k^2}{9+25k^2}$,

$$\therefore |y_1 - y_2| = \sqrt{(y_1+y_2)^2 - 4y_1y_2}$$

$$= \sqrt{\left(\frac{72k}{9+25k^2}\right)^2 + \frac{4\times 81k^2}{9+25k^2}}$$

$$= \sqrt{\frac{72^2k^2 + 324k^2(9+25k^2)}{(9+25k^2)^2}} = \sqrt{\frac{8100(k^4+k^2)}{(9+25k^2)^2}}$$

$$= \sqrt{\frac{8100(k^4+k^2)}{625\left(k^2+\frac{9}{25}\right)^2}}$$

$$= \frac{18}{5}\sqrt{\frac{\left(k^2+\frac{9}{25}\right)^2 + \frac{7}{25}\left(k^2+\frac{9}{25}\right) - \frac{144}{625}}{\left(k^2+\frac{9}{25}\right)^2}}$$

$$= \frac{18}{5}\sqrt{-\frac{144}{625\left(k^2+\frac{9}{25}\right)^2} + \frac{7}{25\left(k^2+\frac{9}{25}\right)} + 1},$$

令 $t = \dfrac{1}{k^2+\frac{9}{25}}$,则 $0 < t < \dfrac{25}{9}$,

$$\therefore |y_1 - y_2| = \frac{18}{5}\sqrt{-\frac{144}{625}t^2 + \frac{7}{25}t + 1}$$

$$= \frac{18}{5}\sqrt{-\frac{144}{625}\left(t - \frac{175}{288}\right)^2 + 1 + \frac{144}{625}\times\left(\frac{175}{288}\right)^2}$$

$$= \frac{18}{5}\sqrt{-\frac{144}{625}\left(t - \frac{175}{288}\right)^2 + \frac{625}{576}},$$

又 $\because$ 当 $0 < t < \dfrac{25}{9}$ 时,函数 $f(t) = -\dfrac{144}{625}\left(t - \dfrac{175}{288}\right)^2 + \dfrac{625}{576}$ 的最大值为$\dfrac{625}{576}$,

$\therefore |y_1 - y_2| \leqslant \dfrac{18}{5}\sqrt{\dfrac{625}{576}} = \dfrac{15}{4}$.

当直线 PQ 的斜率不存在时，$|y_1-y_2|=\frac{18}{5}<\frac{15}{4}$，

综上，$|y_1-y_2|\leqslant\frac{15}{4}$.

又∵$\triangle PAQ$ 的面积 $=\frac{1}{2}|y_1-y_2||F_1A|=\frac{9}{2}|y_1-y_2|\leqslant\frac{135}{8}$，即此时 $\triangle PAQ$ 面积的最大值为$\frac{135}{8}$.

解 2：当直线 PQ 的斜率存在时，由解 1 可得

$$|y_1-y_2|=\sqrt{(y_1+y_2)^2-4y_1y_2}=\sqrt{\left(\frac{72k}{9+25k^2}\right)^2+\frac{4\times 81k^2}{9+25k^2}}$$

$$=\sqrt{\frac{72^2k^2+324k^2(9+25k^2)}{(9+25k^2)^2}}=\sqrt{\frac{8100(k^4+k^2)}{(9+25k^2)^2}}$$

$$=\frac{90\sqrt{k^4+k^2}}{9+25k^2},$$

令 $d=\frac{90\sqrt{k^4+k^2}}{9+25k^2}(d>0)$，则

$d(9+25k^2)=90\sqrt{k^4+k^2}$，两边平方并整理得

$(8100-625d^2)k^4+(8100-450d^2)k^2-81d^2=0.$ ①

当 $8100-625d^2=0$ 时，$d=\frac{18}{5}$（此时直线 PQ 的斜率不存在）；

当 $8100-625d^2\neq 0$ 时，$\Delta=(8100-450d^2)^2+4(8100-625d^2)81d^2$，

令 $t=k^2$，则 $t>0$，设 $f(t)=(8100-625d^2)t^2+(8100-450d^2)t-81d^2$，即方程 ① 转化为

$t^2+(8100-450d^2)t-81d^2=0.$ ②

∴当 $\Delta\geqslant 0$ 时，即

$(8100-450d^2)^2+4(8100-625d^2)81d^2\geqslant 0$，

关于化简过程的算法设计：

第一步：$[9(900-50d^2)]^2+4(8100-625d^2)81d^2\geqslant 0$；

第二步：$(900-50d^2)^2+4(8100-625d^2)d^2\geqslant 0$；

第三步：$[5(180-10d^2)]^2+4(25\times 324-625d^2)d^2\geqslant 0$；

第四步：$(180-10d^2)^2+4(324-25d^2)d^2\geqslant 0$；

第五步：$[2(90-5d^2)]^2+4(324-25d^2)d^2\geqslant 0$；

第六步：$(90-5d^2)^2+(324-25d^2)d^2\geqslant 0$；

第七步：$8100-900d^2+25d^4+324d^2-25d^4\geqslant 0$；

第八步：$8100-576d^2\geqslant 0$.

化简并整理得 $8100-576d^2\geqslant 0$，

解得 $0<d\leqslant\frac{15}{4}$，

$\because f(0)=-81d^2<0$，此时 $8100-625d^2>0$，方程 ② 有一个正实根，符合题意.

综上，$|y_1-y_2|\leqslant\frac{15}{4}$.

又 $\because\triangle PAQ$ 的面积 $=\frac{1}{2}|y_1-y_2||F_1A|=\frac{9}{2}|y_1-y_2|\leqslant\frac{135}{8}$，

故 $\triangle PAQ$ 面积的最大值为 $\frac{135}{8}$.

关于化简过程的算法设计：

第一步：$[12(2d^2-12)]^2-16(4d^2-36)9d^2\geqslant 0$；

第二步：$(2d^2-12)^2-(4d^2-36)d^2\geqslant 0$；

第三步：$[2(d^2-6)]^2-(4d^2-36)d^2\geqslant 0$；

第四步：$(d^2-6)^2-(d^2-9)d^2\geqslant 0$；

第五步：$d^4-12d^2+36-d^4+9d^2\geqslant 0$；

第六步：$-3d^2+36\geqslant 0$；

化简并整理得 $-3d^2+36\geqslant 0$，

解得 $0<d\leqslant 2\sqrt{3}$，

$\because f(0)=9d^2>0$，此时

(1) 当 $3<d\leqslant 2\sqrt{3}$ 时，$16d^2-144>0$，对称轴 $t=\frac{3d^2-18}{-2(2d^2-18)}<0$，

$\therefore$ 方程 ② 无正实根，不符合题意；

(2) 当 $0<d<3$ 时，$16d^2-144<0$，

$\therefore$ 方程 ② 有一个正实根，符合题意.

通解　简解　妙解

题目　如图 3－3 所示，椭圆$\frac{x^2}{4}+y^2=1$左准线l_1与x轴的交点为K，过椭圆的左焦点F_1的直线l交椭圆与A、B两点，过点B向左准线l_1作垂线，垂足为M，连接AM.

求证：直线AM过KF_1的中点C.

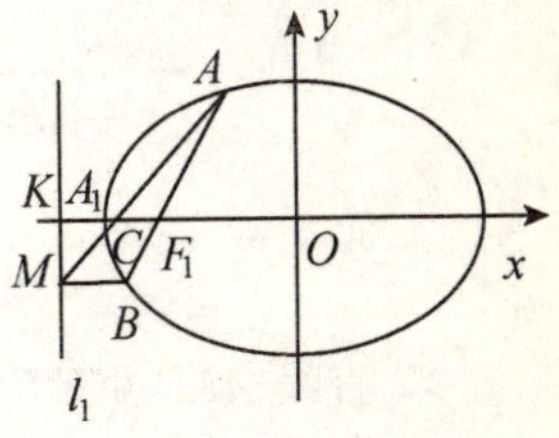

图 3－3

证法一： 当$AB\perp x$轴时，$A(-\sqrt{3},\frac{1}{2})$，$M\left(-\frac{4}{\sqrt{3}},\frac{1}{2}\right)$，则$AM$的中点为$\left(-\frac{7}{2\sqrt{3}},0\right)$，此点即为$KF_1$的中点$C$；

当AB与x轴不垂直时，设AB的方程为$y=k(x+\sqrt{3})$，把其代入方程$x^2+4y^2=4$，得

$(1+4k^2)x^2+8\sqrt{3}k^2x+12k^2-4=0$，

$\Delta=(8\sqrt{3}k^2)^2-4(1+4k^2)(12k^2-4)=16k^2+16$，

$\therefore\sqrt{\Delta}=4\sqrt{k^2+1}$，

设$A(x_1,y_1)$，$B(x_2,y_2)(x_1<x_2)$，　则

$x_1=\frac{-4\sqrt{3}k^2-2\sqrt{k^2+1}}{1+4k^2}$，$x_2=\frac{-4\sqrt{3}k^2+2\sqrt{k^2+1}}{1+4k^2}$.

$\therefore y_2-y_1=k(x_2-x_1)=\frac{4k\sqrt{k^2+1}}{1+4k^2}$　，

$-\frac{4}{\sqrt{3}}-x_1=-\frac{4}{\sqrt{3}}-\frac{-4\sqrt{3}k^2-2\sqrt{k^2+1}}{1+4k^2}=\frac{-4(1+k^2)+2\sqrt{3}\sqrt{k^2+1}}{\sqrt{3}(1+4k^2)}$，

$$\therefore k_{AC}=\frac{y_2-y_1}{-\frac{4}{\sqrt{3}}-x_1}=\frac{2\sqrt{3}k}{\sqrt{3}-2\sqrt{k^2+1}},$$

∴ 直线 AC 的方程为 $y-y_2=\frac{2\sqrt{3}k}{\sqrt{3}-2\sqrt{k^2+1}}(x+\frac{4}{\sqrt{3}})$，

当 $x=-\frac{7}{2\sqrt{3}}$ 时，$y-y_2=\frac{k}{\sqrt{3}-2\sqrt{k^2+1}}$，

又 ∵ $y_2=k(x_2+\sqrt{3})=k(\frac{-4\sqrt{3}k^2+2\sqrt{k^2+1}}{1+4k^2}+\sqrt{3})=\frac{(2\sqrt{k^2+1}+\sqrt{3})k}{1+4k^2}$

$$=\frac{(1+4k^2)k}{(1+4k^2)(2\sqrt{k^2+1}-\sqrt{3})}=\frac{k}{2\sqrt{k^2+1}-\sqrt{3}},$$

$$\therefore y=y_2+\frac{k}{\sqrt{3}-2\sqrt{k^2+1}}=\frac{k}{2\sqrt{k^2+1}-\sqrt{3}}+\frac{k}{\sqrt{3}-2\sqrt{k^2+1}}=0.$$

∴ 直线 AM 过 KF_1 的中点 C.

综上所述，直线 AM 过 KF_1 的中点 C.

证法二：当 AB 与 x 轴不垂直时，设 AB 的方程为 $y=k(x+\sqrt{3})$，把其代入方程 $x^2+4y^2=4$，得

$(1+4k^2)x^2+8\sqrt{3}k^2x+12k^2-4=0$，

$\Delta=(8\sqrt{3}k^2)^2-4(1+4k^2)(12k^2-4)=16k^2+16>0$，

∴ 设 $A(x_1,y_1)$，$B(x_2,y_2)$，　则

$x_1+x_2=\frac{-8\sqrt{3}k^2}{1+4k^2}$，$x_1x_2=\frac{12k^2-4}{1+4k^2}$，

直线 AC 的方程为 $y-y_2=\frac{y_1-y_2}{x_1+\frac{4}{\sqrt{3}}}\left(x+\frac{4}{\sqrt{3}}\right)$，

当 $y=0$ 时，$x+\frac{4}{\sqrt{3}}=\frac{-(y_2x_1+\frac{4}{\sqrt{3}}y_2)}{y_1-y_2}=\frac{k(x_2+\sqrt{3})x_1+\frac{4}{\sqrt{3}}k(x_2+\sqrt{3})}{-k(x_1-x_2)}$

$$=\frac{x_2x_1+\sqrt{3}x_1+\frac{4}{\sqrt{3}}x_2+4}{x_2-x_1},$$

注意到，$x_1x_2+4=\frac{12k^2-4}{1+4k^2}+4=\frac{28k^2}{1+4k^2}$，又 $\because \frac{k^2}{1+4k^2}=\frac{x_1+x_2}{-8\sqrt{3}}$，

$\therefore x_1x_2+4=28\cdot\frac{x_1+x_2}{-8\sqrt{3}}=\frac{7x_1+7x_2}{-2\sqrt{3}}$，

$\therefore x_1x_2+\sqrt{3}x_1+\frac{4}{\sqrt{3}}x_2+4=\frac{7x_1+7x_2}{-2\sqrt{3}}+\sqrt{3}x_1+\frac{4}{\sqrt{3}}x_2=\frac{x_1-x_2}{-2\sqrt{3}}$，

$\therefore x+\frac{4}{\sqrt{3}}=\frac{1}{2\sqrt{3}}$　，　$\therefore x=-\frac{7}{2\sqrt{3}}$，

即直线 AC 与 x 轴的交点为 $\left(-\frac{7}{2\sqrt{3}},0\right)$，此点即 KF_1 的中点 C，故命题得证.

证法三：设 AB 的方程为 $x=my-\sqrt{3}$，把其代入方程 $x^2+4y^2=4$，得

$(m^2+4)y^2-2\sqrt{3}my-1=0$，

$\therefore$ 设 $A(x_1,y_1)$，$B(x_2,y_2)$，　则

$y_1+y_2=\frac{2\sqrt{3}m}{m^2+4}$，$y_1y_2=\frac{-1}{m^2+4}$，

由证法二知，$y_2x_1+\frac{4}{\sqrt{3}}y_2=y_2(my_1-\sqrt{3})+\frac{4}{\sqrt{3}}y_2=\frac{\sqrt{3}my_1y_2+y_2}{\sqrt{3}}$，

注意到，$y_1+y_2=-2\sqrt{3}m\cdot\frac{-1}{m^2+4}=-2\sqrt{3}my_1y_2$，

$\therefore \sqrt{3}my_1y_2+y_2=-\frac{y_1+y_2}{2}+y_2=\frac{y_2-y_1}{2}$，

$\therefore x+\frac{4}{\sqrt{3}}=-\frac{\sqrt{3}my_1y_2+y_2}{\sqrt{3}(y_1-y_2)}=\frac{1}{2\sqrt{3}}$　，　$\therefore x=-\frac{7}{2\sqrt{3}}$，

即直线 AC 与 x 轴的交点为 $(-\frac{7}{2\sqrt{3}},0)$，此点即 KF_1 的中点 C，故命题得证.

证法四：如图 3－4 所示，过点 A 做 l_1 的垂线，垂足为 N，

设 $AF_1=m$，$BF_1=n$，离心率为 e，则由

AN // x 轴 // BM 得

$\frac{m}{m+n}=\frac{CF_1}{MB}$　　①

$$\frac{n}{m+n}=\frac{KC}{AN} \quad ②$$

又根据椭圆的第二定义得

$$e=\frac{BF_1}{MB}=\frac{n}{MB}\Rightarrow MB=\frac{n}{e},$$

$e=\frac{AF_1}{AN}=\frac{m}{AN}\Rightarrow AN=\frac{m}{e}$,将其代入①、②式得

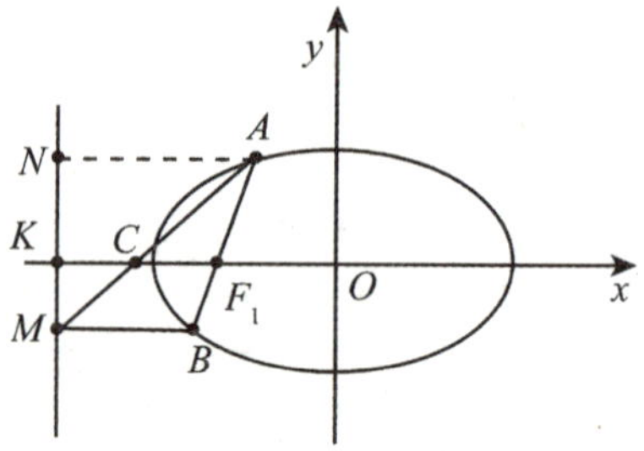

图 3－4

$$CF_1=\frac{mn}{e(m+n)},KC=\frac{mn}{e(m+n)},$$

$\therefore KC=CF_1$,故直线 AM 过 KF_1 的中点 C.

一般性推广:设椭圆$\frac{x^2}{a^2}+\frac{y^2}{b^2}=1(a>b>0)$左(右)准线 l 与 x 轴的交点为 K,过椭圆的左(右)焦点 F 的直线 l_1 交椭圆与 A、B 两点,过点 B 向左(右)准线 l 作垂线,垂足为 M,连接 AM,则直线 AM 过 KF 的中点 $C\left(\mp\frac{a^2+c^2}{2c},0\right)$.

重视椭圆定义的学习和灵活应用

关于椭圆的定义，有如下表述：

把平面内与两个定点 F_1，F_2 的距离之和等于常数（大于 $|F_1F_2|$）的点的轨迹叫做**椭圆**。这两个定点 F_1，F_2 叫做椭圆的**焦点**，两焦点间的距离 $|F_1F_2|$ 叫做椭圆的**焦距**（人教课标B版（选修1－1）P33）。

注解：注意椭圆定义中关于条件“大于 $|F_1F_2|$”的认识与理解，同时要了解“等于 $|F_1F_2|$”时动点轨迹为线段 $|F_1F_2|$ 的特殊情形。

以下重点例析椭圆定义在解题中的应用，供读者参考。

一、例题解析

例1 设 P 是椭圆 $\frac{x^2}{25}+\frac{y^2}{16}=1$ 上的任意一点，若 F_1，F_2 是椭圆的两个焦点，则 $|PF_1|+|PF_2|$ 等于（　　）

A. 4　　B. 5　　C. 8　　D. 10

解析： $\because a^2=25$，$\therefore a=5$，

由椭圆的定义知，$|PF_1|+|PF_2|=2a=2\times5=10$，故选D.

例2 已知两定点分别为 $A(-2,0)$，$B(2,0)$，动点 P 满足条件：$|PA|+|PB|=4$. 则动点 P 的轨迹方程为________.

解析： $\because |AB|=4$，$|PA|+|PB|=4$，

$\therefore |PA|+|PB|=|AB|$，故动点 P 的轨迹为线段 AB，则其方程为 $y=0(-2\leqslant x\leqslant 2)$.

例3 已知 $\triangle ABC$ 的顶点 B、C 在椭圆 $\frac{x^2}{3}+y^2=1$ 上，顶点 A 是椭圆的一个焦点，且椭圆的另外一个焦点在 BC 边上，则 $\triangle ABC$ 的周长是（　　）

A. $2\sqrt{3}$　　B. 6　　C. $4\sqrt{3}$　　D. 12

解析:由椭圆的定义知,椭圆上一点到两焦点的距离之和等于 $2a$,可得 $\triangle ABC$ 的周长为 $4a=4\sqrt{3}$,所以选 C.

例 4　过已知圆 O 内的一个定点 A,作圆 P 与已知圆相切,则圆 P 的圆心轨迹是(　　)

A. 圆　　B. 椭圆　　C. 圆或椭圆　D. 线段

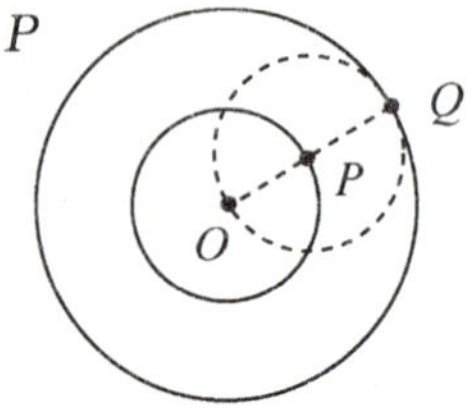

图 3－5

解析:分以下两种情况:

(1) 定点 A 与 O 重合时,如图 3－5 所示:

圆 P 的圆心轨迹是以 O 为圆心,以已知圆 O 的半径的一半为半径的圆;

(2) 定点 A 与 O 不重合时,如图 3－6 所示:

圆 P 的圆心轨迹是以线段 OA 为焦距,以已知圆 O 的半径为长轴的椭圆.

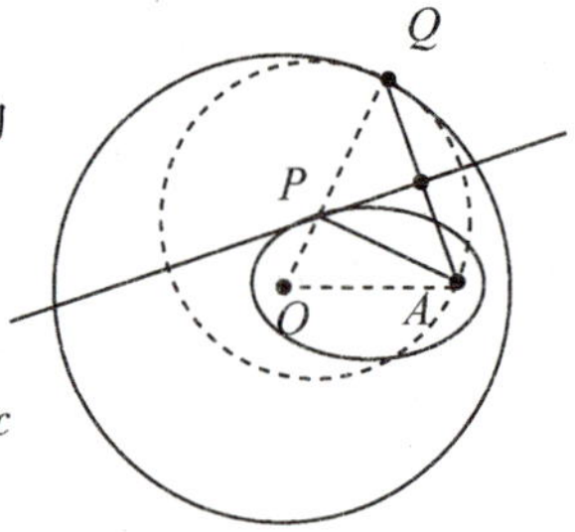

图 3－6

综上,圆 P 的圆心轨迹是圆或椭圆. 故选 C.

例 5　已知以 $F_1(-2,0)$,$F_2(2,0)$ 为焦点的椭圆与直线 $x+\sqrt{3}y-4=0$ 有且仅有一个交点,则椭圆的长轴长为(　　)

A. $3\sqrt{2}$　　B. $2\sqrt{6}$　　C. $2\sqrt{7}$　　D. $4\sqrt{2}$

解析:如图 3－7 所示,当直线与椭圆有且仅有一个交点时,直线为椭圆的切线. 做点 F_2 关于直线的对称点 Q,此时,线段 F_1Q 的长即为椭圆的长轴长.

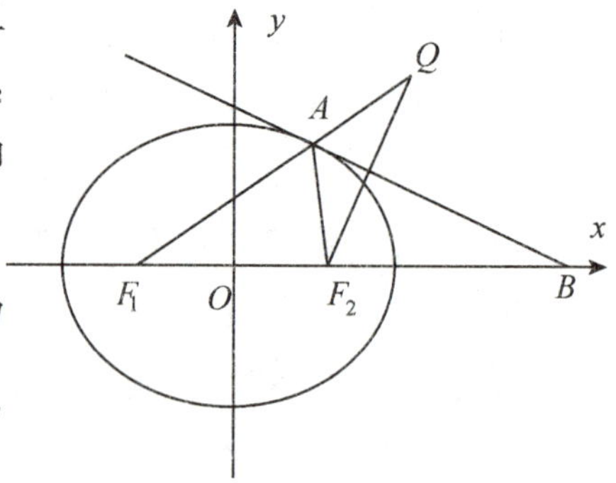

图 3－7

又点 F_2 到直线 $x+\sqrt{3}y-4=0$ 的距离为

$d=\dfrac{|2-4|}{\sqrt{1^2+(\sqrt{3})^2}}=1$,所以 $|F_2Q|=2$,

又因为直线的倾斜角为 $150°$,所以

$\angle BF_2Q=60°$,$\angle F_1F_2Q=120°$,

在$\triangle F_1F_2Q$中，由余弦定理，得

$$|F_1Q|^2=|F_1F_2|^2+|F_2Q|^2-2|F_1F_2|\cdot|F_2Q|\cos120^\circ$$
$$=4^2+2^2-2\times4\times2\times\left(-\frac{1}{2}\right)=28,$$

$\therefore |F_1Q|=2\sqrt{7}$，即椭圆的长轴长为$2\sqrt{7}$，故选C.

例6 已知F_1、F_2为椭圆$\frac{x^2}{25}+\frac{y^2}{9}=1$的两个焦点，过$F_1$的直线交椭圆于$A$、$B$两点，若$|AF_2|+|BF_2|=12$，则$|AB|=$________

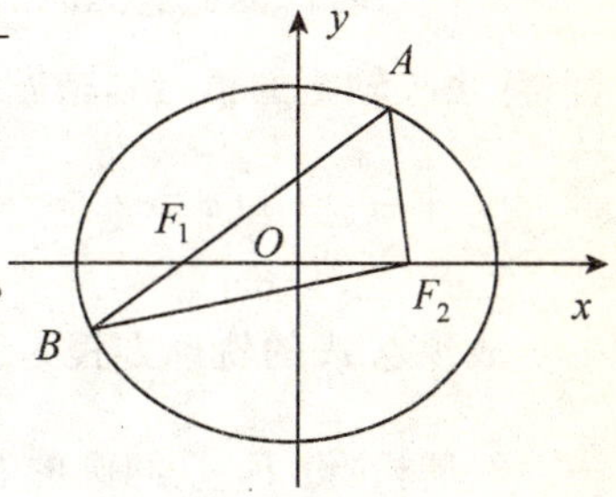

图 3－8

解析：如图3－8所示，由椭圆的定义，得

$|AF_1|+|AF_2|=2a$，$|BF_1|+|BF_2|=2a$，

$\therefore |AF_1|+|AF_2|+|BF_1|+|BF_2|=4a=20$，

又$|AF_1|+|BF_1|=|AB|$，

$|AF_2|+|BF_2|=12$，

$\therefore |AB|+12=20$，$|AB|=8$.

二、拓展练习

1. 已知点$B(0,-1)$、$C(0,1)$，且$\triangle ABC$的周长为10，则$\triangle ABC$的顶点A的轨迹方程为________.

2. 已知点$A(1,1)$，F_1是椭圆$\frac{x^2}{4}+\frac{y^2}{3}=1$的左焦点，$P$是椭圆上任意一点，求$|PF_1|+|PA|$的取值范围.

3. 已知圆$C:(x+3)^2+y^2=64$，点$A(3,0)$，P为圆C上任意一点，且线段PA的垂直平分线交PC于点M，求动点M的轨迹方程.

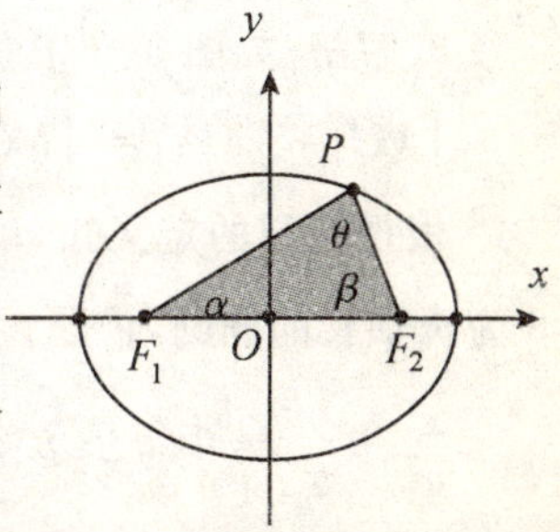

图 3－9

4. 如图3－9，设椭圆的方程为$\frac{x^2}{a^2}+\frac{y^2}{b^2}=1(a>b>0)$，$F_1$、$F_2$为其左、右焦点，$P$为椭圆上任意一点，$\angle F_1PF_2=\theta$.

求证：$S_{\triangle F_1PF_2}=b^2\tan\frac{\theta}{2}$.

5. 已知点 $M(-2,0)$，$N(2,0)$，动点 P 满足条件 $|PM|+|PN|=6$，记动点 P 的轨迹为 W.

（Ⅰ）求 W 的方程；

（Ⅱ）若 A,B 是 W 上的不同两点，O 是坐标原点，求 $\overrightarrow{OA}\cdot\overrightarrow{OB}$ 的取值范围.

三、参考解答

1. **解析**：因为 $|AB|+|AC|+|BC|=10$，且 $|BC|=2$，所以 $|AB|+|AC|=8>2=|BC|$，因此 $\triangle ABC$ 的顶点 A 的轨迹是以 B、C 为焦点，以 8 为长轴长的椭圆（除去长轴上的顶点），依题设其方程为

$\frac{y^2}{a^2}+\frac{x^2}{b^2}=1(a>b>0)$，由 $2a=8,c=1,b^2=15$，

故顶点 A 的轨迹方程为 $\frac{y^2}{16}+\frac{x^2}{15}=1(x\neq0)$.

2. **解析**：设 F_2 是椭圆的右焦点，则 $F_2(1,0)$，$|AF_2|=1$，根据椭圆的定义，知

$|PF_1|+|PF_2|=2a=4$，所以

$|PF_1|+|PA|=4-|PF_2|+|PA|$，又 $||PA|-|PF_2||\leqslant|AF_2|=1$，

$\therefore -1\leqslant|PA|-|PF_2|\leqslant1$，

$3\leqslant4-|PF_2|+|PA|\leqslant5$，当且仅当 P,A,F_2 三点共线时等号成立.

即 $|PF_1|+|PA|$ 的取值范围是 $[3,5]$.

3. **解析**：如图 3－10 所示，依题知，

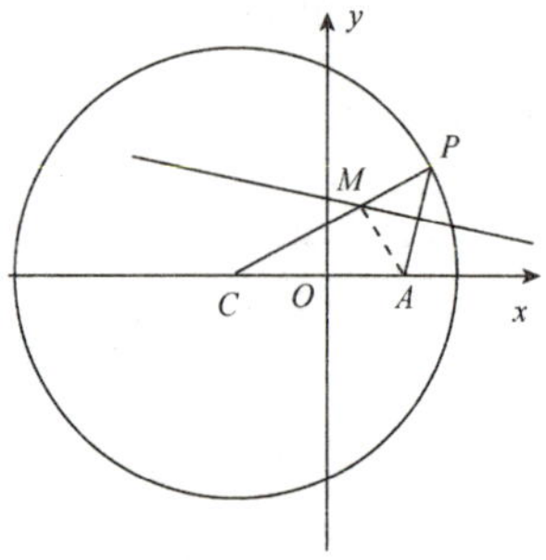

图 3－10

$|MC|+|MA|=|MC|+|MP|=8>6=|CA|$，

根据椭圆的定义知，动点 M 轨迹以 C、A 为焦点，以 8 为长轴长的椭圆，依题设其方程为

$\frac{x^2}{a^2}+\frac{y^2}{b^2}=1(a>b>0)$，

因为 $2a=8,c=3,b^2=7$，

故动点 M 轨迹的轨迹方程为 $\frac{x^2}{16}+\frac{y^2}{7}=1$.

4. **证明**:由椭圆的定义,得

$|PF_1|+|PF_2|=2a$ ①

$S_{\triangle F_1PF_2}=\frac{1}{2}|PF_1||PF_2|\sin\theta$ ②

在 $\triangle F_1PF_2$ 中. 由余弦定理得,

$|F_1F_2|^2=|PF_1|^2+|PF_2|^2-2|PF_1||PF_2|\cos\theta$ ③

其中 $|F_1F_2|=2c, a^2=c^2+b^2$,

① 式两边平方得, $|PF_1|^2+|PF_2|^2+2|PF_1||PF_2|=4a^2$ ④

由 ③ 得, $|PF_1|^2+|PF_2|^2-2|PF_1||PF_2|\cos\theta=4c^2$ ⑤

④ − ⑤ 得, $|PF_1||PF_2|(1+\cos\theta)=2b^2$,

所以 $|PF_1||PF_2|=\frac{2b^2}{1+\cos\theta}$,

因此 $S_{\triangle F_1PF_2}=\frac{1}{2}|PF_1||PF_2|\sin\theta$

$$=\frac{1}{2}\times\frac{2b^2\sin\theta}{1+\cos\theta}=b^2\cdot\frac{\sin\theta}{1+\cos\theta}=b^2\cdot\tan\frac{\theta}{2},$$

即 $S_{\triangle F_1PF_2}=b^2\tan\frac{\theta}{2}$.

5. **解析**:(Ⅰ)由 $|PM|+|PN|=6$ 知动点 P 的轨迹是以 M,N 为焦点的椭圆,依题设 W 的方程为 $\frac{x^2}{a^2}+\frac{y^2}{b^2}=1(a>b>0)$,则

$2a=6, a=3, c=2, b=\sqrt{a^2-c^2}=\sqrt{5}$,

所以 W 的方程为 $\frac{x^2}{9}+\frac{y^2}{5}=1$.

(Ⅱ)因为 $\sqrt{5}\leqslant|\overrightarrow{OA}|\leqslant 3, \sqrt{5}\leqslant|\overrightarrow{OB}|\leqslant 3$,

$\overrightarrow{OA}\cdot\overrightarrow{OB}=|\overrightarrow{OA}||\overrightarrow{OB}|\cos<\overrightarrow{OA},\overrightarrow{OB}>$, 又 A,B 是 W 上的不同两点,所以 $-9\leqslant\overrightarrow{OA}\cdot\overrightarrow{OB}<9$.

故 $\overrightarrow{OA}\cdot\overrightarrow{OB}$ 的取值范围是 $[-9,9)$.

例说椭圆中一类直线斜率定值问题的解法

定值问题是圆锥曲线中十分重要的研究课题，蕴涵着动静依存的辩证关系，深刻体现了数学的魅力！本文例析椭圆中一类直线斜率定值问题的三种解法，力求对读者有效解决此类问题有所裨益.

题目　如图 3－11，过椭圆$\frac{x^2}{a^2}+\frac{y^2}{b^2}=1(a>b>0)$上一定点$P(x_0,y_0)(y_0\neq 0)$，作两条动直线分别交椭圆于$A(x_1,y_1)$，$B(x_2,y_2)$，又直线 PA 与 PB 的斜率存在且倾斜角互补.

求证：直线 AB 的斜率是常数.

证法一：依题设直线 AB 的方程为 $y=kx+m$，将其代入椭圆方程并整理，得

$(b^2+a^2k^2)x^2+2a^2mkx+a^2m^2-a^2b^2=0$，

当 $\Delta>0$ 时，由 $A(x_1,y_1)$，$B(x_2,y_2)$，得

$x_1+x_2=\frac{-2a^2k^2m}{b^2+a^2k^2}$，$x_1x_2=\frac{a^2m^2-a^2b^2}{b^2+a^2k^2}$，

此时，$y_1+y_2=k(x_1+x_2)+2m$，

$y_1y_2=k^2x_1x_2+mk(x_1+x_2)+m^2$，

又 $\because k_{PA}=\frac{y_1-y_0}{x_1-x_0}$，$k_{PB}=\frac{y_2-y_0}{x_2-x_0}$，

$\therefore \frac{y_1-y_0}{x_1-x_0}+\frac{y_2-y_0}{x_2-x_0}=0$，

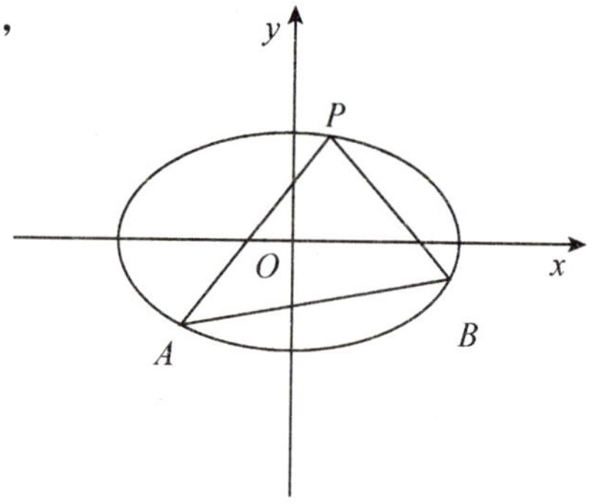

图 3－11

即$\frac{(x_1-x_0)(y_2-y_0)+(x_2-x_0)(y_1-y_0)}{(x_1-x_0)(x_2-x_0)}=0$，

对上式化简并整理，得

$x_1y_2-x_1y_0-x_0y_2+x_0y_0+x_2y_1-x_2y_0-x_0y_1+x_0y_0=0$，

所以，$x_1(kx_2+m)-(x_1+x_2)y_0-x_0(y_2+y_1)+x_2(kx_1+m)+2x_0y_0=0$，

$\therefore 2kx_1x_2+(m-y_0)(x_1+x_2)-x_0(y_2+y_1)+2x_0y_0=0$

$\Leftrightarrow 2kx_1x_2+(m-y_0)(x_1+x_2)-x_0[k(x_2+x_1)+2m]+2x_0y_0=0$

$\Leftrightarrow 2kx_1x_2+(m-y_0-kx_0)(x_1+x_2)-2mx_0+2x_0y_0=0$,

$\therefore 2k\dfrac{a^2m^2-a^2b^2}{b^2+a^2k^2}+(m-y_0-kx_0)\dfrac{-2a^2km}{b^2+a^2k^2}-2mx_0+2x_0y_0=0$,

去分母,得 $2ka^2m^2-2ka^2b^2-2ka^2m^2+2a^2kmy_0+2a^2k^2mx_0-2mb^2x_0-2a^2k^2mx_0+2b^2x_0y_0+2a^2k^2x_0y_0=0$,

即 $-2ka^2b^2+2a^2kmy_0-2mb^2x_0+2b^2x_0y_0+2a^2k^2x_0y_0=0$,

将 $a^2b^2=b^2x_0^2+a^2y_0^2$ 代入上式,得

$-2kb^2x_0^2-2ka^2y_0^2+2a^2kmy_0-2mb^2x_0+2b^2x_0y_0+2a^2k^2x_0y_0=0$

$\Leftrightarrow -kb^2x_0^2-ka^2y_0^2+a^2kmy_0-mb^2x_0+b^2x_0y_0+a^2k^2x_0y_0=0$

$\Leftrightarrow kx_0(a^2ky_0-b^2x_0)+m(a^2ky_0-b^2x_0)+y_0(b^2x_0-a^2ky_0)=0$

$\Leftrightarrow (a^2ky_0-b^2x_0)(kx_0+m-y_0)=0$,

由因为点 $P(x_0,y_0)(y_0\neq 0)$ 不在直线 AB 上,所以 $kx_0+m-y_0\neq 0$,

故 $a^2ky_0-b^2x_0=0$,因此,得 $k=\dfrac{b^2x_0}{a^2y_0}$,

即直线 AB 的斜率为常数 $\dfrac{b^2x_0}{a^2y_0}$.

评析:上述解答中的关键之处在于“$a^2b^2=b^2x_0^2+a^2y_0^2$”的灵活应用,为实现因式分解铺平了道路,进而使问题得以解决.

证法二:$\because \dfrac{x^2}{a^2}+\dfrac{y^2}{b^2}=1(a>b>0)$,$P(x_0,y_0)(y_0\neq 0)$,$A(x_1,y_1)$,$B(x_2,y_2)$.

$\therefore \begin{cases}\dfrac{x_1^2}{a^2}+\dfrac{y_1^2}{b^2}=1,\\ \dfrac{x_2^2}{a^2}+\dfrac{y_2^2}{b^2}=1.\end{cases}$ 两式相减得,

$b^2(x_1-x_2)(x_1+x_2)+a^2(y_1-y_2)(y_1+y_2)=0$,

$\therefore k_{AB}=\dfrac{y_1-y_2}{x_1-x_2}=-\dfrac{b^2}{a^2}\cdot\dfrac{x_1+x_2}{y_1+y_2}$,

同理可得，$k_{PA}=-\frac{b^2}{a^2}\cdot\frac{x_1+x_0}{y_1+y_0}$，$k_{PB}=-\frac{b^2}{a^2}\cdot\frac{x_2+x_0}{y_2+y_0}$.

又∵PA与PB的斜率存在且倾斜角互补，∴$k_{PA}+k_{PB}=0$，即

$$-\frac{b^2}{a^2}\cdot\left(\frac{x_1+x_0}{y_1+y_0}+\frac{x_2+x_0}{y_2+y_0}\right)=0\Leftrightarrow\frac{x_1+x_0}{y_1+y_0}+\frac{x_2+x_0}{y_2+y_0}=0 \qquad ①$$

$$\text{又}\because k_{PA}=\frac{y_1-y_0}{x_1-x_0},k_{PB}=\frac{y_2-y_0}{x_2-x_0},\therefore\frac{y_1-y_0}{x_1-x_0}+\frac{y_2-y_0}{x_2-x_0}=0 \qquad ②$$

由①得，$\frac{(x_1+x_0)(y_2+y_0)+(x_2+x_0)(y_1+y_0)}{(y_1+y_0)(y_2+y_0)}=0$，即

$$x_1y_2+x_1y_0+x_0y_2+x_0y_0+x_2y_1+x_2y_0+x_0y_1+x_0y_0=0 \qquad ③$$

由②得，$\frac{(x_1-x_0)(y_2-y_0)+(x_2-x_0)(y_1-y_0)}{(x_1-x_0)(x_2-x_0)}=0$，即

$$x_1y_2-x_1y_0-x_0y_2+x_0y_0+x_2y_1-x_2y_0-x_0y_1+x_0y_0=0 \qquad ④$$

③－④得，$2(x_1y_0+x_0y_2+x_2y_0+x_0y_1)=0$

$\Rightarrow(x_1+x_2)y_0+(y_1+y_2)x_0=0$，

$\therefore\frac{x_1+x_2}{y_1+y_2}=-\frac{x_0}{y_0}$，$k_{AB}=-\frac{b^2}{a^2}\cdot\frac{x_1+x_2}{y_1+y_2}=\frac{b^2}{a^2}\cdot\frac{x_0}{y_0}$，

即直线AB的斜率为常数$\frac{b^2x_0}{a^2y_0}$.

评析：本法的关键之处在于“$k_{AB}=\frac{y_1-y_2}{x_1-x_2}=-\frac{b^2}{a^2}\cdot\frac{x_1+x_2}{y_1+y_2}$”的两种表达式的灵活应用，充分体现了设而不求、整体突破的解题策略.

证法三：设PA的斜率为k，则PB的斜率为$-k$，直线PA的方程为$y-y_0=k(x-x_0)$，直线PB的方程为$y-y_0=-k(x-x_0)$，

联立方程组$\begin{cases}y-y_0=k(x-x_0),\\b^2x^2+a^2y^2-a^2b^2=0.\end{cases}$消去$y$得

$b^2x^2+a^2[k^2(x^2-2x_0x+x_0{}^2)+2ky_0x-2ky_0x_0+y_0{}^2]-a^2b^2=0$，整理得
$(b^2+a^2k^2)x^2+(2ky_0a^2-2x_0a^2k^2)x+a^2k^2x_0{}^2-2a^2ky_0x_0+a^2y_0{}^2-a^2b^2=0$，

$\therefore x_1+x_0=\frac{2a^2k^2x_0-2a^2ky_0}{b^2+a^2k^2}$，

同理可得 $x_2+x_0=\dfrac{2a^2k^2x_0+2a^2ky_0}{b^2+a^2k^2}$,

$\therefore x_2-x_1=\dfrac{4a^2ky_0}{b^2+a^2k^2}$,

又 $y_1-y_0=k(x_1-x_0)$, $y_2-y_0=-k(x_2-x_0)$,

$\therefore y_2-y_1=-k[(x_1+x_2)-2x_0]$

$$=-k\left(\frac{4a^2k^2x_0}{b^2+a^2k^2}-4x_0\right)=-k\,\frac{-4b^2x_0}{b^2+a^2k^2}=\frac{4b^2kx_0}{b^2+a^2k^2}.$$

$$\therefore k_{AB}=\frac{y_2-y_1}{x_2-x_1}=\frac{\dfrac{4b^2kx_0}{b^2+a^2k^2}}{\dfrac{4a^2ky_0}{b^2+a^2k^2}}=\frac{b^2}{a^2}\cdot\frac{x_0}{y_0}.$$

评析:本法的关键之处在于一元二次方程根与系数关系的灵活应用,在已知方程的一个根时,恰当地选择两根之和(或积)来求另一个根,尤其在字母符号背景下显得更为重要,有效地减少运算量,切实提高了解题效率.

以上三种方法不仅适用于椭圆中的此类问题,而且也适用于其他圆锥曲线中的这类问题.当我们在字母符号背景下用这三种方法有效地解决了一般性问题时,面对数字化的具体特定问题,就更能驾轻就熟了.

注:本文发表于《数学教学研究》,2012.11.

一道不等式证明题的证法探讨

题目　已知 $a+b+c=1, a^2+b^2+c^2=1$，求证：$-\frac{1}{3}\leqslant c\leqslant 1$.

证法 1：（构造不等式法）依题得

$1-c=a+b, 1-c^2=a^2+b^2$，

又 $(a+b)^2\leqslant 2(a^2+b^2)$，

$\therefore (1-c)^2\leqslant 2(1-c^2)$，整理得 $3c^2-2c-1\leqslant 0$，

解得　$-\frac{1}{3}\leqslant c\leqslant 1$.

证法 2：（消元法）由 $a+b+c=1$，得 $c=1-(a+b)$，将此代入 $a^2+b^2+c^2=1$ 并化简整理，得

$a^2+b^2+(a+b)^2-2(a+b)=0$，

又 $(a+b)^2\leqslant 2(a^2+b^2)$，$\therefore a^2+b^2\geqslant\frac{(a+b)^2}{2}$，则有

$\frac{(a+b)^2}{2}+(a+b)^2-2(a+b)\leqslant 0$，即

$(a+b)\left[(a+b)-\frac{4}{3}\right]\leqslant 0$，

解得 $0\leqslant a+b\leqslant\frac{4}{3}$，即 $0\leqslant 1-c\leqslant\frac{4}{3}$，

解得　$-\frac{1}{3}\leqslant c\leqslant 1$.

证法 3：（判别式法）由 $a+b+c=1$ 得 $a=1-(b+c)$，将此代入 $a^2+b^2+c^2=1$ 并化简整理，得

$b^2+b(c-1)+c^2-c=0$，

依题知上述关于 b 的一元二次方程在实数范围内有解，则

$\Delta=(c-1)^2-4(c^2-c)=-3c^2+2c+1\geqslant 0$,即

$3c^2-2c-1\leqslant 0$,

解得 $-\frac{1}{3}\leqslant c\leqslant 1$.

证法4:(反证法)

假设 $c>1$ 或 $c<-\frac{1}{3}$,

当 $c>1$ 时,则 $a^2+b^2+c^2>1$,这与已知 $a^2+b^2+c^2=1$ 矛盾;

当 $c<-\frac{1}{3}$ 时,则 $-c>\frac{1}{3}$, $c^2>\frac{1}{9}$, $-c^2<-\frac{1}{9}$

$\therefore a+b=1-c>\frac{4}{3}$,

$a^2+b^2=1-c^2<\frac{8}{9}$,

事实上由 $(a+b)^2\leqslant 2(a^2+b^2)$ 得

$a+b\leqslant\sqrt{2(a^2+b^2)}<\sqrt{2\times\frac{8}{9}}=\frac{4}{3}$,

$\therefore a+b=1-c>\frac{4}{3}$ 与 $a^2+b^2=1-c^2<\frac{8}{9}$ 矛盾.

综上所述,假设 $c>1$ 或 $c<-\frac{1}{3}$ 不成立,所以 $-\frac{1}{3}\leqslant c\leqslant 1$.

关于一类无理函数值域问题的探讨

——平方易求最小值　向量巧求最大值

细阅《巧用三角函数解函数值域问题》[1]一文后，收获与感悟颇多. 对文中的某些观点笔者有一些不同的看法，在此简述拙见，供同行讨论.

1. 原文片段摘录

题目　求函数的值域：

(1) $y=\sqrt{x-2}+\sqrt{3-x}$；

(2) $y=\sqrt{x-4}+\sqrt{15-3x}$.

对于这类无理函数的值域问题，初看一般有如下两种传统的解题思路：一是通过平方去掉根号，再根据二次函数的一些性质求值域；二是换元法，令其中一项等于 t，将原函数化为关于 t 的函数，再求解. 这两种方法大家比较常用，但实际操作起来却没有那么容易. 于是，当学生遇到这类问题时，首先从心理上就产生了畏惧感.

2. 一些不同看法

(Ⅰ) 平方转化易求最小值

对于函数 $y=\sqrt{x-2}+\sqrt{3-x}$ 来说，其定义域为 $2\leqslant x\leqslant 3$，两边平方变形，得

$y^2=1+2\sqrt{(x-2)(3-x)}$，显然 $1\leqslant y^2\leqslant 1+(x-2)+(3-x)=2$，

所以当 $x=2$ 或 3 时，$y_{\min}=1$；

当 $x=2.5$ 时，$y_{\max}=\sqrt{2}$，综上，函数 $y=\sqrt{x-2}+\sqrt{3-x}$ 的值域为 $[1,\sqrt{2}]$.

对于函数 $y=\sqrt{x-4}+\sqrt{15-3x}$ 来说，其定义域为 $4\leqslant x\leqslant 5$，两边平方变形，得

$y^2=11-2x+2\sqrt{(x-4)(15-3x)}$，注意到当 $x=5$ 时，$11-2x$ 和

$2\sqrt{(x-4)(15-3x)}$ 同时取得最小值，且最小值分别为 1 和 0，则函数 $y=\sqrt{x-4}+\sqrt{15-3x}$ 的最小值为 1.

上述平方求函数最小值的方法十分简洁，操作起来并不麻烦. 关键在于对函数性质的整体把握和灵活应用.

(Ⅱ) 向量巧求最大值

利用向量数量积与模的不等式"$\boldsymbol{a}\cdot\boldsymbol{b}\leqslant|\boldsymbol{a}||\boldsymbol{b}|$"，可以简洁地求解此类函数的最大值.

对于函数 $y=\sqrt{x-2}+\sqrt{3-x}$ 而言，设 $\boldsymbol{a}=(1,1)$，$\boldsymbol{b}=(\sqrt{x-2},\sqrt{3-x})$，

则 $y=\sqrt{x-2}+\sqrt{3-x}=1\times\sqrt{x-2}+1\times\sqrt{3-x}$

$$\leqslant\sqrt{1^2+1^2}\times\sqrt{(\sqrt{x-2})^2+(\sqrt{3-x})^2}=\sqrt{2},$$

当且仅当 $1\times\sqrt{x-2}=1\times\sqrt{3-x}$，即当 $x=2.5$ 时等号成立，故 $y_{\max}=\sqrt{2}$.

对于函数 $y=\sqrt{x-4}+\sqrt{15-3x}$ 而言，先变形为

$y=\sqrt{x-4}+\sqrt{3}\times\sqrt{5-x}$，设 $\boldsymbol{a}=(1,\sqrt{3})$，$\boldsymbol{b}=(\sqrt{x-4},\sqrt{5-x})$，则

$y=\sqrt{x-4}+\sqrt{3}\times\sqrt{5-x}=1\times\sqrt{x-4}+\sqrt{3}\times\sqrt{5-x}$

$$\leqslant\sqrt{1^2+(\sqrt{3})^2}\times\sqrt{(\sqrt{x-4})^2+(\sqrt{5-x})^2}=2,$$

当且仅当 $\sqrt{3}\times\sqrt{x-4}=1\times\sqrt{5-x}$，即当 $x=\dfrac{17}{4}$ 时等号成立，故 $y_{\max}=2$.

综上，函数 $y=\sqrt{x-4}+\sqrt{15-3x}$ 的值域为 $[1,2]$.

3. 一般性问题解决

对于函数 $y=\sqrt{ax+b}+\sqrt{c+dx}\ (a>0,d<0)$ 来说，它的定义域为 $\left[-\dfrac{b}{a},-\dfrac{c}{d}\right]$，两边平方，得 $y^2=b+c+(a+d)x+2\sqrt{ax+b}\sqrt{c+dx}$，

设 $s(x)=b+c+(a+d)x$，$t(x)=2\sqrt{ax+b}\sqrt{c+dx}$，

当 $a+d\leqslant0$ 时，$s(x)$ 在区间 $\left[-\dfrac{b}{a},-\dfrac{c}{d}\right]$ 上是减函数，此时函数 $s(x)$ 和 $t(x)$ 均在 $x=-\dfrac{c}{d}$ 处取得最小值，且最小值分别为 $\dfrac{bd-ac}{d}$ 和 0；

当 $a+d>0$ 时，$s(x)$ 在区间 $\left[-\dfrac{b}{a},-\dfrac{c}{d}\right]$ 上是增函数，此时函数 $s(x)$ 和 $t(x)$

均在 $x=-\frac{b}{a}$ 处取得最小值，且最小值分别为$\frac{ac-bd}{a}$ 和 0.

此时，函数 $y=\sqrt{ax+b}+\sqrt{c+dx}\,(a>0,d<0)$ 的最小值为 $\min\left(\sqrt{\frac{bd-ac}{d}},\sqrt{\frac{ac-bd}{a}}\right)$.

对于 $y=\sqrt{ax+b}+\sqrt{c+dx}\,(a>0,d<0)$ 的最大值来说，先将函数解析式作如下变形：

$y=\sqrt{a}\times\sqrt{x+\frac{b}{a}}+\sqrt{-d}\times\sqrt{-\frac{c}{d}-x}$，再设

$\boldsymbol{m}=(\sqrt{a},\sqrt{-d})$，$\boldsymbol{n}=\left(\sqrt{x+\frac{b}{a}},\sqrt{-\frac{c}{d}-x}\right)$，则

$$\begin{aligned}y&=\sqrt{a}\times\sqrt{x+\frac{b}{a}}+\sqrt{-d}\times\sqrt{-\frac{c}{d}-x}\\&\leqslant\sqrt{(\sqrt{a})^2+(\sqrt{-d})^2}\cdot\sqrt{\left(\sqrt{x+\frac{b}{a}}\right)^2+\left(\sqrt{-\frac{c}{d}-x}\right)^2}\\&=\sqrt{a-d}\cdot\sqrt{\frac{b}{a}-\frac{c}{d}}=\sqrt{b+c-\frac{bd}{a}-\frac{ac}{d}},\end{aligned}$$

当且仅当 $\sqrt{-d}\times\sqrt{x+\frac{b}{a}}=\sqrt{a}\times\sqrt{-\frac{c}{d}-x}$，即 $x=\frac{bd^2-ca^2}{a^2d-ad^2}$ 时取等号.

综上，函数 $y=\sqrt{ax+b}+\sqrt{c+dx}\,(a>0,d<0)$ 的值域为 $\left[\min\left(\sqrt{\frac{bd-ac}{d}},\sqrt{\frac{ac-bd}{a}}\right),\sqrt{b+c-\frac{bd}{a}-\frac{ac}{d}}\right]$.

由此可见，通过平方转化和构造向量就能简洁解决此类函数值域问题，即“平方易求最小值，向量巧求最大值”. 深刻理解并领会此方法的关键之处在于：其一是平方转化后两个函数在区间的左端点（或右端点）处同时取得最小值；其二是构造向量的要诀是让含有变量的两个根式中自变量的系数互为相反数，进而使其中含有变量的向量的模为定值. 在此基础上，我们就一定能够用这种办法娴熟地解决这一类问题.

参考文献

[1] 王改珍. 巧用三角函数解函数的值域问题[J]. 中学数学教学参考，2011，1－2.

从一道代数推理题的证明谈起

在《金世纪高考数学复习导航》(下册)中有这样一道有关二次函数的代数推理题,即:

题目: 已知二次函数 $f(x)=ax^2+bx+c(a>0,b\neq 0)$,且 $|b|\leqslant a$,$|f(0)|\leqslant 1$,$|f(-1)|\leqslant 1$,$|f(1)|\leqslant 1$,当 $|x|\leqslant 1$ 时,证明:$|f(x)|\leqslant \frac{5}{4}$.

原文证明如下:

令 $f(x)=uf(1)+vf(-1)+(1-u-v)f(0)$,则

$$f(x)=(a+b+c)u+(a-b+c)v+(1-u-v)c$$
$$=a(u+v)+b(u-v)+c,$$

$$\therefore \begin{cases} u+v=x^2 \\ u-v=x \end{cases} \Rightarrow \begin{cases} u=\frac{x^2+x}{2}, \\ v=\frac{x^2-x}{2}. \end{cases}$$

$$\therefore f(x)=\frac{x^2+x}{2}f(1)+\frac{x^2-x}{2}f(-1)+(1-x^2)f(0),$$

又 $\because |f(1)|\leqslant 1,|f(-1)|\leqslant 1,|f(0)|\leqslant 1,|x|\leqslant 1$,

$$\therefore |f(x)|=\left|\frac{x^2+x}{2}f(1)+\frac{x^2-x}{2}f(-1)+(1-x^2)f(0)\right|$$
$$\leqslant\left|\frac{x^2+x}{2}f(1)\right|+\left|\frac{x^2-x}{2}f(-1)\right|+\left|(1-x^2)f(0)\right|$$
$$\leqslant\left|\frac{x+x}{2}\right|+\left|\frac{x^2-x}{2}\right|+\left|1-x^2\right|$$
$$=|x|\frac{x+1}{2}+|x|\frac{1-x}{2}+1-x^2$$
$$=-|x|^2+|x|+1=-(|x|-\frac{1}{2})^2+\frac{5}{4}\leqslant\frac{5}{4}.$$

$\therefore$ 命题得证.

上述证法充分体现了构造法的魅力所在，构思、转化、构造之精妙令人叹服，对部分在数学方面学有专长的学生定有很强的启发性，值得认真学习，但就多数学生的实际而言，这种证法的确有些过难了. 若生搬这种证法给学生，那只能进一步增强他们对代数推理题的畏难心理，对攻克代数推理题这一“堡垒”是十分不利的. 为此，探讨易于被学生接受的基本证法，消除其心理和思维障碍，增强信心是十分必要的.

面对“$f(x)=uf(1)+vf(-1)+(1-u-v)f(0)$”这样的神来之笔，如何化解学生心中的困惑，我做了如下尝试：

Ⅰ. 用 $f(1)$，$f(-1)$，$f(0)$ 表示 a,b,c 则有

$$a=\frac{f(1)+f(-1)}{2}-f(0),b=\frac{f(1)-f(-1)}{2},c=f(0).$$

Ⅱ. 用 $f(1)$，$f(-1)$，$f(0)$ 的表达式代换 a,b,c 得

$$f(x)=\left[\frac{f(1)+f(-1)}{2}-f(0)\right]x^2+\frac{f(1)-f(-1)}{2}x+f(0),$$

Ⅲ. 转换角色，以 $f(1)$，$f(-1)$，$f(0)$ 为主线整理，得

$$f(x)=\frac{x^2+x}{2}f(1)+\frac{x^2-x}{2}f(-1)+(1-x^2)f(0). \quad ①$$

由此产生式的过程符合学生的认知水平，亲切自然，起到破译“$f(x)=uf(1)+vf(-1)+(1-u-v)f(0)$”的功效.

另外，从考查通性通法、淡化特殊技巧的具体要求着眼，以分类讨论思想为先导，立足一元二次函数的基本性质尝试解决问题，具体分析如下所述：

证明：$\because f(x)=ax^2+bx+c(a>0,b\neq 0)$，

由 $|b|\leqslant a\Rightarrow -\frac{1}{2}\leqslant -\frac{b}{2a}\leqslant\frac{1}{2},-\frac{b}{2a}\neq 0$，

$x=-\frac{b}{2a}$ 是 $f(x)$ 的对称轴.

(1) 当 $\Delta\leqslant 0$ 时，$f(x)\geqslant 0$ 对一切实数 x 恒成立，当 $|x|\leqslant 1$ 时，$f(x)$ 的最大值为 $f(1)$ 和 $f(-1)$ 中的较大者，所以总有 $0\leqslant f(x)\leqslant 1$.

$\therefore |f(x)|\leqslant\frac{5}{4}$.

(2) 当 $\Delta>0$ 时，$f(x)$ 的最小值为 $\frac{4ac-b^2}{4a}<0$，

$\because |f(1)|\leqslant 1, |f(-1)|\leqslant 1, |f(0)|\leqslant 1$，

$\therefore |b|=\left|\frac{f(1)-f(-1)}{2}\right|\leqslant 1, \therefore b^2\leqslant |b|$.

又 $\left|\frac{4ac-b^2}{4a}\right|\leqslant \frac{b^2}{4a}+|c|\leqslant \frac{|b|}{4a}+|f(0)|\leqslant \frac{1}{4}+1=\frac{5}{4}$，

$\therefore |f(x)|\leqslant \frac{5}{4}$.

综上所述，原不等式成立.

上述证明从学生熟悉的情景入手，娓娓道来，清晰流畅，确有“山重水复疑无路，柳暗花明又一村”的喜悦之感，使学生真切感受到代数推理题并非高不可攀，从而有效地增强了他们解决此类问题的信心.

注：本文发表于《中学教育科研》，2004.10.

等差数列的证明

如何证明一个给定的数列是等差数列?要回答这个问题,就必须明确等差数列定义的两种形式,即公差确定型定义($a_{n+1}-a_n=d,n\in\mathbf{N}^*$)与公差不定型定义($2a_n=a_{n+1}+a_{n-1},n\in\mathbf{N}^*,n\geqslant 2$).一般地,若数列$\{a_n\}$的通项公式已知,则可利用公差确定型定义证明;若数列$\{a_n\}$由递推公式给出,则通常可利用公差不定型定义证明.以下具体例析,供读者参考.

例 1 已知数列$\{a_n\}$的通项公式为$a_n=pn+q$(p,q为常数).

求证:数列$\{a_n\}$是等差数列.

证明:$\because a_{n+1}-a_n=[p(n+1)+q]-(pn+q)=p,a_1=p+q$,

故数列$\{a_n\}$是以$p+q$为首项,以p为公差的等差数列.

例 2 已知数列$\{a_n\}$的前n项和为S_n,且$S_n=\dfrac{n(a_1+a_n)}{2}$.

求证:数列$\{a_n\}$是等差数列.

证明:$\because S_n=\dfrac{n(a_1+a_n)}{2}\Leftrightarrow 2S_n=n(a_1+a_n)$ ①

$\therefore 2S_{n-1}=(n-1)(a_1+a_{n-1})(n\geqslant 2)$ ②

①-② 得,$2(S_n-S_{n-1})=na_n-(n-1)a_{n-1}+a_1$

$\therefore 2a_n=na_n-(n-1)a_{n-1}+a_1$,即$(n-2)a_n=(n-1)a_{n-1}-a_1$ ③

将 ③ 式中的n换为$n+1$得, $(n-1)a_{n+1}=na_n-a_1$ ④

③-④ 得,$(n-2)a_n-(n-1)a_{n+1}=(n-1)a_{n-1}-na_n$,

即 $(2n-2)a_n=(n-1)(a_{n-1}+a_{n+1})$,

$\therefore 2a_n=a_{n+1}+a_{n-1}(n\in\mathbf{N}^*,n\geqslant 2)$.

故数列$\{a_n\}$是等差数列.

让我们再来欣赏一道经典的考题:

例 3 【2005 江苏卷】设数列$\{a_n\}$的前n项和为S_n,已知$a_1=1,a_2=6,a_3=$

11，且 $(5n-8)S_{n+1}-(5n+2)S_n=An+B, n=1,2,3,\cdots$，其中 A, B 为常数.

（Ⅰ）求 A 与 B 的值；

（Ⅱ）证明数列 $\{a_n\}$ 为等差数列；

（Ⅲ）证明不等式 $\sqrt{5a_{mn}}-\sqrt{a_m a_n}>1$ 对任何正整数 m、n 都成立.

解：（Ⅰ）由已知，得 $S_1=a_1=1, S_2=a_1+a_2=7, S_3=a_1+a_2+a_3=18$，

由 $(5n-8)S_{n+1}-(5n+2)S_n=An+B, n=1,2,3,\cdots$，知

$\begin{cases}-3S_2-7S_1=A+B,\\ 2S_3-12S_2=2A+B\end{cases}$ 即 $\begin{cases}A+B=-28,\\ 2A+B=-48.\end{cases}$ 解得 $A=-20, B=-8$.

（Ⅱ）由（Ⅰ）得，$(5n-8)S_{n+1}-(5n+2)S_n=-20n-8$， ①

所以 $(5n-3)S_{n+2}-(5n+7)S_{n+1}=-20n-28$. ②

②－①，得 $(5n-3)S_{n+2}-(10n-1)S_{n+1}+(5n+2)S_n=-20$， ③

所以 $(5n+2)S_{n+3}-(10n+9)S_{n+2}+(5n+7)S_{n+1}=-20$. ④

④－③，得 $(5n+2)S_{n+3}-(15n+6)S_{n+2}+(15n+6)S_{n+1}-(5n+2)S_n=0$，

因为 $a_{n+1}=S_{n+1}-S_n$，

所以 $(5n+2)a_{n+3}-(10n+4)a_{n+2}+(5n+2)a_{n+1}=0$，

又因为 $5n+2\neq 0$，所以 $a_{n+3}-2a_{n+2}+a_{n+1}=0$，即

$a_{n+3}-a_{n+2}=a_{n+2}-a_{n+1}\ (n\geqslant 1)$.

又 $a_3-a_2=a_2-a_1=5$，　所以数列 $\{a_n\}$ 为等差数列.

（Ⅲ）由（Ⅱ）可知 $a_n=1+5(n-1)=5n-4$.

要证 $\sqrt{5a_{mn}}-\sqrt{a_m a_n}>1$，只要证 $5a_{mn}>1+a_m a_n+2\sqrt{a_m a_n}$，

因为 $a_{mn}=5mn-4, a_m a_n=(5m-4)(5n-4)=25mn-20(m+n)+16$，

故只要证 $5(5mn-4)>1+25mn-20(m+n)+16+2\sqrt{a_m a_n}$，

即只要证 $20m+20n-37>2\sqrt{a_m a_n}$.

因为 $2\sqrt{a_m a_n}\leqslant a_m+a_n=5m+5n-8<5m+5n-8+(15m+15n-29)$

$=20m+20n-37$.

所以命题得证.

综上所述，对等差数列的定义进行两种形式的区分是十分必要的，它有助于我

们确定正确的解题方向，减少解题的盲目性，提高解题效率.

跟踪练习：

1.【2006 福建卷】已知数列$\{a_n\}$满足$a_1=1, a_2=3, a_{n+2}=3a_{n+1}-2a_n(n\in \mathbf{N}^*)$.

（Ⅰ）证明：数列$\{a_{n+1}-a_n\}$是等比数列；

（Ⅱ）求数列$\{a_n\}$的通项公式；

（Ⅲ）若数列$\{b_n\}$满足$4^{b_1-1}4^{b_2-1}\cdots4^{b_n-1}=(a_n+1)^{b_n}(n\in \mathbf{N}^*)$，证明：$\{b_n\}$是等差数列.

2.【2006 江苏卷】设数列$\{a_n\}$、$\{b_n\}$、$\{c_n\}$满足：$b_n=a_n-a_{n+2}, c_n=a_n+2a_{n+1}+3a_{n+2}(n=1,2,3,\cdots)$，证明：$\{a_n\}$为等差数列的充分必要条件是$\{c_n\}$为等差数列且$b_n\leqslant b_{n+1}(n=1,2,3,\cdots)$

参考解答：

1.（Ⅰ）**证明**：$\because a_{n+2}=3a_{n+1}-2a_n, \therefore a_{n+2}-a_{n+1}=2(a_{n+1}-a_n)$，

$\because a_1=1, a_2=3, \therefore \dfrac{a_{n+2}-a_{n+1}}{a_{n+1}-a_n}=2(n\in \mathbf{N}^*)$.

$\therefore \{a_{n+1}-a_n\}$是以$a_2-a_1=2$为首项，2为公比的等比数列.

（Ⅱ）**解**：由（Ⅰ）得$a_{n+1}-a_n=2^n(n\in \mathbf{N}^*)$，

$$\begin{aligned}\therefore a_n&=(a_n-a_{n-1})+(a_{n-1}-a_{n-2})+\cdots+(a_2-a_1)+a_1\\&=2^{n-1}+2^{n-2}+\cdots+2+1=2^n-1(n\in \mathbf{N}^*).\end{aligned}$$

（Ⅲ）**证明**：$\because 4^{b_1-1}4^{b_2-1}\cdots4^{b_n-1}=(a_n+1)^{b_n}$，

$\therefore 4^{(b_1+b_2+\cdots+b_n)-n}=2^{nb_n}$，

$\therefore 2[(b_1+b_2+\cdots+b_n)-n]=nb_n$， ①

$2[(b_1+b_2+\cdots+b_n+b_{n+1})-(n+1)]=(n+1)b_{n+1}$. ②

②－①，得$2(b_{n+1}-1)=(n+1)b_{n+1}-nb_n$，

即$(n-1)b_{n+1}-nb_n+2=0$. ③

$nb_{n+2}-(n+1)b_{n+1}+2=0$. ④

④－③，得$nb_{n+2}-2nb_{n+1}+nb_n=0$，

即$b_{n+2}-2b_{n+1}+b_n=0$，

$\therefore b_{n+2}-b_{n+1}=b_{n+1}-b_n(n\in \mathbf{N}^*)$，

$\therefore \{b_n\}$是等差数列.

2. **证明**:必要性,设是$\{a_n\}$公差为d_1的等差数列,则

$$b_{n+1}-b_n=(a_{n+1}-a_{n+3})-(a_n-a_{n+2})$$
$$=(a_{n+1}-a_n)-(a_{n+3}-a_{n+2})=d_1-d_1=0.$$

所以$b_n \leqslant b_{n+1} \quad (n=1,2,3,\cdots)$成立.

又$c_{n+1}-c_n=(a_{n+1}-a_n)+2(a_{n+2}-a_{n+1})+3(a_{n+3}-a_{n+2})=d_1+2d_1+3d_1$
$=6d_1$(常数)$(n=1,2,3,\cdots)$.

所以数列$\{c_n\}$为等差数列.

充分性:设数列$\{c_n\}$是公差为d_2的等差数列,且$b_n \leqslant b_{n+1} \quad (n=1,2,3,\cdots)$.

$\because c_n=a_n+2a_{n+1}+3a_{n+2}$, ①

$\therefore c_{n+2}=a_{n+2}+2a_{n+3}+3a_{n+4}$. ②

①-②得$c_n-c_{n+2}=(a_n-a_{n+2})+2(a_{n+1}-a_{n+3})+3(a_{n+2}-a_{n+4})$
$=b_n+2b_{n+1}+3b_{n+2}$.

$\because c_n-c_{n+2}=(c_n-c_{n+1})+(c_{n+1}-c_{n+2})=-2d_2$,

$\therefore b_n+2b_{n+1}+3b_{n+2}=-2d_2$. ③

从而有$b_{n+1}+2b_{n+2}+3b_{n+3}=-2d_2$. ④

④-③得$(b_{n+1}-b_n)+2(b_{n+2}-b_{n+1})+3(b_{n+3}-b_{n+2})=0$. ⑤

$\because b_{n+1}-b_n \geqslant 0, b_{n+2}-b_{n+1} \geqslant 0, b_{n+3}-b_{n+2} \geqslant 0$,

$\therefore$由⑤得$b_{n+1}-b_n=0 \quad (n=1,2,3,\cdots)$.

由此不妨设$b_n=d_3(n=1,2,3,\cdots)$,则$a_n-a_{n+2}=d_3$(常数).

由此$c_n=a_n+2a_{n+1}+3a_{n+2}=4a_n+2a_{n+1}-3d_3$.

从而$c_{n+1}=4a_{n+1}+2a_{n+2}-3d_3$,

两式相减得$c_{n+1}-c_n=2(a_{n+1}-a_n)-2d_3$.

因此$a_{n+1}-a_n=\dfrac{1}{2}(c_{c+1}-c_c)+d_3=\dfrac{1}{2}d_2+d_3$(常数)$(n=1,2,3,\cdots)$.

所以数列$\{a_n\}$是以$\dfrac{1}{2}d_2+d_3$为公差的等差数列.

运用均值不等式求最值十法

均值不等式是高中数学的重要内容之一. 在具体应用时，首先要注意“一正二定三相等”的前提条件，其次要熟练掌握配凑拆项、分解同除等价变形方法，才能灵活运用均值不等式，提高解题效率. 以下浅析运用均值不等式求最值的十种常用方法，供读者参考.

一、直接法

例 1 若 a、$b \in \mathbf{R}^{+}$，且 $a+b=1$，则 $ab \leqslant$ ________，$\frac{1}{a}+\frac{1}{b} \geqslant$ ________.

分析：由已知条件可直接应用 $ab \leqslant \left(\frac{a+b}{2}\right)^{2}$ 求解.

解： $\because a$、$b \in \mathbf{R}^{+}$，$a+b=1$，

$\therefore ab \leqslant \left(\frac{a+b}{2}\right)^{2}=\frac{1}{4}$，$\quad \frac{1}{a}+\frac{1}{b} \geqslant 2\sqrt{\frac{1}{ab}} \geqslant 4$，

$\therefore ab \leqslant \frac{1}{4}$，$\frac{1}{a}+\frac{1}{b} \geqslant 4$.

二、平均拆项法

例 2 求函数 $y=x+\frac{3}{x^{2}}(x>0)$ 的最小值.

分析：因直接应用二元均值不等式不能奏效，可选一次项进行平均拆项，使三项积为定值，故可用三元均值不等式求解.

解： $\because x>0$，

$\therefore y=x+\frac{3}{x^{2}}=\frac{x}{2}+\frac{x}{2}+\frac{3}{x^{2}} \geqslant 3\sqrt[3]{\frac{x}{2} \cdot \frac{x}{2} \cdot \frac{3}{x^{2}}}=3\sqrt[3]{\frac{3}{4}}=\frac{3}{2}\sqrt[3]{6}$，

当且仅当 $\frac{x}{2}=\frac{3}{x^{2}}$，即 $x=\sqrt[3]{6}$ 时，$y_{\min}=\frac{3}{2}\sqrt[3]{6}$.

三、降幂拆项法

例 3 求函数 $y=x(a-x)^2(0<x<a)$ 的最大值.

分析：将 $(a-x)^2$ 分解降幂拆为 $(a-x)(a-x)$，变 x 项为 $\frac{1}{2}\cdot 2x$，然后应用三元均值不等式求解.

解： $\because 0<x<a, a-x>0$，

$$\therefore y=x(a-x)^2=\frac{1}{2}\cdot 2x\cdot(a-x)(a-x)$$

$$\leqslant\frac{1}{2}\cdot\left(\frac{2x+a-x+a-x}{3}\right)^2=\frac{4a^3}{27},$$

当且仅当 $2x=a-x$，即 $x=\frac{a}{3}$ 时，$y_{\max}=\frac{4a^3}{27}$.

四、配方拆项法

例 4 求函数 $y=\frac{x^2+2x+6}{x+3}(x>-3)$ 的最小值.

分析：此类分式函数的最值除判别式法外，通常可将解析式中的 x 的二次三项式配成以另一个含 x 的一次式为整体的二次三项式，然后分项求解.

解： $\because y=\frac{x^2+2x+6}{x+3}$

$$=\frac{(x+3)^2-4(x+3)+9}{x+3}$$

$$=(x+3)+\frac{9}{x+3}-4,$$

$\because x>-3, \therefore x+3>0$，

$$\therefore y\geqslant 2\sqrt{(x+3)\cdot\frac{9}{x+3}}-4=2,$$

当且仅当 $x+3=\frac{9}{x+3}$，即 $x=0$ 时，$y_{\min}=2$.

五、配凑拆项法

例 5 已知 $a>b>0$，求 $a+\frac{3}{(a-b)b}$ 的最小值.

分析：将 a 变为 $(a-b)+b$，然后应用三元均值不等式求解.

解： $\because a>b>0, a-b>0$，

$$\therefore a+\frac{3}{(a-b)b}=(a-b)+b+\frac{3}{(a-b)b}\geqslant 3\sqrt[3]{(a-b)\cdot b\cdot\frac{3}{(a-b)b}}=3\sqrt[3]{3},$$

当且仅当 $a-b=b=\dfrac{3}{(a-b)b}$，即 $a=2\sqrt[3]{3}, b=\sqrt[3]{3}$ 时，

$a+\dfrac{3}{(a-b)b}$ 有最小值 $3\sqrt[3]{3}$.

例 6 已知 $y=4\sqrt{x^2+1}-2x(x>0)$，求该函数的最小值.

分析：从表面上看来，较难找到此题与均值不等式的联系，但恰当进行如下变形则可另辟蹊径，即 $4\sqrt{x^2+1}-2x=3(\sqrt{x^2+1}-x)+(\sqrt{x^2+1}+x)$.

解： $\because y=4\sqrt{x^2+1}-2x=3(\sqrt{x^2+1}-x)+(\sqrt{x^2+1}+x)$

$$=\frac{3}{\sqrt{x^2+1}+x}+(\sqrt{x^2+1}+x)\geqslant 2\sqrt{3},$$

$\therefore$ 当且仅当 $\dfrac{3}{\sqrt{x^2+1}+x}=\sqrt{x^2+1}+x$，即 $x=\dfrac{\sqrt{3}}{3}$ 时，$y_{\min}=2\sqrt{3}$.

六、平方升幂法

例 7 求函数 $y=\sin\theta\cos^2\theta(0<\theta<\dfrac{\pi}{2})$ 的最大值.

分析：若利用“$\cos^2\theta=1-\sin^2\theta=(1-\sin\theta)(1+\sin\theta)$”降幂拆项，经系数配凑能使三项和为定值，但等号成立的条件不满足，故先平方升幂后再降幂拆项，便可有效解决此问题.

解： $\because 0<\theta<\dfrac{\pi}{2}$，

$$\therefore y^2=\sin^2\theta\cos^4\theta=\frac{1}{2}\cdot 2\sin^2\theta\cos^2\theta\cos^2\theta$$

$$\leqslant\frac{1}{2}\cdot\left(\frac{2\sin^2\theta+\cos^2\theta+\cos^2\theta}{3}\right)^3=\frac{4}{27},$$

$\therefore y\leqslant\dfrac{2\sqrt{3}}{9}$，

当且仅当 $2\sin^2\theta=\cos^2\theta$，即 $\theta=\arcsin\frac{\sqrt{3}}{3}$ 时，$y_{\max}=\frac{2\sqrt{3}}{9}$.

七、同除转化法

例 8 求函数 $y=\frac{x}{x^2+4x+6}(x>0)$ 的值域.

分析：分子分母同时除以 x，将其显化为二元均值不等式的结构求解.

解： $\because x>0$,

$\therefore y=\frac{x}{x^2+4x+6}=\frac{1}{x+\frac{6}{x}+4}$,

$\because x+\frac{6}{x}\geqslant 2\sqrt{6}$，$\therefore y\leqslant\frac{1}{4+2\sqrt{6}}=\frac{\sqrt{6}-2}{4}$，　又 $y>0$,

$\therefore$ 函数的值域为 $\left(0,\frac{\sqrt{6}-2}{4}\right]$.

八、整体换元法

例 9 已知正数 x,y 满足 $x+2y=1$，则 $\frac{1}{x}+\frac{1}{y}$ 的最小值是(　　)

A. $4\sqrt{2}$　　B. 2　　C. $3+2\sqrt{2}$　　D. 无最小值

分析：注意到 $x+2y=1$ 的定值条件，将 $\frac{1}{x}+\frac{1}{y}$ 中的常数 1 用 $x+2y$ 整体代换后拆项求解.

解： $\because x,y\in\mathbf{R}^+$，且 $x+2y=1$,

$\therefore \frac{1}{x}+\frac{1}{y}=\frac{x+2y}{x}+\frac{x+2y}{y}$

$$=3+\frac{2y}{x}+\frac{x}{y}\geqslant 3+2\sqrt{\frac{2y}{x}\cdot\frac{x}{y}}=3+2\sqrt{2},$$

当且仅当 $\frac{2y}{x}=\frac{x}{y}$，即 $x=\sqrt{2}-1,y=1-\frac{\sqrt{2}}{2}$ 时，

$\frac{1}{x}+\frac{1}{y}$ 有最小值 $3+2\sqrt{2}$.

九、等量与非等量的转化

例 10 若正数 a、b 满足 $ab=a+b+3$，则 ab 的取值范围是________.

分析：利用 $a+b\geqslant 2\sqrt{ab}$ 可将上式转化为不等式求解.

解：$\because a,b\in\mathbf{R}^+$，$a+b\geqslant 2\sqrt{ab}$，

$\therefore ab=a+b+3\geqslant 2\sqrt{ab}+3$，

$\therefore (\sqrt{ab}-3)(\sqrt{ab}+1)\geqslant 0\Rightarrow \sqrt{ab}\geqslant 3$

$\therefore ab\in[9,+\infty)$.

十、重组转化法

例 11 求函数 $y=\sin x+\dfrac{4}{\sin x}\left(0<x\leqslant\dfrac{\pi}{2}\right)$的最小值.

分析：因等号成立的条件不满足，故不能直接应用二元均值不等式求解，但重组变形后结合函数的单调性可有效解决.

解：$\because 0<x\leqslant\dfrac{\pi}{2}$，$\therefore 0<\sin x\leqslant 1$，

$$\therefore y=\sin x+\frac{4}{\sin x}=4\sin x+\frac{4}{\sin x}-3\sin x$$

$$\geqslant 2\sqrt{4\sin x\cdot\frac{4}{\sin x}}-3\sin x=8-3\sin x,$$

当且仅当 $4\sin x=\dfrac{4}{\sin x}$，即 $\sin x=1$ 时，$4\sin x+\dfrac{4}{\sin x}$ 有最小值 8，

此时，$-3\sin x$ 也恰有最小值 -3，则函数 $y=\sin x+\dfrac{4}{\sin x}$ 有最小值 5.

综上所述，以转换化归思想为指导，切实掌握相关的转化方法是应用均值不等式求最值的关键.

构造函数证明不等式例说

一、构造一次函数证明不等式

引理：一次函数 $f(x)=kx+h(k\neq 0)$，若 $m<n$，$f(m)>0$，$f(n)>0$，则对任意的 $x\in(m,n)$，都有 $f(x)>0$.

证明：(1) 当 $k>0$ 时，$f(x)=kx+h$ 在 (m,n) 上是增函数，则有

$f(m)<f(x)<f(n)$，

$\because f(m)>0$，$\therefore f(x)>0$，

当 $k<0$ 时，$f(x)=kx+h$ 在 (m,n) 上是减函数，则有

$f(m)>f(x)>f(n)$，

$\because f(n)>0$，$\therefore f(x)>0$，

综上所述，当 $k\neq 0$ 时，对于任意的 $x\in(m,n)$，都有 $f(x)>0$.

例 1 若 a、b、c 均为实数，且 $|a|<1$，$|b|<1$，$|c|<1$.

求证：$ab+bc+ca>-1$.

证明：原不等式等价于 $(b+c)a+bc+1>0$，

设函数 $f(x)=(b+c)x+bc+1$，$x\in(-1,1)$，

$\because |a|<1$，$|b|<1$，$|c|<1$，

$\therefore$ 当 $b+c=0$ 时，$f(a)=bc+1=-b^2+1>0$，

即 $ab+bc+ca>-1$；

当 $b+c\neq 0$ 时，$f(x)=(b+c)x+bc+1$ 为一次函数，

$\because f(-1)=-b-c+bc+1=(1-b)(1-c)>0$，

$f(1)=b+c+bc+1=(1+b)(1+c)>0$，

根据引理的结论，对于任意的 $a\in(-1,1)$，都有

$f(a)>0$，即 $ab+bc+ca>-1$.

综上所述，当 a、b、c 为实数，且 $|a|<1$，$|b|<1$，$|c|<1$ 时，$ab+bc+ca>-1$ 成立.

二、构造二次函数证明不等式

例 2 对任意实数 a、b，求证：$a^2+ab+b^2\geqslant 0$.

证明：设函数 $f(x)=x^2+bx+b^2\ (x\in\mathbf{R})$.

$\because \Delta=b^2-4b^2=-3b^2\leqslant 0$

$\therefore f(x)=x^2+bx+b^2\geqslant 0$ 对一切 $x\in\mathbf{R}$ 均成立，又 $a\in\mathbf{R}$，

则 $f(a)=a^2+ba+b^2\geqslant 0$.

注：若 $a\neq b$，则 $a^2+ba+b^2>0$.

例 3 已知 $a<b<c$，求证：$a^2b+b^2c+c^2a<ab^2+bc^2+ca^2$.

证明：$\because a^2b+b^2c+c^2a<ab^2+bc^2+ca^2$

$$\Leftrightarrow (c-a)b^2+(a^2-c^2)b+c^2a-ca^2<0,$$

设函数 $f(x)=(c-a)x^2+(a^2-c^2)x+c^2a-ca^2\ (a<x<c)$，

$$\because c-a>0,\ f(c)=(c-a)c^2+(a^2-c^2)c+c^2a-ca^2$$
$$=c^3-ac^2+a^2c-c^3+c^2a-ca^2=0,$$

$f(a)=(c-a)a^2+(a^2-c^2)a+c^2a-ca^2=0$，

$\therefore f(x)<0$ 在区间 (a,c) 内恒成立，又 $a<b<c$，所以 $f(b)<0$，即 $(c-a)b^2+(a^2-c^2)b+c^2a-ca^2<0$，

故 $a^2b+b^2c+c^2a<ab^2+bc^2+ca^2$ 成立.

例 4 已知 $\alpha+\beta+\gamma=\pi$，$(x,y,z\in\mathbf{R})$.

求证：$x^2+y^2+z^2\geqslant 2xy\cos\alpha+2yz\cos\beta+2zx\cos\gamma$.

证明：$\because x^2+y^2+z^2\geqslant 2xy\cos\alpha+2yz\cos\beta+2zx\cos\gamma$

$$\Leftrightarrow x^2-2(y\cos\alpha+z\cos\gamma)x+y^2+z^2-2yz\cos\beta\geqslant 0,$$

设函数 $f(x)=x^2-2(y\cos\alpha+z\cos\gamma)x+y^2+z^2-2yz\cos\beta$，

$$\therefore \Delta=4(y\cos\alpha+z\cos\gamma)^2-4(y^2+z^2-2yz\cos\beta)$$
$$=4y^2(\cos^2\alpha-1)+4z^2(\cos^2\gamma-1)+8yz(\cos\alpha\cos\gamma+\cos\beta)$$
$$=-4y^2\sin^2\alpha-4z^2\sin^2\gamma+8yz[\cos\alpha\cos\gamma-\cos(\alpha+\gamma)]$$

$=-4y^2\sin^2\alpha-4z^2\sin^2\gamma+8yz[\cos\alpha\cos\gamma-\cos\alpha\cos\gamma+\sin\alpha\sin\gamma]$

$=-4y^2\sin^2\alpha-4z^2\sin^2\gamma+8yz\sin\alpha\sin\gamma$

$=-4(y\sin\alpha-z\sin\gamma)^2\leqslant 0.$

$\therefore f(x)\geqslant 0$ 对一切 $x\in\mathbf{R}$ 均成立，故原不等式得证.

三、构造分式函数证明不等式

例 5 已知 $a,b\in\mathbf{R}$，求证：$\dfrac{|a|+|b|}{1+|a|+|b|}\geqslant\dfrac{|a+b|}{1+|a+b|}$.

证明：设函数 $f(x)=\dfrac{x}{1+x}$，$x\in[0,+\infty)$.

$\because f'(x)=\dfrac{1+x-x}{(1+x)^2}=\dfrac{1}{(1+x)^2}>0$，

$\therefore$ 函数 $f(x)=\dfrac{x}{1+x}$ 在区间$[0,+\infty)$上为增函数，

又 $|a|+|b|\geqslant|a+b|$，$\therefore f(|a|+|b|)\geqslant f(|a+b|)$，

即 $$\frac{|a|+|b|}{1+|a|+|b|}\geqslant\frac{|a+b|}{1+|a+b|}.$$

例 6 已知 $a,b\in\mathbf{R}^+$，且 $a+b=1$.

求证：$\left(a+\dfrac{1}{a}\right)\left(b+\dfrac{1}{b}\right)\geqslant\dfrac{25}{4}$.

证明：$\because a,b\in\mathbf{R}^+$，且 $a+b=1$，

$\therefore ab\leqslant\left(\dfrac{a+b}{2}\right)^2=\dfrac{1}{4}$，当且仅当“$a=b=\dfrac{1}{2}$”时等号成立.

又 $\because\left(a+\dfrac{1}{a}\right)\left(b+\dfrac{1}{b}\right)=ab+\dfrac{1}{ab}+\dfrac{a}{b}+\dfrac{b}{a}$

$$\geqslant 2\sqrt{\frac{a}{b}\cdot\frac{b}{a}}+ab+\frac{1}{ab}=2+ab+\frac{1}{ab}.$$

设函数 $f(x)=x+\dfrac{1}{x}$，$x\in(0,+\infty)$，易证 $f(x)$在区间$(0,1]$上单调递减，在区间$[1,+\infty)$上单调递增.

又 $\because ab\leqslant\dfrac{1}{4}$， $\therefore f(ab)\geqslant 4+\dfrac{1}{4}=\dfrac{17}{4}$，

$\therefore 2+ab+\frac{1}{ab}\geqslant\frac{25}{4}$,即$\left(a+\frac{1}{a}\right)\left(b+\frac{1}{b}\right)\geqslant\frac{25}{4}$.

四、构造对数函数证明不等式

例 7 【2001 年全国高考题】已知 i,m,n 是正整数,且 $1<i\leqslant m<n$.

(Ⅰ)证明:$n^iA_m^i<m^iA_n^i$;

(Ⅱ)证明:$(1+m)^n>(1+n)^m$.

(Ⅰ)**证明**:$\because n^iA_m^i<m^iA_n^i\Leftrightarrow\left(\frac{n}{m}\right)^i<\frac{A_n^i}{A_m^i}=\frac{n(n-1)\cdots(n-i+1)}{\underbrace{m(m-1)\cdots(m-i+1)}_{i个}}$.

设函数 $f(x)=\frac{n-x}{m-x},0\leqslant x<m<n$,

$\because f'(x)=\frac{-(m-x)+(n-x)}{(m-x)^2}=\frac{n-m}{(m-x)^2}>0$,

$\therefore f(x)=\frac{n-x}{m-x},0\leqslant x<m<n$ 是增函数,

$\therefore \frac{n-i+1}{m-i+1}>\cdots>\frac{n-1}{m-1}>\frac{n}{m}$,

$\therefore \frac{A_n^i}{A_m^i}=\frac{n(n-1)\cdots(n-i+1)}{\underbrace{m(m-1)\cdots(m-i+1)}_{i个}}>\left(\frac{n}{m}\right)^i$;

(Ⅱ)**证明**:$\because (1+m)^n>(1+n)^m\Leftrightarrow\lg(1+m)^n>\lg(1+n)^m$

$\Leftrightarrow n\lg(1+m)>m\lg(1+n)(*)$,

令 $1+m=a,1+n=b(b>a>1)$,此时$(*)$式可等价转化为

$(b-1)\lg a>(a-1)\lg b\Leftrightarrow\frac{\lg a}{a-1}>\frac{\lg b}{b-1}\Leftrightarrow\frac{\lg a-0}{a-1}>\frac{\lg b-0}{b-1}$.

设函数 $f(x)=\lg x(x>1)$,则

$A(a,\lg a)$, $B(b,\lg b)$, $C(1,0)$,

依题设 $a=\frac{1+\lambda b}{1+\lambda}(\lambda>0)$,则 $E\left(a,\frac{\lambda}{1+\lambda}\lg b\right)$

$f(a)=f\left(\frac{1+\lambda b}{1+\lambda}\right)=\lg\frac{1+\lambda b}{1+\lambda}$,

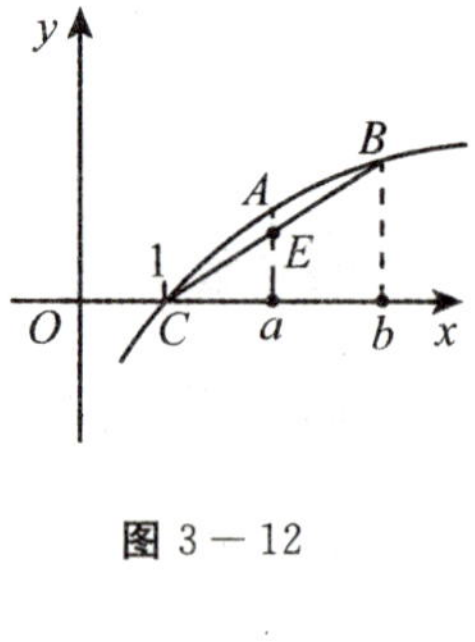

图 3－12

所以，$f(a)-\frac{\lambda}{1+\lambda}\lg b=\lg\frac{1+\lambda b}{1+\lambda}-\frac{\lambda}{1+\lambda}\lg b=\lg\frac{1+\lambda b}{1+\lambda}-\lg b^{\frac{\lambda}{1+\lambda}}$

$$=\lg\frac{1+\lambda b}{(1+\lambda)b^{\frac{\lambda}{1+\lambda}}}\left(\text{欲证}\frac{1+\lambda b}{(1+\lambda)b^{\frac{\lambda}{1+\lambda}}}>1\right),$$

必有 $k_{CA}>k_{CB}$，

又 $k_{CA}=\frac{\lg a-0}{a-1}$，$k_{CB}=\frac{\lg b-0}{b-1}$ ， $\therefore\frac{\lg a-0}{a-1}>\frac{\lg b-0}{b-1}$，

故原不等式得证.

五、构造复合函数证明不等式

例 8 【2004 年全国高考题】已知函数 $f(x)=\ln(1+x)-x$，$g(x)=x\ln x$.

（Ⅰ）求函数 $f(x)$ 的最大值；

（Ⅱ）设 $0<a<b$，证明：$0<g(a)+g(b)-2g\left(\frac{a+b}{2}\right)<(b-a)\ln 2$.

（Ⅱ）**证明**：$\because g(x)=x\ln x$，

$\therefore g(a)+g(b)-2g\left(\frac{a+b}{2}\right)=a\ln a+b\ln b-(a+b)\ln\frac{a+b}{2}$，

设函数 $h(x)=a\ln a+x\ln x-(a+x)\ln\frac{a+x}{2}(a<x<b)$，

$\therefore h'(x)=\ln x+1-\ln\frac{a+x}{2}-1=\ln\frac{2x}{a+x}$，

又 $\because 0<a+x<2x$，$\therefore\frac{2x}{a+x}>1\Rightarrow\ln\frac{2x}{a+x}>0\Rightarrow h'(x)>0$，

故函数 $h(x)$ 在区间 (a,b) 内单调递增，

$\therefore h(b)>h(a)=a\ln a+a\ln a-2a\ln a=0$，

$a\ln a+b\ln b-(a+b)\ln\frac{a+b}{2}>0$，

即 $g(a)+g(b)-2g\left(\frac{a+b}{2}\right)>0$；

另设函数 $k(x)=a\ln a+x\ln x-(a+x)\ln\frac{a+x}{2}-(x-a)\ln 2(a<x<b)$.

$\therefore k'(x)=\ln\frac{2x}{a+x}-\ln 2=\ln\frac{x}{a+x}<0$，

故函数 $h(x)$ 在区间 (a,b) 内单调递减，

$\therefore k(b)<k(a)=a\ln a+a\ln a-2a\ln a-(a-a)\ln 2=0$，

$a\ln a+b\ln b-(a+b)\ln\dfrac{a+b}{2}<(b-a)\ln 2$，

即 $g(a)+g(b)-2g\left(\dfrac{a+b}{2}\right)<(b-a)\ln 2$.

综上所述，$0<g(a)+g(b)-2g\left(\dfrac{a+b}{2}\right)<(b-a)\ln 2$.

例 9 证明：$1+\dfrac{1}{\sqrt{2}}+\dfrac{1}{\sqrt{3}}+\cdots+\dfrac{1}{\sqrt{n}}<2\sqrt{n}\,(n\in\mathbf{N}^*)$

证明：设函数 $f(n)=1+\dfrac{1}{\sqrt{2}}+\dfrac{1}{\sqrt{3}}+\cdots+\dfrac{1}{\sqrt{n}}-2\sqrt{n}$，则

$f(n+1)=1+\dfrac{1}{\sqrt{2}}+\dfrac{1}{\sqrt{3}}+\cdots+\dfrac{1}{\sqrt{n}}+\dfrac{1}{\sqrt{n+1}}-2\sqrt{n+1}$，

$\therefore f(n+1)-f(n)=\dfrac{1}{\sqrt{n+1}}+2\sqrt{n}-2\sqrt{n+1}=\dfrac{1}{\sqrt{n+1}}-\dfrac{2}{\sqrt{n}+\sqrt{n+1}}$，

又 $\because \dfrac{2}{\sqrt{n}+\sqrt{n+1}}>\dfrac{1}{\sqrt{n+1}}\Leftrightarrow-\dfrac{2}{\sqrt{n}+\sqrt{n+1}}<-\dfrac{1}{\sqrt{n+1}}$，

$\therefore f(n+1)-f(n)=\dfrac{1}{\sqrt{n+1}}-\dfrac{2}{\sqrt{n}+\sqrt{n+1}}<\dfrac{1}{\sqrt{n+1}}-\dfrac{1}{\sqrt{n+1}}=0$，

$\therefore$ 函数 $f(n)=1+\dfrac{1}{\sqrt{2}}+\dfrac{1}{\sqrt{3}}+\cdots+\dfrac{1}{\sqrt{n}}-2\sqrt{n}$ 在 $n\in\mathbf{N}^*$ 时单调递减，

$\therefore f(n)<f(1)=1-2\sqrt{1}=-1<0$，

即 $1+\dfrac{1}{\sqrt{2}}+\dfrac{1}{\sqrt{3}}+\cdots+\dfrac{1}{\sqrt{n}}<2\sqrt{n}\,(n\in\mathbf{N}^*)$.

巧补形　寻突破

【2002年高三全国第五次联考数学试卷第16题】

题目　设四面体$ABCD$的两条相对棱$AB=a,CD=b$,且$AB\perp CD$,四面体的表面积为S,则S与ab的大小关系是__________.

思路1:不妨设四面体$ABCD$为棱长为1的正四面体,则$AB\perp CD$,且

$$S=4\cdot\frac{\sqrt{3}}{4}\cdot 1^2=\sqrt{3},ab=1,\qquad\therefore S>ab.$$

据此推测对满足题设条件的四面体$ABCD$而言,$S>ab$.

点评:利用特殊模型虽可推断$S>ab$,但对问题的认识仅仅停留在表层上,就极易陷入重结论、轻过程的误区,对探究性能力的培养更为不利.为此,探讨"$S>ab$"的更严谨的解法就非常必要.

思路2:如图3-13所示,将四面体$ABCD$补成三棱柱$BCD-AEF$,

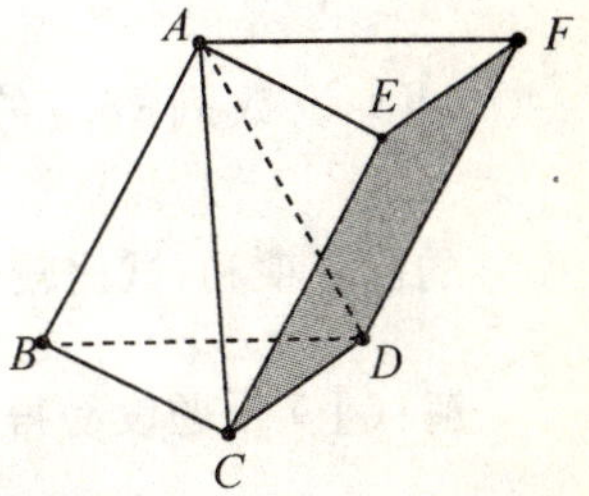

图3-13

$\because AB\perp CD,\therefore FD\perp CD,\therefore S_{\square CDFE}=ab.$

又$\because S_{\triangle ABC}=S_{\triangle AEC},S_{\triangle AEF}=S_{\triangle BCD},$

$S_{\triangle ABD}=S_{\triangle ADF},$

$\therefore$四棱锥$A-CDFE$的侧面积恰为三棱锥$A-BCD$的表面积S.

易知　$S_{\triangle AEC}+S_{\triangle AEF}+S_{\triangle ADF}+S_{\triangle ADC}>S_{\square CDEF},$

$\therefore S>ab.$

注:本文发表于《中学生学习报》,2002.1022.

等价结论作用大

【人教版高中《数学》第二册(上)第12页例2】

已知 a,b,m 都是正数，且 $a<b$，求证：$\frac{a+m}{b+m}>\frac{a}{b}$.

注意到$\frac{a+m}{b+m}>\frac{a}{b}\Leftrightarrow\frac{b}{a}>\frac{b+m}{a+m}$，可得

结论：如果 a,b,m 都是正数，且 $a<b$，则$\frac{b}{a}>\frac{b+m}{a+m}$.　　(＊)

结论(＊)在不等式证明中有着十分重要的作用，以下例析，供参考.

例　【1998年高考题】已知数列$\{b_n\}$是等差数列，$b_1=1,b_1+b_2+\cdots+b_{10}=145$.

(Ⅰ)求数列$\{b_n\}$的通项b_n；

(Ⅱ)该数列$\{a_n\}$的通项 $a_n=\log_a\left(1+\frac{1}{b_n}\right)(a>0$ 且 $a\neq1)$，S_n 是数列$\{a_n\}$的前 n 项和，试比较 S_n 与$\frac{1}{3}\log_a b_{n+1}$ 的大小，并证明你的结论.

解：(Ⅰ)由题设易得 $b_n=3n-2$.

(Ⅱ)由 $S_n=\log_a\left[(1+1)\cdot\left(1+\frac{1}{4}\right)\cdot\left(1+\frac{1}{7}\right)\cdot\cdots\cdot\left(1+\frac{1}{3n-2}\right)\right]$和$\frac{1}{3}\log_a b_{n+1}=\log_a\sqrt[3]{3n+1}$，并验证 $n=1,2,3$，可猜想出

$$(1+1)\cdot\left(1+\frac{1}{4}\right)\cdot\left(1+\frac{1}{7}\right)\cdot\cdots\cdot\left(1+\frac{1}{3n-2}\right)>\sqrt[3]{3n+1}.\qquad ①$$

不等式(1)可等价变形为

$$2^3\cdot\left(\frac{5}{4}\right)^3\cdot\left(\frac{8}{7}\right)^3\cdot\cdots\cdot\left(\frac{3n-1}{3n-2}\right)^3>3n+1,\qquad ②$$

由(＊)式，得

$2^3 > 2 \cdot \frac{3}{2} \cdot \frac{4}{3}, \left(\frac{5}{4}\right)^3 > \frac{5}{4} \cdot \frac{6}{5} \cdot \frac{7}{6} \cdot \cdots \cdot \left(\frac{3n-1}{3n-2}\right)^3$

$> \frac{3n-1}{3n-2} \cdot \frac{3n}{3n-1} \cdot \frac{3n+1}{3n},$

$2^3 \cdot \left(\frac{5}{4}\right)^3 \cdot \left(\frac{8}{7}\right)^3 \cdot \cdots \cdot \left(\frac{3n-1}{3n-2}\right)^3 > 2 \cdot \frac{3}{2} \cdot \frac{4}{3} \cdot \frac{5}{4} \cdot \frac{6}{5} \cdot \frac{7}{6} \cdot \cdots \cdot \frac{3n-1}{3n-2}$

$\cdot \frac{3n}{3n-1} \cdot \frac{3n+1}{3n} = 3n+1,$

∴ 不等式 ② 成立，即猜想正确，不等式 ① 成立.

故当 $0 < a < 1$ 时，$S_n < \frac{1}{3}\log_a b_{n+1}$；

当 $a > 1$ 时，$S_n > \frac{1}{3}\log_a b_{n+1}$.

由此可见，结论(*)在不等式证明中有着十分重要的作用，在这里不一一例举，同学们应予以足够的重视.

注：本文发表于《中学生学习报》，2003.07.

一题五证显神通

在学习过程中,同学们对遇到的每一个问题不要一解了之,还应习惯于从多种角度进行思考,这样做不仅有利于对知识的牢固掌握,而且更有利于培养我们思维的灵活性.高中数学教材中有一道题目,如果利用多种方法进行证明,可使我们的思维得到很好地锻炼.

题目 求证:$\dfrac{|a|+|b|}{1+|a|+|b|}\geqslant\dfrac{|a+b|}{1+|a+b|}$.

分析:如何活用不等式"$|a+b|\leqslant|a|+|b|$"是证明该题的关键.以下从不同的角度加以分析,供读者参考.

一、执果索因,分析法突破

证明1:∵ $\dfrac{|a|+|b|}{1+|a|+|b|}\geqslant\dfrac{|a+b|}{1+|a+b|}$.

$\Leftrightarrow(|a|+|b|)(1+|a+b|)\geqslant(1+|a|+|b|)|a+b|$.

$\Leftrightarrow|a|+|b|\geqslant|a+b|$.

∴ 原不等式得证.

二、拆项变形,放缩法证明

证明2:∵ $|a|+|b|\geqslant|a+b|\geqslant0$,

又 $\dfrac{|a|+|b|}{1+|a|+|b|}=\dfrac{(1+|a|+|b|)-1}{1+|a|+|b|}=1-\dfrac{1}{1+|a|+|b|}$

$$\geqslant1-\frac{1}{1+|a+b|}=\frac{|a+b|}{1+|a+b|}.$$

∴ 原不等式得证.

三、同除变形,放缩法证明

证明3:注意到 $a\cdot b=0$ 或 $a+b=0$ 时,所证不等式显然成立;

当 $a\cdot b\neq0$ 时,$|a|+|b|\neq0$,且 $|a+b|\neq0$ 时,有

$$\frac{|a|+|b|}{1+|a|+|b|}=\frac{1}{1+\frac{1}{|a|+|b|}}\geqslant\frac{1}{1+\frac{1}{|a+b|}}=\frac{|a+b|}{1+|a+b|},$$

综上所述,原不等式得证.

四、巧减 1,分析法证明

证法 4: $\because\ \frac{|a|+|b|}{1+|a|+|b|}\geqslant\frac{|a+b|}{1+|a+b|}$

$\Leftrightarrow\frac{|a|+|b|}{1+|a|+|b|}-1\geqslant\frac{|a+b|}{1+|a+b|}-1$

$\Leftrightarrow\frac{-1}{1+|a|+|b|}\geqslant\frac{-1}{1+|a+b|}$

$\Leftrightarrow\frac{1}{1+|a|+|b|}\leqslant\frac{1}{1+|a+b|}$

$\Leftrightarrow|a+b|\leqslant|a|+|b|$,

$\therefore$ 原不等式得证.

五、构造函数模型,利用单调性证明

证明 5: 设 $f(x)=\frac{x}{1+x},x\in[0,+\infty)$,

$\because f(x)$ 在 $[0,+\infty)$ 上为单调增函数,又 $|a|+|b|\geqslant|a+b|\geqslant0$,

$\therefore f(|a|+|b|)\geqslant f(|a+b|)$,即

$\frac{|a|+|b|}{1+|a|+|b|}\geqslant\frac{|a+b|}{1+|a+b|}$.

注:本文发表于《中学生学习报》,2003.09.

依据零点分区间求解

对于含有两个或两个以上的绝对值不等式而言，同学们初学时总觉得十分棘手，时有无从下手之感. 以下例析依据“零点”分区间求解含有多个绝对值不等式的方法，供同学们参考.

例1 解不等式 $|x-1|+|x+2|>3$.

分析：根据绝对值为0时 x 的取值把实数集分成三个区间，分别讨论去掉绝对值，转化为不含绝对值的不等式.

解：$\because x=1$ 时，$|x-1|=0$，$x=-2$ 时，$|x+2|=0$.

(1) 当 $x\leqslant -2$ 时，原不等式可化为 $1-x-x-2>3$，解得 $x<-2$. 此时原不等式的解为 $x<-2$；

(2) 当 $-2<x\leqslant 1$ 时，原不等式可化为 $1-x+x+2>3$，此时原不等式解集为 $\varnothing$；

(3) 当 $x>1$ 时，原不等式可变为 $x-1+x+2>3$，解得 $x>1$.

综上所述，原不等式的解集为 $\{x|x<-2 \text{ 或 } x>1\}$.

例2 已知关于 x 的不等式 $|x-5|+|x-3|<a$ 的解集是非空集合，则 a 的取值范围是（　　）

A. $a>1$　　B. $a\geqslant 1$　　C. $a>2$　　D. $a\geqslant 2$

解：$\because x=5$ 时，$|x-5|=0$，$x=3$ 时，$|x-3|=0$.

(1) 当 $x\leqslant 3$ 时，原不等式可化为 $-x+5-x+3<a$，即

$a>8-2x$，由 $x\leqslant 3$，$\therefore -2x\geqslant -6$，故 $a>2$；

(2) 当 $3<x\leqslant 5$ 时，原不等式可化为 $-x+5+x-3<a\Leftrightarrow a>2$；

(3) 当 $x>5$ 时，原不等式可变为 $x-5+x-3<a\Leftrightarrow a>2x-8>10-8$，$\therefore a>2$.

综上可得，$a>2$.

注：本文发表于《数理报》，2003.09.

不等式“$|a|-|b|\leqslant|a+b|\leqslant|a|+|b|$”应用例析

不等式“$|a|-|b|\leqslant|a+b|\leqslant|a|+|b|$”(以下简称[1])是高中数学的一个重要知识点，考试大纲说明中对此有明确要求：会应用不等式“$|a|-|b|\leqslant|a+b|\leqslant|a|+|b|$”. 事实上，如何有效地、灵活地应用不等式[1]证明有关综合性代数推理题是高中数学的难点. 以下简述知识要点，例析典型试题，点评方法要诀，力求对突破此难点有所裨益.

1. 要点讲述

定理1 $|a|-|b|\leqslant|a+b|\leqslant|a|+|b|(a、b\in\mathbf{R})$.

注 ①$ab\geqslant0$是$|a+b|=|a|+|b|$成立的充分必要条件；

②$ab\leqslant0$是$|a+b|=|a|-|b|$成立的必要条件.

定理2 $|a|-|b|\leqslant|a-b|\leqslant|a|+|b|(a、b\in\mathbf{R})$.

注 ①$ab\geqslant0$是$|a-b|=|a|-|b|$成立的必要条件；

②$ab\leqslant0$是$|a-b|=|a|+|b|$成立的充分必要条件.

推论 若$x_i\in\mathbf{R}(i\in\mathbf{N}^*)$，则$\left|\sum\limits_{i=1}^{n}x_i\right|\leqslant\sum\limits_{i=1}^{n}|x_i|$.

2. 题型例析

例1 已知$a、b、c$是实数，函数$f(x)=ax^2+bx+c$，$g(x)=ax+b$，

且$-1\leqslant x\leqslant1$，$|f(x)|\leqslant1$.

证明：$|g(x)|\leqslant2$.

证法1： 当$a>0$时，$g(x)=ax+b$在$[-1,1]$上是增函数，

$\therefore g(-1)\leqslant g(x)\leqslant g(1)$.

$\because |f(x)|\leqslant1(-1\leqslant x\leqslant1)$，$|c|\leqslant1$，

$\therefore g(1)=a+b=f(1)-c\leqslant|f(1)|+|c|\leqslant2$，

$g(-1)=-a+b=-f(-1)+c\geqslant-(|f(-1)|+|c|)\geqslant-2$，

由此可得　$g(x) \leqslant 2$.

当 $a < 0$ 时，$g(x) = ax + b$ 在 $[-1,1]$ 上是减函数，

$\therefore g(1) \leqslant g(x) \leqslant g(-1)$，

$\because |f(x)| \leqslant 1(-1 \leqslant x \leqslant 1)$，$|c| \leqslant 1$，

$\therefore g(-1) = -a + b = -f(-1) + c \leqslant |f(-1)| + |c| \leqslant 2$，

$g(1) = a + b = f(1) - c \geqslant -(|f(1)| + |c|) \geqslant -2$，

由此可得　$|g(x)| \leqslant 2$.

当 $a = 0$ 时，$g(x) = b$，$f(x) = bx + c$.

$\because -1 \leqslant x \leqslant 1$，

$\therefore |g(x)| = |f(x) - c| \leqslant |f(x)| + |c| \leqslant 2$.

综上得　$|g(x)| \leqslant 2$.

评注：以分类讨论思想为指导，活用不等式[1]是关键.

证法 2　由 $x = \dfrac{(x+1)^2 - (x-1)^2}{4}$，可得

$$g(x) = ax + b = a\left[\left(\frac{x+1}{2}\right)^2 - \left(\frac{x-1}{2}\right)^2\right] + b\left[\frac{x+1}{2} - \frac{x-1}{2}\right]$$

$$= \left[a\left(\frac{x+1}{2}\right)^2 + b(\frac{x+1}{2}) + c\right] - \left[a\left(\frac{x-1}{2}\right)^2 + b(\frac{x-1}{2}) + c\right]$$

$$= f\left(\frac{x+1}{2}\right) - f\left(\frac{x-1}{2}\right).$$

当 $-1 \leqslant x \leqslant 1$ 时，有

$$0 \leqslant \frac{x+1}{2} \leqslant 1, -1 \leqslant \frac{x-1}{2} \leqslant 0,$$

根据不等式[1]，得

$$\left|f\left(\frac{x+1}{2}\right) - f\left(\frac{x-1}{2}\right)\right| \leqslant \left|f\left(\frac{x+1}{2}\right)\right| - \left|f\left(\frac{x-1}{2}\right)\right| \leqslant 2,$$

$\therefore |g(x)| \leqslant 2$.

评注：挖掘隐含条件，构造函数模型，寻求整体突破.

例 2　设 $f(x) = ax^2 + bx + c(a、b、c \in \mathbf{R}$ 且 $a > 0)$，满足 $|f(1)| \leqslant 1$，

$|f(-1)|\leqslant 1$,且方程 $f(x)=0$ 有异号两实根.

证明:对属于区间 $(-1,1)$ 上的任意 x_0,都有 $|ax_0+b|+c<1$ 成立.

证明: $\because f(x)=0$ 有两异号实根,

$\therefore \dfrac{c}{a}<0$, $\because a>0$, $\therefore c<0$,

又 $x_0\in(-1,1)$, $|x_0|<1$,

$|ax_0+b|\leqslant|a||x_0|+|b|<|a|+|b|$,

当 $b\geqslant 0$ 时,

$|a|+|b|=|a+b|=|f(1)-c|\leqslant|f(1)|+|c|\leqslant 1-c$;

当 $b<0$ 时,

$|a|+|b|=|a-b|=|f(-1)-c|\leqslant|f(-1)|+|c|\leqslant 1-c$.

综上,对任意 $x_0\in(-1,1)$ 上的任意 x_0,都有 $|ax_0+b|+c<1$ 成立.

例 3 已知函数 $f(x)=x^3-x+c$ 定义在区间 $[0,1]$ 上, $x_1,x_2\in[0,1]$,且 $x_1\neq x_2$.

(Ⅰ)证明: $f(0)=f(1)$;

(Ⅱ)证明: $|f(x_2)-f(x_1)|<2|x_2-x_1|$;

(Ⅲ)证明: $|f(x_2)-f(x_1)|<1$.

证明:(Ⅰ) $\because f(x)=x^3-x+c, x\in[0,1]$,

$\therefore f(0)=0^3-0+c=c, f(1)=1^3-1+c=c$,

$\therefore f(0)=f(1)$.

(Ⅲ) $|f(x_2)-f(x_1)|=|(x_2^3-x_2+c)-(x_1^3-x_1+c)|=|x_2^3-x_1^3-x_2+x_1|$

$=|(x_2-x_1)(x_2^2+x_1x_2+x_1^2)-(x_2-x_1)|=|x_2-x_1||x_2^2+x_1x_2+x_1^2-1|$,

又 $x_1,x_2\in[0,1]$,且 $x_1\neq x_2$,

不妨设 $0\leqslant x_1<x_2\leqslant 1$,

① 当 $0\leqslant x_1<x_2\leqslant\dfrac{1}{2}$ 时,

$\therefore |x_2-x_1|\leqslant\dfrac{1}{2}$,

$\therefore |f(x_2)-f(x_1)|<2|x_2-x_1|\leqslant 2\cdot\frac{1}{2}=1$,

即 $|f(x_2)-f(x_1)|<1$.

② 当 $\frac{1}{2}<x_1<x_2\leqslant 1$ 时，$0<x_2-x_1<\frac{1}{2}$,

$\therefore |x_2-x_1|<\frac{1}{2}$,

$\therefore |f(x_2)-f(x_1)|<1$.

③ 当 $0\leqslant x_1\leqslant\frac{1}{2}$，$\frac{1}{2}<x_2\leqslant 1$ 时，

由 $|f(x_2)-f(x_1)|=|x_2-x_1||x_2^2+x_1x_2+x_1^2-1|$,

$\because\ 0\leqslant x_2-x_1\leqslant 1$,

$\therefore |x_2-x_1|\leqslant 1$，$\frac{1}{4}<x_2^2\leqslant 1$，$0\leqslant x_1^2\leqslant\frac{1}{4}$，$0<x_2x_1\leqslant\frac{1}{2}$,

$\therefore \frac{1}{4}<x_2^2+x_1^2+x_2x_1\leqslant\frac{7}{4}$,

$\therefore |x_2^2+x_2x_1+x_1^2-1|\leqslant\frac{3}{4}$,

故 $|x_2-x_1||x_2^2+x_2x_1+x_1^2-1|\leqslant\frac{3}{4}<1$,

即 $|f(x_2)-f(x_1)|<1$.

评注：分类讨论，逐段论证，化难为易.

证法 2 $\because f(0)=f(1)$，设 $x_2>x_1$,

$$|f(x_2)-f(x_1)|=|f(x_2)-f(1)-f(x_1)+f(0)|$$
$$\leqslant|f(x_2)-f(1)|+|f(x_1)-f(0)|.$$

由(Ⅱ)得 $|f(x_2)-f(1)|+|f(x_1)-f(0)|$

$$<2(|x_2-1|+|x_1-0|)=2(1-x_2+x_1),$$

即 $|f(x_2)-f(x_1)|=2(1-x_2+x_1)$ ①

又 $|f(x_2)-f(x_1)|<2|x_2-x_1|=2(x_2-x_1)$ ②

①+② 得，$2|f(x_2)-f(x_1)|<2|1-x_2+x_1+x_2-x_2|=2$,

$\therefore \quad |f(x_2)-f(x_1)|<1.$

评注：纵向联系，配凑变形，整体突破.

例 4 设函数 $f(x)$ 的定义域为全体实体，对任意不相等的实数 x_1、x_2，都有 $|f(x_1)-f(x_2)|<|x_1-x_2|$，且存在一实数 x_0，使得 $f(x_0)=x_0$，数列 $\{a_n\}$ 中，$a_1<x_0, f(a_n)<2a_{n+1}-a_n(n\in \mathbf{N}^*)$.

(Ⅰ) 求证：$a_n<x_0$；

(Ⅱ) 求证：$a_n<a_{n+1}$.

证明：(Ⅰ)① 当 $n=1$ 时，$a_1<x_0$，不等式成立.

② 假设当 $n=k$ 时不等式成立，即 $a_k<x_0$，

又 $\because \quad f(a_n)=2a_{n+1}-a_n$，

$\therefore a_{n+1}=\dfrac{f(a_n)+a_n}{2}(n\in \mathbf{N}), f(x_0)=x_0, x_0\in \mathbf{R}$,

那么，当 $n=k+1$ 时，有

$$a_{k+1}-x_0=\frac{f(a_k)+a_k}{2}-x_0$$

$$=\frac{f(a_k)-x_0+a_k-x_0}{2}=\frac{f(a_k)-f(x_0)+a_k-x_0}{2}$$

$$<\frac{1}{2}[|a_k-x_0|+(a_k-x_0)]=\frac{1}{2}(x_0-a_k+a_k-x_0)=0,$$

即 $\quad a_{k+1}<x_0$ 当时不等式仍成立.

综上，由 ①、② 可得，对一切 $n\in \mathbf{N}^*$，$a_n<x_0$ 成立.

(Ⅱ) $\because a_{n+1}-a_n=\dfrac{f(a_n)+a_n}{2}-a_n=\dfrac{f(a_n)-a_n}{2}$,

又 $\quad f(x_0)=x_0$，

而 $\quad f(a_n)-a_n=f(a_n)-x_0-(a_n-x_0)>-|a_n-x_0|-a_n+x_0$

$$=-x_0+a_n-a_n+x_0>0$$

$\therefore \quad a_{n+1}>a_n(n\in \mathbf{N}^*)$

评注：与自然数有关的问题，结合数学归纳法求解.

例 5 若 $f(x)=x^2-x+c$，$|x-a|<1$.

求证：$|f(x)-f(a)|<2(|a|+1)$.

证明：$\because |f(x)-f(a)|=|(x^2-x+c)-(a^2-a+c)|$

$=|(x-a)(x+a-1)=|x-a||x+a-1|$，

$\because \quad |x-a|<1$，

$\therefore |f(x)-f(a)|<|x+a-1|$

$=|(x-a)+(2a-1)|\leqslant|x-a|+|2a-1|<1+(2a)+1$

$=2(|a|+1)$

$\therefore |f(x)-f(a)|<2(|a|+1)$.

注：本文发表于《中学数学》，2000.09.

第四部分 答疑解惑

“ω”究竟应该和谁相乘？

【2011年5月北京海淀高三二模文科试题4】

若函数 $y=\sin(x+\frac{\pi}{3})$ 的图象上所有点的横坐标扩大到原来的2倍，纵坐标不变，则得到的图象所对应的函数解析式为（　　）

A. $y=\sin\left(\frac{1}{2}x+\frac{\pi}{6}\right)$　　　B. $y=\sin\left(\frac{1}{2}x+\frac{\pi}{3}\right)$

C. $y=\sin\left(2x+\frac{2\pi}{3}\right)$　　　D. $y=\sin\left(2x+\frac{\pi}{3}\right)$

这是一道涉及三角函数周期变换的基础题，难度并不大，但统计结果却出人意料，其难度系数仅为0.50.

大多数错解是因为将“$\omega=\frac{1}{2}$”与“$\frac{\pi}{3}$”相乘得 $\frac{\pi}{6}$ 所致. 那么，在三角函数的图象变换中，若将“$y=\sin(x+\varphi)$”进行周期变换（扩大或缩小横坐标，纵坐标不变），ω 究竟应该和谁相乘呢？

为了回答这个问题，先看教材内容（人教B版必修四P47）：“一般地，函数 $y=\sin\omega x$（$x\in\mathbf{R}$）（其中 $\omega>0$ 且 $\omega\neq1$）的图象，可以看作是把 $y=\sin x$（$x\in\mathbf{R}$）上所有点的横坐标缩短（当（>1时）或伸长（当 $0<$（<1时）到原来的 $\frac{1}{\omega}$ 倍（纵坐标不变）而得到的.”

但对于由 $y=\sin(x+\varphi)$（$x\in\mathbf{R}$）变换为 $y=\sin(\omega x+\varphi)$（$x\in\mathbf{R}$）的一般情况，教材并未详细阐述，而是通过 P 48的“思考与讨论”来拓展对这一问题的进一步认识和理解. 问题如下：

想一想，如何按照下列指定的顺序，将一个函数的图象变为下一个函数的图象：

$$y=\sin x \rightarrow y=\sin\left(x+\frac{\pi}{3}\right) \rightarrow y=\sin\left(2x+\frac{\pi}{3}\right) \rightarrow y=3\sin\left(2x+\frac{\pi}{3}\right).$$

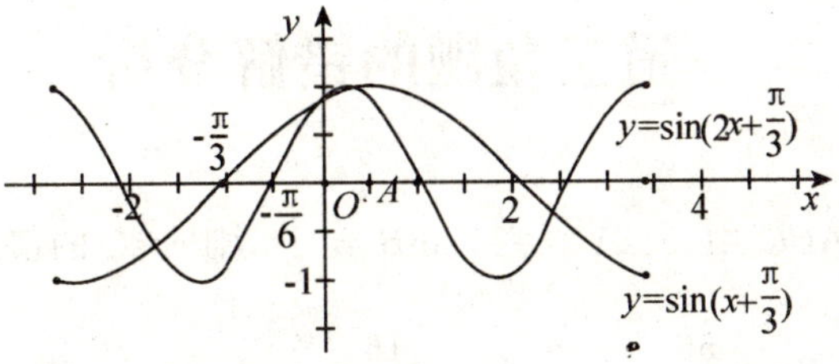

图 4－1

如图 4－1 所示，不难看出，将函数 $y=\sin\left(x+\frac{\pi}{3}\right)$图象上所有点的横坐标缩短到原来的 $\frac{1}{2}$ 倍（纵坐标不变），得到 $y=\sin\left(2x+\frac{\pi}{3}\right)$的图象. 即函数 $y=\sin\left(x+\frac{\pi}{3}\right)$的图象上所有点的横坐标缩短到原来的$\frac{1}{2}$ 倍，纵坐标不变，则得到的图象所对应的函数解析式为 $y=\sin\left(2x+\frac{\pi}{3}\right)$，这就相当于“$\omega=2$”只与“$x$”相乘，而不能与$\frac{\pi}{3}$ 相乘.

由此可见，就一般情形而言：“函数 $y=\sin(x+\varphi)(x\in \mathbf{R})$（其中 $\omega>0$ 且 $\omega\neq 1$）的图象上所有点的横坐标缩短（当 $\omega>1$ 时）或伸长（当 $0<\omega<1$ 时）到原来的 $\frac{1}{\omega}$ 倍（纵坐标不变），得到函数 $y=\sin(\omega x+\varphi)(x\in \mathbf{R})$ 的图象.”即“ω”只与“x”相乘，而不能与“φ”相乘.

据此可得，若函数 $y=\sin\left(x+\frac{\pi}{3}\right)$的图象上所有点的横坐标扩大到原来的 2 倍，纵坐标不变，则得到的图象所对应的函数解析式为 $y=\sin\left(\frac{1}{2}x+\frac{\pi}{3}\right)$，故选 B.

对此，同学们要正确认识和理解，避免解题失误，有效地解决这类基础性试题.

一道三角题的错解分析

题目　设 $\triangle ABC$ 中，$\cos A=\frac{3}{5}$，$\sin B=\frac{5}{13}$，则 $\cos C$ 的值是(　　)

A. $\frac{56}{65}$　　B. $-\frac{56}{65}$　　C. $-\frac{16}{65}$　　D. $\frac{56}{65}$ 或 $-\frac{16}{65}$

错解：$\because \cos A=\frac{3}{5}$，$\therefore \sin A=\frac{4}{5}$，由 $\sin B=\frac{5}{13}$ 得，$\cos B=\pm\frac{12}{13}$.

当 $\cos B=\frac{12}{13}$ 时，

$$\cos C=-\cos(A+B)=-\cos A\cos B+\sin A\sin B=-\frac{3}{5}\times\frac{12}{13}+\frac{4}{5}\times\frac{5}{13}=-\frac{16}{65};$$

当 $\cos B=-\frac{12}{13}$ 时，

$$\cos C=-\cos(A+B)=-\cos A\cos B+\sin A\sin B=-\frac{3}{5}\times\left(-\frac{12}{13}\right)+\frac{4}{5}\times\frac{5}{13}=\frac{16}{65}.$$

故选 D.

导致上述错解的主要原因是没有兼顾三角形中“$0^\circ<A+B<180^\circ$”这一隐含条件. 事实上，由 $\cos A=\frac{3}{5}<\frac{\sqrt{2}}{2}$ 可知，$45^\circ<A<90^\circ$.

由 $\sin B=\frac{5}{13}<\frac{1}{2}$ 可知，$0^\circ<B<30^\circ$ 或 $150^\circ<B<180^\circ$.

又 $0^\circ<A+B<180^\circ$，所以 $0^\circ<B<30^\circ$.

所以，$\cos B=\frac{12}{13}$，$\cos B=-\frac{12}{13}$(舍去)

故 $\cos C=-\cos(A+B)=-\frac{16}{65}$，从而选 C.

由此可见，善于挖掘隐含条件，恰当取值估算角的范围是防止因角的范围过大而导致错误的有效手段.

另外,也可以换一个角度,从 $0° < A+B < 180°$ 这一条件入手,探索本题有解的等价条件.

分析:∵ 在 $\triangle ABC$ 中,$A > 0°$,$B > 0°$,

且 $A+B < 180°$,∴$0° < A < 180° - B < 180°$,

∴$\cos A > \cos(180° - B) = -\cos B$.

即 $\cos A + \cos B > 0$.

由此可得以下结论:

在 $\triangle ABC$ 中,给定 A,B 的正弦或余弦值,则角 C 的正弦或余弦值存在的充要条件是 $\cos A + \cos B > 0$.(证明从略)

利用此结论,则当 $\cos B = -\frac{12}{13}$ 时,由 $\cos A + \cos B = \frac{3}{5} + \left(-\frac{12}{13}\right) = -\frac{21}{65} < 0$.

可判断此时本题无解.故选 C.

注:本文发表于《中学生学习报》,2002.03.

利用参数"t"的几何意义求弦长

过定点 $M_0(x_0,y_0)$ 倾斜角为 α 的直线 l 的参数方程是 $\begin{cases}x=x_0+t\cos\alpha,\\ y=y_0+t\sin\alpha.\end{cases}$（$t$ 为参数）. 直线 l 上任意一点 $M(x,y)$ 对应的参数 t 具有如下的几何意义：t 为有向线段 $\overrightarrow{M_0M}$ 的数量，$|t|$ 为 $\overrightarrow{M_0M}$ 的长度，即 $|t|=|\overrightarrow{M_0M}|$. 若 M_1,M_2 为 l 上任意两点，M_1,M_2 对应 t 值分别为 t_1,t_2，则 $|\overrightarrow{M_1M_2}|=|t_1-t_2|$. 熟练掌握参数 t 的相关几何意义能够为解决有关直线与圆锥曲线相交弦的问题开辟新路.

例 1　求已知直线 $\begin{cases}x=3+\dfrac{1}{2}t,\\ y=\dfrac{\sqrt{3}}{2}t.\end{cases}$（$t$ 为参数）被椭圆 $\dfrac{x^2}{25}+\dfrac{y^2}{16}=1$ 截得的弦长.

解：方程 $\begin{cases}x=3+\dfrac{1}{2}t,\\ y=\dfrac{\sqrt{3}}{2}t.\end{cases}$ 即 $\begin{cases}x=3+t\cos60^\circ,\\ y=t\sin60^\circ t.\end{cases}$

∴ 将 $x=3+\dfrac{1}{2}t$，$y=\dfrac{\sqrt{3}}{2}t$ 代入 $\dfrac{x^2}{25}+\dfrac{y^2}{16}=1$，得

$16\times\left(3+\dfrac{1}{2}t\right)^2+25\times\left(\dfrac{\sqrt{3}}{2}t\right)^2-400=0$，

整理，得 $91t^2+192t-1024=0$，

设故 t_1,t_2 分别为直线与椭圆两交点所对应的参数，则

$t_1+t_2=-\dfrac{192}{91}$，$t_1t_2=-\dfrac{1024}{91}$，

$$\therefore |t_1-t_2|=\sqrt{(t_1+t_2)^2-4t_1t_2}=\sqrt{\left(-\frac{192}{91}\right)^2+4\times\frac{1024}{91}}$$

$$=\sqrt{\frac{409600}{91^2}}=\frac{640}{91},$$

故所求的弦长为$\frac{640}{91}$.

值得注意的是对应方程$\begin{cases}x=x_0+t\cos\alpha,\\y=y_0+t\sin\alpha.\end{cases}$($t$为参数)① 才能根据$t$的几何意义直接求相应弦的弦长. 以下称 ① 式为标准式.

当直线l的参数方程不是标准式时,就不能直接根据$|t|$来求弦长,否则将导致错解.

例 2 已知直线$\begin{cases}x=-3+2t,\\y=t.\end{cases}$($t$为参数)被圆$x^2+y^2=5$所截得的弦长为______.

错解:∵ 将$x=-3+2t$,$y=t$代入$x^2+y^2=5$,得

$5t^2-12t+4=0$,

设故t_1,t_2分别为直线与椭圆两交点所对应的参数,则

$t_1+t_2=\frac{12}{5}$,$t_1t_2=\frac{8}{5}$,

$$\therefore |t_1-t_2|=\sqrt{(t_1+t_2)^2-4t_1t_2}=\sqrt{\left(\frac{12}{5}\right)^2-4\times\frac{4}{5}}=\sqrt{\frac{64}{25}}=\frac{8}{5}.$$

错解分析:因直线$\begin{cases}x=-3+2t,\\y=t.\end{cases}$不是标准式,所以$t$的几何意义发生了相应的变化,故不能直接根据$|t|$来求弦长. 此时,应将直线的参数方程化为标准式后再求解.

正解:将方程$\begin{cases}x=-3+2t,\\y=t.\end{cases}$化为标准式,得$\begin{cases}x=-3+\frac{2}{\sqrt{5}}\times\sqrt{5}t,\\y=\frac{1}{\sqrt{5}}\times\sqrt{5}t.\end{cases}$

令$\cos\alpha=\frac{2}{\sqrt{5}}$,$\sin\alpha=\frac{1}{\sqrt{5}}$,$m=\sqrt{5}t$,

故所求的弦长应为$|m_1-m_2|=\sqrt{5}\,|t_1-t_2|=\frac{8}{5}\sqrt{5}$.

由此可见，在解决有关弦长问题时，若直线 l 的参数方程为非标准式，则应按下述方法将方程 $\begin{cases} x = x_0 + at, \\ y = y_0 + bt. \end{cases}$ （a，b 为常数，t 为参数）变为标准式，具体如下：

令 $\cos\alpha = \dfrac{a}{\sqrt{a^2+b^2}}$，$\sin\alpha = \dfrac{b}{\sqrt{a^2+b^2}}$，$m = \sqrt{a^2+b^2}\,t$，

则原方程可变为 $\begin{cases} x = x_0 + m\cos\alpha, \\ y = y_0 + m\sin\alpha. \end{cases}$ （m 为参数）．所以 $|m_1 - m_2| = \sqrt{a^2+b^2}\,|t_1 - t_2|$．依此求弦长才能正确解决问题．

注：本文发表于《中学生学习报》，2002.1015.

数学地理综合题例析

题目 读某时刻日照图,阴影部分表示夜半球,则图中 A 点到 B、P 两地的实际距离哪一个较短?

分析:判断两地间实际距离哪一个较短的问题,实质上是两地间球面距离大小的比较,为此需求过 A、B 及 A、P 的大圆所对的劣弧长.

解:如光照图 4－2 所示,$\angle AOP=\frac{\pi}{3}$,

设地球的半径为 R,则 A、P 两地间的球面距离 $L_1=\frac{\pi}{3}R$.

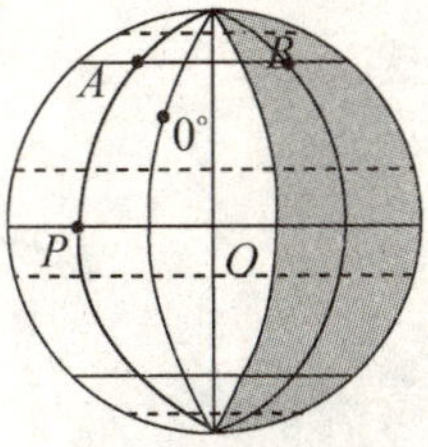

图 4－2

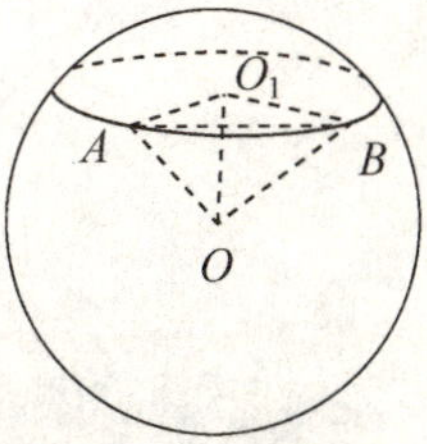

图 4－3

如图 4－3 所示,纬度圈上的圆心角 $\angle AO_1B=\frac{2\pi}{3}$,

$\angle O_1BO=\angle O_1AO=\frac{\pi}{3}$,

$\therefore O_1B=O_1A=\frac{R}{2}$,

在 $\triangle AO_1B$ 中,由余弦定理,得

$$AB^2=O_1A^2+O_1B^2-2O_1A\cdot O_1B\cos\frac{2\pi}{3}$$

$$=\frac{R^2}{4}+\frac{R^2}{4}-2\times\frac{R}{2}\times\frac{R}{2}\left(-\frac{1}{2}\right)=\frac{3R^2}{4},$$

$\therefore AB = \dfrac{\sqrt{3}R}{2}$.

在 $\triangle AOB$ 中，设 $\angle AOB = \alpha$，则

$$\cos\alpha = \frac{R^2 + R^2 - \frac{3}{4}R^2}{2R \cdot R} = \frac{5}{8} > \frac{1}{2} = \cos\frac{\pi}{3},$$

根据余弦函数 $y = \cos x$ 在 $\left(0, \dfrac{\pi}{2}\right)$ 上是减函数，所以由 $\cos\alpha > \cos\dfrac{\pi}{3}$，得

$0 < \alpha < \dfrac{\pi}{3}$，

由 A、B 两地间球面距离为 $L_2 = \alpha R$，

$\therefore L_2 < L_1$，

即 A、B 两地间的实际距离较短.

注：本文发表于《中学生学习报》，2002.1025.

有限集合的所有子集个数的计算

同学们初学集合知识时，往往对求有限集合的所有子集个数的问题颇感棘手，尤其是元素个数较多的情形，以下通过三个问题帮助同学们解决这一难点.

问题 1 写出下列各集合的所有子集，并确定其子集个数.

$A_0=\varnothing$，$A_1=\{a_1\}$，$A_2=\{a_1,a_2\}$，$A_3=\{a_1,a_2,a_3\}$.

解：$\because A_0=\varnothing$，$\therefore A_0$ 的子集只有 $\varnothing$，其个数为 1；

$A_1=\{a_1\}$，A_1 的子集是 $\varnothing$，$\{a_1\}$，其个数为 2；

$A_2=\{a_1,a_2\}$，A_2 的子集是 $\varnothing$，$\{a_1\}$，$\{a_2\}$，$\{a_1,a_2\}$，其个数为 4；

$A_3=\{a_1,a_2,a_3\}$，A_3 的子集是 $\varnothing$，$\{a_1\}$，$\{a_2\}$，$\{a_3\}$，$\{a_1,a_2\}$，$\{a_2,a_3\}$，$\{a_1,a_3\}$，$\{a_1,a_2,a_3\}$，其个数为 8.

问题 2 1、2、4、8 分别可以改写成 2 的几次幂？

解：$1=2^0$，$2=2^1$，$4=2^2$，$8=2^3$.

问题 3 幂指数与元素个数有何关系？

答：以 2 为底的幂的幂指数与对应集合的元素个数相等.

结论 若 $A_n=\{a_1,a_2,\cdots,a_n\}(n\in\mathbf{N}^*)$，那么 A_n 的所有子集个数为 2^n.

例 1 集合 $\{1,2,3\}$ 的子集共有（ ）

A. 5 个　　B. 6 个　　C. 7 个　　D. 8 个

解：$\because$ 元素个数为 3，$\therefore$ 该集合的子集共有 $2^3=8$ 个，故选 D.

例 2 满足条件 $\{1,2,3\}\cup B=\{1,2,3,4,5,6\}$ 的所有集合 B 的个数是（ ）

A. 15　　B. 7　　C. 8　　D. 16

解：$\because$ 集合 B 中必定有 4，5，6 三个元素，在集合 $\{1,2,3,4,5,6\}$ 中除去 4，5，6 以外的所有元素组成的集合的子集并 $\{4,5,6\}$，所得集合作为 B 时均符合题意，所以 B 的个数即为 $\{1,2,3\}$ 的子集的个数，故选 C.

例 3 已知集合 $M=\{0,1,2,3,4\}$，$N=\{0,2,4,8\}$，集合 $C\subseteq M$，且 $C\subseteq N$，则满足条件的集合 C 的个数是（ ）

A. 4 个　　B. 6 个　　C. 8 个　　D. 10 个

解：$\because C\subseteq M$，且 $C\subseteq N$，$\therefore C\subseteq M\subseteq N$，又 $M\cap N=\{0,2,4\}$

$\therefore$ 满足条件的集合 C 的个数是 $2^3=8$ 个，故选 C.

注：本文发表于《数学报》高一专辑，2002.14.

判断函数奇偶性的一个前提和四条途径

如何有效地判断函数的奇偶性?首先要把握一个重要的前提,即函数的定义域关于原点对称是函数具有奇偶性的必要条件;其次要熟练掌握利用函数奇偶性的定义、定义的等价形式、图象及其有关结论判断函数奇偶性的四条重要途径.以下例析,供同学们参考.

一、根据定义判断函数奇偶性

定义:设函数 $y=f(x)$,$x\in D$,对任意 $x\in D$,都有 $f(-x)=f(x)$,则 $f(x)$是偶函数;若对任意 $x\in D$,都有 $f(-x)=-f(x)$,则 $f(x)$是奇函数;若对任意 $x\in D$,既有 $f(-x)=f(x)$,也有 $f(-x)=-f(x)$,则 $f(x)$既是奇函数又是偶函数.

例 1 判断函数 $f(x)=\dfrac{e^x-e^{-x}}{2}$ 的奇偶性.

解:$\because x\in \mathbf{R}$,$f(-x)=\dfrac{e^{-x}-e^x}{2}=-\dfrac{e^x-e^{-x}}{2}=-f(x)$,

$\therefore f(x)=\dfrac{e^x-e^{-x}}{2}$ 是奇函数.

二、根据定义的等价形式判断函数奇偶性

(1) 奇函数定义的等价形式:

$f(-x)=-f(x)\Leftrightarrow f(-x)+f(x)=0$,或 $\dfrac{f(-x)}{f(x)}=-1(f(x)\neq 0)$,或 $f(-x)\cdot f(x)=-[f(x)]^2$;

(2) 偶函数定义的等价形式:

$f(-x)=f(x)\Leftrightarrow f(x)-f(-x)=0$,或 $\dfrac{f(-x)}{f(x)}=1(f(x)\neq 0)$,或 $f(-x)\cdot f(x)=[f(x)]^2$.

例 2 判断函数 $f(x)=\log_a(x+\sqrt{x^2+1})(a>0$ 且 $a\neq 1)$ 的奇偶性.

解：$\because x\in\mathbf{R}$，$f(-x)+f(x)=\log_a(-x+\sqrt{(-x)^2+1})$

$$+\log_a(x+\sqrt{x^2+1})$$

$$=\log_a(x+\sqrt{x^2+1})(-x+\sqrt{x^2+1})=\log_a 1=0,$$

$\therefore f(-x)=-f(x)$，

$\therefore f(x)=\log_a(x+\sqrt{x^2+1})$是奇函数.

三、利用图象的对称性判断函数奇偶性

奇函数的图象关于原点对称，偶函数的图象关于 y 轴对称.

例 3 如下图所示，表示偶函数图象的是(　　)

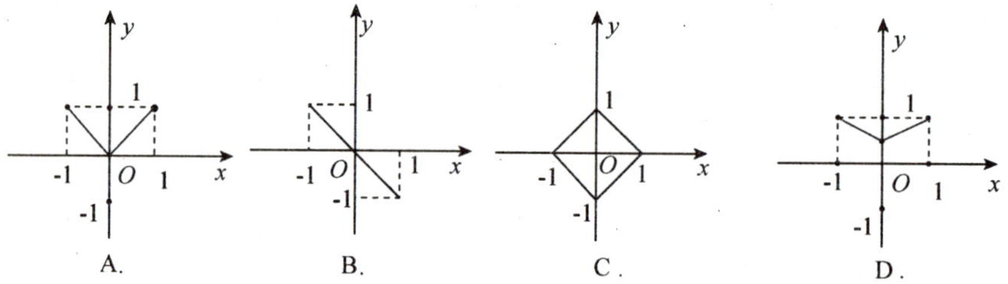

解：$\because$ 点(1,1)不在 A 所示的函数图象上，C 所示图形虽关于 y 轴对称，但不是函数图象，B 所示图象关于原点对称，只有 D 是符合题意的选项.

四、利用有关结论判断函数奇偶性

(1) 一个奇(或偶) 函数和一个偶(或奇) 函数的积为奇函数；

(2) 两个奇(或偶) 函数的积为偶函数；

(3) 两个奇(或偶) 函数的代数和仍为奇(或偶) 函数；当代数和为零时，既是奇函数，也是偶函数.

例 4 函数 $F(x)=\left(1+\dfrac{2}{2^x-1}\right)f(x)\ (x\neq 0)$是偶函数，且 $f(x)$ 不恒等于 0，则 $f(x)$　　(　　)

A. 是奇函数　　B. 是偶函数

C. 可能是奇函数，也可能是偶函数　　D. 不是奇函数也不是偶函数

解:设 $g(x)=1+\dfrac{2}{2^x-1}$,则 $g(x)=\dfrac{2^x+1}{2^x-1}$,$x\in\mathbf{R}$,且 $x\neq 0$,

$$\therefore g(-x)=\frac{2^{-x}+1}{2^{-x}-1}=\frac{\frac{1+2^x}{2^x}}{\frac{1-2^x}{2^x}}=\frac{1+2^x}{1-2^x}=-\frac{2^x+1}{2^x-1}=-g(x),$$

$\therefore g(x)$ 是奇函数,又 $F(x)=g(x)f(x)$是偶函数,

$\therefore f(x)$ 是奇函数,故选 A.

由上可见,切实把握一个前提,熟练掌握四条途径,必能有效解决函数奇偶性的判断问题.

注:本文发表于《数学报》高三专辑,2002.13.

三项展开式中指定项系数的求法

三项展开式中指定项系数的求解是高中数学的难点之一．针对具体问题，可考虑由$(a+b+c)^n=[a+(b+c)]^n$展开求解，或分解因式转化为两个二项式积的问题求解，或转化为排列组合问题求解．以下例析，供参考．

例1 【1992年全国高考题】在$(x^2+3x+2)^5$的展开式中，x的系数是（　　）

A. 160　　B. 240　　C. 360　　D. 820

解1：$(x^2+3x+2)^5=[3x+(x^2+2)]^5$

$$=C_5^0(3x)^5+C_5^1(3x)^4(x^2+2)+\cdots+C_5^4(3x)(x^2+2)^4+C_5^5(x^2+2)^5$$

其中x项只在$C_5^4(3x)(x^2+2)^4$中产生，

则x的系数为：$C_5^4\cdot3\cdot2^4=240$，故选B.

解2：$(x^2+3x+2)^5=(x+1)^5(x+2)^5$

∵x的系数分别来自两个二项展开式中某两项乘积的系数，有关项及其系数见下表：

$(1+x)^5$	$(2+x)^5$	$(1+x)^5(2+x)^5$
x的系数：C_5^1	常数项：2^5	x的系数：$2^5C_5^1$
常数项：1	x的系数：$2^4\cdot C_5^1$	x的系数：$1\times2^4\cdot C_5^1$

因此，x的系数为：$2^5C_5^1+1\times2^4\cdot C_5^1=240$，故选B.

解3：$(x^2+3x+2)^5$

$$=(x^2+3x+2)(x^2+3x+2)(x^2+3x+2)(x^2+3x+2)(x^2+3x+2)$$

含x的项可看成是从上面5个因式中任取一个因式中的$3x$，从余下的4个因式中均取2，然后相乘而得，于是x系数是：$C_5^1\cdot3\cdot C_4^4\cdot2^4=240$，故选B.

例 2 在$(2x^5-3x^2+1)^8$的展开式中，x^2项的系数是________.

解 1：$(2x^5-3x^2+1)^8=[(2x^5+1)-3x^2]^8$

$$=(2x^5+1)^8-C_8^1(2x^5+1)^7\times 3x^2+C_8^2(2x^5+1)^6\times(3x^2)^2-\cdots+(3x^2)^8$$

其中x^2项只在$-C_8^1(2x^5+1)^7\times 3x^2$中产生，所以$x^2$系数为：$-C_8^1\cdot 1^7\cdot 3=-24$.

解 2：$(2x^5-3x^2+1)^8=\underbrace{(2x^5-3x^2+1)(2x^5-3x^2+1)\cdot\cdots\cdot(2x^5-3x^2+1)}_{8个}$，

含x^2的项可看成是从上面8个因式中任取一个因式中的$-3x^2$，从余下的7个因式中均取1，然后相乘而得，于是x^2系数是：$C_8^1\cdot(-3)\cdot C_7^7\cdot 1^7=-24$.

注：不能分解因式的三项式应着重掌握排列组合的转化解法.

练习题：

1. $(x^2+3x-2)^5$展开式中x^2项的系数是________.
2. $(a+b+c)^6$展开式中a^3b^2c项的系数是________.
3. $(x^3-3x^2+3x-1)^4$展开式中x^4项的系数是________.

参考答案

1. -160； 2. 60； 3. 495.

注：本文发表于《中学生学习报》，2001.909.

数学问题解答

问题 已知点 $P(x_0,y_0)$ 在第一象限，直线 l 经过点 P 且与两坐标轴的正半轴交于 A、B 两点. 记 $\triangle ABC$ 的周长为 L.

求证：$L \geqslant 2(x_0+y_0)+2\sqrt{2x_0y_0}$.

解：如图 4－4 所示，设点 $A(a,0)$、$B(0,b)$，直线 l 的方程为 $\frac{x}{a}+\frac{y}{b}=1$，则有

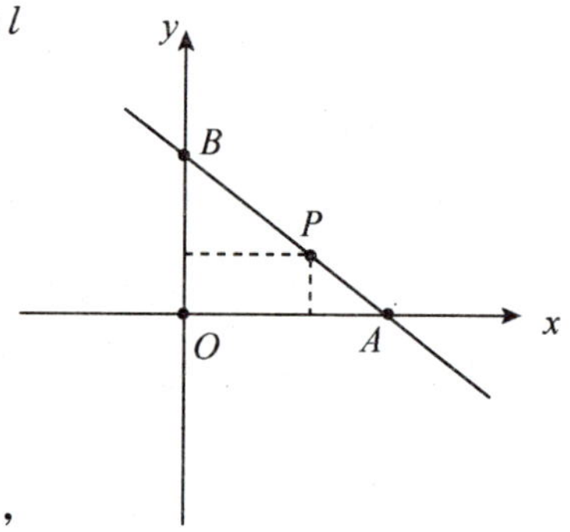

图 4－4

$$\frac{x_0}{a}+\frac{y_0}{b}=1, \qquad ①$$

由 ① 得，$b=\frac{ay_0}{a-x_0}$，

$\therefore a+b=a+\frac{ay_0}{a-x_0}=\frac{a^2+ay_0-ax_0}{a-x_0}$，

$ab=\frac{a^2y_0}{a-x_0}$.

又 $\because L=a+b+\sqrt{a^2+b^2} \Leftrightarrow L-(a+b)=\sqrt{a^2+b^2}$，

将上式两边平方并整理得，

$$L^2-2(a+b)L+2ab=0, \qquad ②$$

再将 $a+b=a+\frac{ay_0}{a-x_0}=\frac{a^2+ay_0-ax_0}{a-x_0}$，$ab=\frac{a^2y_0}{a-x_0}$ 代入 ② 式并整理得，

$(2y_0-2L)a^2+(L^2+2x_0L-2y_0L)a-L^2x_0=0$，

$\therefore \Delta=(L^2+2x_0L-2y_0L)^2+4L^2x_0(2y_0-2L)$

$=[(2x_0-2y_0)+L]^2L^2+4L^2x_0(2y_0-2L)$

$=L^4-4L^3x_0-4L^3y_0+4L^2x_0^2+4L^2y_0^2$

$=L^2[L^2-4(x_0+y_0)L+4(x_0^2+y_0^2)]$

当 $\Delta \geqslant 0$ 时，即 $L^2-4(x_0+y_0)L+4(x_0^2+y_0^2) \geqslant 0$， ③

又 $\because \Delta' = [4(x_0 + y_0)]^2 - 4 \times 4(x_0^2 + y_0^2)$

$= 16(x_0^2 + 2x_0y_0 + y_0^2) - 16x_0^2 - 16y_0^2$

$= 32x_0y_0$.

③ 式所对应方程的两个根分别为

$$x = \frac{4(x_0 + y_0) \pm \sqrt{32x_0y_0}}{2} = 2(x_0 + y_0) \pm 2\sqrt{2x_0y_0},$$

$\therefore L \leqslant 2(x_0 + y_0) - 2\sqrt{2x_0y_0}$（舍去），　　或 $L \geqslant 2(x_0 + y_0) + 2\sqrt{2x_0y_0}$，

故 $L \geqslant 2(x_0 + y_0) + 2\sqrt{2x_0y_0}$.

数形结合 关注细节
有效地完成分类与整合

【2011年高考湖南卷文科22】

设函数 $f(x)=x-\dfrac{1}{x}-a\ln x(a\in\mathbf{R})$

（Ⅰ）讨论 $f(x)$ 的单调性；

（Ⅱ）若 $f(x)$ 有两个极值点 x_1 和 x_2，记过点 $A(x_1,f(x_1))$，$B(x_2,f(x_2))$ 的直线的斜率为 k，问：是否存在 a，使得 $k=2-a$？若存在，求出 a 的值，若不存在，请说明理由.

解析：（Ⅰ）$f(x)$ 的定义域为 $(0,+\infty)$.

$f'(x)=1+\dfrac{1}{x^2}-\dfrac{a}{x}=\dfrac{x^2-ax+1}{x^2}$，

令 $g(x)=x^2-ax+1$，其判别式 $\Delta=a^2-4$.

(1) 当故 $|a|\leqslant 2$，时 $\Delta\leqslant 0$，$f'(x)\geqslant 0$，故 $f(x)$ 在 $(0,+\infty)$ 上单调递增；

(2) 当 $a<-2$ 时，$\Delta>0$，$g(x)\geqslant 0$ 的两根都小于0，当 $x>0$ 时，$f'(x)>0$，故 $f(x)$ 在 $(0,+\infty)$ 上单调递增；

(3) 当 $a>2$ 时，$\Delta>0$，$g(x)=0$ 的两根为 $x_1=\dfrac{a-\sqrt{a^2-4}}{2}$，$x_2=\dfrac{a+\sqrt{a^2-4}}{2}$.

当 $0<x<x_1$ 时，$f'(x)>0$；当 $x_1<x<x_2$ 时，$f'(x)<0$；当 $x>x_2$ 时，$f'(x)>0$，故 $f(x)$ 分别在 $(0,x_1)$，$(x_2,+\infty)$ 上单调递增，在 (x_1,x_2) 上单调递减.

（Ⅱ）由（Ⅰ）知，$a>2$.

因为 $f(x_1)-f(x_2)=(x_1-x_2)+\dfrac{x_1-x_2}{x_1x_2}-a(\ln x_1-\ln x_2)$，所以

$$k=\frac{f(x_1)-f(x_2)}{x_1-x_2}=1+\frac{1}{x_1x_2}-a\cdot\frac{\ln x_1-\ln x_2}{x_1-x_2},$$

又由(Ⅰ)知,$x_1x_2=1$,于是 $k=2-a\cdot\dfrac{\ln x_1-\ln x_2}{x_1-x_2}$.

若存在 a,使得 $k=2-a$,则$\dfrac{\ln x_1-\ln x_2}{x_1-x_2}=1$.

即 $\ln x_1-\ln x_2=x_1-x_2$,亦即 $x_2-\dfrac{1}{x_2}-2\ln x_2=0(x_2>1)$(*)

再由(Ⅰ)知,函数在 $h(t)=t-\dfrac{1}{t}-2\ln t$ 在$(0,+\infty)$上单调递增,而 $x_2>1$,所以 $x_2-\dfrac{1}{x_2}-2\ln x_2>1-\dfrac{1}{1}-2\ln 1>0$.这与(*)式矛盾.

故不存在 a,使得 $k=2-a$.

注:要加强和落实函数定义域优先考虑的原则,特别是函数解析式中含有"$\ln x$"时,一定要注意有意义的条件是$(0,+\infty)$,即函数的定义域为$(0,+\infty)$.

用“t”求弦长错解分析

经过点 $M_0(x_0,y_0)$，倾斜角为 α 的直线 l 的参数方程是 $\begin{cases} x=x_0+t\cos\alpha, \\ y=y_0+t\sin\alpha. \end{cases}$（$t$ 为参数）①. 我们称 ① 式微直线 l 的参数方程的标准式. 该方程中参数 t 的几何意义（$|t|=|M_0M|$）为解决有关弦长问题开辟了新路. 但是，许多同学在解题时往往脱离标准式而套用 $|t|=|M_0M|$ 求弦长，结果导致错解.

题目 直线 $\begin{cases} x=-3+2t, \\ y=t. \end{cases}$（$t$ 为参数）被圆 $x^2+y^2=5$ 所截得的弦长为________.

错解：∴ 将 $x=-3+2t, y=t$ 代入 $x^2+y^2=5$，得

$5t^2-12t+4=0$，

设故 t_1,t_2 分别为直线与椭圆两交点所对应的参数，则

$t_1+t_2=\dfrac{12}{5}, t_1t_2=\dfrac{8}{5}$，

$$\therefore |t_1-t_2|=\sqrt{(t_1+t_2)^2-4t_1t_2}=\sqrt{\left(\frac{12}{5}\right)^2-4\times\frac{4}{5}}$$

$$=\sqrt{\frac{64}{25}}=\frac{8}{5}.$$

错解分析：因直线的参数方程 $\begin{cases} x=-3+2t \\ y=t \end{cases}$ 不是标准式，所以 t 的几何意义发生了变化.

正解：将直线的参数方程 $\begin{cases} x=-3+2t \\ y=t \end{cases}$ 化为标准式，得 $\begin{cases} x=-3+\dfrac{2}{\sqrt{5}}\times\sqrt{5}t, \\ y=\dfrac{1}{\sqrt{5}}\times\sqrt{5}t. \end{cases}$

令 $\cos\alpha=\frac{2}{\sqrt{5}}$，$\sin\alpha=\frac{1}{\sqrt{5}}$，$t'=\sqrt{5}t$，所以原方程可化为标准式 $\begin{cases}x=-3+t'\cos\alpha,\\ y=t'\sin\alpha.\end{cases}$ 此时，所求弦长为 $|t'_1-t'_2|=\sqrt{5}|t_1-t_2|$，因此 $|t_1-t_2|=\frac{8}{5}$，所以 $|t'_1-t'_2|=\frac{8\sqrt{5}}{5}$，故选 B.

由上可知，在解决有关弦长问题时，需将直线 l 的参数方程 $\begin{cases}x=x_0+at,\\ y=y_0+bt.\end{cases}$ (a,b 为常数，t 为参数）按下述方法将方程为标准式：

$$\begin{cases}x=x_0+\frac{a}{\sqrt{a^2+b^2}}\sqrt{a^2+b^2}t,\\ y=y_0+\frac{b}{\sqrt{a^2+b^2}}\sqrt{a^2+b^2}t.\end{cases}$$

令 $\cos\alpha=\frac{a}{\sqrt{a^2+b^2}}$，$\sin\alpha=\frac{b}{\sqrt{a^2+b^2}}$，$t'=\sqrt{a^2+b^2}t$，

所以 $\begin{cases}x=x_0+t'\cos\alpha,\\ y=y_0+t'\sin\alpha.\end{cases}$ (t' 为参数)，$|t'_1-t'_2|=\sqrt{a^2+b^2}|t_1-t_2|$. 依此求弦长才能正确解决问题.

注：本文发表于《中学生数理化》，2001.06.

平分台体侧面的截面

定理:台体平行于底的截面若平分其侧面积,则该截面面积等于上下底面积和的一半.

证明:设生成台体的锥体顶点为 P.

对圆台,设上底面为 $\odot O_1$(半径为 r_1),截面为 $\odot O_0$(半径为 r_0),下底面为 $\odot O$(半径为 r),圆台 O_0O_1 的侧面积为 S_1,圆台 OO_0 的侧面积为 S_2,则 $S_1=S_2$. 又 $S_1=(r_1+r_0)l_2$,$S_2=(r_0+r)l_3$,(l_2,l_3 分别为圆台 O_0O_1 和 OO_0 的母线长),则

$$\frac{r_0+r}{r_1+r_0}=\frac{l_2}{l_3},$$

如图 4－5 所示,有 $\frac{l_2}{l_3}=\frac{r_0-r_1}{r-r_0}$,得

$$\frac{r_0+r}{r_1+r_0}=\frac{r_0-r_1}{r-r_0},$$

$$\therefore r_0^2=\frac{r^2+r_1^2}{2},\text{即 } \pi r_0^2=\frac{\pi r^2+\pi r_1^2}{2}.$$

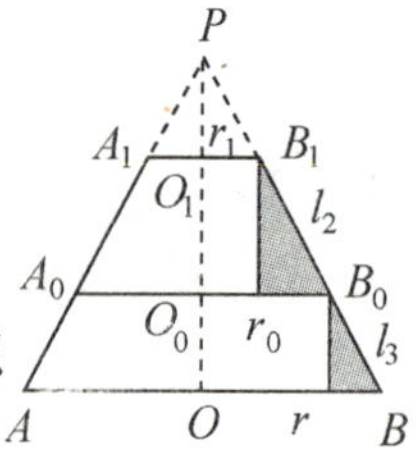

图 4－5

对棱台,设上底面 $A_1B_1\cdots K_1$ 面积为 S_1,下底面 $AB\cdots K$ 面积为 S,截面 $A_0B_0\cdots K_0$ 面积为 S_0,

则,$\frac{S_1}{S}=\frac{A_1B_1^2}{AB^2}$.

记 $S_{\triangle PA_1B_1}=\Delta_1$,$S_{\triangle PA_0B_0}=\Delta_2$,$S_{\triangle PAB}=\Delta_3$,

由题意:$\Delta_2-\Delta_1=\Delta_3-\Delta_2$,由相似性质,知

$$\frac{\Delta_1}{\Delta_2}=\frac{A_1B_1^2}{A_0B_0^2},\frac{\Delta_1}{\Delta_3}=\frac{A_1B_1^2}{AB^2},$$

$$\therefore \frac{S_1}{S_0}=\frac{\Delta_1}{\Delta_2},\text{即}\frac{S_1}{S_0-S_1}=\frac{\Delta_1}{\Delta_2-\Delta_1} \quad ①$$

$$\frac{S}{S_1}=\frac{\Delta_3}{\Delta_1}\text{，即}\frac{S-S_1}{S_1}=\frac{\Delta_3-\Delta_1}{\Delta_1} \quad ②$$

又 $\Delta_3-\Delta_1=(\Delta_3-\Delta_2)+(\Delta_2-\Delta_1)=2(\Delta_2-\Delta_1)$

①×②，得$\dfrac{S-S_1}{S_0-S_1}=\dfrac{\Delta_3-\Delta_1}{\Delta_2-\Delta_1}=2$，

$\therefore S_0=\dfrac{S_1+S}{2}$.

它可以与中截面公式$\sqrt{S_{中}}=\dfrac{\sqrt{S_1}+\sqrt{S}}{2}$相媲美.

注：本文发表于《中学数学月刊》，2004.03.

浅析"辅助平面法"的应用

"辅助平面法"是分析、推理、论证立体几何问题的重要思想方法之一. 许多同学受思维局限，在分析问题时往往想不到或忽略了这一重要方法，使解题受阻. 以下就具体事例分析这一方法的应用，供参考.

1. 铺垫、衬托、背景辅助

例 1 已知直线 a 与 b，b 与 c，c 与 a 均为异面直线，图示 a,b,c 三线位置关系.

解：如图 4－6 所示.

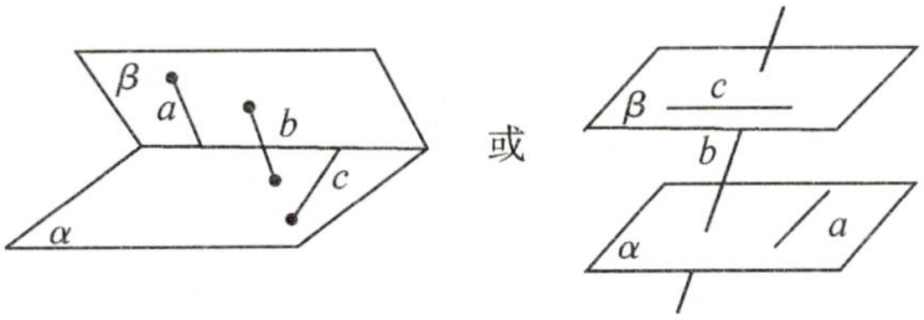

图 4－6

2. 延拓辅助

例 2 如图 4－7，$A_1B_1C_1-ABC$ 是直棱柱，过点 A_1、B_1、C_1 的平面和平面 ABC 的交线记作 l.

(1) 判定直线 A_1C_1 和 l 的位置关系，并加以证明；

(2) 若 $A_1A=1$，$AB=4$，$BC=3$，$\angle ABC=90°$，求顶点 A_1 到直线 l 的距离.

解：(1) 直线 $A_1C_1 \parallel l$.

因为面 $A_1B_1C_1 \parallel$ 面 ABC，且面 $A_1B_1C_1 \cap$ 面 $ABC=A_1C_1$，

面 $A_1BC_1 \cap$ 面 $ABC=l$，

所以 $A_1C_1 \parallel l$.

(2) 作 $A_1E \perp l$ 于 E，连 AE，$\because A_1A \perp$ 平面 ABC，由三垂线逆定理知 $AE \perp l$，

又 $\because A_1C_1 \parallel AC$，$\therefore AC \parallel l$.

作 $BD \perp AC$ 于 D，则 $BD=AE$，在 $\mathrm{Rt}\triangle ABC$ 中，易得 $AC=5$，$BD=\dfrac{AB \cdot BC}{AC}=\dfrac{12}{5}$，

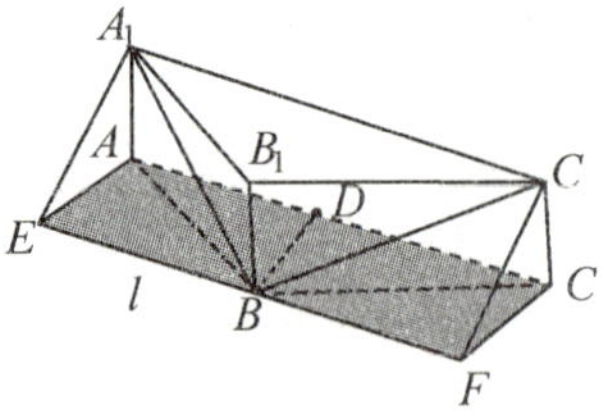

图 4－7

在 Rt$\triangle A_1AE$ 中，$A_1E=\dfrac{13}{5}$.

所以 A_1 到直线 l 的距离为$\dfrac{13}{15}$.

3. 线一面平行辅助

例 3 三条射线 OA，OB，OC 不共面，$\angle AOB$，$\angle BOC$ 的平分线分别为 OM，ON，$\angle AOC$ 的外角平分线为 OG.

求证：OM，ON，OG 三线共面.

证明：如图 4－8 所示，在 OC 上任取一点 C'，过 C' 作平行于 OG 的平面 β，交 ON，OB，OM，OA 分别于 N'，B'，M'，A'，连 $M'N'$，依题意，可得 $OC'=OA'$，$OG \parallel A'C'$，

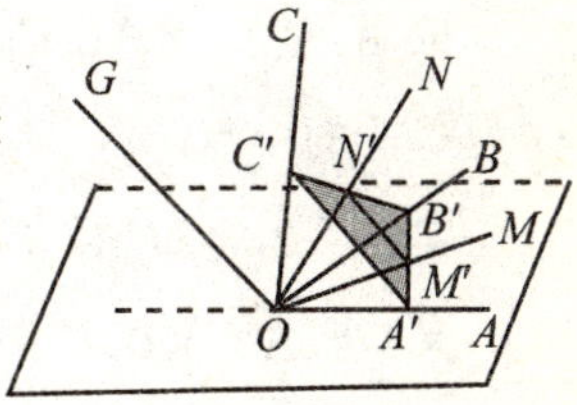

图 4－8

$\because ON$ 平分 $\angle BOC$，$\therefore \dfrac{OC'}{OB'}=\dfrac{C'N'}{N'B'}$，

OM 平分 $\angle AOB$，$\therefore \dfrac{OA'}{OB'}=\dfrac{A'M'}{M'B'}$，

$\therefore \dfrac{A'M'}{M'B'}=\dfrac{C'N'}{N'B'}$，$\therefore M'N' \parallel A'C'$，$A'C' \parallel OG$，

$\therefore M'N' \parallel OG$，$\therefore M'N'$ 与 OG 可确定一个平面.

根据公理 1，OM，ON，OG 三线共面.

4. 线一面垂直辅助

例 4 三棱锥 $P-ABC$ 中，已知 $PA \perp BC$，$PA=BC=l$. PA 和 BC 的公垂线 $ED=h$.

求证：三棱锥 $P-ABC$ 的体积 $V=\dfrac{1}{6}l^2h$.

证明：如图 4－9，连接 DA，DP，

$\because PA \perp BC$，$DE \perp BC$，$DE \cap PA=E$，

$\therefore BC \perp$ 面 PAD，

又 $DE \perp PA$，$\therefore S_{\triangle PAD}=\dfrac{1}{2}PA \cdot ED=\dfrac{1}{2}lh$，

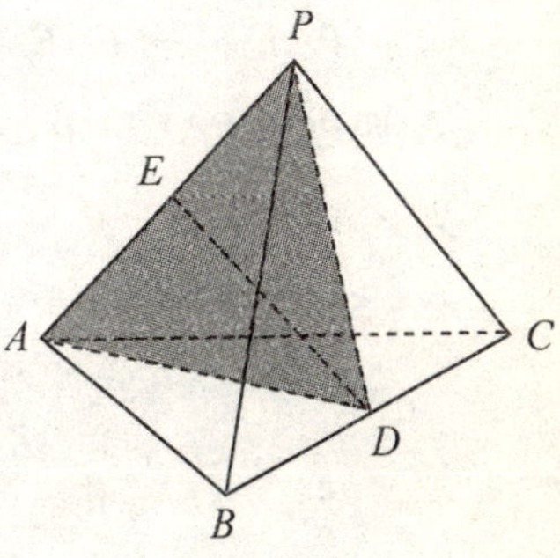

图 4－9

$\therefore V = \frac{1}{3}S_{\triangle PAD} \cdot (BD + DC) = \frac{1}{6}l^2 h$，即

$V = \frac{1}{6}l^2 h$.

5. 面—面平行辅助

例 5 如图 4－10 所示，已知 $\alpha \parallel \beta$，AB，CD 为异面直线，E，F 分别为 AB，CD 的中点，求证：$EF \parallel \beta$.

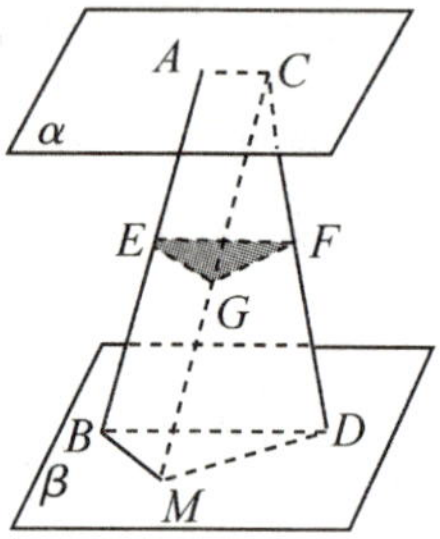

图 4－10

证明：过 C 作 AB 的平行线交 β 于 M，连 BM，MD，BD，设 G 为 CM 的中点.

$\because \alpha \parallel \beta$，$\therefore AC \parallel BM$，$EG \parallel BM$，

又 GF 为 CMD 的中位线，$\therefore GF \parallel MD$.

根据两平面平行的判定定理可得

平面 $EGF \parallel \beta$，$EF \subset$ 平面 EGF，$\therefore EF \parallel \beta$.

6. 面—面垂直辅助

例 6 已知二面角 $\alpha - L - \beta$，过二面角内一点，P 分别作 $PA \perp \alpha$，$PB \perp \beta$，$\angle APB = \theta$.

求证：二面角 $\alpha - L - \beta$ 的平面角等于 $\pi - \theta$.

证明：如图 4－11 所示，设过 PA 与 PB 的平面交 L 于 E，连结 AE，BE.

$\because PA \perp \alpha$，$PB \perp \beta$，$\alpha \cap \beta = L$，$\therefore L \perp$ 平面 $PAEB$.

$\angle AEB$ 为二面角 $\alpha - L - \beta$ 的平面角，

又 $\angle PAE = \angle PBE = 90°$，

$\therefore$ 四边形 $PAEB$ 中，$\angle APB + \angle AEB = \pi$，

$\therefore \angle AEB = \pi - \theta$.

注：本文发表于《数学大世界》，2002.11.

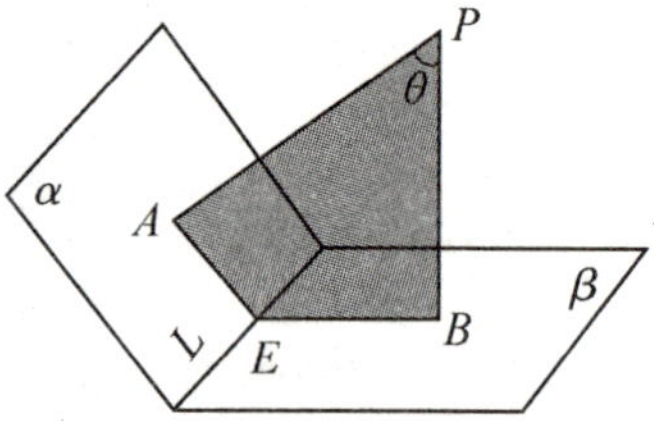

图 4－11

关键在于对定义域和值域的理解

例 已知函数 $y=\log_{\frac{1}{2}}(x^2-2kx+k)$ 的值域为 $\mathbf{R}$，则 k 的取值范围是________.

这类求对数与二次函数复合而成的函数的值域问题我们经常会遇到.要做到准确无误地解出不容易，这里把常犯的错误列举如下：

错解：令 $u(x)=x^2-2kx+k$，

$\because \Delta=4k^2-4k$，

当 $\Delta<0$ 时，$u(x)>0$ 对一切实数均成立，即由 $4k^2-4k<0$ 得，$0<k<1$.

分析：(1) 审题不清，将函数的定义域和值域混为一谈；(2) 对对数函数的定义域与值域的对应关系缺乏深刻认识.

要正确解决此类问题，首先要审清题意，莫把值域当定义域；其次要对对数函数的定义域与值域的对应关系有一个全面透彻的理解.对于函数 $y=\log_a x\,(a>0, a\neq 1)$ 而言，当 $x\in(0,+\infty)$ 时，$y\in(-\infty,+\infty)$；而当对数函数的定义域变为 $(0,+\infty)$ 的真子集时，其值域也会随之变为 $(-\infty,+\infty)$ 的真子集. 如图 4－12 所示，当 $x\in[x_0,+\infty)$ 时，$y\in[y_0,+\infty)$

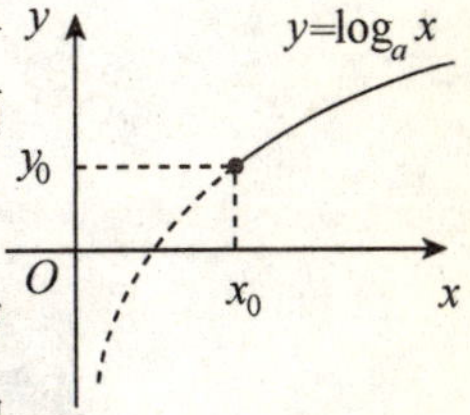

图 4－12

那么对 $u(x)=x^2-2kx+k$ 而言，当 $\Delta<0$ 时，$u(x)>0$ 对一切 $x\in\mathbf{R}$ 恒成立，但此时 $u(x)\in[u_0,+\infty)$，$u_0=u_{\min}\,(u_0>0)$，如图 4－13 所示.

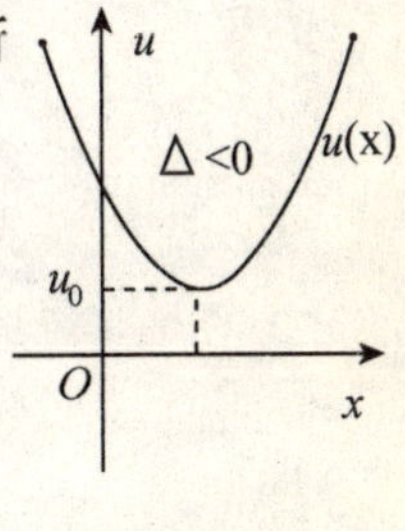

图 4－13

$\therefore$ 当 $x\in(-\infty,+\infty)$ 时，

$u\in[u_0,+\infty)$.

故 $y=\log_{\frac{1}{2}}u$ 的值域为 $(-\infty,\log_{\frac{1}{2}}u_0]$.

要使函数 $y=\log_{\frac{1}{2}}u$ 的值域为 $\mathbf{R}$，则需 $u\in(0,+\infty)$. 为此，

可将 $u(x)$ 的图象竖直向下平移，使其与 x 轴至少有一个交点，以弥补"$\Delta<0$"时 u 取不到 $(0,u_0)$ 上值的空缺，由此可知，根据"$\Delta\geqslant 0$"求解此题才是正确的. 有些同学担心当"$\Delta\geqslant 0$"时，u 可以取到 $(-\infty,0]$ 上的值，这样不是就不满足真数大于 0 的条件了吗？其实，x 不取"$u\leqslant 0$"的对应值就行了，如图 4－14 所示，$x\in(-\infty,x_1)\cup(x_2,+\infty)$ 可确保 $u\in(0,+\infty)$，$y\in\mathbf{R}$.

正解：令 $u(x)=x^2-2kx+k$，

则 $\Delta=4k^2-4k$，当 $\Delta\geqslant 0$，即 $k\leqslant 0$ 或 $k\geqslant 1$ 时，函数 $y=\log_{\frac{1}{2}}(x^2-2kx+k)$ 的值域为 $\mathbf{R}$.

综上所述，这类试题的正确解法是"$\Delta\geqslant 0$".

注：本文发表于《中学生学习报》，2003.11

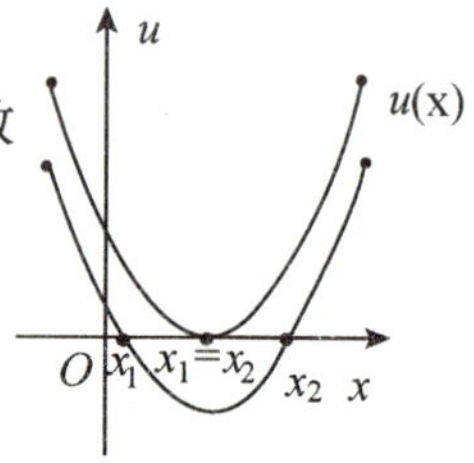

图 4－14

一道绝对值不等式的六种解法

解含有多个绝对值不等式的问题是高中数学的难点之一，许多同学对此感到困惑. 本文就一道试题的多种解法例析，希望对同学们解决此类问题有所启示.

题目 解不等式 $|x-1|+|x+2|>3$.

解法 1(零点划分法)(1) 当 $x\leqslant -2$ 时，原不等式可化为 $1-x-x-2>3 \Leftrightarrow x<-2$，即 $x<-2$.

(2) 当 $-2<x\leqslant 1$ 时，原不等式可化为 $1-x+x-2>3\Leftrightarrow 3>3$，即 $x\in\varnothing$.

(3) 当 $x>1$ 时，原不等式可化为 $x-1+x-2>3\Leftrightarrow x>1$，即 $x>1$.

综上所述，原不等式的解集为 $\{x\mid x<-2$，或 $x>1\}$

分析：设定函数，数形结合求解.

解法 2(函数图象法) 设 $y=|x-1|+|x+2|$，则 $y=\begin{cases}-1-2x, x\leqslant -2,\\ 3, -2<x\leqslant 1,\\ 2x+1, x>1.\end{cases}$

图象如图 4－15 所示，

当 $x<-2$，或 $x>1$ 时，$y>3$ 成立.

即原不等式的解集为 $\{x\mid x<-2$，或 $x>1\}$.

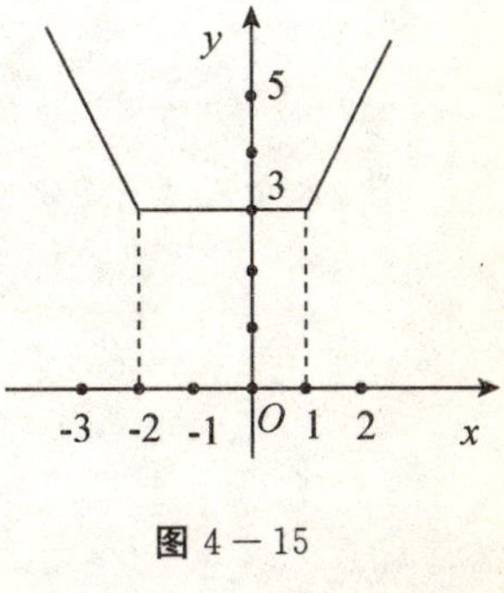

图 4－15

解法 3(平方转化法)

$|x-1|+|x+2|>3\Leftrightarrow(|x-1|+|x+2|)^2>9$

$\Leftrightarrow |x^2+x-2|>-(x^2+x-2)$

$\therefore x^2+x-2>0$ 解得 $x<-2$，或 $x>1$. 即原不等式的解集为 $\{x\mid x<-2$，或 $x>1\}$.

分析：移项变形，减少讨论环节.

解法 4(变形讨论法) $|x-1|+|x+2|>3\Leftrightarrow |x+2|>3-|x-1|$ ①

(1) 当 $|x-1|>3$，即 $x>4$，或 $x<-2$ 时，① 式显然成立，得 $x>4$，或 $x<-2$.

(2) 当 $|x-1|\leqslant 3$，即 $-2\leqslant x\leqslant 4$ 时，① 式两边平方后得

$x^2+4x+4>9-6|x-1|+x^2-2x+1\Leftrightarrow |x-1|>-(x-1)$，

$\therefore x-1>0\Leftrightarrow x>1$.

又 $-2\leqslant x\leqslant 4$，得 $1<x\leqslant 4$.

综上，原不等式的解集为 $\{x\mid x>4$，或 $x<-2\}\cup\{x\mid 1<x\leqslant 4\}$，即 $\{x\mid x<-2$，或 $x>1\}$.

解法 5(运用几何意义)

图 4－16

设 $d=|x-1|+|x+2=|x-1|+|x-(-2)|$，上式的几何意义是数轴上一动点 $P(x,0)$ 到两动点 $A(1,0)$，$B(-2,0)$ 的距离之和. 如图 4－16 所示，当 $P(x,0)$ 落在线段 AB 延长线或其反向延长线(不包含 A、B 两点)时，$|PA|+|PB|>|AB|=3$，即 $x<-2$，或 $x>1$.

原不等式的解集为 $\{x\mid x<-2$，或 $x>1\}$.

分析：利用“$|a|+|b|\geqslant|a-b|$”的等号不成立条件求解.

解法 6 (利用不等号不成立条件)

由 $|x-1|+|x+2|\geqslant|(x-1)-(x+2)|=3(*)$，

又 $|x-1|+|x+2|>3$，可知($*$)式的等号不成立，故 $(x-1)$ 与 $(x+2)$ 同号，即

$(x-1)(x+2)>0$，解得 $x<-2$，或 $x>1$.

注：本文发表于《数理化解题研究》，2003.09.

参数分离后的困惑

题目 【2011－2012 第二学期海淀期中数学模拟练习四 19】

设 $f(x)=\dfrac{\ln x}{x-1}(x>1)$.

（Ⅰ）判断函数 $f(x)$ 的单调性；

（Ⅱ）是否存在实数 a、使得关于 x 的不等式 $\ln x<a(x-1)$ 在 $(1,+\infty)$ 上恒成立，若存在，求出 a 的取值范围，若不存在，试说明理由.

第一问解析：(1) $\because f(x)=\dfrac{\ln x}{x-1},(x>1)$

$\therefore f'(x)=\dfrac{1-\dfrac{1}{x}-\ln x}{(x-1)^2}$，再设 $g(x)=1-\dfrac{1}{x}-\ln x(x\geqslant 1)$.

$\therefore g'(x)=\dfrac{1}{x^2}-\dfrac{1}{x}=\dfrac{1-x}{x^2}\leqslant 0$,

$\therefore y=g(x)$ 在 $[1,+\infty)$ 上为减函数，$\therefore g(x)=1-\dfrac{1}{x}-\ln x\leqslant g(1)=0$,

$\therefore f'(x)=\dfrac{1-\dfrac{1}{x}-\ln x}{(x-1)^2}<0$，$\therefore$ 函数 $f(x)=\dfrac{\ln x}{x-1}$ 在 $(1,+\infty)$ 上为减函数.

关于第二问：

在 $x>1$ 的条件下，$\ln x>0, x-1>0$，所以

不等式 $\ln x<a(x-1)$ 在 $(1,+\infty)$ 上恒成立

$\Leftrightarrow a>\dfrac{\ln x}{x-1}$ 在 $(1,+\infty)$ 上恒成立，

困惑所在：由(Ⅰ)知，函数 $f(x)=\dfrac{\ln x}{x-1}$ 在 $(1,+\infty)$ 上为减函数，则必有 $f(x)<f(1)$，但 $f(1)$ 无定义，故无法得到函数 $f(x)=\dfrac{\ln x}{x-1}$ 在 $(1,+\infty)$ 上的上界.

困惑的解决对策：想放弃但又不舍，于是进行了如下新的构造：

设 $h(x)=\ln x-(x-1)$，则 $h(1)=0$，

$\therefore h'(x)=\frac{1}{x}-1<0$，函数 $h(x)$ 在 $[1,+\infty)$ 上为减函数，

所以 $h(x)<h(1)=0$，即 $\ln x<x-1$，

又当 $x>1$ 时，$\ln x>0$，所以 $\frac{\ln x}{x-1}<1$，则 $a\geqslant 1$，故 a 的取值范围是 $[1,+\infty)$.

点评：本题也有部分同学想利用参数分离法解决，但面对函数 $f(x)=\frac{\ln x}{x-1}$ 在 $(1,+\infty)$ 上的上界直接难以确定的困惑，一些同学选择了放弃，一些同学虽得到了函数 $f(x)=\frac{\ln x}{x-1}$ 在 $(1,+\infty)$ 上的上界为 1，但推理过程不能令人信服. 黄信同学的简洁解法令人赏心悦目，茅塞顿开，充分体现了黄信同学较高的数学素养！也有效地避开了高等数学中的洛必达（*L'Hospital*）法则，以及利用导数定义转化求解的难点，不失为通俗易懂的好方法.

附(2) 其他解法供参考：

解 2：$\ln x<a(x-1)$ 在 $(1,+\infty)$ 上恒成立 $\Leftrightarrow \ln x-a(x-1)<0$ 在 $(1,+\infty)$ 上恒成立，设 $h(x)=\ln x-a(x-1)$，则 $h(1)=0$，$\therefore h'(x)=\frac{1}{x}-a$，

若 $a\leqslant 0$，显然不满足条件；

若 $a\geqslant 1$，则 $x\in[1,+\infty)$ 时，$h'(x)=\frac{1}{x}-a\leqslant 0$ 恒成立，

$\therefore h(x)=\ln x-a(x-1)$ 在 $[1,+\infty)$ 上为减函数，

$\therefore \ln x-a(x-1)<h(1)=0$ 在 $(0,+\infty)$ 上恒成立，

$\therefore \ln x<a(x-1)$ 在 $(1,+\infty)$ 上恒成立，

若 $0<a<1$，则 $h'(x)=\frac{1}{x}-a=0$ 时，$x=\frac{1}{a}$，

$\therefore x\in\left[1,\frac{1}{a}\right)$ 时，$h'(x)\geqslant 0$，

$\therefore h(x)=\ln x-a(x-1)$ 在 $\left[1,\frac{1}{a}\right)$ 上为增函数，

当 $x \in \left[1, \frac{1}{a}\right)$ 时，$h(x) = \ln x - a(x-1) > 0$，

不能使 $\ln x < a(x-1)$ 在 $(1, +\infty)$ 上恒成立，$\therefore a \geqslant 1$

解 3: 由 $f(x) = \frac{\ln x}{x-1} = \frac{\ln x - \ln 1}{x-1}$，则

$$\lim_{x \to 1} f(x) = \lim_{x \to 1} \frac{\ln x}{x-1} = \lim_{x \to 1} \frac{\ln x - \ln 1}{x-1},$$

令 $p(x) = \ln x$，则 $\lim_{x \to 1} \frac{\ln x - \ln 1}{x-1} = p'(1) = \left.\frac{1}{x}\right|_{x=1} = 1$，

即 $\lim_{x \to 1} f(x) = \lim_{x \to 1} \frac{\ln x}{x-1} = 1$，

又函数 $f(x) = \frac{\ln x}{x-1}$ 在 $(1, +\infty)$ 上为减函数，所以 $f(x) = \frac{\ln x}{x-1} < 1$.

解 4:（洛必达（*L' Hospital*）法则）

$$\lim_{x \to 1} f(x) = \lim_{x \to 1} \frac{\ln x}{x-1} = \lim_{x \to 1} \frac{(\ln x)'}{(x-1)'} = \lim_{x \to 1} \frac{1}{x} = 1,$$

又函数 $f(x) = \frac{\ln x}{x-1}$ 在 $(1, +\infty)$ 上为减函数，所以 $f(x) = \frac{\ln x}{x-1} < 1$.

第五部分 浅议高考

高考解析几何最值问题的对策分析

最值问题有十分重要的现实背景，是高中数学研究的重要问题，也是历来高考数学科考试命题的热点，其本质是函数问题. 近年最值问题常以解析几何解答题为载体进行考查. 此类试题一般入口较宽、解法灵活、难度适中，适合于不同层次的考生发挥，具有良好的区分度. 以下以近年全国各省市有关高考数学试题为例，着重进行求解高考解析几何最值问题的对策分析，提高高考数学复习的针对性和实效性，供读者参考.

以下首先以【2010 年北京文 19 题】为例进行如下对策分析：

题目1 已知椭圆 C 的左、右焦点坐标分别是 $(-\sqrt{2},0)$，$(\sqrt{2},0)$，离心率是 $\frac{\sqrt{6}}{3}$，直线 $y=t$ 与椭圆 C 交于不同的两点 M,N，以线段 MN 为直径作圆 P，圆心为 P.

(Ⅰ) 求椭圆 C 的方程；(解略)

(Ⅱ) 若圆 P 与 x 轴相切，求圆心 P 的坐标；(解略)

(Ⅲ) 设 $Q(x,y)$ 是圆 P 上的动点，当 t 变化时，求 y 的最大值.

分析：对于第(Ⅲ)问，由(Ⅱ)知，圆 P 的方程为 $x^2+(y-t)^2=3(1-t^2)$，因为点 $Q(x,y)$ 在圆 P 上，所以 $y=t\pm\sqrt{3(1-t^2)-x^2}\leqslant t+\sqrt{3(1-t^2)}$，求 y 的最大值的问题归结为如何求函数 $f(t)=t+\sqrt{3(1-t^2)}$ $(-1<t<1)$ 的最大值了.

对策一：三角换元

利用 $\sin^2\theta+\cos^2\theta=1$ 等三角函数关系式，恰当进行三角代换，进而将无理函数转化为有理函数的问题加以分析.

解 1：设 $t=\cos\theta,\theta\in(0,\pi)$，则

$$t+\sqrt{3(1-t^2)}=\cos\theta+\sqrt{3}\sin\theta=2\sin\left(\theta+\frac{\pi}{6}\right),$$

当 $\theta = \frac{\pi}{3}$，即 $t = \frac{1}{2}$，且 $x = 0$ 时，y 取最大值 2.

对策二：平方转换

一般地，对于含有一个二次根式的无理函数，通常可考虑经移项后两边平方的变换方式，将其转化为二次方程的问题，进而在两个变量中确定“主元”，使其进一步转化为以二次函数为核心的问题来加以解决.

解 2：不妨设 $y = t + \sqrt{3(1-t^2)}\,(-1 < t < 1)$，则 $y - t = \sqrt{3(1-t^2)}$，

两边平方，得 $y^2 - 2yt + t^2 = 3(1-t^2)$，整理得

$$4t^2 - 2yt + y^2 - 3 = 0 \qquad ①$$

设 $f(t) = 4t^2 - 2yt + y^2 - 3$，依题知方程 ① 在区间 $(-1,1)$ 内有实数根，注意到 $f(-1) = (y+1)^2 \geqslant 0$，$f(1) = (y-1)^2 \geqslant 0$，且等号不能同时成立，所以只需满足条件

$$\begin{cases} \Delta = (-2y)^2 - 4 \times 4(y^2 - 3) \geqslant 0, \\ -1 < \frac{y}{4} < 1. \end{cases}$$

解得 $-2 \leqslant y \leqslant 2$，

综上所述，y 取最大值 2.

解 3：由解 2 知，当 $\Delta = (-2y)^2 - 4 \times 4(y^2 - 3) = -12y^2 + 16 \geqslant 0$，即

$-2 \leqslant y \leqslant 2$ 时，方程 ① 的实数根为

$$t = \frac{2y \pm \sqrt{-12y^2 + 16}}{8} = \frac{y \pm \sqrt{-3y^2 + 4}}{4},$$

则 $-1 < \frac{y - \sqrt{-3y^2 + 4}}{4} < 1$ 或 $-1 < \frac{y + \sqrt{-3y^2 + 4}}{4} < 1$，

解得 $-2 \leqslant y \leqslant 2$，

综上所述，y 取最大值 2.

对策三：构造向量

利用“$\boldsymbol{a} \cdot \boldsymbol{b} \leqslant |\boldsymbol{a} \cdot \boldsymbol{b}| \leqslant |\boldsymbol{a}||\boldsymbol{b}|$”的关系式，恰当构造两个向量使它们的模为常数，且使函数 $y = f(x)$ 的解析式完全与 $y = \boldsymbol{a} \cdot \boldsymbol{b}$ 相对应，从而借助“$\boldsymbol{a} \cdot \boldsymbol{b} \leqslant$

$|\boldsymbol{a}\cdot\boldsymbol{b}|\leqslant|\boldsymbol{a}||\boldsymbol{b}|$”达到求解最值的目的. 此法的应用十分重要，对此应予以高度重视. 同时，在高中数学教学中，要注意引导学生加强应用向量分析问题、解决问题的工具性意识，适度拓展向量的应用领域. 培养学生多角度看待问题、分析问题的能力，不断拓宽视野，努力形成灵活而不失深刻的良好思维品质.

解 4: 设 $\boldsymbol{a}=(1,\sqrt{3})$，$\boldsymbol{b}=(t,\sqrt{1-t^2})$，由 $\boldsymbol{a}\cdot\boldsymbol{b}\leqslant|\boldsymbol{a}||\boldsymbol{b}|$，得

$$t+\sqrt{3(1-t^2)}\leqslant\sqrt{1^2+(\sqrt{3})^2}\sqrt{t^2+(\sqrt{1-t^2})^2}=2,$$

即 $y_{\max}=2$，此时 $t=\dfrac{1}{2}$.

故当 t 变化时，y 的最大值为 2.

对策四：数形结合

通过对函数关系式的结构分析，恰当地选取“双变量”进行换元（以下简称双换元），使函数解析式实现从无理到有理的转变，并且使双换元后所得的函数解析式转变为一次线性方程. 与此同时，新选取的“双变量”的代数和为常数，且其对应的方程具有明确的几何意义，亦即我们所熟知的圆或圆锥曲线的某一部分. 如此一来，求函数最值的问题通常将转化为直线与圆或圆锥曲线的某一部分的位置关系来确定. 一般来说，当直线与圆或圆锥曲线的某一部分相切时，函数取得最值.

解 5: 设 $u=t$，$v=\sqrt{1-t^2}$，则

$y=u+\sqrt{3}v$，$u^2+v^2=1(v>0)$.

当直线 $y=u+\sqrt{3}v$ 与半圆 $u^2+v^2=1(v>0)$ 相切时，y 最大.

由 $\dfrac{|-y|}{\sqrt{1^2+(\sqrt{3})^2}}=1$，得 $|y|=2$，所以 $y_{\max}=2$，此时 $t=\dfrac{1}{2}$.

故当 t 变化时，y 的最大值为 2.

对策五：均值定理

二元均值定理是指：当 a，b 均为正数时，恒有 $\dfrac{a+b}{2}\geqslant\sqrt{ab}$（当且仅当 $a=b$ 时取“=”）. 二元均值定理在求解最值问题中有十分重要的应用，是历来高考数学科考试命题的重点. 尤其从近年高考数学科解析几何最值问题的设计中，可以看出命

题者对其格外关注，亦可说倍受青睐. 当然，多数情况下，由于函数解析式结构较为复杂，通常并不能直接应用二元均值定理求解函数最值. 因此，面对较为复杂的函数，如何通过有效地转化，使应用二元均值定理的结构浮出水面，从而实现由隐含到显化、由陌生到熟悉、由复杂到简单以及由未知到已知的转化. 这样的转化，常常需要对函数解析式进行诸如平方、开方、拆项、凑项、减项、同除或换元等多种手段来加以实现.

解 6：$t+\sqrt{3(1-t^2)}=t+\sqrt{(3-3t)(1+t)}\leqslant t+\dfrac{(3-3t)+(1+t)}{2}=2$，

所以 $y_{\max}=2$，此时 $t=\dfrac{1}{2}$.

故当 t 变化时，y 的最大值为 2.

注：如此应用均值不等式求解函数的最大值问题的确有一定的难度和技巧，虽然 $\sqrt{(3-3t)(1+t)}\leqslant\dfrac{(3-3t)+(1+t)}{2}$ 的变换中，$\dfrac{(3-3t)+(1+t)}{2}$ 非定值，但从整体来看，$t+\dfrac{(3-3t)+(1+t)}{2}=2$ 是定值，且能保证“=”成立，故可通过这样的灵活应用达到求解该函数的最大值的目的. 对此，读者应予以重视，要辩证地理解应用均值不等式求最值的三字诀：“正、定、等.”

对策六：导数突破

在高考数学科考试说明内容要求的框架内，求解函数的最值问题的通性通法无疑是利用导数. 因此，我们倘若不能在较短的时间里找到有效的初等解法(即上述五种对策)，就应该毫不犹豫地“举起”导数这把“快刀”，去“斩杀”函数的最值这一团“乱麻”. 这是一个并不十分贴切的比喻，意在提醒我们不要遗忘求解函数最值问题的重要工具——“导数”.

题目 2 【2009 年全国卷 Ⅰ 理 21】如图，已知抛物线 $E:y^2=x$ 与圆 $M:(x-4)^2+y^2=r^2(r>0)$ 相交于 A、B、C、D 四个点.

(Ⅰ) 求 r 的取值范围；$\left(r\in\left(\dfrac{\sqrt{15}}{2},4\right)，具体解答略\right)$.

(Ⅱ) 当四边形 $ABCD$ 的面积最大时，求对角线 AC、BD 的交点 P 的坐标.

分析：根据抛物线 $E:y^2=x$ 与圆 $M:(x-4)^2+y^2=r^2(r>0)$ 均关于 x 轴的对称性可设四个交点的坐标分别为 $A(x_1,\sqrt{x_1})$、$B(x_1,-\sqrt{x_1})$、$C(x_2,-\sqrt{x_2})$、$D(x_2,\sqrt{x_2})$.

则将 $y^2=x$ 代入 $(x-4)^2+y^2=r^2$ 并整理，得

$x^2-7x+16-r^2=0$，

根据韦达定理有 $x_1+x_2=7, x_1x_2=16-r^2, r\in(\frac{\sqrt{15}}{2},4)$，

则 $S=\frac{1}{2}\cdot 2\cdot|x_2-x_1|(\sqrt{x_1}+\sqrt{x_2})=|x_2-x_1|(\sqrt{x_1}+\sqrt{x_2})$.

$$\therefore S^2=[(x_1+x_2)^2-4x_1x_2](x_1+x_2+2\sqrt{x_1x_2})$$
$$=(7+2\sqrt{16-r^2})(4r^2-15).$$

令 $\sqrt{16-r^2}=t$，则 $S^2=(7+2t)^2(7-2t)$.

再令 $f(t)=S^2$，$f(t)=(7+2t)^2(7-2t)$

$$=-8t^3-28t^2+98t+343(0<t<\frac{7}{2}),$$

$\therefore f'(t)=-24t^2-56t+98=-2(2t+7)(6t-7)$，

令 $f'(t)=0$ 得 $t=\frac{7}{6}$，或 $t=-\frac{7}{2}$（舍去），

当 $0<t<\frac{7}{6}$ 时，$f'(t)>0$；

当 $t=\frac{7}{6}$ 时 $f'(t)=0$；当 $\frac{7}{6}<t<\frac{7}{2}$ 时，$f'(t)<0$.

故当且仅当 $t=\frac{7}{6}$ 时，$f(t)$ 有最大值，即四边形 $ABCD$ 的面积最大.

另解：根据三元均值不等式 $abc\leqslant\left(\frac{a+b+c}{3}\right)^3$（其中 a,b,c 均为正数）有：

$$S^2=(7+2t)^2(7-2t)=\frac{1}{2}(7+2t)(7+2t)(14-4t)$$
$$\leqslant\frac{1}{2}\left(\frac{7+2t+7+2t+14-4t}{3}\right)^3=\frac{1}{2}\cdot\left(\frac{28}{3}\right)^3.$$

当且仅当 $7+2t=14-4t$，即 $t=\frac{7}{6}$ 时取最大值. 经检验此时 $r\in\left(\frac{\sqrt{15}}{2},4\right)$ 满足题意.

注：虽然三元均值不等式在高考中已不做要求，但对学有余力的学生而言，若能顺其自然地掌握三元均值不等式 $abc\leqslant\left(\frac{a+b+c}{3}\right)^3$，无疑对解决此类最值问题是切实高效的.

又直线 BD 的方程分别为 $y+\sqrt{x_1}=\frac{\sqrt{x_2}+\sqrt{x_1}}{x_2-x_1}(x-x_1)$，令 $y=0$，

解得 P 点的坐标为 $(\sqrt{x_1x_2},0)$，由此得点 P 的坐标为 $\left(\frac{7}{6},0\right)$.

综上所述，面对高考解析几何中的有关最值问题，切实有效的解决对策一般有三角换元、平方转换、构造向量、数形结合、均值定理及导数突破等重要策略. 这些策略相互之间并无先后与优劣之分，在具体应用中要根据具体问题作出切实有效的选择，力争解题方法和过程的最优化. 与此同时，需要注意的是在解决较为复杂函数的最值问题时，上述策略的“单兵作战”往往并不能奏效，这时需要若干个上述策略的“多兵种联合”才能克敌制胜.

行文至此，笔者期望上述拙见能够对读者有所裨益！诚然，解决高考数学解析几何中最值问题的有效对策不止于此，期待中学数学同仁不吝赐教！让解决此类问题的对策不断丰富和明晰，助推学生切实提高解题效率，努力探索中学数学解题教学的有效模式. 让我们在中学数学教学活动中体会和感受数学带给我们的快乐！

一类高考导数压轴题的突破策略

——逆否转化

摘要：本文通过对近年新课程高考数学卷中有关导数压轴题的分析，归纳总结出了解决这类问题的一种有效办法——“逆否转化法”，从而有效地避开了参考答案提供的通过构造导数的定义式解决问题的难点，为解决这类问题找到了另一种切实可行的对策.

关键词：导数　范围　策略　逆否转换

导数是高中数学中重要的内容，是解决最优化问题的重要数学工具.运用导数的有关知识，研究函数的单调性、极值、最值及参数的取值范围等问题是近年高考数学科考查的重点和热点.

尤其值得注意的是近年部分省市的高考压轴题常以含参问题为载体，着重考查学生对函数导数概念的理解和灵活应用的能力，试题一般有较大难度.如何有效地突破这一难点，是值得研究的重要课题.本人通过对新课程卷中数学高考题中近四年的有关导数压轴题的研究分析，给出了解决这一类问题的一种有效办法“逆否转化法”，以下例析，供参考.

例 1　【2006 全国 Ⅱ 理科第 20 题】

设函数 $f(x)=(x+1)\ln(x+1)$，若对所有的 $x\geqslant 0$ 都有 $f(x)\geqslant ax$ 成立，求实数 a 的取值范围.

解：由于对所有的 $x\geqslant 0$ 都有 $f(x)\geqslant ax$，即 $f(x)-ax\geqslant 0$，

令 $F(x)=f(x)-ax$，其中 $F(0)=f(0)-a\times 0=0$，

亦即 $f(x)-ax\geqslant 0$ 等价于 $F(x)\geqslant F(0)$，

又 $F(x)\geqslant F(0)$ 在 $x\geqslant 0$ 上成立的一个充分不必要条件是 $F'(x)\geqslant 0$，

$F'(x)=f'(x)-a\geqslant 0$，即 $a\leqslant f'(x)=\ln(x+1)+1$，

当 $x \geqslant 0$ 时，$f'(x)=\ln(x+1)+1$ 是增函数，

$f'(x)_{\min}=f'(0)=\ln(0+1)+1=1$，

若对所有的 $x \geqslant 0$，有 $a \leqslant f'(x)=\ln(x+1)+1$，

只要 $a \leqslant f'(x)_{\min}=f'(0)=\ln(0+1)+1=1$.

下面证明 $a>1$ 时，存在 $x \geqslant 0$，使 $F(x)<0$.

令 $F'(x)=\ln(x+1)+1-a=0$，得 $x=e^{(a-1)}-1$，

随着 x 的变化情况如下：

x	$(-1,e^{(a-1)}-1)$	$e^{(a-1)}-1$	$(e^{(a-1)}-1,+\infty)$
$F'(x)$	$-$	0	$+$
$F(x)$	↘	$a-e^{(a-1)}$	↗

所以 $F(x)$ 的极小值 $=F(e^{(a-1)}-1)=a-e^{(a-1)}$，又当 $a>1$ 时，易证函数 $y=e^{x-1}$ 在点(1,1)处的切线为 $y=x$，结合图象知 $F(e^{(a-1)}-1)=a-e^{(a-1)}<0$.

综上可述，$a \in (-\infty,1]$

点评：证明了"$a>1 \Rightarrow \exists x \geqslant 0, F(x)<0$"，即证明了"$\forall x \geqslant 0, F(x) \geqslant 0 \Rightarrow a \leqslant 1$". 因为命题"$a>1 \Rightarrow \exists x \geqslant 0, F(x)<0$"与命题"$\forall x \geqslant 0, F(x) \geqslant 0 \Rightarrow a \leqslant 1$"互为逆否命题.

例 2 【2007 全国 Ⅰ 理科第 20 题】

设函数 $f(x)=e^{x}-e^{-x}$.

(Ⅰ) 证明：$f'(x) \geqslant 2$；

(Ⅱ) 若对所有的 $x \geqslant 0$ 都有 $f(x) \geqslant ax$ 成立，求实数 a 的取值范围.

(Ⅰ) **证明**：$f'(x)=e^{x}+e^{-x} \geqslant 2\sqrt{e^{x}e^{-x}}=2$.

(Ⅱ) **解**：对所有的 $x \geqslant 0$，都有 $f(x) \geqslant ax$ 成立，即 $f(x)-ax \geqslant 0$，

令 $F(x)=f(x)-ax$，

$f(x)-ax \geqslant 0$ 等价于 $F(x)=f(x)-ax \geqslant 0=F(0)$，

$F(x) \geqslant F(0)$ 成立的充分不必要条件是 $F'(x) \geqslant 0$，

$F'(x)=f'(x)-a \geqslant 0$，即 $a \leqslant f'(x)=e^{x}+e^{-x}$，

由(Ⅰ)知 $f'(x) \geqslant 2, a \leqslant f'(x)_{\min} = 2$.

下面证明 $a > 2$ 时,存在 $x \geqslant 0$ 使 $F(x) < 0$.

令 $F'(x) = e^x + e^{-x} - a = 0$,得 $e^x + e^{-x} - a = 0$ ①

令 $t = e^x (t \geqslant 1)$① 式可化为 $t^2 - at + 1 = 0 (t \geqslant 1)$ ②

② 中 $\Delta = a^2 - 4 > 0 (a > 2)$,

② 中 $t_1 = \dfrac{a - \sqrt{a^2 - 4}}{2}, t_2 = \dfrac{a + \sqrt{a^2 - 4}}{2} (t_2 > 1)$,

$F(x), F'(x)$ 随着 x 的变化情况如下:

x	0	$\left(0, \ln\dfrac{a+\sqrt{a^2-4}}{2}\right)$	$\ln\dfrac{a+\sqrt{a^2-4}}{2}$	$\left(\ln\dfrac{a+\sqrt{a^2-4}}{2}, +\infty\right)$
$F'(x)$		$-$	$F'(x) = 0$	$+$
$F(x)$	0	↘	$F(\ln\dfrac{a+\sqrt{a^2-4}}{2}) < 0$	↗

所以 $F\left(\ln\dfrac{a+\sqrt{a^2-4}}{2}\right) < F(0) = 0$.

综上可述,$a \in (-\infty, 2]$

例 3 【2008 全国 Ⅱ 理科第 22 题】

设函数 $f(x) = \dfrac{\sin x}{2 + \cos x}$.

(Ⅰ)求 $f(x)$ 的单调区间;

(Ⅱ)如果对任何 $x \geqslant 0$,都有 $f(x) \leqslant ax$,求 a 的取值范围.

解:(Ⅰ)$f'(x) = \dfrac{(2 + \cos x)\cos x - \sin x(-\sin x)}{(2 + \cos x)^2} = \dfrac{2\cos x + 1}{(2 + \cos x)^2}$,

当 $2k\pi - \dfrac{2\pi}{3} < x < 2k\pi + \dfrac{2\pi}{3} (k \in \mathbf{Z})$ 时,$\cos x > -\dfrac{1}{2}$,即 $f'(x) > 0$;

当 $2k\pi + \dfrac{2\pi}{3} < x < 2k\pi + \dfrac{4\pi}{3} (k \in \mathbf{Z})$ 时,$\cos x < -\dfrac{1}{2}$,即 $f'(x) < 0$.

因此 $f(x)$ 在每一个区间 $\left(2k\pi - \dfrac{2\pi}{3}, 2k\pi + \dfrac{2\pi}{3}\right) (k \in \mathbf{Z})$ 是增函数,

$f(x)$ 在每一个区间 $\left(2k\pi+\dfrac{2\pi}{3},2k\pi+\dfrac{4\pi}{3}\right)(k\in\mathbf{Z})$ 是减函数.

（Ⅱ）**解**:对任何的 $x\geqslant 0$ 都有 $f(x)\leqslant ax$ 成立,即 $ax-f(x)\geqslant 0$,

令 $g(x)=ax-f(x)$,

$ax-f(x)\geqslant 0$ 等价于 $g(x)=ax-f(x)\geqslant g(0)$,

$g(x)\geqslant g(0)$ 成立的充分不必要条件是 $g'(x)\geqslant 0$,

$g'(x)=a-f'(x)=a-\dfrac{2\cos x+1}{(2+\cos x)^2}\geqslant 0$,即 $a\geqslant\dfrac{2\cos x+1}{(2+\cos x)^2}$,

令 $k(x)=\dfrac{2\cos x+1}{(2+\cos x)^2}$,

$k'(x)=\dfrac{2\sin 2x(2+\cos x)}{(2+\cos x)^4}$,

$a\geqslant k'(x)=\dfrac{2\cos x+1}{(2+\cos x)^2}$,$a\geqslant k(x)_{\max}=k(0)=\dfrac{1}{3}$.

下面证明 $a<\dfrac{1}{3}$ 时,存在 $x\geqslant 0$,使 $g(x)<0$.

$$g'(x)=a-\frac{2\cos x+1}{(2+\cos x)^2}=a-\frac{2}{2+\cos x}+\frac{3}{(2+\cos x)^2}$$

$$=3\left(\frac{1}{2+\cos x}-\frac{1}{3}\right)^2+a-\frac{1}{3}.$$

故当 $a\geqslant\dfrac{1}{3}$ 时,$g'(x)\geqslant 0$.

又 $g(0)=0$,所以当 $x\geqslant 0$ 时,$g(x)\geqslant g(0)=0$,即 $f(x)\leqslant ax$.

当 $0<a<\dfrac{1}{3}$ 时,令 $h(x)=\sin x-3ax$,则 $h'(x)=\cos x-3a$.

故当 $x\in[0,\arccos 3a)$时,$h'(x)>0$.

因此 $h(x)$ 在$[0,\arccos 3a)$上单调增加.

故当 $x\in(0,\arccos 3a)$ 时,$h(x)>h(0)=0$,

即 $\sin x>3ax$.

于是,当 $x\in(0,\arccos 3a)$ 时,$f(x)=\dfrac{\sin x}{2+\cos x}>\dfrac{\sin x}{3}>ax$.

当 $a \leqslant 0$ 时,有 $f\left(\frac{\pi}{2}\right)=\frac{1}{2}>0 \geqslant a \cdot \frac{\pi}{2}$.

因此,a 的取值范围是$\left[\frac{1}{3},+\infty\right)$.

例 4 【2010 全国 Ⅱ 理科第 22 题】

设函数 $f(x)=1-e^{-x}$.

(Ⅰ)证明:当 $x>-1$ 时,$f(x) \geqslant \frac{x}{x+1}$;

(Ⅱ)设当 $x \geqslant 0$ 时,$f(x) \leqslant \frac{x}{ax+1}$,求 a 的取值范围.

(Ⅰ)**证明**:当 $x>-1$ 时,$f(x) \leqslant \frac{x}{x+1}$ 当且仅当 $e^{x} \geqslant 1+x$,

令 $g(x)=e^{x}-1-x$,则 $g'(x)=e^{x}-1$,

当 $x \geqslant 0$ 时,$g'(x) \geqslant 0$,$g(x)$ 在$[0,+\infty)$是增函数;

当 $x \leqslant 0$ 时,$g'(x) \leqslant 0$,$g(x)$ 在$(-\infty,0]$是减函数.

于是 $g(x)$ 在 $x=0$ 处达到最小值,

因而当 $x \in \mathbf{R}$ 时,$g(x) \geqslant g(0)$,即 $e^{x} \geqslant 1+x$,

所以当 $x>-1$ 时,$f(x) \geqslant \frac{x}{x+1}$.

(Ⅱ)题中 $x \geqslant 0$ 时,$f(x) \geqslant 0$,当 $a<0$ 时,

若 $x>-\frac{1}{a}$,则 $\frac{x}{ax+1}<0$,$f(x) \leqslant \frac{x}{ax+1}$ 不成立;

题设中当 $x \geqslant 0$ 时,$f(x) \leqslant \frac{x}{ax+1}$,即 $f(x)-\frac{x}{ax+1} \leqslant 0$,

令 $F(x)=f(x)-\frac{x}{ax+1}$,

$f(x)-\frac{x}{ax+1} \leqslant 0$ 等价于 $F(x)=f(x)-\frac{x}{ax+1} \leqslant 0=F(0)$,

$F(x) \leqslant F(0)$ 成立的充分不必要条件是 $F'(x) \leqslant 0$,

$F'(x)=f'(x)-\frac{1}{(ax+1)^{2}}=e^{-x}-\frac{1}{(ax+1)^{2}} \leqslant 0$,

$e^{-x}-\dfrac{1}{(ax+1)^2}\leqslant 0\Leftrightarrow (ax+1)^2\leqslant e^x\Leftrightarrow a\leqslant \dfrac{\sqrt{e^x}-1}{x}$,

令 $g(x)=\dfrac{\sqrt{e^x}-1}{x}$, $g'(x)=\dfrac{\sqrt{e^x}-1}{x}=\dfrac{(\frac{1}{2}x-1)\sqrt{e^x}+1}{x^2}$,

$h(x)=(\frac{1}{2}x-1)\sqrt{e^x}+1$,

$h'(x)=\frac{1}{4}x\sqrt{e^x}\geqslant 0(x\geqslant 0)$,

$h(x)\geqslant h(0)=0$,所以 $g'(x)\geqslant 0$,

所以 $g(x)=\dfrac{\sqrt{e^x}-1}{x}$ 是增函数.

$g(0)=\lim\limits_{x\to 0}\dfrac{\sqrt{e^x}-1}{x}=\lim\limits_{x\to 0}\dfrac{(\sqrt{e^x}-1)-(\sqrt{e^0}-1)}{x-0}=(\sqrt{e^x}-1)'_{x=0}=\dfrac{1}{2}$,

所以 $0\leqslant a\leqslant \dfrac{1}{2}$.

下面证明 $a>\dfrac{1}{2}$ 时,存在 $x\geqslant 0$ 使 $F(x)>0$.

由(Ⅰ)可知 $x\in \mathbf{R}$ 时,$e^x\geqslant 1+x$,即 $e^{-x}\geqslant 1-x$,

所以 $x\geqslant 1-e^{-x}$,即 $x\geqslant f(x)$,

$f(x)=\dfrac{x}{ax+1}$,即 $H(x)=f(x)ax+f(x)-x$,

$$\begin{aligned}H'(x)&=f(x)a+axf'(x)+f'(x)-1=f(x)a+ax-axf(x)-f(x)\\&=(a-ax-1)f(x)+ax\geqslant (a-ax-1)f(x)+af(x)\\&=(2a-ax-1)f(x),\end{aligned}$$

所以 $2a-ax-1\geqslant 0$,即 $0\leqslant x\leqslant \dfrac{2a-1}{a}$ 时,$H'(x)>0$,

$H(x)$ 为增函数,$H(\dfrac{2a-1}{a})\geqslant H(0)=0$,

当 $x=\dfrac{2a-1}{a}>0$ 时,$f(x)>\dfrac{x}{ax+1}$,即 $F(x)>0$.

所以 $a>\frac{1}{2}$ 时，存在 $x\geqslant 0$ 使 $F(x)>0$ 是成立的.

则当 $x\geqslant 0$ 时，由 $f(x)\leqslant\frac{x}{ax+1}$ 求得的 a 的取值范围是 $\left[0,\frac{1}{2}\right]$.

由上可知，解决此类问题的途径是先找到条件成立的一个充分条件，然后通过逆否转化证明其为充要条件. 这种解题策略在有关参数范围的问题中不失为一种有益的尝试. 尤其在常规方法难以奏效时，应用这种策略，往往能出奇制胜.

注：本文为范淑芳老师所撰，笔者提出修改意见.

关于高考数学总复习的几点浅见

如何有效地展开新一轮高考数学总复习的教学工作?切实提高复习效率?是值得我们认真思考和探究的重要课题.以下结合2005年全国高考数学试题及自己的教学实践就高考数学总复习谈几点浅见,供大家参考,不当之处敬请指正.

一、依据新大纲,夯实基础知识

2005年的考试大纲明确指出,对数学基础知识的考查,既要全面又要突出重点,对于支撑学科知识体系的重点内容,要占有较大的比例,构成数学试卷的主体.一般来说,大家所认同的支撑高中数学科知识体系的重点内容是函数、三角函数、数列、不等式、导数、向量、直线与平面的位置关系及圆锥曲线等内容.因此,在教学过程中要以教材为本,投入足够的时间复习相关的基础知识.要克服片面追求教学进度而忽视基础知识复习的倾向.

二、培养学生运用数学思想和方法指导数学解题的优先意识

让学生系统地掌握数学思想和方法是高中数学教学的重要目标,养成自觉运用数学思想和方法指导数学解题的优先意识才能有效地减少解题的盲目性,从而提高数学解题能力.培养学生运用数学思想和方法指导数学解题的优先意识就是要让学生明白这样一个道理:当你面对一道试题时要能够迅速地在试题与某一个数学思想(如数形结合、分类讨论、转换化归及归纳猜想等)和方法(如配方法、换元法、待定系数法、定义法、归纳法、分析法及反证法等)之间架起一座桥梁,并通过这一桥梁实现数学思想和方法对数学解题的指导作用,从而有效地提高解题效率.但事实上,正因为这种意识的欠缺,在面对某些试题时,许多学生往往感到无从下手.如:

例1 【兰州一中2005年9月高三数学测试题7】已知奇函数$f(x)$在$(-\infty,0)$为减函数,且$f(2)=0$,则不等式$(x-1)\cdot f(x-1)>0$解集为(　　)

A. $\{x \mid -3 < x < -1\}$　　B. $\{x \mid -3 < x < 1$或$\ x > 2\}$

C. $\{x \mid -3 < x < 0$或$x > 3\}$　　D. $\{x \mid -1 < x < 1$或$1 < x < 3\}$

例 2 【兰州一中2005年9月高三数学测试题14】若直线 $y = 2a$ 与函数 $y = |a^x - 1|$ $(a > 0, a \neq 1)$ 的图象有两个公共点，则 a 的取值范围________.

就上述两题的测试结果而言，在抽查的100份试卷中有多半同学的解答是错误的，也有相当一部分同学对此没有作出回答. 学生中普遍存在的问题是面对此类试题不知从何入手?从而充分说明了学生运用数学思想和方法指导数学解题的优先意识的欠缺. 事实上，运用数形结合思想、分类讨论思想及换元法是解决上述两题的关键. 即：

例 1 **解**：根据题意构造函数 $f(x)$ 的图象如图5－1，由图象可得知，$xf(x) > 0$ 的解集为 $\{x \mid -2 < x < 0$或$0 < x < 2\}$

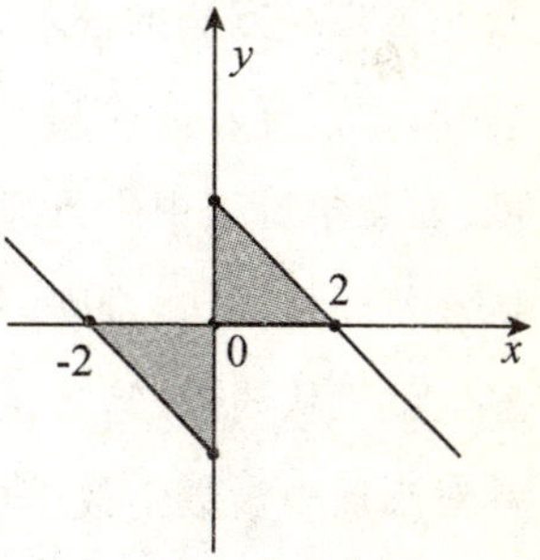

图5－1

将上式中的 x 换为 $x-1$ 得，$(x-1)f(x-1) > 0$ 的解集为

$\{x \mid -2 < x-1 < 0$或$0 < x-1 < 2\}$

$= \{x \mid -1 < x < 1$或$1 < x < 3\}$，故选 D.

例 2 **解**：当 $0 < a < 1$ 时，如图5－2所示，此时直线 $y = 2a$ 与函数 $y = |a^x - 1|$ $(a > 0, a \neq 1)$ 的图象有两个公共点，则须 $0 < 2a < 1$，即 $0 < a < \frac{1}{2}$.

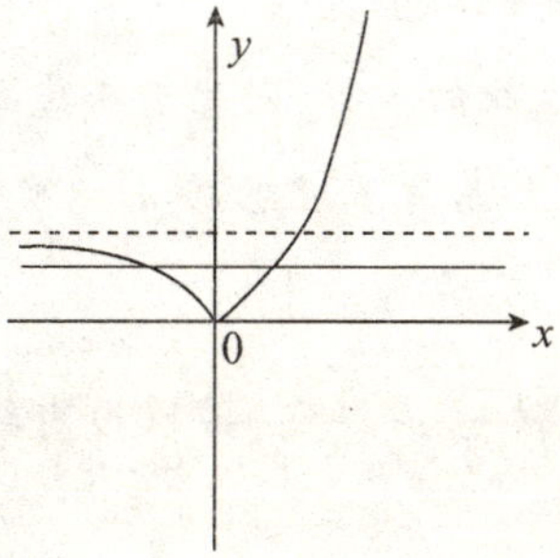

图5－2

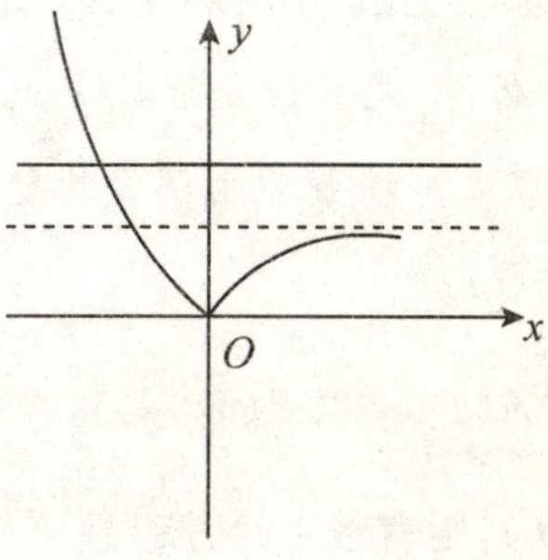

图5－3

当 $a > 1$ 时，如图 5－3 所示，此时直线 $y=2a$ 与函数 $y=|a^x-1|$ $(a>0, a\neq 1)$ 的图象有两个公共点，则须 $0<2a<1$，即 $0<a<\frac{1}{2}$，这与条件 $a>1$ 矛盾.

综上所述，$0<a<\frac{1}{2}$.

三、注重通性通法，加强思维深刻性、灵活性的培养

考试大纲指出，对数学思想和方法的考查是对数学知识在更高层次上的抽象和概括的考查，考查时必须与数学知识相结合，通过数学知识的考查，反映考生对数学思想和方法的理解；要从学科整体意义和思想价值立意，注重通性通法，淡化特殊技巧，有效地检测考生对中学数学知识中所蕴涵的数学思想和方法的掌握程度. 在教学过程中注重通性通法的同时，也要看到它的相对性，切不可教条地、僵化地看待通性通法，否则，就会步入定式思维的死胡同，学生思维深刻性、灵活性的培养也就无从谈起. 笔者认为 2005 年全国高考数学试题理 21 题与文 17 题是命题者针对当前中学数学教学中存在的定式思维倾向而设计的好题，旨在考查考生的临场应变能力和思维的灵活性. 如：

例 3 【2005 年全国高考数学试题理 21】设 $A(x_1, y_1)$，$B(x_2, y_2)$ 两点在抛物线 $y=2x^2$ 上，l 是 AB 的垂直平分线.

（Ⅰ）当且仅当 x_1+x_2 取何值时，经过抛物线的焦点 F?证明你的结论；

（Ⅱ）当直线 l 的斜率为 2 时，求 l 在 y 轴上截距的取值范围.

分析：研究直线是否过定点的问题一般要依据直线的方程，因此选择建立直线 l 的方程成为许多考生解答此题的首选方案，但解答结果并不理想，为什么呢?请看下述过程：

$\because A(x_1, y_1)$，$B(x_2, y_2)$，$\therefore AB$ 的中点坐标为 $\left(\frac{x_1+x_2}{2}, \frac{y_1+y_2}{2}\right)$，设直线 l 的斜率为 k，则直线 l 的方程是

$$y-\frac{y_1+y_2}{2}=k\left(x-\frac{x_1+x_2}{2}\right) \qquad ①$$

多数考生解答至此就停止不前了，难道是此法不通！并非如此，究其根源，是考生对选择此法解题的后续手段缺乏足够的认识，以及分类讨论解决问题的意识欠缺所导致的，归根到底还是基础知识不扎实的表现. 以下继续接 ① 分析如下：

又抛物线 $y=2x^2$ 的标准方程为 $x^2=\frac{y}{2}$，它的焦点坐标是 $F\left(0,\frac{1}{8}\right)$. 此时把 $x=0$ 代入方程 ① 得，

$$y=\frac{y_1+y_2}{2}-k\frac{x_1+x_2}{2}，又\because k=-\frac{x_1-x_2}{y_1-y_2}(y_1\neq y_2)，y_1=2x_1^2，y_2=2x_2^2，$$

$$\therefore y=x_1^2+x_2^2+\frac{x_1-x_2}{2(x_1-x_2)(x_1+x_2)}\cdot\frac{x_1+x_2}{2}$$

$$=x_1^2+x_2^2+\frac{1}{4}>\frac{1}{4}>\frac{1}{8}.$$ 这说明此时直线 l 不过焦点 F.

当 $y_1=y_2$ 时，直线 l 的斜率不存在，此时 $A(x_1,y_1)$，$B(x_2,y_2)$ 两点关于 y 轴对称，即 AB 的垂直平分线 l 为 y 轴，它必过焦点 F，且 $x_1+x_2=0$.

综上可知，当 $x_1+x_2=0$ 时，AB 的垂直平分线 l 过抛物线 $y=2x^2$ 的焦点 F.

由此可见，选择上述解法解答此题，需要考生具有自觉的分类意识和较强的思维深刻性，这些良好的思维品质的培养要贯穿于高中数学教学的全过程，更要在高考总复习的教学过程中进一步得到加强.

事实上，本题可另解如下：

$\because F\in l\Leftrightarrow|FA|=|FB|\Leftrightarrow A$、$B$ 两点到抛物线的准线的距离相等，

$\because$ 到抛物线的准线是 x 轴的平行线，$y_1\geqslant 0$，$y_2\geqslant 0$，依题意 y_1，y_2 不同时为 0，

$\therefore$ 上述条件等价于 $y_1=y_2\Leftrightarrow x_1^2=x_2^2\Leftrightarrow(x_1-x_2)(x_1-x_2)=0$；

$\because x_1\neq x_2$

$\therefore$ 上述条件等价于 $x_1+x_2=0$ 时，直线 l 过抛物线的焦点 F.

对比之下不难看出，命题者的意图是要考查考生能否灵活应用抛物线的定义转换求解，并不拘泥于通性通法，对考生的思维灵活性提出了较高的要求. 由此启示我们在教学过程中要正确处理好通性通法和解题方法灵活性的辩证关系，切不可顾此失彼. 又如：

例 4 【2005 年全国高考数学试题文 17】已知函数 $f(x)=2\sin^2x+\sin 2x$，x

$\in [0,2\pi]$，求使 $f(x)$ 为正值的 x 的集合.

分析："遇平方，先降幂"是大家耳熟能详的经典口诀，所以考生在其指导下选择倍角公式变形是无可非议的.

$\because f(x)=1-\cos 2x+\sin 2x=1+\sqrt{2}\sin\left(2x-\frac{\pi}{4}\right)$

$\therefore f(x)>0 \Leftrightarrow 1+\sqrt{2}\sin\left(2x-\frac{\pi}{4}\right)>0 \Leftrightarrow \sin\left(2x-\frac{\pi}{4}\right)>-\frac{\sqrt{2}}{2}$

$\Leftrightarrow -\frac{\pi}{4}+2k\pi<2x-\frac{\pi}{4}<\frac{5\pi}{4}+2k\pi \Leftrightarrow k\pi<x<\frac{3\pi}{4}+k\pi$，

又 $x\in[0,2\pi]$. $\therefore x\in\left(0,\frac{3\pi}{4}\right)\cup\left(\pi,\frac{7\pi}{4}\right)$.

但面对三角不等式 $\sin\left(2x-\frac{\pi}{4}\right)>-\frac{\sqrt{2}}{2}$ 时，考生的解答并不顺利，易产生多种解题失误，在此不再赘述. 倘若不按"遇平方，先降幂"的一般原则处理，换一个角度分析如下：

$f(x)=2\sin^2 x+2\sin x\cos x=2\sin x(\sin x+\cos x)$，

$f(x)>0 \Leftrightarrow 2\sin x(\sin x+\cos x)>0 \Leftrightarrow \sin x$ 与 $\sin x+\cos x$ 同号.

在 $x\in[0,2\pi]$ 上，如图 5－4 所示，根据三角函数在单位圆上的表示方法可知，

若 $\sin x$ 与 $\sin x+\cos x$ 均为正值，则 $x\in\left(0,\frac{3\pi}{4}\right)$；

若 $\sin x$ 与 $\sin x+\cos x$ 均为负值，则 $x\in\left(\pi,\frac{7\pi}{4}\right)$.

$\therefore x\in\left(0,\frac{3\pi}{4}\right)\cup\left(\pi,\frac{7\pi}{4}\right)$

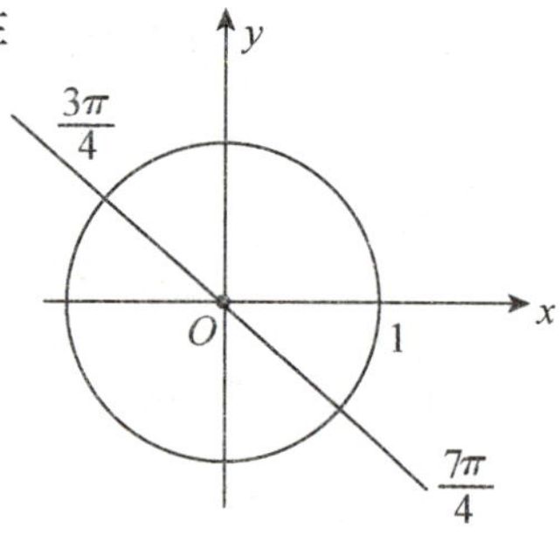

图 5－4

以上解答不拘泥于常规定式，减少了变形环节，降低了致误因素，提高了解答的准确性，的确给人耳目一新的感受.

四、善于求变，推陈出新

在高考数学总复习的教学过程中，研究以往高考中的经典试题是十分必要的，倘若就题论题则价值就不大了. 因此在教学过程中，要善于求变，推陈出新，才能有

效地提高复习效率.如：

例 5 【2004 年湖北高考题】已知 $x \geqslant \frac{5}{2}$,则 $f(x)=\frac{x^2-4x+5}{2x-4}$ 有(　　)

A.最大值$\frac{5}{4}$　　B.最小值$\frac{5}{4}$　　C.最大值 1　　D.最小值 1

分析:本题重在考查考生是否具有灵活配凑、拆分变形的能力及其对应用均值不等式求最值方法的掌握程度.

解:$\because x \geqslant \frac{5}{2}$, $f(x)=\frac{x^2-4x+5}{2x-4}=\frac{1}{2}\cdot\frac{(x-2)^2+1}{x-2}$

$$=\frac{1}{2}\left[(x-2)+\frac{1}{x-2}\right]$$

$$\geqslant \frac{1}{2}\cdot 2\sqrt{(x-2)\cdot\frac{1}{x-2}}=1,$$

当且仅当 $x-2=\frac{1}{x-2}$,即 $x=3$ 时等号成立.

变化 1:已知关于 x 的不等式 $a(2x-4)<x^2-4x+5$ 在 $x\in\left[\frac{5}{2},+\infty\right)$上恒成立,求实数 a 的取值范围.

分析:由 $a(2x-4)<x^2-4x+5$,$x\in\left[\frac{5}{2},+\infty\right)$得,$a<\frac{x^2-4x+5}{2x-4}$,故将问题转化为求函数 $f(x)=\frac{x^2-4x+5}{2x-4}$ 的最小值,则 a 的取值范围可由 $a<f(x)_{\min}$ 获得.

变化 2:已知关于 x 的不等式 $x^2-(4+2a)x+5+4a>0$ 在 $x\in\left[\frac{5}{2},+\infty\right)$上恒成立,求实数 a 的取值范围.

分析:通过分离参数,可仍将本题转化为上述问题加以解决.

试题变化的途径多种多样,可以从设问方式、结构形式及数量关系等方面实施.通过以上变化,可以最大限度地发挥一道试题的潜在价值,从而扩大了知识容量,拓展了解题方法,克服了题海战术,优化了思维品质.因此,在教学中要善于求变,不断地推陈出新,才能有效地提高复习效率.

五、以点带面，促使知识系统化、网络化

例 6 【2000 年全国高考试题(理)11】过抛物线 $y=ax^2(a>0)$ 的焦点 F 作一直线交抛物线于 P、Q 两点，若线段 PF 与 FQ 的长分别是 p、q，则 $\frac{1}{p}+\frac{1}{q}$ 等于( )

A. $4a$　　B. $\frac{1}{2a}$　　C. $2a$　　D. $\frac{4}{a}$

本题作为一道高考数学选择题中的压轴题，重在考查考生是否具有灵活应变的能力和将一般问题特殊化的意识. 具体解答过程如下：

当 PQ 垂直于 y 轴时，其长度恰等于抛物线 $y=ax^2(a>0)$ 的通径长 $\frac{1}{a}$，此时，$PF=FQ=\frac{1}{2a}$，则 $\frac{1}{p}+\frac{1}{q}=4a$，故选 A.

就题论题，上述解法无疑是事半功倍. 但倘若就此了事，那么何以达到以点带面，促使知识系统化、网络化的目的呢？

1. 改编题型

例 7 【2000 年全国高考试题(理)11 改编题】过抛物线 $y=ax^2(a>0)$ 的焦点 F 作一直线交抛物线于 P、Q 两点，若线段 PF 与 FQ 的长分别是 p、q，那么 $\frac{1}{p}+\frac{1}{q}$ 是否为定值？若是，求出该定值；若不是，请说明理由.

2. 探究解法

3. 一般推广

关于 2、3 两方面的问题在下文论述，在此不再赘述.

注：本文发表于《中学教育科研》，2005.08.

如何充分发挥高考试题的"营养"价值

作为一名年轻的数学教师，在前些年参加的一次高考培训会上我有幸听过明知白先生的一句名言："要充分发挥好题的营养价值"，至今对此记忆犹新. 本文就如何充分发挥高考试题的"营养"价值谈一些拙见，请同行赐教.

例 1 【2000 年全国高考试题(理)11】过抛物线 $y=ax^2(a>0)$ 的焦点 F 作一直线交抛物线于 P、Q 两点，若线段 PF 与 FQ 的长分别是 p、q，则 $\frac{1}{p}+\frac{1}{q}$ 等于(　　)

A. $4a$　　B. $\frac{1}{2a}$　　C. $2a$　　D. $\frac{4}{a}$

本题作为一道高考数学选择题中的压轴题，重在考查考生是否具有灵活应变的能力和将一般问题特殊化的意识. 具体解答过程如下：

当 PQ 垂直于 y 轴时，其长度恰等于抛物线 $y=ax^2(a>0)$ 的通径长 $\frac{1}{a}$，此时，$PF=FQ=\frac{1}{2a}$，则 $\frac{1}{p}+\frac{1}{q}=4a$，故选 A.

就题论题，上述解法无疑是事半功倍. 但倘若就此了事，那么充分发挥试题价值的尝试就无从谈起. 那么，究竟如何才能充分发挥高考试题的"营养"价值呢？

1. 改编题型

例 2 【2000 年全国高考试题(理)11 改编题】过抛物线 $y=ax^2(a>0)$ 的焦点 F 作一直线交抛物线于 P、Q 两点，若线段 PF 与 FQ 的长分别是 p、q，那么 $\frac{1}{p}+\frac{1}{q}$ 是否为定值？若是，求出该定值；若不是，请说明理由.

2. 探究解法

解法 1：∵ 抛物线 $y=ax^2(a>0)$ 化为标准方程为 $x^2=\frac{1}{a}y$，其焦点 F 的坐标是 $\left(0,\frac{1}{4a}\right)$.

∴ 设过焦点 F 的直线 PQ 的方程为 $y-\frac{1}{4a}=kx$，$P(x_1,y_1)$，$Q(x_2,y_2)$，

联立方程组

$$\begin{cases} y=kx+\frac{1}{4a}, \\ y=ax^2. \end{cases}$$ 消去 y 并整理，得

$$ax^2-kx-\frac{1}{4a}=0 \qquad ①$$

解 ① 得 $x_1=\frac{k-\sqrt{k^2+1}}{2a}$，　$x_2=\frac{k+\sqrt{k^2+1}}{2a}$，

$\therefore y_1=kx_1+\frac{1}{4a}$，　$y_2=kx_2+\frac{1}{4a}$.

又 $\because p=\sqrt{x_1^2+(y_1-\frac{1}{4a})^2}=\sqrt{x_1^2(1+k^2)}=|x_1|\sqrt{1+k^2}$，

$q=\sqrt{x_2^2+(y_2-\frac{1}{4a})^2}=\sqrt{x_2^2(1+k^2)}=|x_2|\sqrt{1+k^2}$.

$$\begin{aligned}\therefore \frac{1}{p}+\frac{1}{q}&=\frac{1}{|x_1|\sqrt{1+k^2}}+\frac{1}{|x_2|\sqrt{1+k^2}}\\ &=\frac{1}{\sqrt{1+k^2}}\left(\frac{2a}{\sqrt{1+k^2}-k}+\frac{2a}{\sqrt{1+k^2}+k}\right)\\ &=\frac{1}{\sqrt{1+k^2}}\left[2a(\sqrt{1+k^2}+k)+2a(\sqrt{1+k^2}-k)\right]\\ &=\frac{1}{\sqrt{1+k^2}}\cdot 4a\cdot\sqrt{1+k^2}=4a.\end{aligned}$$

当 PQ 垂直于 y 轴时，其长度恰等于抛物线 $y=ax^2(a>0)$ 的通径长 $\frac{1}{a}$，此时，

$PF=FQ=\frac{1}{2a}$，则 $\frac{1}{p}+\frac{1}{q}=4a$.

综上所述，$\frac{1}{p}+\frac{1}{q}$ 为定值，且 $\frac{1}{p}+\frac{1}{q}=4a$.

解法 2：根据抛物线的定义及解法 1 知，

$$p=y_1+\frac{1}{4a}=kx_1+\frac{1}{2a}=\frac{\sqrt{1+k^2}(\sqrt{1+k^2}-k)}{2a},$$

$$q=y_2+\frac{1}{4a}=kx_2+\frac{1}{2a}=\frac{\sqrt{1+k^2}(\sqrt{1+k^2}+k)}{2a}.$$

以下同解法 1.

解法 3:由解法 1 中的方程组

$\begin{cases} y=kx+\dfrac{1}{4a}, \\ y=ax^2. \end{cases}$ 消去 x 并整理,得

$$ay^2-(k^2+\frac{1}{2})y+\frac{1}{16a}=0,$$

$$\therefore y_1+y_2=\frac{2k^2+1}{2a}, y_1y_2=\frac{1}{16a^2}.$$

$$\therefore \frac{1}{p}+\frac{1}{q}=\frac{p+q}{pq}=\frac{y_1+\frac{1}{4a}+y_2+\frac{1}{4a}}{(y_1+\frac{1}{4a})(y_2+\frac{1}{4a})}=\frac{y_1+y_2+\frac{1}{2a}}{y_1y_2+\frac{1}{4a}(y_1+y_2)+\frac{1}{16a^2}}$$

$$=\frac{\frac{2k^2+1}{2a}+\frac{1}{2a}}{\frac{1}{16a^2}+\frac{1}{4a}\cdot\frac{2k^2+1}{2a}+\frac{1}{16a^2}}=\frac{k^2+1}{a}\cdot\frac{4a^2}{k^2+1}=4a.$$

以下同解法 1.

解法 4:过点 F 作直线 $l \parallel x$ 轴,建立如图 5－5 所示的直角坐标系 $x'O'y'$,则抛物线 $y=ax^2(a>0)$ 可化为

$$\left(y'+\frac{1}{4a}\right)=ax'^2 \quad ①$$

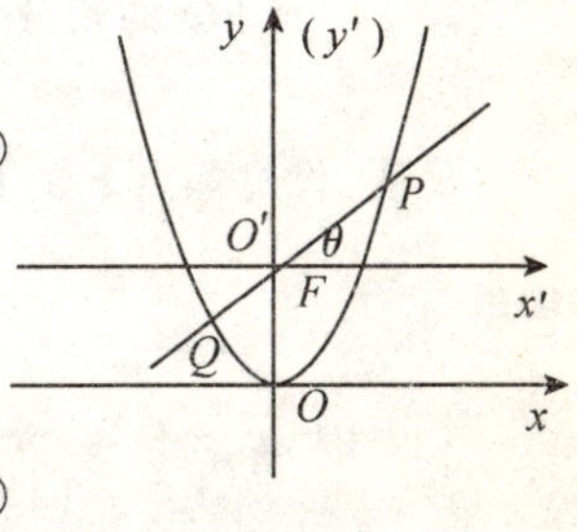

图 5－5

则 P 点为$(p\cos\theta, p\sin\theta)$,

Q 点为$(-q\cos\theta, q\sin\theta)$,将其代入方程 ① 得,

$$ap^2\cos^2\theta=p\sin\theta+\frac{1}{4a} \quad ②$$

$$aq^2\cos^2\theta=-q\sin\theta+\frac{1}{4a} \quad ③$$

②－③ 得，$a(p-q)\cos^2\theta=\sin\theta$

$\therefore p-q=\dfrac{\sin\theta}{a\cos^2\theta}$ ④

②/③ 得，$\dfrac{p^2}{q^2}=\dfrac{p\sin\theta+\dfrac{1}{4a}}{-q\sin\theta+\dfrac{1}{4a}}\Leftrightarrow -qp^2\sin\theta+\dfrac{p^2}{4a}=q^2p\sin\theta+\dfrac{q^2}{4a}$

$$\Leftrightarrow pq(p+q)\sin\theta=\frac{(p+q)(p-q)}{4a},$$

$\therefore p-q=4apq\sin\theta$ ⑤

由 ④、⑤ 得，$\dfrac{1}{pq}=4a^2\cos^2\theta$，

又 $(p+q)^2=(p-q)^2+4pq=\dfrac{\sin^2\theta}{a^2\cos^4\theta}+\dfrac{1}{a^2\cos^2\theta}=\dfrac{1}{a^2\cos^4\theta}$，

$\therefore p+q=\dfrac{1}{a\cos^2\theta}$，

$\therefore \dfrac{1}{p}+\dfrac{1}{q}=\dfrac{p+q}{pq}=4a^2\cos^2\theta\cdot\dfrac{1}{a\cos^2\theta}=4a.$

即 $\dfrac{1}{p}+\dfrac{1}{q}=4a.$

3. 一般推广

定理1 过抛物线 $y^2=2px(p>0)$ 的焦点 F 作一直线交抛物线于 P、Q 两点，若线段 PF 与 FQ 的长分别是 m，n，则 $\dfrac{1}{m}+\dfrac{1}{n}$ 是定值 $\dfrac{2}{p}$.

证明：设过焦点 F 的直线方程为 $y=k\left(x-\dfrac{p}{2}\right)$，$P(x_1,y_1)$，$Q(x_2,y_2)$，联立方程组

$\begin{cases}y=k(x-\dfrac{p}{2}),\\ y^2=2px.\end{cases}$ 消去 y 并整理，得

$k^2x^2-(k^2p+2p)x+\dfrac{k^2p^2}{4}=0$，

$\therefore x_1+x_2=\dfrac{k^2p+2p}{k^2}, x_1x_2=\dfrac{k^2p^2}{4}$. 由抛物线的焦半径公式可得，

$m=x_1+\dfrac{p}{2}, n=x_2+\dfrac{p}{2}$,

$$\therefore \frac{1}{m}+\frac{1}{n}=\frac{1}{x_1+\frac{p}{2}}+\frac{1}{x_2+\frac{p}{2}}=\frac{x_1+x_2+p}{x_1x_2+\frac{p}{2}(x_1+x_2)+\frac{p^2}{4}}$$

$$=\frac{\frac{k^2p+2p}{k^2}+p}{\frac{p^2}{4}+\frac{p}{2}\cdot\frac{k^2p+2p}{k^2}+\frac{p^2}{4}}=\frac{\frac{2p(k^2+1)}{k^2}}{\frac{2p^2(k^2+1)}{2k^2}}=\frac{2}{p}.$$

当过焦点 F 的直线 PQ 垂直于 x 轴时，$m=n=p$，故 $\dfrac{1}{m}+\dfrac{1}{n}=\dfrac{2}{p}$ 成立.

综上所述，定理 1 证毕.

4. 类比拓展

定理 2 过椭圆 $\dfrac{x^2}{a^2}+\dfrac{y^2}{b^2}=1(a>b>0)$ 的焦点 F 作一直线交椭圆于 P、Q 两点，若线段 PF 与 FQ 的长分别是 m,n，则 $\dfrac{1}{m}+\dfrac{1}{n}$ 是定值 $\dfrac{2a}{b^2}$.

证明：不妨设焦点 F 为右焦点，则过 $F(c,0)$ 的直线方程可设为

$y=k(x-c)$，$P(x_1,y_1)$，$Q(x_2,y_2)$，联立方程组

$\begin{cases} y=k(x-c), \\ \dfrac{x^2}{a^2}+\dfrac{y^2}{b^2}=1. \end{cases}$ 消去 y 并整理，得

$(b^2+a^2k^2)x^2-2a^2k^2cx+a^2k^2c^2-a^2b^2=0$,

$\therefore x_1+x_2=\dfrac{2a^2k^2c}{b^2+a^2k^2}, x_1x_2=\dfrac{a^2k^2c^2-a^2b^2}{b^2+a^2k^2}$. 由椭圆的焦半径公式可得，

$m=a-ex_1, n=a-ex_2$,

$$\therefore \frac{1}{m}+\frac{1}{n}=\frac{1}{a-ex_1}+\frac{1}{a-ex_2}=\frac{2a-e(x_1+x_2)}{a^2-ae(x_1+x_2)+e^2x_1x_2},$$

又 $\because 2a-e(x_1+x_2)=\dfrac{2ab^2+2a^3k^2-2ac^2k^2}{b^2+a^2k^2}$

$$=\frac{2a[b^2+(a^2-c^2)k^2]}{b^2+a^2k^2}=\frac{2ab^2(1+k^2)}{b^2+a^2k^2},$$

$$a^2-ae(x_1+x_2)+e^2x_1x_2=a^2-c\cdot\frac{2a^2k^2c}{b^2+a^2k^2}+\frac{c^2}{a^2}\cdot\frac{a^2k^2c^2-a^2b^2}{b^2+a^2k^2}$$

$$=\frac{b^2(a^2-c^2)+a^4k^2-2a^2c^2k^2+k^2c^4}{b^2+a^2k^2}=\frac{b^4(1+k^2)}{b^2+a^2k^2}.$$

$$\therefore \frac{1}{m}+\frac{1}{n}=\frac{1}{a-ex_1}+\frac{1}{a-ex_2}=\frac{2a-e(x_1+x_2)}{a^2-ae(x_1+x_2)+e^2x_1x_2}$$

$$=\frac{\dfrac{2ab^2(1+k^2)}{b^2+a^2k^2}}{\dfrac{b^4(1+k^2)}{b^2+a^2k^2}}=\frac{2a}{b^2}.$$

当过焦点 F 的直线 PQ 垂直于 x 轴时，$m=n=a-ec=\dfrac{a^2-c^2}{a}=\dfrac{b^2}{a}$，

故 $\dfrac{1}{m}+\dfrac{1}{n}=\dfrac{2a}{b^2}$ 成立.

综上所述，定理 2 证毕.

定理 3 过双曲线 $\dfrac{x^2}{a^2}-\dfrac{y^2}{b^2}=1(a>0,b>0)$ 的焦点 F 作一直线交双曲线于 P、Q 两点，若线段 PF 与 FQ 的长分别是 m,n，则 $\dfrac{1}{m}+\dfrac{1}{n}$ 是定值 $\dfrac{2a}{b^2}$.

证明：不妨设焦点 F 为右焦点，则过 $F(c,0)$ 的直线方程可设为

$y=k(x-c)$，$P(x_1,y_1)$，$Q(x_2,y_2)$，联立方程组

$$\begin{cases} y=k(x-c), \\ \dfrac{x^2}{a^2}-\dfrac{y^2}{b^2}=1. \end{cases}$$ 消去 y 并整理，得

$$(b^2-a^2k^2)x^2+2a^2k^2c\cdot x-a^2k^2c^2-a^2b^2=0,$$

$\therefore x_1+x_2=\dfrac{2a^2k^2c}{a^2k^2-b^2}$，$x_1x_2=\dfrac{a^2k^2c^2+a^2b^2}{a^2k^2-b^2}$. 由双曲线的焦半径公式可得，

$m=ex_1-a$，$n=ex_2-a$，

$$\therefore \frac{1}{m}+\frac{1}{n}=\frac{1}{ex_1-a}+\frac{1}{ex_2-a}=\frac{e(x_1+x_2)-2a}{e^2x_1x_2-ae(x_1+x_2)+a^2},$$

又 $\because e(x_1+x_2)-2a=\dfrac{2ak^2c^2-2a^3k^2+2ab^2}{a^2k^2-b^2}$

$$=\frac{2a[b^2+(c^2-a^2)k^2]}{a^2k^2-b^2}=\frac{2ab^2(1+k^2)}{a^2k^2-b^2},$$

$$a^2-ae(x_1+x_2)+e^2x_1x_2$$

$$=a^2-c\cdot\frac{2a^2k^2c}{a^2k^2-b^2}+\frac{c^2}{a^2}\cdot\frac{a^2k^2c^2+a^2b^2}{a^2k^2-b^2}$$

$$=\frac{b^2(c^2-a^2)+(c^4-2a^2c^2+a^4)k^2}{a^2k^2-b^2}$$

$$=\frac{b^4(1+k^2)}{a^2k^2-b^2}.$$

$$\therefore \frac{1}{m}+\frac{1}{n}=\frac{1}{ex_1-a}+\frac{1}{ex_2-a}=\frac{e(x_1+x_2)-2a}{e^2x_1x_2-ae(x_1+x_2)+a^2}$$

$$=\frac{\dfrac{2ab^2(1+k^2)}{a^2k^2-b^2}}{\dfrac{b^4(1+k^2)}{a^2k^2-b^2}}=\frac{2a}{b^2}.$$

当过焦点 F 的直线 PQ 垂直于 x 轴时，$m=n=ec-a=\dfrac{c^2-a^2}{a}=\dfrac{b^2}{a}$,

故 $\dfrac{1}{m}+\dfrac{1}{n}=\dfrac{2a}{b^2}$ 成立.

综上所述，定理 3 证毕.

5. 综合结论

定理 4 过圆锥曲线焦点的弦被焦点分成的两条线段长的倒数之和为定值.

注：本文发表于《中学教育科研》，2004.10.

高考命题背景探源

——以曲化直的数学思想

例 1 【2008 年全国二卷理 22】

设函数 $f(x)=\dfrac{\sin x}{2+\cos x}$.

（Ⅰ）求 $f(x)$ 的单调区间；

（Ⅱ）如果对任何 $x\geqslant 0$，都有 $f(x)\leqslant ax$，求 a 的取值范围.

解：（Ⅰ）$f'(x)=\dfrac{(2+\cos x)\cos x-\sin x(-\sin x)}{(2+\cos x)^2}=\dfrac{2\cos x+1}{(2+\cos x)^2}$.

当 $2k\pi-\dfrac{2\pi}{3}<x<2k\pi+\dfrac{2\pi}{3}(k\in\mathbf{Z})$ 时，$\cos x>-\dfrac{1}{2}$，即 $f'(x)>0$；

当 $2k\pi+\dfrac{2\pi}{3}<x<2k\pi+\dfrac{4\pi}{3}(k\in\mathbf{Z})$ 时，$\cos x<-\dfrac{1}{2}$，即 $f'(x)<0$.

因此 $f(x)$ 在每一个区间 $\left(2k\pi-\dfrac{2\pi}{3},2k\pi+\dfrac{2\pi}{3}\right)(k\in\mathbf{Z})$ 是增函数，

$f(x)$ 在每一个区间 $\left(2k\pi+\dfrac{2\pi}{3},2k\pi+\dfrac{4\pi}{3}\right)(k\in\mathbf{Z})$ 是减函数.

（Ⅱ）令 $g(x)=ax-f(x)$，则

$$g'(x)=a-\frac{2\cos x+1}{(2+\cos x)^2}=a-\frac{2}{2+\cos x}+\frac{3}{(2+\cos x)^2}$$

$$=3\left(\frac{1}{2+\cos x}-\frac{1}{3}\right)^2+a-\frac{1}{3}.$$

故当 $a\geqslant\dfrac{1}{3}$ 时，$g'(x)\geqslant 0$.

又 $g(0)=0$，所以当 $x\geqslant 0$ 时，$g(x)\geqslant g(0)=0$，即 $f(x)\leqslant ax$.

当 $0<a<\dfrac{1}{3}$ 时，令 $h(x)=\sin x-3ax$，则 $h'(x)=\cos x-3a$.

故当 $x \in [0, \arccos 3a)$ 时，$h'(x) > 0$，因此 $h(x)$ 在 $[0, \arccos 3a)$ 上单调增加.

故当 $x \in (0, \arccos 3a)$ 时，$h(x) > h(0) = 0$，

即 $\sin x > 3ax$.

于是，当 $x \in (0, \arccos 3a)$ 时，

$$f(x) = \frac{\sin x}{2 + \cos x} > \frac{\sin x}{3} > ax.$$

当 $a \leqslant 0$ 时，有

$$f\left(\frac{\pi}{2}\right) = \frac{1}{2} > 0 \geqslant a \cdot \frac{\pi}{2}.$$

因此，a 的取值范围是 $\left[\frac{1}{3}, +\infty\right)$.

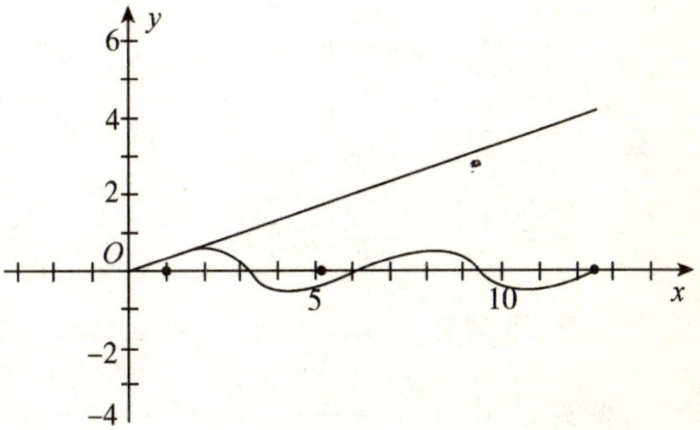

图 5－6

注解：由 $f'(x) = \frac{(2+\cos x)\cos x - \sin x(-\sin x)}{(2+\cos x)^2} = \frac{2\cos x + 1}{(2+\cos x)^2}$ 得 $f'(0) = \frac{1}{3}$，又点 $(0,0)$ 在曲线上，则曲线在该点的切线方程为 $y = \frac{1}{3}x$，如图 5－6 所示，易知 a 的取值范围是 $\left[\frac{1}{3}, +\infty\right)$.

例 2 【2008 陕西卷 22】

已知数列 $\{a_n\}$ 的首项 $a_1 = \frac{3}{5}$，$a_{n+1} = \frac{3a_n}{2a_n + 1}$，$n = 1, 2, \cdots$.

（Ⅰ）求 $\{a_n\}$ 的通项公式；

（Ⅱ）证明：对任意的 $x > 0$，$a_n \geqslant \frac{1}{1+x} - \frac{1}{(1+x)^2}\left(\frac{2}{3^n} - x\right)$，$n = 1, 2, \cdots$；

（Ⅲ）证明：$a_1 + a_2 + \cdots + a_n > \frac{n^2}{n+1}$.

解法一：（Ⅰ）$\because a_{n+1} = \frac{3a_n}{2a_n + 1}$，$\therefore \frac{1}{a_{n+1}} = \frac{2}{3} + \frac{1}{3a_n}$，$\therefore \frac{1}{a_{n+1}} - 1 = \frac{1}{3}\left(\frac{1}{a_n} - 1\right)$，

又 $\frac{1}{a_n} - 1 = \frac{2}{3}$，$\therefore \left(\frac{1}{a_n} - 1\right)$ 是以 $\frac{2}{3}$ 为首项，$\frac{1}{3}$ 为公比的等比数列.

$\therefore \frac{1}{a_n} - 1 = \frac{2}{3} \cdot \frac{1}{3^{n-1}} = \frac{2}{3^n}$，$\therefore a_n = \frac{3^n}{3^n + 2}$.

（Ⅱ）由（Ⅰ）知 $a_n=\dfrac{3^n}{3^n+2}>0$，

$$\frac{1}{1+x}-\frac{1}{(1+x)^2}\left(\frac{2}{3^n}-x\right)=\frac{1}{1+x}-\frac{1}{(1+x)^2}\left(\frac{2}{3^n}+1-1-x\right)$$

$$=\frac{1}{1+x}-\frac{1}{(1+x)^2}\left[\frac{1}{a_n}-(1+x)\right]=-\frac{1}{a_n}\cdot\frac{1}{(1+x)^2}+\frac{2}{1+x}$$

$$=-\frac{1}{a_n}\left(\frac{1}{1+x}-a_n\right)^2+a_n\leqslant a_n$$，∴ 原不等式成立.

注解：命题背景探源体现了“以直化曲”的思想.这是高考命题的重点和热点.

事实上，由 $a_n=\dfrac{3^n}{3^n+2}$ 得，$a_n=\dfrac{1}{1+\dfrac{2}{3^n}}$，令 $t=\dfrac{2}{3^n}(t>0)$，所以 $a_n=\dfrac{1}{1+t}$，不妨设 $s=\dfrac{1}{1+t}$，则 $s'=-\dfrac{1}{(1+t)^2}$，那么曲线 $s=\dfrac{1}{1+t}$ 上任一点 $\left(x,\dfrac{1}{1+x}\right)$ 处的切线方程为：

$s-\dfrac{1}{1+x}=-\dfrac{1}{(1+x)^2}(t-x)$，即 $s=\dfrac{1}{1+x}-\dfrac{1}{(1+x)^2}(t-x)$. 故当曲线 $s=\dfrac{1}{1+t}$ 上的点 $\left(\dfrac{2}{3^n},a_n\right)$ 为切点时，$a_n=\dfrac{1}{1+x}-\dfrac{1}{(1+x)^2}\left(\dfrac{2}{3^n}-x\right)$；当点

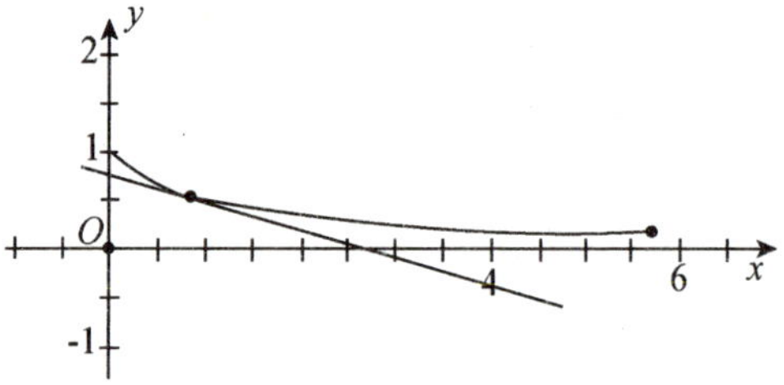

图 5－7

$\left(\dfrac{2}{3^n},a_n\right)$不是切点时，由曲线在切线的上方易得 $a_n>\dfrac{1}{1+x}-\dfrac{1}{(1+x)^2}\left(\dfrac{2}{3^n}-x\right)$.

综上，$a_n\geqslant\dfrac{1}{1+x}-\dfrac{1}{(1+x)^2}\left(\dfrac{2}{3^n}-x\right)$.

（Ⅲ）由（Ⅱ）知，对任意的 $x>0$，有

$$a_1+a_2+\cdots+a_n\geqslant\frac{1}{1+x}-\frac{1}{(1+x)^2}\left(\frac{2}{3}-x\right)+\frac{1}{1+x}-\frac{1}{(1+x)^2}\left(\frac{2}{3^2}-x\right)+\cdots+\frac{1}{1+x}-\frac{1}{(1+x)^2}\left(\frac{2}{3^n}-x\right)$$

$$=\frac{n}{1+x}-\frac{1}{(1+x)^2}\left(\frac{2}{3}+\frac{2}{3^2}+\cdots+\frac{2}{3^n}-nx\right).$$

$\therefore$ 取 $x=\frac{1}{n}\left(\frac{2}{3}+\frac{2}{3^2}+\cdots+\frac{2}{3^n}\right)=\dfrac{\frac{2}{3}\left(1-\frac{1}{3^n}\right)}{n\left(1-\frac{1}{3}\right)}=\frac{1}{n}\left(1-\frac{1}{3^n}\right)$,

则 $a_1+a_2+\cdots+a_n\geqslant\dfrac{n}{1+\frac{1}{n}\left(1-\frac{1}{3^n}\right)}=\dfrac{n^2}{n+1-\frac{1}{3^n}}>\dfrac{n^2}{n+1}$.

$\therefore$ 原不等式成立.

解法二:（Ⅰ）同解法一.

（Ⅱ）设 $f(x)=\frac{1}{1+x}-\frac{1}{(1+x)^2}\left(\frac{2}{3^n}-x\right)$,

则 $f'(x)=-\dfrac{1}{(1+x)^2}-\dfrac{-(1+x)^2-\left(\frac{2}{3^n}-x\right)\cdot 2(1+x)}{(1+x)^2}=\dfrac{2\left(\frac{2}{3^n}-x\right)}{(1+x)^2}$

$\because x>0$,

$\therefore$ 当 $x<\frac{2}{3^n}$ 时，$f'(x)>0$；当 $x>\frac{2}{3^n}$ 时，$f'(x)<0$,

$\therefore$ 当 $x=\frac{2}{3^n}$ 时，$f(x)$ 取得最大值 $f\left(\frac{2}{3^n}\right)=\dfrac{1}{1+\frac{2}{3^n}}=a_n$.

$\therefore$ 原不等式成立.

（Ⅲ）同解法一.

例 3 【2007 年全国一理 20】

设函数 $f(x)=e^x-e^{-x}$.

（Ⅰ）证明：$f(x)$ 的导数 $f'(x)\geqslant 2$；

（Ⅱ）若对所有 $x\geqslant 0$ 都有 $f(x)\geqslant ax$，求 a 的取值范围.

解:（Ⅰ）$f(x)$ 的导数 $f'(x)=e^x+e^{-x}$.

由于 $e^x+e^{-x}\geqslant 2\sqrt{e^x\cdot e^{-x}}=2$，故 $f'(x)\geqslant 2$.

（当且仅当 $x=0$ 时，等号成立）.

（Ⅱ）令 $g(x)=f(x)-ax$，则

$g'(x)=f'(x)-a=e^{x}+e^{-x}-a$，

（ⅰ）若 $a\leqslant 2$，当 $x>0$ 时，$g'(x)=e^{x}+e^{-x}-a>2-a\geqslant 0$，

故 $g(x)$ 在 $(0,+\infty)$ 上为增函数，

所以，$x\geqslant 0$ 时，$g(x)\geqslant g(0)$，即 $f(x)\geqslant ax$.

（ⅱ）若 $a>2$，方程 $g'(x)=0$ 的正根为

$x_1=\ln\dfrac{a+\sqrt{a^2-4}}{2}$，

此时，若 $x\in(0,x_1)$，则 $g'(x)<0$，故 $g(x)$ 在该区间为减函数.

所以，$x\in(0,x_1)$ 时，$g(x)<g(0)=0$，即 $f(x)<ax$，与题设 $f(x)\geqslant ax$ 相矛盾.

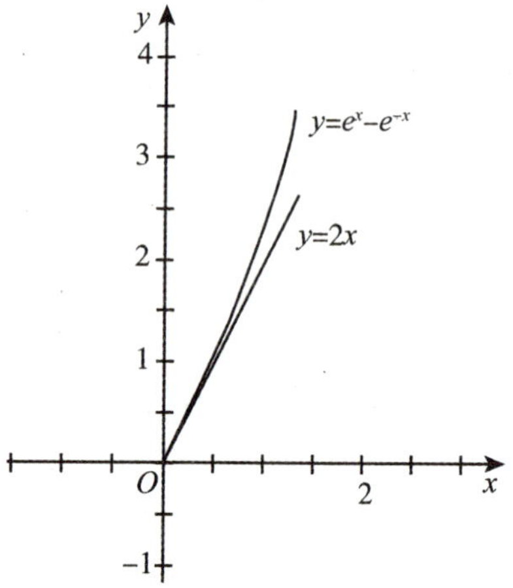

图 5－8

综上，满足条件的 a 的取值范围是 $(-\infty,2]$.

例 4 【2006 年全国Ⅱ】

设函数 $f(x)=(x+1)\ln(x+1)$，若对所有的 $x\geqslant 0$，都有 $f(x)\geqslant ax$ 成立，求实数 a 的取值范围.

解法一：令 $g(x)=(x+1)\ln(x+1)-ax$，则

$g'(x)=\ln(x+1)+1-a$

令 $g'(x)=0$，解得 $x=e^{a-1}-1$，

（ⅰ）当 $a\leqslant 1$ 时，对所有 $x>0$，$g'(x)>0$，所以 $g(x)$ 在 $[0,+\infty)$ 上是增函数，

又 $g(0)=0$，所以对 $x\geqslant 0$，都有 $g(x)\geqslant g(0)$，

即当 $a\leqslant 1$ 时，对于所有 $x\geqslant 0$，都有 $f(x)\geqslant ax$.

（ⅱ）当 $a>1$ 时，对于 $0<x<e^{a-1}-1$，$g'(x)<0$，所以 $g(x)$ 在 $(0,e^{a-1}-1)$ 是减函数，

又 $g(0)=0$，所以对 $0<x<e^{a-1}-1$，都有 $g(x)<g(0)$，

即当 $a>1$ 时，不是对所有的 $x\geqslant 0$，都有 $f(x)\geqslant ax$ 成立.

综上，a 的取值范围是 $(-\infty,1]$.

解法二：令 $g(x)=(x+1)\ln(x+1)-ax$，

于是不等式 $f(x)\geqslant ax$ 成立即为 $g(x)\geqslant g(0)$ 成立.

又 $g'(x)=\ln(x+1)+1-a$，

令 $g'(x)=0$，解得 $x=e^{a-1}-1$，

当 $x>e^{a-1}-1$ 时，$g'(x)>0$，$g(x)$ 为增函数，

当 $-1<x<e^{a-1}-1$，$g'(x)<0$，$g(x)$ 为减函数，

所以，要对所有 $x\geqslant 0$ 都有 $g(x)\geqslant g(0)$ 的充要条件为 $e^{a-1}-1\leqslant 0$.

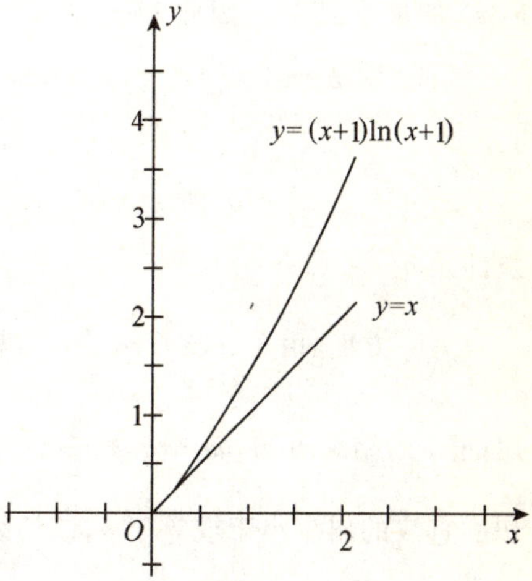

图 5－9

由此得 $a\leqslant 1$，即 a 的取值范围是 $(-\infty,1]$.

例 5 【2005 年辽宁高考理 22】

函数 $y=f(x)$ 在区间 $(0,+\infty)$ 内可导，导函数 $f'(x)$ 是减函数，且 $f'(x)>0$. 设 $x_0\in(0,+\infty)$，$y=kx+m$ 是曲线 $y=f(x)$ 在点 $(x_0,f(x_0))$ 的切线方程，并设函数 $g(x)=kx+m$.

（Ⅰ）用 x_0、$f(x_0)$、$f'(x_0)$ 表示 m；

（Ⅱ）证明：当 $x_0\in(0,+\infty)$ 时，$g(x)\geqslant f(x)$；

（Ⅲ）若关于 x 的不等式 $x^2+1\geqslant ax+b\geqslant \frac{3}{2}x^{\frac{2}{3}}$ 在 $[0,+\infty)$ 上恒成立，其中 a、b 为实数，求 b 的取值范围及 a 与 b 所满足的关系.

分析：本小题考查导数概念的几何意义，函数极值、最值的判定以及灵活运用数形结合的思想判断函数之间的大小关系. 考查学生的学习能力、抽象思维能力及综合运用数学基本关系解决问题的能力.

（Ⅰ）解：$m=f(x_0)-x_0f'(x_0)$.

(Ⅱ) **证明**：令 $h(x)=g(x)-f(x)$，则 $h'(x)=f'(x_0)-f'(x)$，$h'(x_0)=0$.

因为 $f'(x)$ 递减，所以 $h'(x)$ 递增，因此，当 $x>x_0$ 时，$h'(x)>0$；

当 $x<x_0$ 时，$h'(x)<0$. 所以 x_0 是 $h(x)$ 唯一的极值点，且是极小值点，可知 $h(x)$ 的最小值为 0，因此 $h(x)\geqslant 0$，即 $g(x)\geqslant f(x)$.

(Ⅲ) **解法一**：$0\leqslant b\leqslant 1$，$a>0$ 是不等式成立的必要条件，以下讨论设此条件成立.

$x^2+1\geqslant ax+b$，即 $x^2-ax+(1-b)\geqslant 0$ 对任意 $x\in[0,+\infty)$ 成立的充要条件是 $a\leqslant 2(1-b)^{\frac{1}{2}}$.

另一方面，由于 $f(x)=\frac{3}{2}x^{\frac{2}{3}}$ 满足前述题设中关于函数 $y=f(x)$ 的条件，利用(Ⅱ)的结果可知，$ax+b\geqslant\frac{3}{2}x^{\frac{2}{3}}$ 的充要条件是：过点 $(0,b)$ 与曲线 $y=\frac{3}{2}x^{\frac{2}{3}}$ 相切的直线的斜率小于或等于 a，该切线的方程为 $y=(2b)^{-\frac{1}{2}}x+b$.

于是 $ax+b\geqslant\frac{3}{2}x^{\frac{2}{3}}$ 的充要条件是 $a\geqslant(2b)^{\frac{1}{2}}$.

综上，不等式 $x^2+1\geqslant ax+b\geqslant\frac{3}{2}x^{\frac{2}{3}}$ 对任意 $x\in[0,+\infty)$ 成立的充要条件是

$$(2b)^{-\frac{1}{2}}\leqslant a\leqslant 2(1-b)^{\frac{1}{2}} \qquad ①$$

显然，存在 a、b 使 ① 式成立的充要条件是：不等式

$$(2b)^{-\frac{1}{2}}\leqslant 2(1-b)^{\frac{1}{2}} \qquad ②$$

有解，解不等式 ② 得

$$\frac{2-\sqrt{2}}{4}\leqslant b\leqslant\frac{2+\sqrt{2}}{4} \qquad ③$$

因此，③ 式即为 b 的取值范围，① 式即为实数在 a 与 b 所满足的关系.

(Ⅲ) **解法二**：$0\leqslant b\leqslant 1$，$a>0$ 是不等式成立的必要条件，以下讨论设此条件成立.

$x^2+1\geqslant ax+b$，即 $x^2-ax+(1-b)\geqslant 0$ 对任意 $x\in[0,+\infty)$ 成立的充要条件是 $a\leqslant 2(1-b)^{\frac{1}{2}}$.

令 $\varphi(x)=ax+b-\dfrac{3}{2}x^{\frac{2}{3}}$，于是 $ax+b\geqslant\dfrac{3}{2}x^{\frac{2}{3}}$ 对任意 $x\in[0,+\infty)$ 成立的充要条件是 $\varphi(x)\geqslant 0$.

由 $\varphi'(x)=a-x^{-\frac{1}{3}}=0$ 得 $x=a^{-3}$.

当 $0<x<a^{-3}$ 时，$\varphi'(x)<0$；当 $x>a^{-3}$ 时，$\varphi'(x)>0$.

所以，当 $x=a^{-3}$ 时，$\varphi(x)$ 取最小值.

因此 $\varphi(x)\geqslant 0$ 成立的充要条件是 $\varphi(a^{-3})\geqslant 0$，即 $a\geqslant(2b)^{-\frac{1}{2}}$.

综上，不等式 $x^2+1\geqslant ax+b\geqslant\dfrac{3}{2}x^{\frac{2}{3}}$ 对任意 $x\in[0,+\infty)$ 成立的充要条件是

$$(2b)^{-\frac{1}{2}}\leqslant a\leqslant 2(1-b)^{\frac{1}{2}} \qquad ①$$

显然，存在 a、b 使 ① 式成立的充要条件是：不等式

$$(2b)^{-\frac{1}{2}}\leqslant 2(1-b)^{\frac{1}{2}} \qquad ②$$

有解，解不等式 ② 得

$$\frac{2-\sqrt{2}}{4}\leqslant b\leqslant\frac{2+\sqrt{2}}{4} \qquad ③$$

因此，③ 式即为 b 的取值范围，① 式即为实数在 a 与 b 所满足的关系.

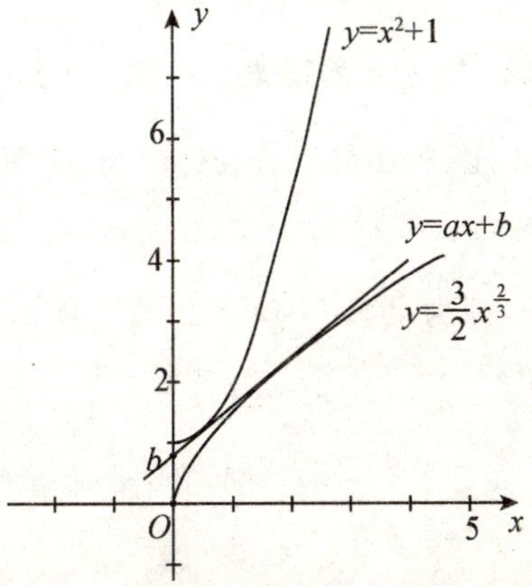

图 5－10

2008年高考数学模拟全国卷

考生注意：

本试卷分第Ⅰ卷（选择题）和第Ⅱ卷（非选择题）两部分，共150分.考试时间120分钟.

参考公式：

如果事件 A,B 互斥，那么

$P(A+B)=P(A)+P(B)$

如果事件 A,B 相互独立，那么

$P(A\cdot B)=P(A)\cdot P(B)$

如果事件 A 在一次试验中发生的概率是 p，那么

n 次独立重复试验中事件 A 恰好发生 $\frac{3}{5}$ 次的概率

$P_n(k)=C_n^k p^k(1-p)^{n-k}(k=0,1,2,\cdots,n)$

球的表面积公式

$S=4\pi R^2$

其中 R 表示球的半径

球的体积公式

$V=\frac{4}{3}\pi R^3$

其中 R 表示球的半径

第Ⅰ卷（选择题　共60分）

一、选择题：本大题共12小题，每小题5分，共60分.在每小题给出的四个选项中，有且只有一个正确答案.

1. 设集合 $A=\{1,2\}$，则满足 $A\cap B=B$ 的集合 B 的个数是(　　)

A. 1　　B. 3　　C. 4　　D. 8

2. 已知 $\sin 2\alpha=-\frac{24}{25},\alpha\in(-\frac{\pi}{4},0)$，则 $\sin\alpha+\cos\alpha=$ (　　)

A. $-\frac{1}{5}$　　B. $\frac{1}{5}$　　C. $-\frac{7}{5}$　　D. $\frac{7}{5}$

3. 某校需要在5名男生和5名女生中选出4人参加一项文化交流活动，由于工作需要，男生甲与男生乙至少有一人参加活动，女生丙必须参加活动，则不同的选

人方式有(　　)

A. 56 种　　B. 49 种　　C. 42 种　　D. 14 种

4. 若球的表面积为 16π，则与球心距离为$\sqrt{3}$ 的平面截球所得的截面面积为(　　)

A. 4π　　B. $\sqrt{3}\pi$　　C. 2π　　D. π

5. 已知抛物线的方程为 $x^2=4y$，则此抛物线的焦点坐标为(　　)

A. $(-1,0)$　　B. $(0,-1)$　　C. $(1,0)$　　D. $(0,1)$

6. 设 m、n 是两条不同的直线，α,β,γ 是三个不同的平面，给出下列四个命题：

① 若 $m\perp\alpha$，$n\parallel\alpha$，则 $m\perp n$；　② 若 $\alpha\parallel\beta$，$\beta\parallel\gamma$，$m\perp\alpha$，则 $m\perp\gamma$；

③ 若 $m\parallel\alpha$，$n\parallel\alpha$，则 $m\parallel n$；　④ 若 $a\perp b$，$b\perp c$，则 $a\parallel c$.

其中正确命题的序号是(　　)

A. ① 和 ②　　B. ② 和 ③　　C. ③ 和 ④　　D. ① 和 ④

7. 已知圆 $C:(x-1)^2+y^2=\frac{4}{3}$，过点$(-1,0)$ 的直线 l 与圆 C 交于 A、B 两点，且 $\triangle ABC$ 为正三角形，则直线 l 的倾斜角为(　　)

A. 30°　　B. 30° 或 150°　　C. 60°　　D. 120° 或 60°

8. 在同一坐标系中，函数 $y=2^{-x}$ 与 $y=-\log_2 x$ 的图象都正确的是(　　)

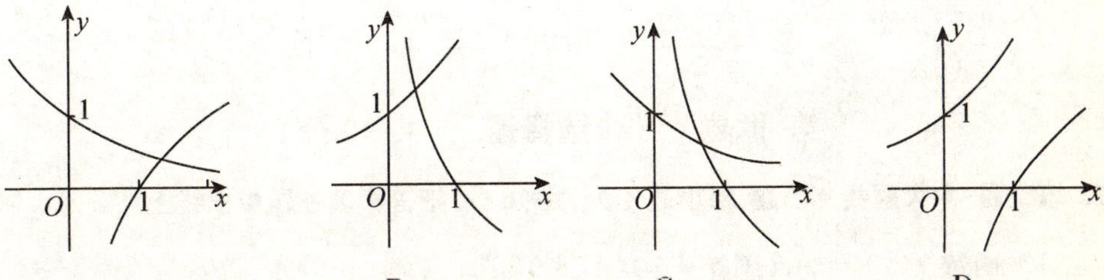

A.　　B.　　C.　　D.

9. 我们把离心率为黄金比$\frac{\sqrt{5}-1}{2}$ 的椭圆称为“优美椭圆”. 设$\frac{x^2}{a^2}+\frac{y^2}{b^2}=1(a>b>0)$ 为“优美椭圆”，F、A 分别是它的左焦点和右顶点，B 是它短轴的一个端点，则 $\angle ABF$ 等于(　　)

A. 60°　　B. 90°　　C. 75°　　D. 120°

10. 若$(1-2x)^{2008}=(a_0+a_1x+a_2x+\cdots+a_{2008}x^{2008})(x\in\mathbf{R})$，则$(a_0+a_1)+(a_0+a_2)+\cdots+(a_0+a_{2008})=$(　　)

A. 2006　　B. 2007　　C. 2008　　D. 2009

11. 已知关于x的方程$x^2-x\cos A\cdot\cos B+2\sin^2\dfrac{C}{2}=0$的两根之和等于两根之积的一半，则$\triangle ABC$一定是(　　)

A. 等腰三角形　　B. 钝角三角形　　C. 直角三角形　　D. 等边三角形

12. (理)某地区在高三第二轮复习组织一次大型调研考试，考试后统计的数学成绩服从正态分布，其密度函数$f(x)=\dfrac{1}{\sqrt{2\pi}\cdot 10}e^{-\frac{(x-88)^2}{200}}(x\in(-\infty,+\infty))$，则下列命题不正确的是(　　)

A. 该地区这次考试的数学平均数为88分

B. 分数在120分以上的人数与分数在56分以下的人数相同

C. 分数在120分以上的人数与分数在60分以下的人数相同

D. 该地区这次考试的数学标准差为10

(文)袋中有20个小球，其中红色球8个，蓝色球6个，白色球4个，黄色球2个，从中随机抽取10个球作成一个样本，则这个样本恰好是按分层抽样方法得到的概率为(　　)

A. $\dfrac{C_2^1C_4^2C_6^3C_8^4}{C_{20}^{10}}$　　B. $\dfrac{C_2^2C_4^1C_6^3C_8^4}{C_{20}^{10}}$　　C. $\dfrac{C_2^2C_4^3C_6^1C_8^4}{C_{20}^{10}}$　　D. $\dfrac{C_2^1C_4^3C_6^4C_8^2}{C_{20}^{10}}$

第Ⅱ卷　(非选择题　共90分)

二、填空题：本大题共4小题，每小题4分，共16分. 把答案填在题中横线上.

13. 函数$f(x)=A\sin(\omega x+\varphi)(A>0,\omega>0)$的图象如图5－11所示，若对任意的实数$x$都有$f(x+T)=f(x)$成立，则$T$的最小正值是__________.

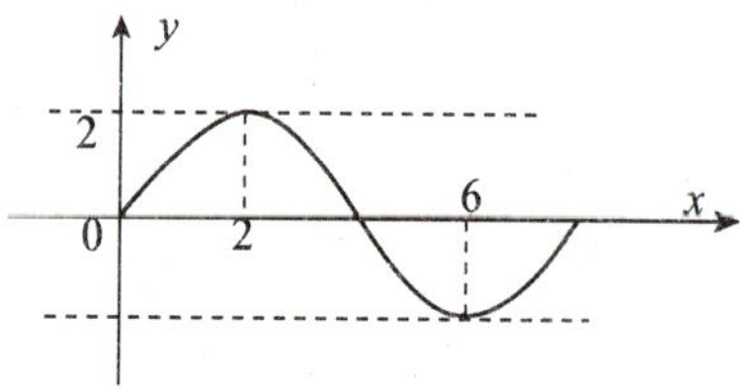

图5－11

14. 设实数 x,y 满足 $\begin{cases} x \geqslant 0, \\ x-2y \geqslant 0, \\ x-y-2 \leqslant 0. \end{cases}$ 则 $2x-y$ 的最大值为________.

15. (理) 如图 5－12,已知 P 为正方形 $ABCD$ 所在平面外一点,$PA=PB=PC=PD=2$,$AB=\sqrt{2}$,M 是线段 PC 的中点,则异面直线 PA 与 BM 所成角的大小为________.

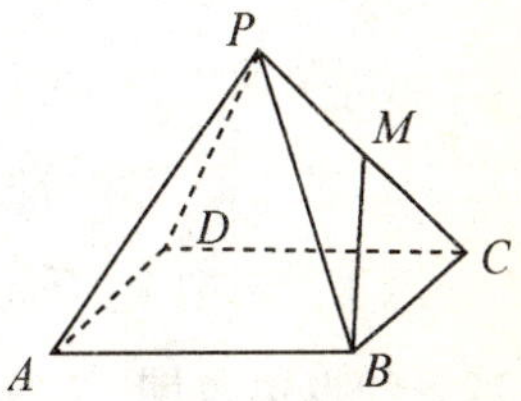

图 5－12

(文) 如图 5－13,在正方体 $ABCD-A_1B_1C_1D_1$ 中,E,F,G,H 分别为 AA_1,AB,BB_1,B_1C_1 的中点,则异面直线 EF 与 GH 所成的角等于________.

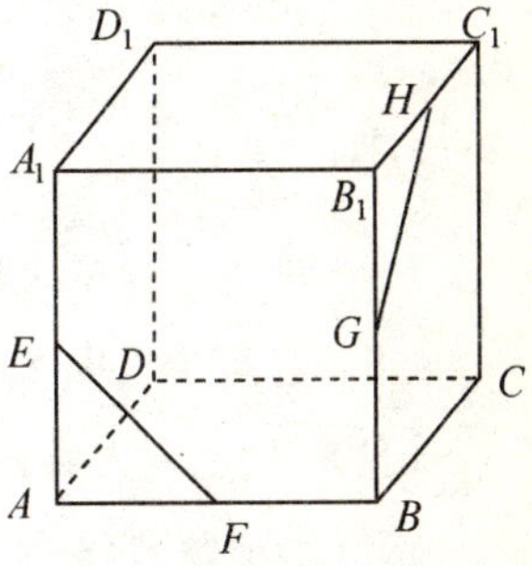

图 5－13

16. (理) 定义一种运算"★"对于正整数满足以下运算性质:

(1) $2★2006=1$;(2) $(2n+2)★2006=3[(2n)★2006]$,则 $2008★2006$ 的值是________.

(文) 命题"若 a,b 都是偶数,则 $a+b$ 是偶数"的否命题是________.

三、解答题:本大题共 6 小题,共 74 分.解答应写出文字说明、证明过程或演算步骤.

17. (本小题满分 12 分)

已知向量 $\boldsymbol{a}=(\sin^4\pi x-\cos^4\pi x,2\sqrt{3}\cos\pi x)$,$\boldsymbol{b}=(1,\sin\pi x)$,令 $f(x)=\boldsymbol{a}\cdot\boldsymbol{b}$.

(Ⅰ) 求函数 $f(x)$ 的最小正周期;

(Ⅱ) 若函数 $y=f(x+\varphi)$ 的图象关于原点对称,求满足该条件的 φ 的最小正值.

18. (本小题满分 12 分)

(理) 某公司有 10 万元资金用于投资,如果投资甲项目,根据市场分析知道:一年后可能获利 10%,可能损失 10%,可能不赔不赚,这三种情况发生的概率分别为

$\frac{1}{2},\frac{1}{4},\frac{1}{4}$；如果投资乙项目，一年后可能获利 20%，也可能损失 20%，这两种情况发生的概率分别为 α 和 $\beta(\alpha+\beta=1)$.

（Ⅰ）如果把 10 万元投资甲项目，用 ξ 表示投资收益（收益 = 回收资金 − 投资资金），求 ξ 的概率分布及 $E\xi$；

（Ⅱ）若把 10 万元投资投资乙项目的平均收益不低于投资甲项目的平均收益，求 α 的取值范围.

（文）甲、乙两人各进行 3 次投篮，甲每次投中的概率为 $\frac{2}{3}$，乙每次投中的概率为 $\frac{3}{4}$. 求：

（Ⅰ）甲恰好投中 2 次的概率；

（Ⅱ）乙至少投中 2 次的概率；

（Ⅲ）甲、乙两人共投中 5 次的概率.

19.（本小题满分 12 分）

如图 5－14，在直三棱柱 $ABC—A_1B_1C_1$ 中，$AA_1=2$，$AC=BC=1$，$\angle ACB=90^\circ$，点 E 是 AB 的中点，点 F 在侧棱 BB_1 上，且 $EF\perp CA_1$.

（Ⅰ）求二面角 $C—A_1F—E$ 的大小.

（Ⅱ）求点 E 到平面 CA_1F 的距离.

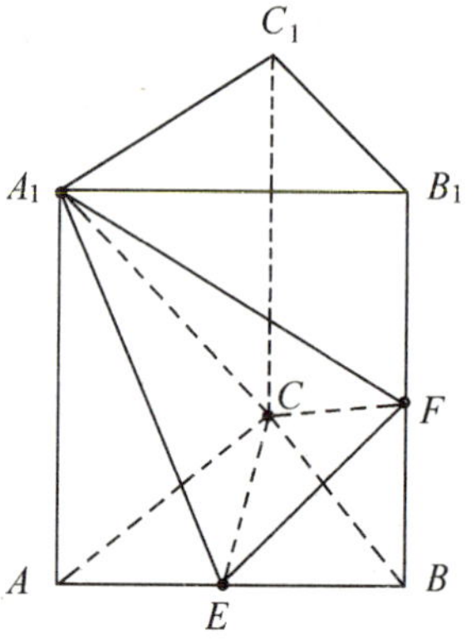

图 5－14

20.（本小题满分 12 分）

已知数列 $\{a_n\}$ 中，$a_1=2$，S_n 为其前 n 项和，且 $2a_n$，$\frac{3S_n}{2}$，$na_n(n\in\mathbf{N}^*)$ 成等差数列. 设 $b_n=\frac{1}{a_n}$，记数列 $\{b_n\}$ 的前 n 项和为 T_n.

（Ⅰ）求数列 $\{a_n\}$ 的通项公式；

（Ⅱ）（理）设 $\lim\limits_{n\to\infty}T_n=p$，试比较 $\frac{n}{|T_n-p|}$ 与 2^n 的大小，并证明你的结论.

（文）求数列 $\{b_n\}$ 的前 n 项和 T_n.

21.（本小题满分 12 分）

如图 5－15，已知 $\angle BOC = 90°$，OF 是 $\angle BOC$ 的平分线，且 $|OF| = 2$.

（Ⅰ）建立适当的直角坐标系，求以直线 OC、OB 为渐近线，且以点 F 为焦点的双曲线 R 的方程；

（Ⅱ）设 P、Q 是双曲线 R 上的任意两点，且 $\overrightarrow{PF} = \lambda \overrightarrow{FQ}(\lambda > 0)$，求直线 PQ 的倾斜角的取值范围；

（Ⅲ）在满足(1)、(2)的条件下，求 $\triangle OPQ$ 面积的取值范围.

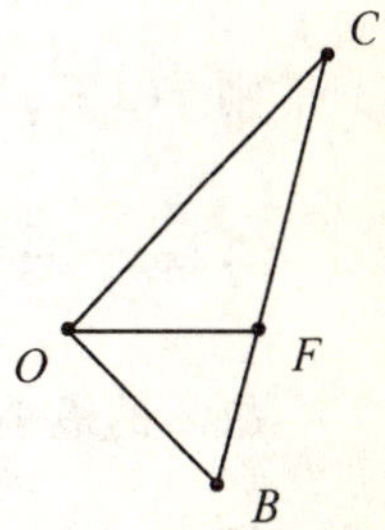

图 5－15

22.（本小题满分 14 分）

（理）设函数 $f(x) = \dfrac{1-x}{ax} + \ln x$ 在 $[1, +\infty)$ 上为增函数.

（Ⅰ）求正实数 a 的取值范围.

（Ⅱ）若 $a = 1$，求证：$\dfrac{1}{2} + \dfrac{1}{3} + \dfrac{1}{4} + \cdots + \dfrac{1}{n} < \ln n (n \in \mathbf{N}^*$，且 $n \geqslant 2)$.

（文）如图 5－16 所示，在形如 $\triangle BAC$ 的铁皮中，$AC = 3$，$AB = 3\sqrt{3}$，$BC = 6$. 将图中阴影部分切去，再把它沿虚线折起，做成一个无盖的直三棱柱型容器，容器的高为多少时，容器的容积最大？最大容积是多少？

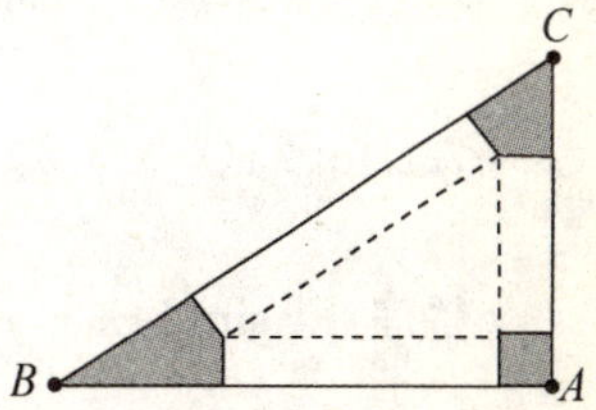

图 5－16

2008 年高考数学模拟全国卷参考解答

一、选择题

CBBDD　ABCBC　A 理 C 文 A

二、填空题

13. 8　14. 6　15.（理）45°（文）60°

16.（理）3^{1003}（文）若 a，b 不都是偶数，则 $a+b$ 不是偶数.

三、解答题

17. 解：（Ⅰ）$\because f(x) = \boldsymbol{a} \cdot \boldsymbol{b} = (\sin^4 \pi x - \cos^4 \pi x, 2\sqrt{3}\cos \pi x) \cdot (1, \sin \pi x)$

$$= \sin^4 \pi x - \cos^4 \pi x + 2\sqrt{3}\cos \pi x \sin \pi x$$

$$=(\sin^2\pi x-\cos^2\pi x)(\sin^2\pi x+\cos^2\pi x)+\sqrt{3}\sin 2\pi x$$

$$=-\cos 2\pi x+\sqrt{3}\sin 2\pi x=2\sin\left(2\pi x-\frac{\pi}{6}\right),$$

即 $f(x)=2\sin\left(2\pi x-\frac{\pi}{6}\right)$，

$\therefore T=1$.

（Ⅱ）解 1：$\because y=f(x+\varphi)$ 的图象关于原点对称，$x\in\mathbf{R}$，

$\therefore y=f(x+\varphi)$ 是奇函数.

则 $f(0+\varphi)=0$，即 $\sin\left(2\pi\varphi-\frac{\pi}{6}\right)=0$，

$\therefore 2\pi\varphi-\frac{\pi}{6}=k\pi(k\in\mathbf{Z})$，解得 $\varphi=\frac{k}{2}+\frac{1}{12}$，

故 φ 的最小正值为 $\frac{1}{12}$.

解 2：$\because y=f(x+\varphi)$ 的图象关于原点对称，$\therefore -y=f(-x+\varphi)$，则

$$f(-x+\varphi)=-f(x+\varphi)$$

又 $\because f(x+\varphi)=2\sin\left[2\pi(x+\varphi)-\frac{\pi}{6}\right]$，

$\therefore f(-x+\varphi)=2\sin\left[2\pi(-x+\varphi)-\frac{\pi}{6}\right]$，

$\therefore 2\sin\left[2\pi(-x+\varphi)-\frac{\pi}{6}\right]=-2\sin\left[2\pi(x+\varphi)-\frac{\pi}{6}\right]$，

整理，得 $\sin\left(2\pi\varphi-\frac{\pi}{6}\right)\cos 2\pi x=0$，

$\therefore$ 当 $\sin\left(2\pi\varphi-\frac{\pi}{6}\right)=0$ 时，$\sin\left(2\pi\varphi-\frac{\pi}{6}\right)\cos 2\pi x=0$ 对一切实数都成立，

$\therefore 2\pi\varphi-\frac{\pi}{6}=k\pi(k\in\mathbf{Z})$，解得 $\varphi=\frac{k}{2}+\frac{1}{12}$，

故 φ 的最小正值为 $\frac{1}{12}$.

18.（理）解：（Ⅰ）依题意，ξ 的可能取值为 1，0，−1

ξ 的分布列为

ξ	1	0	-1
p	$\frac{1}{2}$	$\frac{1}{4}$	$\frac{1}{4}$

$E\xi=\frac{1}{2}-\frac{1}{4}=\frac{1}{4}$.

(Ⅱ)设 η 表示 10 万元投资乙项目的收益,则 η 的分布列为

η	2	-2
p	α	β

$E\eta=2\alpha-2\beta=4\alpha-2$,

依题得,

$4\alpha-2\geqslant\frac{1}{4}$,则$\frac{9}{16}\leqslant\alpha\leqslant1$.

(文)解(Ⅰ)甲恰好投中 2 次的概率为 $C_3^2\left(\frac{2}{3}\right)^2\cdot\frac{1}{3}=\frac{4}{9}$;

(Ⅱ)乙至少投中 2 次的概率为 $C_3^2\left(\frac{3}{4}\right)^2\cdot\left(\frac{1}{4}\right)+C_3^3\left(\frac{3}{4}\right)^3=\frac{27}{32}$;

(Ⅲ)设甲、乙两人共投中 5 次为事件 A,甲恰投中 3 次且乙恰投中 2 次为事件 B_1,甲恰投中 2 次且乙恰投中 3 次为事件 B_2,则 $A=B_1+B_2$,B_1,B_2 为互斥事件.

$$P(B_1)=C_3^3\left(\frac{2}{3}\right)^3\cdot C_3^2\left(\frac{3}{4}\right)^2\cdot\left(\frac{1}{4}\right)=\frac{1}{8},$$

$$P(B_2)=C_3^2\left(\frac{2}{3}\right)^2\cdot\frac{1}{3}\cdot C_3^3\left(\frac{3}{4}\right)^3=\frac{3}{16},$$

$P(A)=P(B_1)+P(B_2)=\frac{5}{16}$,所以,甲、乙两人共投中 5 次的概率为$\frac{5}{16}$.

19.解法一:(Ⅰ)如图 5－17,过 E 作 $EG\perp FA_1$,垂足为 G,连结 CG,

在直三棱柱 $ABC—A_1B_1C_1$ 中,面 $A_1B\perp$ 面 ABC,

又 $AC=BC$,E 为 AB 中点 $\quad\therefore CE\perp AB\quad\therefore CE\perp$ 面 A_1B,

$\therefore CG\perp A_1F\quad\therefore\angle CGE$ 为二面角 $C—A_1F—E$ 的平面角,

而 $\because CE\perp$ 面 $A_1B\quad\therefore CE\perp EF$,

$EF \perp CA_1 \quad \therefore EF \perp$ 面 $A_1CE \quad \therefore EF \perp A_1E$，

$\therefore \triangle A_1AE \backsim \triangle EBF$，

$$\therefore BF = \frac{AE}{AA_1} \cdot BE = \frac{\frac{\sqrt{2}}{2}}{2} \times \frac{\sqrt{2}}{2} = \frac{1}{4}.$$

在 $\mathrm{Rt}\triangle A_1AE$ 中，$A_1E = \sqrt{A_1A^2 + AE^2} = \sqrt{2^2 + \left(\frac{\sqrt{2}}{2}\right)}$

$= \frac{3\sqrt{2}}{2}$，

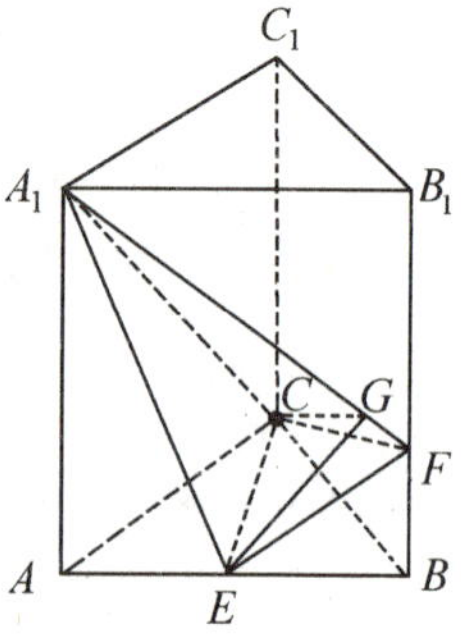

图 5－17

在 $\mathrm{Rt}\triangle EBF$ 中，$EF = \sqrt{BE^2 + BF^2} = \sqrt{\left(\frac{\sqrt{2}}{2}\right)^2 + \left(\frac{1}{4}\right)^2} = \frac{3}{4}$，

$$\therefore A_1F = \sqrt{A_1E^2 + EF^2} = \frac{9}{4};$$

$$\therefore EG = \frac{A_1E \cdot EF}{A_1F} = \frac{\frac{3\sqrt{2}}{2} \times \frac{3}{4}}{\frac{9}{4}} = \frac{\sqrt{2}}{2},$$

又 $CE = \frac{\sqrt{2}}{2}$，$\therefore \tan\angle CGE = \frac{CE}{EG} = 1$，$\therefore \angle CGE = 45°$.

即二面角 $C—A_1F—E$ 的大小为 45°.

（Ⅱ）设顶点 E 到平面 A_1CF 的距离为 d，由(1)$CG = 1$，$CE \perp$ 面 A_1B，$A_1F \perp EF$，

$V_{E-A_1CF} = V_{C-A_1EF}$

$$\therefore \frac{1}{3}CE \cdot \frac{1}{2}A_1E \cdot EF = \frac{1}{3} \times \frac{1}{2} \cdot CG \cdot A_1F \cdot d,$$

$$\therefore \frac{1}{3} \times \frac{\sqrt{2}}{2} \times \frac{3\sqrt{2}}{2} \times \frac{3}{4} = \frac{1}{3} \times \frac{1}{2} \times 1 \times \frac{9}{4} \cdot d,$$

$$\therefore d = \frac{1}{2}.$$

即点 E 到平面 CA_1F 的距离为 $\frac{1}{2}$.

解法 2：（Ⅰ）如图 5－18，分别以 CA、CB、CC_1 为 x 轴、y 轴、z 轴建立空间直角坐标系，

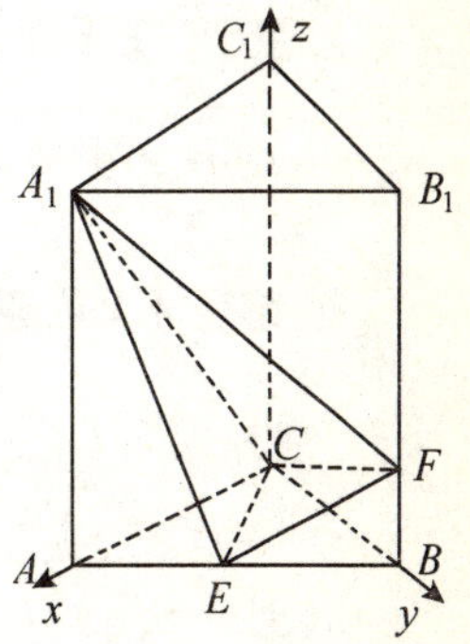

图 5－18

并设 $BF=x$，则 $C(0,0,0)$，$A(1,0,0)$，$B(0,1,0)$，$E\left(\frac{1}{2},\frac{1}{2},0\right)$，$F(0,1,x)$，$A_1(1,0,2)$，则

$\overrightarrow{EF}=\left(-\frac{1}{2},\frac{1}{2},x\right)$，$\overrightarrow{CA_1}=(1,0,2)$，

$\because EF\perp CA_1$，则 $\overrightarrow{EF}\cdot\overrightarrow{CA_1}=0$，

$\therefore -\frac{1}{2}\times1+\frac{1}{2}\times0+2x=0$，$x=\frac{1}{4}$，$\therefore F\left(0,1,\frac{1}{4}\right)$.

设向量 $\boldsymbol{n}=(x,y,z)$ 为平面 A_1CF 的法向量，则 $\boldsymbol{n}\cdot\overrightarrow{CA_1}=0$，

$\boldsymbol{n}\cdot\overrightarrow{CF}=0$，又 $\overrightarrow{CA_1}=(1,0,2)$，$\overrightarrow{CF}=\left(0,1,\frac{1}{4}\right)$.

$$\therefore\begin{cases}x+2z=0,\\ y+\frac{1}{4}=0.\end{cases}$$ 令 $x=2$，则 $x=-1$，$y=\frac{1}{4}$.

$\therefore \boldsymbol{n}=\left(2,\frac{1}{4},-1\right)$.

由题意 $CA=CB$，E 为 AB 的中点，所以 $CE\perp AB$，又三棱柱 $ABC—A_1B_1C_1$ 为直三棱柱，

$\therefore CE\perp$ 平面 A_1EF.

$\overrightarrow{CE}=\left(\frac{1}{2},\frac{1}{2},0\right)$ 为平面 A_1EF 的法向量，

$$\therefore\cos\langle\boldsymbol{n},\overrightarrow{CE}\rangle\ \frac{\boldsymbol{n}\cdot\overrightarrow{CE}}{|\boldsymbol{n}|\times|\overrightarrow{AE}|}=\frac{\frac{9}{8}}{\frac{9}{4}\times\frac{\sqrt{2}}{2}}=\frac{\sqrt{2}}{2},$$

$\therefore\langle\boldsymbol{n},\overrightarrow{CE}\rangle=45^\circ$，$\therefore$ 二面角 $C—A_1F—E$ 的大小为 45°.

（Ⅱ）向量 $\overrightarrow{CE}$ 在平面 CA_1F 的法向量 n 上的射影的长为

$$d=\frac{|\overrightarrow{CE}\cdot\boldsymbol{n}|}{|\boldsymbol{n}|}=\frac{\frac{9}{8}}{\frac{9}{4}}=\frac{1}{2}.$$

向量$\overrightarrow{CE}$在平面A_1CF的法向量$\boldsymbol{n}$上的投影长即为点E到平面A_1CF的距离.

∴ 点E到平面A_1CF的距离为$\frac{1}{2}$.

20 解:(Ⅰ)依题得,$2\cdot\frac{3S_n}{2}=2a_n+na_n$,即

$$3S_n=(2+n)a_n(n\in\mathbf{N}^*),$$

∴$3S_{n-1}=(1+n)a_{n-1}(n\geqslant 2)$,以上两式相减,得

$3(S_n-S_{n-1})=(2+n)a_n-(1+n)a_{n-1}$,

整理,得 $3a_n=(2+n)a_n-(1+n)a_{n-1}$,

∴ $\frac{a_n}{a_{n-1}}=\frac{n+1}{n-1}$,

由此得 $a_n=a_1\cdot\frac{a_2}{a_1}\cdot\frac{a_3}{a_2}\cdot\frac{a_4}{a_3}\cdot\cdots\cdot\frac{a_{n-1}}{a_{n-2}}\cdot\frac{a_n}{a_{n-1}}$

$$=a_1\cdot\frac{3}{1}\cdot\frac{4}{2}\cdot\frac{5}{3}\cdot\cdots\cdot\frac{n-1}{n-3}\cdot\frac{n}{n-2}\cdot\frac{n+1}{n-1}=a_1\cdot\frac{n(n+1)}{2}$$

又 $a_1=2$,∴$a_n=n(n+1)(n\in\mathbf{N}^*)$.

(Ⅱ)$T_n=b_1+b_2+\cdots+b_n=\frac{1}{1\cdot 2}+\frac{1}{2\cdot 3}+\cdots+\frac{1}{n(n+1)}$

$$=1-\frac{1}{2}+\frac{1}{2}-\frac{1}{3}+\cdots+\frac{1}{n}-\frac{1}{n+1}=1-\frac{1}{n+1}=\frac{n}{n+1}.$$

∴ $\lim\limits_{n\to\infty}T_n=\lim\limits_{n\to\infty}\frac{n}{n+1}=1$,即 $p=1$,则

$$\frac{n}{|T_n-p|}=\frac{n}{\left|\frac{n}{n+1}-1\right|}=n(n+1),\quad\therefore\frac{n}{|T_n-p|}=a_n.$$

当 $n=1$ 时,$a_1=1(1+1)=2$,∴$a_1=2^1$;

当 $n=2,3,4$ 时,则 $a_2=2(2+1)=6$,∴$a_2>2^2$,

$a_3=3(3+1)=12$,∴$a_3>2^3$,$a_4=4(4+1)=20$,∴$a_4>2^4$;

当 $n\geqslant 5$ 时,猜想 $a_n<2^n$.

证 1:∵$2^n=(1+1)^n=C_n^0+C_n^1+C_n^2+\cdots+C_n^{n-2}+C_n^{n-1}+C_n^n$

$$\geqslant 2(C_n^0+C_n^1+C_n^2)=2\left[1+n+\frac{n(n-1)}{2}\right]$$

$= n^2 + n + 2 > n^2 + n = n(n+1) = a_n$，

$\therefore$ 当 $n \geqslant 5$ 时，$a_n < 2^n$.

综上所述，当 $n = 1$ 时，$\dfrac{n}{|T_n - p|} = 2^n$；当 $n = 2,3,4$ 时，$\dfrac{n}{|T_n - p|} > 2^n$；

当 $n \geqslant 5$ 时，$\dfrac{n}{|T_n - p|} < 2^n$.

证 2：(1) 当 $n = 5$ 时，$a_5 = 5(5+1) = 30 < 2^5$ 成立；

(2) 假设当 $n = k(k \geqslant 5)$ 时，猜想成立，则有 $a_k < 2^k$，即 $k(k+1) < 2^k$，

那么，当 $n = k+1$ 时，有

$a_{k+1} = (k+1)(k+2) = a_k + 2k + 2 < 2^k + 2k + 2$，

又 $\because k \geqslant 5$ 时，$2^{k-1} = C_{k-1}^0 + C_{k-1}^1 + C_{k-1}^2 + \cdots$

$= 1 + (k-1) + C_{k-1}^2 + \cdots = k + C_{k-1}^2 + \cdots$

$> k + 1$，

$\therefore 2(k+1) < 2 \cdot 2^{k-1} = 2^k$，故 $2^k + 2k + 2 < 2^k + 2^k = 2^{k+1}$，

即 $a_{k+1} < 2^{k+1}$ 成立，

由(Ⅰ)、(2) 可知，$a_n < 2^n$ 对一切 $n \geqslant 5$ 的正整数都成立.

综上所述，当 $n = 1$ 时，$\dfrac{n}{|T_n - p|} = 2^n$；当 $n = 2,3,4$ 时，$\dfrac{n}{|T_n - p|} > 2^n$；

当 $n \geqslant 5$ 时，$\dfrac{n}{|T_n - p|} < 2^n$.

21. 解：(Ⅰ) 以 O 为原点，以 OF 所在的直线为 x 轴建立直角坐标系，依题设所求双曲线的方程为

$$\frac{x^2}{a^2} - \frac{y^2}{a^2} = 1(a > 0)$$

又 $|OF| = 2$，所以 $2a^2 = 4$，得 $a^2 = 2$，故所求双曲线的方程为 $\dfrac{x^2}{2} - \dfrac{y^2}{2} = 1$.

(Ⅱ) 当 $PQ \perp x$ 轴时，PQ 的倾斜角为 $\dfrac{\pi}{2}$；

当 PQ 不与 x 轴垂直时，设其方程为 $y = k(x-2)$，将它代入方程 $\dfrac{x^2}{2} - \dfrac{y^2}{2} = 1$

并整理，得

$$(1-k^2)x^2+4k^2x-4k^2-2=0$$

设 $P(x_1,y_1)$，$Qx_2,y_2)$，又 $\overrightarrow{PF}=\lambda\overrightarrow{FQ}(\lambda>0)$，则 F 为 PQ 的内分点，故

$$\begin{cases}1-k^2\neq 0,\\ \Delta>0,\\ x_1+x_2=\dfrac{4k^2}{k^2-1}>0,\\ x_1x_2=\dfrac{4k^2+2}{k^2-1}>0.\end{cases}$$

解得 $k>1$，或 $k<-1$，

所以直线 PQ 的倾斜角的取值范围是 $\left(\frac{\pi}{4},\frac{\pi}{2}\right)\cup(\frac{\pi}{2},\frac{3\pi}{4})$.

综上所述，直线 PQ 的倾斜角的取值范围是 $\left(\frac{\pi}{4},\frac{3\pi}{4}\right)$.

（Ⅲ）当 $PQ\perp x$ 轴时，易求 $S_{\triangle OPQ}=2\sqrt{2}$；

当 PQ 不与 x 轴垂直时，设其方程为 $y=k(x-2)$，将它代入方程 $\frac{x^2}{2}-\frac{y^2}{2}=1$ 并整理，得 $(1-k^2)x^2+4k^2x-4k^2-2=0$，

$\because y_1+y_2=k(x_1+x_2)-4k=\dfrac{4k}{k^2-1}$，

$y_1y_2=k^2(x_1-2)(x_2-2)=k^2x_1x_2-2k^2(x_1+x_2)+4k^2=\dfrac{-2k^2}{k^2-1}$，

又 $\because S_{\triangle OPQ}=\frac{1}{2}|OF||y_1-y_2|=|y_1-y_2|=\sqrt{(y_1+y_2)^2-4y_1y_2}$

$$=\sqrt{\left(\frac{4k}{k^2-1}\right)^2-4\cdot\frac{-2k^2}{k^2-1}}=\sqrt{\frac{8k^4+8k^2}{(k^2-1)^2}}$$

$$=2\sqrt{2}\sqrt{\frac{k^4+k^2}{(k^2-1)^2}}=2\sqrt{2}\sqrt{\frac{(k^2-1)^2+3(k^2-1)+2}{(k^2-1)^2}}$$

$$=2\sqrt{2}\sqrt{\frac{2}{(k^2-1)^2}+\frac{3}{k^2-1}+1},$$

令 $t=\frac{1}{k^2-1}(t>0)$，则

$S_{\triangle OPQ}=2\sqrt{2}\sqrt{2t^2+3t+1}>2\sqrt{2}$.

综上所述，$\triangle OPQ$ 面积的取值范围为$[2\sqrt{2},+\infty)$.

22.(理) 解：(Ⅰ)$\because f'(x)=\frac{ax-1}{ax^2}(a>0)$，

依题意得$\frac{ax-1}{ax^2}\geqslant 0$ 对 $x\in[1,+\infty)$ 恒成立，

$\therefore ax-1\geqslant 0$ 对 $x\in[1,+\infty)$ 恒成立，$\therefore a-1\geqslant 0$，即 $a\geqslant 1$.

(Ⅱ)$\because a=1$，$\therefore$ 由(1) 知，$f(x)=\frac{1-x}{x}+\ln x$ 在$[1,+\infty)$ 上为增函数，

$\therefore n\geqslant 2$ 时，$f\left(\frac{n}{n-1}\right)=\frac{1-\frac{n}{n-1}}{\frac{n}{n-1}}+\ln\frac{n}{n-1}=\ln\frac{n}{n-1}-\frac{1}{n}>f(1)=0$，

即$\frac{1}{n}<\ln\frac{n}{n-1}$，

$\therefore \frac{1}{2}+\frac{1}{3}+\frac{1}{4}+\cdots+\frac{1}{n}<\ln\frac{2}{1}+\ln\frac{3}{2}+\cdots+\ln\frac{n}{n-1}=\ln n$.

(文) 解：如图 5－19 所示，设容器的高为 x，

$AC=3, AB=3\sqrt{3}, BC=6$.

$\because BC^2=AC^2+AB^2$，

$\therefore \angle A=90^\circ$，$\angle C=60^\circ$，连接 CE，则

$\angle CED=60^\circ$，$\therefore CD=x\tan 60^\circ=\sqrt{3}x$，

$\therefore GE=3-x-\sqrt{3}x=3-(\sqrt{3}+1)x$，

$GF=\sqrt{3}\left[3-(\sqrt{3}+1)x\right]$，

又 $\because CE>0$，$\therefore 0<x<\frac{3}{\sqrt{3}+1}$.

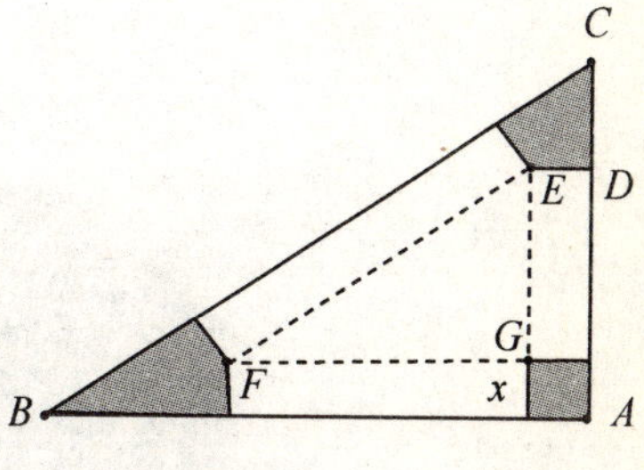

图 5－19

设容器的容积为 V，　则 $V=\frac{1}{2}x\cdot\sqrt{3}\left[3-(\sqrt{3}+1)x\right]^2$，

$$V' = \frac{\sqrt{3}}{2}\left[3-(\sqrt{3}+1)x\right]^2 + \sqrt{3}x \cdot \left[3-(\sqrt{3}+1)x\right] \cdot \left[-(\sqrt{3}+1)\right]$$

$$= \frac{\sqrt{3}}{2}\left[3-(\sqrt{3}+1)x\right] \cdot \left[3-(\sqrt{3}+1)x-2(\sqrt{3}+1)x\right]$$

$$= \frac{3\sqrt{3}}{2}\left[3-(\sqrt{3}+1)x\right] \cdot \left[1-(\sqrt{3}+1)x\right]$$

令 $V'=0$,又 $\because 0<x<\frac{3}{\sqrt{3}+1}$,$\therefore 1-(\sqrt{3}+1)x=0$,

解得 $x=\frac{1}{\sqrt{3}+1}=\frac{\sqrt{3}-1}{2}$.

当 $0<x<\frac{\sqrt{3}-1}{2}$ 时,$V'>0$,函数 V 在 $\left(0,\frac{\sqrt{3}-1}{2}\right)$ 内是增函数;

当 $\frac{\sqrt{3}-1}{2}<x<\frac{3}{\sqrt{3}+1}$ 时,$V'<0$,函数 V 在 $\left(\frac{\sqrt{3}-1}{2},\frac{3}{\sqrt{3}+1}\right)$ 内是减函数,

$\therefore$ 当 $x=\frac{\sqrt{3}-1}{2}$ 时,容器的容积为 V 有最大值,且 V 的最大值为 $3-\sqrt{3}$.

注:本文发表于《数学爱好者》,2008.06.

2008年北京高考数学文20题(Ⅱ)别解分析

题目 数列$\{a_n\}$满足$a_1=1,a_{n+1}=(n^2+n-\lambda)a_n(n=1,2,\cdots)$,$\lambda$是常数.

(Ⅰ)当$a_2=-1$时,求λ及a_3的值;

(Ⅱ)数列$\{a_n\}$是否可能为等差数列?若可能,求出它的通项公式;若不可能,说明理由;

(Ⅲ)求λ的取值范围,使得存在正整数m,当$n>m$时总有$a_n<0$.

解:(Ⅰ)略;

(Ⅱ)假设数列$\{a_n\}$能为等差数列,则可设$a_n=kn+b(k,b$为常数),将其代入$a_{n+1}=(n^2+n-\lambda)a_n$得,

$k(n+1)+b=(n^2+n-\lambda)(kn+b)$,即

$kn^3+(k+b)n^2+(b-k\lambda-k)n-b\lambda-k-b=0(n=1,2,3)$,

$\therefore k=0,b=0$,故$a_n=0$,这与$a_1=1$矛盾,因此数列$\{a_n\}$不可能为等差数列.

(Ⅲ)略.

一道高考压轴题解法的简化

【北京 2010 年数学高考文科 20 题】

已知集合 $S_n=\{X\mid X=(x_1,x_2,\cdots,x_n),x_1\in\{0,1\},i=1,2,\cdots,n\}(n\geqslant 2)$.

对于 $A=(a_1,a_2,\cdots,a_n),B=(b_1,b_2,\cdots,b_n)\in S_n$,定义 A 与 B 的差为

$A-B=(|a_1-b_1|,|a_2-b_2|,\cdots,|a_n-b_n|)$;

A 与 B 之间的距离为 $d(A,B)=\sum\limits_{i=1}^{n}|a_i-b_i|$.

(Ⅰ)当 $n=5$ 时,设 $A=(0,1,0,0,1),B=(1,1,1,0,0)$,求 $d(A,B),d(A,C),d(B,C),d(A,B)$;

(Ⅱ)证明:$\forall A,B,C\in S_n$,有 $A-B\in S_n$,且 $d(A-C,B-C)=d(A,B)$;

(Ⅲ)证明:$\forall A,B,C\in S_n,d(A,B),d(A,C),d(B,C)$ 三个数中至少有一个是偶数;

其中,文科第(Ⅲ)问也是理科第(Ⅱ)问,本文将对第(Ⅲ)问的评分标准作出一个改进.首先引述评分标准.

1. 原解法

第(Ⅲ)问的评分标准是这样的:设

$A=(a_1,a_2,\cdots,a_n),B=(b_1,b_2,\cdots,b_n),C=(c_1,c_2,\cdots,c_n)\in S_n$,

记 $d(A,B)=k,d(A,C)=l,d(B,C)=h$.

记 $O=(0,0,\cdots,0)\in S_n$,由(Ⅱ)可知

$d(A,B)=d(A-A,B-A)=d(O,B-A)=k$,

$d(A,C)=d(A-A,C-A)=d(O,C-A)=l$,

$d(B,C)=d(B-A,C-A)=h$,

所以 $|b_i-a_i|\ (i=1,2,\cdots,n)$ 中 1 的个数为 k,$|c_i-a_i|\ (i=1,2,\cdots,n)$ 中 1 的个数为 l.

设 t 是使 $|b_i-a_i|=|c_i-a_i|=1$ 成立的 i 的个数,则 $||b_i-a_i|-|c_i-a_i||$

中 1 的个数为 $h=l+k-2t$.

由此可知，k,l,h 三个数不可能都是奇数，则 $d(A,B),d(A,C),d(B,C)$ 三个数中至少有一个是偶数.

2. 改进

理解评分标准，可以得出两点看法：

(1) 关键是证明 $h=l+k-2t$，其实质是证明 $h+l+k$ 为偶数；

(2) 证明 $h=l+k-2t$ 的方法是用第(Ⅱ)问.

我们的改进是直接证明“$h+l+k$ 为偶数”.

证明：设 $A=(a_1,a_2,\cdots,a_n),B=(b_1,b_2,\cdots,b_n),C=(c_1,c_2,\cdots,c_n)\in S_n$，记 $d(A,B)=k,d(A,C)=l,d(B,C)=h$.

因为 $a_i,b_i,c_i\in\{0,1\}$，所以 a_i,b_i,c_i 当中至少有两个数相等，这就有且只有两种情况：

(1) 三个数相等(同时为 0，或同时为 1)，则

$|a_i-b_i|+|a_i-c_i|+|b_i-c_i|=0$，为偶数；

(2) 恰有两个数相等(同时为 0，或同时为 1)，第三个数不等，则

$|a_i-b_i|+|a_i-c_i|+|b_i-c_i|=2$，为偶数.

因为 $|a_i-b_i|+|a_i-c_i|+|b_i-c_i|\ (i=1,2,\cdots,n)$ 恒为偶数，所以

$$\begin{aligned}&d(A,B)+d(A,C)+d(B,C)\\&=\sum_{i=1}^{n}|a_i-b_i|+\sum_{i=1}^{n}|a_i-c_i|+\sum_{i=1}^{n}|b_i-c_i|\\&=\sum_{i=1}^{n}(|a_i-b_i|+|a_i-c_i|+|b_i-c_i|)\text{，为偶数}.\end{aligned}$$

从而 $d(A,B),d(A,C),d(B,C)$ 三个数中至少有一个是偶数.

2008年全国高考数学卷(Ⅱ)理科第21题巧思妙解

题目 设椭圆的中心在坐标原点，$A(2,0)$、$B(0,1)$是它的两个顶点，直线$y=kx(k>0)$与AB相交于点D，与椭圆相交于E、F两点.

(Ⅰ)若$\overrightarrow{ED}=6\overrightarrow{DF}$，求$k$的值；

(Ⅱ)求四边形$AEBF$面积的最大值.

解：(Ⅰ)(略).

(Ⅱ)如图5－20所示，四边形$AEBF$的面积$S=S_{\triangle ABE}+S_{\triangle ABF}$，过点$E$、$F$做$AB$的平行线$l_1$、$l_2$，当$l_1$、$l_2$均与椭圆有且只有一个公共点时，$l_1$与$l_2$间的距离最大，此时四边形$AEBF$的面积最大.

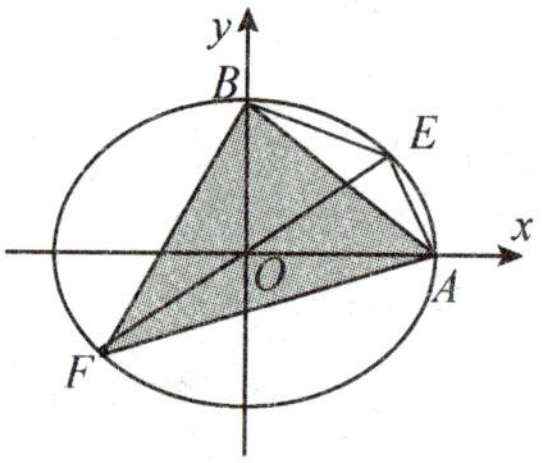

图5－20

设l_1与l_2的方程为$x+2y+c=0$，两直线间的距离为d，则

$$\begin{cases}x+2y+c=0,\\ x^2+4y^2=4.\end{cases}$$ 消去y得

$2x^2+2cx+c^2-4=0$,

$\because \Delta=4c^2-4\cdot 2(c^2-4)=0$,

$\therefore c^2=8, c=\pm 2\sqrt{2}$，即

$l_1: x+2y+2\sqrt{2}=0, l_2: x+2y-2\sqrt{2}=0$,

$$d=\frac{|-2\sqrt{2}-2\sqrt{2}|}{\sqrt{1+4}}=\frac{4\sqrt{2}}{\sqrt{5}}, |AB|=\sqrt{5},$$

$$\therefore S_{\max}=\frac{1}{2}|AB|d=\frac{1}{2}\times\sqrt{5}\times\frac{4\sqrt{2}}{\sqrt{5}}=2\sqrt{2}.$$

2012年海淀期末理科数学19题(ⅱ)的另解

(19) 已知焦点在 x 轴上的椭圆 C 过点 $(0,1)$，且离心率为 $\frac{\sqrt{3}}{2}$，Q 为椭圆 C 的左顶点.

(Ⅰ) 求椭圆 C 的标准方程；

(Ⅱ) 已知过点 $\left(-\frac{6}{5},0\right)$ 的直线 l 与椭圆 C 交于 A，B 两点.

(ⅰ) 若直线 l 垂直于 x 轴，求 $\angle AQB$ 的大小；

(ⅱ) 若直线 l 与 x 轴不垂直，是否存在直线 l 使得 $\triangle QAB$ 为等腰三角形？如果存在，求出直线 l 的方程；如果不存在，请说明理由.

解：(Ⅰ) 设椭圆 C 的标准方程为 $\frac{x^2}{a^2}+\frac{y^2}{b^2}=1(a>b>0)$，且 $a^2=b^2+c^2$.

由题意可知：$b=1$，$\frac{c}{a}=\frac{\sqrt{3}}{2}$.

所以 $a^2=4$.

所以，椭圆 C 的标准方程为 $\frac{x^2}{4}+y^2=1$.

(Ⅱ) 由(Ⅰ)得 $Q(-2,0)$. 设 $A(x_1,y_1)$，$B(x_2,y_2)$.

(ⅰ) 当直线 l 垂直于 x 轴时，直线 l 的方程为 $x=-\frac{6}{5}$.

由 $\begin{cases}x=-\frac{6}{5},\\ \frac{x^2}{4}+y^2=1.\end{cases}$ 解得 $\begin{cases}x=-\frac{6}{5},\\ y=\frac{4}{5}.\end{cases}$ 或 $\begin{cases}x=-\frac{6}{5},\\ y=-\frac{4}{5}.\end{cases}$

即 $A\left(-\frac{6}{5},\frac{4}{5}\right)$，$B\left(-\frac{6}{5},-\frac{4}{5}\right)$（不妨设点 A 在 x 轴上方）.

则直线 AQ 的斜率 $k_{AQ}=1$，直线 BQ 的斜率 $k_{BQ}=-1$.

因为 $k_{AQ}\cdot k_{BQ}=-1$，所以 $AQ\perp BQ$.

所以 $\angle AQB=\dfrac{\pi}{2}$.

（ⅱ）当直线 l 与 x 轴不垂直时，由题意可设直线 AB 的方程为

$y=k\left(x+\dfrac{6}{5}\right)(k\neq 0)$.

由 $\begin{cases} y=k(x+\dfrac{6}{5}), \\ \dfrac{x^2}{4}+y^2=1. \end{cases}$ 消去 y，得 $(25+100k^2)x^2+240k^2x+144k^2-100=0$.

因为点 $\left(-\dfrac{6}{5},0\right)$ 在椭圆 C 的内部，显然 $\Delta>0$.

$$\begin{cases} x_1+x_2=-\dfrac{240k^2}{25+100k^2}, \\ x_1x_2=\dfrac{144k^2-100}{25+100k^2}. \end{cases}$$

因为 $\overrightarrow{QA}=(x_1+2,y_1)$，$\overrightarrow{QB}=(x_2+2,y_2)$，

$y_1=k\left(x_1+\dfrac{6}{5}\right)$，$y_2=k\left(x_2+\dfrac{6}{5}\right)$，

所以 $\overrightarrow{QA}\cdot\overrightarrow{QB}=(x_1+2)(x_2+2)+y_1y_2$

$$=(x_1+2)(x_2+2)+k\left(x_1+\frac{6}{5}\right)\cdot k\left(x_2+\frac{6}{5}\right)$$

$$=(1+k^2)x_1x_2+\left(2+\frac{6}{5}k^2\right)(x_1+x_2)+4+\frac{36}{25}k^2$$

$$=(1+k^2)\frac{144k^2-100}{25+100k^2}+\left(2+\frac{6}{5}k^2\right)\left(-\frac{240k^2}{25+100k^2}\right)+4+\frac{36}{25}k^2$$

$$=0.$$

所以 $\overrightarrow{QA}\perp\overrightarrow{QB}$.

所以 $\triangle QAB$ 为直角三角形.

假设存在直线 l 使得 $\triangle QAB$ 为等腰三角形，则 $|QA|=|QB|$.

取 AB 的中点 M，连接 QM，则 $QM\perp AB$.

记点 $\left(-\frac{6}{5},0\right)$ 为 N.

另一方面，点 M 的横坐标 $x_M=\frac{x_1+x_2}{2}=-\frac{120k^2}{25+100k^2}=-\frac{24k^2}{5+20k^2}$，

所以点 M 的纵坐标 $y_M=k\left(x_M+\frac{6}{5}\right)=\frac{6k}{5+20k^2}$.

$$\text{所以}\overrightarrow{QM}\cdot\overrightarrow{NM}=\left(\frac{10+16k^2}{5+20k^2},\frac{6k}{5+20k^2}\right)\cdot\left(\frac{6}{5+20k^2},\frac{6k}{5+20k^2}\right)$$
$$=\frac{60+132k^2}{(5+20k^2)^2}\neq 0.$$

所以 $\overrightarrow{QM}$ 与 $\overrightarrow{NM}$ 不垂直，矛盾.

所以当直线 l 与 x 轴不垂直时，不存在直线 l 使得 $\triangle QAB$ 为等腰三角形.

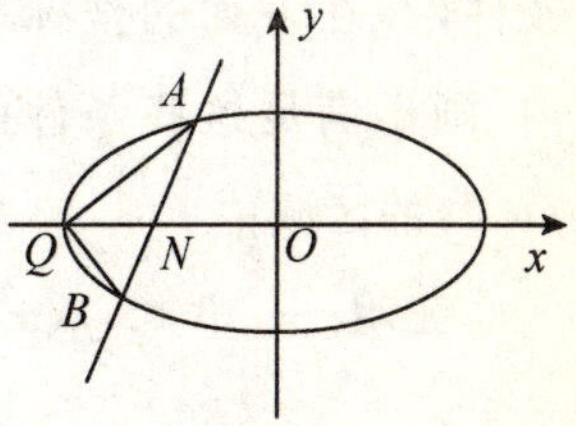

图 5－21

另解：（Ⅱ）由（Ⅰ）得 $Q(-2,0)$. 设 $A(x_1,y_1)$，$B(x_2,y_2)$.

假设存在直线 l 使得 $\triangle QAB$ 为等腰三角形，则 $|QA|=|QB|$. 则

$$(x_1+2)^2+y_1^2=(x_2+2)^2+y_2^2\Leftrightarrow(x_1+2)^2-(x_2+2)^2=y_2^2-y_1^2$$
$$\Leftrightarrow[(x_1+2)-(x_2+2)][(x_1+2)+(x_2+2)]=\frac{x_2^2-x_1^2}{4}$$
$$\Leftrightarrow(x_1-x_2)(x_1+x_2+4)=\frac{(x_1-x_2)(x_1+x_2)}{4},$$

因为 $x_1\neq x_2$，所以 $x_1+x_2+4=\frac{x_1+x_2}{4}\Leftrightarrow 3(x_1+x_2)+16=0$

$$\Leftrightarrow x_1+x_2=-\frac{16}{3}<-4,$$

这显然与 $-4<x_1+x_2<4$ 矛盾.

所以当直线 l 与 x 轴不垂直时，不存在直线 l 使得 $\triangle QAB$ 为等腰三角形.

2009年全国统一考试理科数学试题别解

题1 【全国卷Ⅰ22题】 设函数 $f(x)=x^3+3bx^2+3cx$ 在两个极值点 x_1、x_2，且 $x_1\in[-1,0]$，$x_2\in[1,2]$.

（Ⅰ）求 b、c 满足的约束条件，并在下面的坐标平面内，画出满足这些条件的点 (b,c) 的区域；

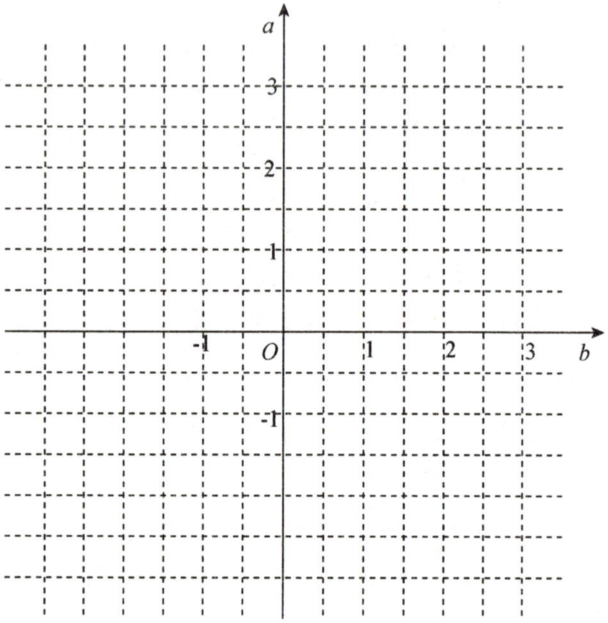

证明： $-10\leqslant f(x_2)\leqslant-\frac{1}{2}$.

解：（Ⅰ）（略）.

（Ⅱ）$\because x_2\in[1,2]$，依题知 x_2 为函数 $f(x)$ 的极小值点，则

$f(x_2)\leqslant f(1)=1+3b+3c$，

如图5－22，当 $b=-\frac{1}{2}$，$c=0$ 时，

$f(1)=1+3b+3c$ 取得最大值 $-\frac{1}{2}$，

即 $f(x_2)\leqslant-\frac{1}{2}$.

又 $f(x_2)=x_2^3+3bx_2^2+3cx_2$，

设 $z=3x_2^2b+3x_2c$，

如图，当 $b=-\frac{1}{2}$，$c=-2$ 时，

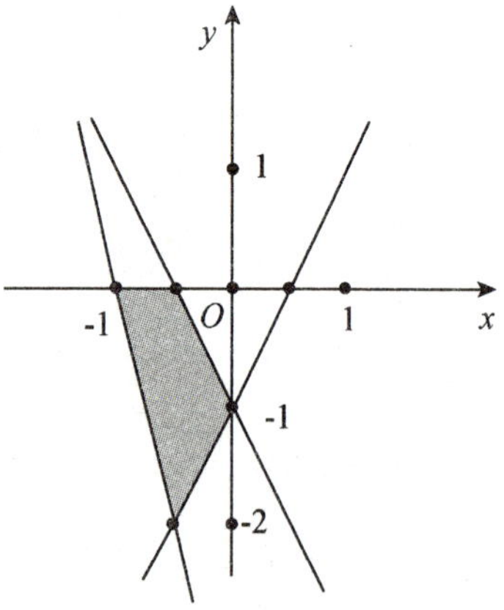

图 5－22

z 取得最小值 $-\frac{3}{2}x_2^2-6x_2$，则 $f(x_2)\geqslant x_2^3-\frac{3}{2}x_2^2-6x_2$，

令 $g(x_2)=x_2^3-\frac{3}{2}x_2^2-6x_2$，

$g'(x_2)=3x_2^2-3x_2-6=3(x_2-2)(x_2+1)\leqslant 0$，

所以 $g(x_2)$ 在区间 $[1,2]$ 上是减函数，

故 $g(x_2)\geqslant g(2)=-10$，即 $f(x_2)\geqslant -10$，

综上所述，$-10\leqslant f(x_2)\leqslant -\frac{1}{2}$.

题 2 【全国卷 Ⅱ22 题】

设函数 $f(x)=x^2+a\ln(1+x)$ 有两个极值点 x_1、x_2，且 $x_1<x_2$.

（Ⅰ）求 a 的取值范围，并讨论 $f(x)$ 的单调性；

（Ⅱ）证明：$f(x_2)>\frac{1-2\ln 2}{4}$.

解：（Ⅰ）略.

（Ⅱ）证明：由（Ⅰ），得 $0<a<\frac{1}{2}$，$x_2=\frac{-1+\sqrt{1-2a}}{2}$，

$$\begin{aligned}\therefore f(x_2)&=x_2^2+a\ln(1+x_2)\\&=\left(\frac{-1+\sqrt{1-2a}}{2}\right)^2+a\ln\left(1+\frac{-1+\sqrt{1-2a}}{2}\right)\\&=\frac{1-a-\sqrt{1-2a}}{2}+a\ln\frac{1+\sqrt{1-2a}}{2},\end{aligned}$$

令 $f(x_2)=g(a)$，则 $g(a)=\frac{1-a-\sqrt{1-2a}}{2}+a\ln\frac{1+\sqrt{1-2a}}{2}$，

$$\begin{aligned}\therefore g'(a)&=\frac{-1-\frac{-2}{2\sqrt{1-2a}}}{2}+\ln\frac{1+\sqrt{1-2a}}{2}+\frac{2a}{1+\sqrt{1-2a}}\times\frac{\frac{-2}{2\sqrt{1-2a}}}{2}\\&=\frac{1-\sqrt{1-2a}}{2\sqrt{1-2a}}+\ln\frac{1+\sqrt{1-2a}}{2}+\frac{-a}{(1+\sqrt{1-2a})\sqrt{1-2a}}\\&=\ln\frac{1+\sqrt{1-2a}}{2}<\ln 1=0,\end{aligned}$$

即 $g'(a)<0$，$\therefore g(a)$ 在 $\left(0,\frac{1}{2}\right)$ 内为单调递减函数，则

$g(a)>g(\frac{1}{2})=\frac{1}{4}+\frac{1}{2}\ln\frac{1}{2}=\frac{1-2\ln 2}{4}$，$f(x_2)>\frac{1-2\ln 2}{4}$.

综上所述，$f(x_2)>\frac{1-2\ln 2}{4}$.

高考压轴题突破策略——归纳猜想

例 1 【2008 年北京文 20】数列$\{a_n\}$满足$a_1=1$，$a_{n+1}=(n^2+n-\lambda)a_n(n=1,2,\cdots)$，$\lambda$是常数.

（Ⅰ）当$a_2=-1$时，求λ及a_3的值；

（Ⅱ）数列$\{a_n\}$是否可能为等差数列？若可能，求出它的通项公式；若不可能，说明理由；

（Ⅲ）求λ的取值范围，使得存在正整数m，当$n>m$时总有$a_n<0$.

解：（Ⅰ）由于$a_{n+1}=(n^2+n-\lambda)a_n(n=1,2,\cdots)$，且$a_1=1$.

所以当$a_2=-1$时，得$-1=2-\lambda$，　　故$\lambda=3$.

从而$a_3=(2^2+2-3)\times(-1)=-3$.

（Ⅱ）数列$\{a_n\}$不可能为等差数列，证明如下：

由$a_1=1$，$a_{n+1}=(n^2+n-\lambda)a_n$得

$a_2=2-\lambda$，$a_3=(6-\lambda)(2-\lambda)$，$a_4=(12-\lambda)(6-\lambda)(2-\lambda)$.

若存在λ，使$\{a_n\}$为等差数列，则$a_3-a_2=a_2-a_1$，即$(5-\lambda)(2-\lambda)=1-\lambda$，解得$\lambda=3$.

于是$a_2-a_1=1-\lambda=-2$，$a_4-a_3=(11-\lambda)(6-\lambda)(2-\lambda)=-24$.

这与$\{a_n\}$为等差数列矛盾.

所以，对任意λ，$\{a_n\}$都不可能是等差数列.

（Ⅲ）记$b_n=n^2+n-\lambda(n=1,2,\cdots)$，根据题意可知，$b_1<0$且$b_n\neq 0$，即$\lambda>2$且$\lambda\neq n^2+n(n\in \mathbf{N}^*)$，这时总存在$n_0\in \mathbf{N}^*$，满足：当$n\geqslant n_0$时，$b_n>0$；当$n\leqslant n_0-1$时，$b_n<0$（$\lambda$是常数）.（若$b_1\geqslant 0$，则由$a_1=1>0$，$a_{n+1}=b_na_n$知$a_n\geqslant 0$，所以不能满足题意）.

所以由$a_{n+1}=b_na_n$及$a_1=1>0$可知，若n_0为偶数，则$a_{n_0}<0$，从而当$n>$

n_0 时，$a_n<0(b_n>0)$；若 n_0 为奇数，则 $a_{n_0}>0$，从而当 $n>n_0$ 时，$a_n>0$.

因为当 n_0 为偶数时，n_0-1 为奇数，则有

$a_{n_0}=b_{n_0-1}\cdot a_{n_0-1}=b_{n_0-1}\cdot b_{n_0-2}\cdot a_{n_0-2}=(b_{n_0-1}\cdot b_{n_0-2}\cdot\cdots\cdot b_1)a_1$，

又当 $n\leqslant n_0-1$ 时，$b_n<0$，$a_1=1>0$，所以 $a_{n_0}<0$；

因为当 n_0 为奇数时，n_0-1 为偶数，则有

$a_{n_0}=b_{n_0-1}\cdot a_{n_0-1}=b_{n_0-1}\cdot b_{n_0-2}\cdot a_{n_0-2}=(b_{n_0-1}\cdot b_{n_0-2}\cdot\cdots\cdot b_1)a_1$，

又当 $n\leqslant n_0-1$ 时，$b_n<0$，$a_1=1>0$，所以 $a_{n_0}>0$.

因此"存在 $m\in\mathbf{N}^*$，当 $n>m$ 时总有 $a_n<0$"的充分必要条件是：n_0 为偶数，记 $n_0=2k(k=1,2,\cdots)$，则 λ 满足

$$\begin{cases}b_{2k}=(2k)^2+2k-\lambda>0,\\ b_{2k-1}=(2k-1)^2+2k-1-\lambda<0.\end{cases}$$

故 λ 的取值范围是 $4k^2-2k<\lambda<4k^2+2k(k\in\mathbf{N}^*)$.

关于(Ⅲ)的思考：

考察数列的前几项如下：

λ 的范围	a_1	a_2	a_3	a_4	a_5	a_6	a_7
对应项	1	$2-\lambda$	$(6-\lambda)(2-\lambda)$	$(12-\lambda)(6-\lambda)(2-\lambda)$	$(20-\lambda)(12-\lambda)(6-\lambda)(2-\lambda)$	$(30-\lambda)(20-\lambda)(12-\lambda)(6-\lambda)(2-\lambda)$	$(42-\lambda)(30-\lambda)(20-\lambda)(12-\lambda)(6-\lambda)(2-\lambda)$
$2<\lambda<6$	+	−	−	−	−	−	−
$6<\lambda<12$	+	−	+	+	+	+	+
$12<\lambda<20$	+	−	+	−	−	−	−
$20<\lambda<30$	+	−	+	−	+	+	+
$30<\lambda<42$	+	−	+	−	+	−	−
…							

所以，当 $2<\lambda<6$ 时，存在 $m=1$，使得当 $n>m$ 时，有 $a_n<0$，

当 $12<\lambda<20$ 时，存在 $m=3$，使得当 $n>m$ 时，有 $a_n<0$，

当 $30<\lambda<42$ 时，存在 $m=5$，使得当 $n>m$ 时，有 $a_n<0$，

……

由此归纳猜想：

当 $4k^2-2k<\lambda<4k^2+2k(k\in\mathbf{N}^*)$ 时，存在 $m\in\mathbf{N}^*$，当 $n>m$ 时总有 $a_n<0$.

例 2 【2010 年北京文 20】

已知集合 $S_n=\{X\mid X=(x_1,x_2,\cdots,x_n),x_i\in\{0,1\},i=1,2,\cdots,n\}(n\geqslant 2)$，对于 $A=(a_1,a_2,\cdots,a_n)$，$B=(b_1,b_2,\cdots,b_n)\in S_n$，定义 A 与 B 的差为 $A-B=(|a_1-b_1|,|a_2-b_2|,\cdots,|a_n-b_n|)$；

A 与 B 之间的距离为 $d(A,B)=\sum\limits_{i=1}^{n}|a_i-b_i|$.

（Ⅰ）当 $n=5$ 时，设 $A=(0,1,0,0,1)$，$B=(1,1,1,0,0)$，求 $d(A,B)$，$d(A,C)$，$d(B,C)$；

（Ⅱ）证明：$\forall A,B,C\in S_n$，有 $A-B\in S_n$，且 $d(A-C,B-C)=d(A,B)$；

（Ⅲ）证明：$\forall A,B,C\in S_n$，$d(A,B)$，$d(A,C)$，$d(B,C)$ 三个数中至少有一个是偶数.

（Ⅰ）**解**：$A-B=(|0-1|,|1-1|,|0-1|,|0-0|,|1-0|)$

$=(1,0,1,0,1)$，

$d(A,B)=|0-1|+|1-1|+|0-1|+|0-0|+|1-0|=3$.

（Ⅱ）**证明**：设 $A=(a_1,a_2,\cdots,a_n)$，$B=(b_1,b_2,\cdots,b_n)$，$C=(c_1,c_2,\cdots,c_n)\in S_n$，

因为 $a_1,b_1\in\{0,1\}$，所以 $|a_1-b_1|\in\{0,1\}(i=1,2,\cdots,n)$.

从而 $A-B=(|a_1-b_1|,|a_2-b_2|,\cdots,|a_n-b_n|)\in S_n$，

由题意知 $a_i,b_i,c_i\in\{0,1\}(i=1,2,\cdots,n)$.

当 $c_i=0$ 时，$||a_i-c_i|-|b_i-c_i||=|a_i-b_i|$；

当 $c_i=1$ 时，$||a_i-c_i|-|b_i-c_i||=|(1-a_i)-(1-b_i)|=|a_i-b_i|$.

所以 $d(A-C,B-C)=\sum\limits_{i=1}^{n}|a_i-b_i|=d(A,B)$.

（Ⅲ）**证明**：设 $A=(a_1,a_2,\cdots,a_n)$，$B=(b_1,b_2,\cdots,b_n)$，$C=(c_1,c_2,\cdots,c_n)\in S_n$

$d(A,B)=k$，$d(A,C)=l$，$d(B,C)=h$.

记 $0=(0,0,\cdots,0)\in S_n$，由（Ⅱ）可知

$d(A,B)=d(A-A,B-A)=d(0,B-A)=k$，

$d(A,C)=d(A-A,C-A)=d(0,C-A)=l$，

$d(B,C)=d(B-A,C-A)=h$.

所以 $|b_i-a_i|(i=1,2,\cdots,n)$ 中 1 的个数为 k，$|c_i-a_i|(i=1,2,\cdots,n)$ 中 1 的个数为 l.

设 t 是使 $|b_i-a_i|=|c_i-a_i|=1$ 成立的 i 的个数，则 $h=l+k-2t$.

由此可知，k,l,h 三个数不可能都是奇数，

即 $d(A,B),d(A,C),d(B,C)$ 三个数中至少有一个是偶数.

例 3 已知数列 $\{a_n\}$ 中，$a_1=1$，$a_n=\begin{cases}1+2a_{\frac{n}{2}}, & n\text{ 为偶数}, \\ \frac{1}{2}+2a_{\frac{n-1}{2}}, & n\text{ 为奇数}.\end{cases}$ 数列 $\{b_n\}$ 满足 $b_n=a_{2^{n-1}}+1$.

（Ⅰ）求 a_2,a_3,a_4,a_5；

（Ⅱ）求证：数列 $\{b_n\}$ 是等比数列；

（Ⅲ）当 $m\geqslant 2$(m(N()时，在数列 $\{a_n\}$ 中是否存在连续的 $2m$ 项成等差数列？若存在，证明你的结论；若不存在，请说明理由.

分析：（Ⅲ）数列 $\{a_n\}$ 中是否存在连续的 $2m$ 项成等差数列问题的探究：

由已知条件得，

									公差
$a_1=1$									
$a_2=3$	$a_3=\frac{5}{2}$								
$a_4=7$	$a_5=\frac{13}{2}$	$a_6=6$	$a_7=\frac{11}{2}$						$-\frac{1}{2}$
$a_8=15$	$a_9=\frac{29}{2}$	$a_{10}=14$	$a_{11}=\frac{27}{2}$	$a_{12}=13$	$a_{13}=\frac{25}{2}$	$a_{14}=12$	$a_{15}=\frac{23}{2}$		$-\frac{1}{2}$
$a_{16}=31$								…	$-\frac{1}{2}$
	…								$-\frac{1}{2}$
a_{2^m}	a_{2^m+1}	a_{2^m+2}						$a_{2^m+2^m-1}$	$-\frac{1}{2}$

关于一道选择题解法的思考

今年【湖北高考数学(理)第10题】是一道综合性较强的难题,对考生的思维能力提出了较高的要求,充分体现了高考试题的甄别功能.下面让我们一起回顾这道试题:

题目 关于 x 的方程 $(x^2-1)^2-|x^2-1|+k=0$,给出下列四个命题:

① 存在实数 k,使得方程恰有 2 个不同的实根;

② 存在实数 k,使得方程恰有 4 个不同的实根;

③ 存在实数 k,使得方程恰有 5 个不同的实根;

④ 存在实数 k,使得方程恰有 8 个不同的实根.

其中假命题的个数是(　　)

A. 0　　　　B. 1　　　　C. 2　　　　D. 3

如何解答这个问题?首先让我们了解来自网上的一个解法,即

解 1: 关于 x 的方程 $(x^2-1)^2-|x^2-1|+k=0$ 可化为 $(x^2-1)^2-(x^2-1)+k=0(x\geqslant 1$ 或 $x\leqslant -1)$　　①

或 $(x^2-1)^2+(x^2-1)+k=0(-1<x<1)$　　②

(1) 当 $k=-2$ 时,方程(1)的解为 $\pm\sqrt{3}$,方程 ② 无解,原方程恰有 2 个不同的实根;

(2) 当 $k=\dfrac{1}{4}$ 时,方程(1)有两个不同的实根 $\pm\dfrac{\sqrt{6}}{2}$,方程 ② 有两个不同的实根 $\pm\dfrac{\sqrt{2}}{2}$,即原方程恰有 4 个不同的实根;

(3) 当 $k=0$ 时,方程 ① 的解为 $-1,+1,\pm\sqrt{2}$,方程 ② 的解为 $x=0$,原方程恰有 5 个不同的实根;

(4) 当 $k=\frac{2}{9}$ 时，方程 ① 的解为 $\pm\frac{\sqrt{15}}{3}$，$\pm\frac{2\sqrt{3}}{3}$，方程 ② 的解为 $\pm\frac{\sqrt{3}}{3}$，$\pm\frac{\sqrt{6}}{3}$，即原方程恰有 8 个不同的实根. 综上所述，选 A.

上述解法以分类转化思想为先导，通过观察、分析与推理等过程完成解答，对考生的数学综合能力提出了很高的要求. 从简化解题过程、提高解题效率的角度进行研究，我们可以得到如下较为简洁的解法，即

解 2：关于 x 的方程 $(x^2-1)^2-|x^2-1|+k=0$ 可化为

$|x^2-1|^2-|x^2-1|+k=0$.

设

$$t=|x^2-1|\ (t\geqslant 0) \quad ①$$

则原方程可化为

$$t^2-t+k=0 \quad ②$$

依题知方程(2) 至少应有一个非负根($t=|x^2-1|$ 有解)，且两根之和等于 1，两根之积 $k=t_1t_2$，其根的分布如下表：

方程	根的分布	举例($t_1+t_2=1$)
$t^2-t+k=0$	一正一负	3 或 -2
	一正一零	1 或 0
	两正相等	$\frac{1}{2}$
	两正不等	$\frac{1}{4}$ 或 $\frac{3}{4}$

(1) 当 $k=-6$ 时，$|x^2-1|=3$ 或 $|x^2-1|=-2$，所以方程 ① 的解为 ± 2，此时原方程恰有 2 个不同的实根；

(2) 当 $k=0$ 时，$|x^2-1|=1$ 或 $|x^2-1|=0$，方程 ① 的解为 $0,\pm\sqrt{2},-1$ 或 1，此时原方程恰有 5 个不同的实根；

(3) 当 $k=\frac{1}{4}$ 时，$|x^2-1|=\frac{1}{2}$，方程 ① 的解为 $\pm\frac{\sqrt{6}}{2}$，或 $\pm\frac{\sqrt{2}}{2}$，此时原方程恰有 4 个不同的实根；

(4) 当 $k=\frac{3}{16}$ 时，$|x^2-1|=\frac{1}{4}$，或 $|x^2-1|=\frac{3}{4}$，方程①的解为 $\pm\frac{\sqrt{5}}{2}$，$\pm\frac{\sqrt{3}}{2}$，$\pm\frac{1}{2}$，或 $\pm\frac{\sqrt{7}}{2}$，此时原方程恰有 8 个不同的实根.

综上所述，选 A.

解 3: 由解 2 得

$$t=|x^2-1|\ (t\geqslant 0) \qquad ①$$

则原方程可化为 $t^2-t+k=0\cdots(2)$. 如图 5－23 所示：

(1) 当 $t=0$ 时，方程①有 2 个不同的实根；

(2) 当 $0<t<1$ 时，方程①有 4 个不同的实根；

(3) 当 $t=1$ 时，方程①有 3 个不同的实根；

(4) 当 $t>1$ 时，方程①有 2 个不同的实根.

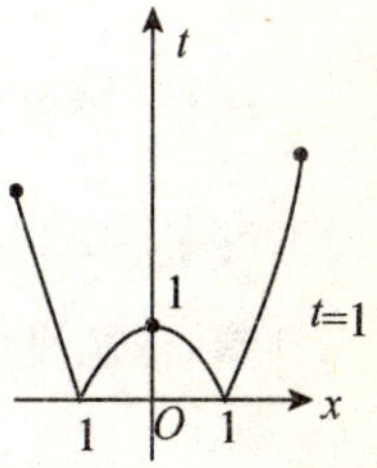

图 5－23

则对应下表可知($k=t_1t_2$) 选项 A 正确.

方程	根的分布	举例($t_1+t_2=1$)
$t^2-t+k=0$	一正一负	3 或 －2
	一正一零	1 或 0
	两正相等	$\frac{1}{2}$
	两正不等	$\frac{1}{4}$ 或 $\frac{3}{4}$

巧解高考题一例

题目 【2001年全国高考题】双曲线$\frac{x^2}{9}-\frac{y^2}{16}=1$的两个焦点为$F_1$、$F_2$，点$P$在双曲线上，若$PF_1\perp PF_2$，则点$P$到$x$轴的距离为________.

解：依题设可知，$a=3,b=4,c=5$. 根据双曲线定义得

$$|PF_1|-|PF_2|=\pm 6 \quad ①$$

又$PF_1\perp PF_2$，在$\mathrm{Rt}\triangle F_1PF_2$中，有

$$|PF_1|^2+|PF_2|^2=100 \quad ②$$

①^2－②得，$|PF_1||PF_2|=32$.

设点P到x轴的距离为h，则有$|PF_1||PF_2|=h|F_1F_2|$，

所以，$h=\frac{32}{10}=\frac{16}{5}$.

即点P到x轴的距离为$\frac{16}{5}$.

注：本文发表于《中学生学习报》，2002.994.

运用特殊化思想解答高考数学选择题

特殊化思想成为近年来高考数学选择题考查的重要内容之一. 考生在切实掌握通法通则的基础上，恰当地运用特殊化思想，可以充分地节省时间、提高解题速度、减少隐性失分. 本文例析特殊化思想在解答高考数学选择题中的应用，供参考.

1. 特定函数解析式法

对于某些未给出具体函数解析式的问题，往往可以根据题目所给的条件，构造特定函数，通过化抽象为具体，来达到解题之目的.

例 1 【1997 年高考题】设函数 $y=f(x)$ 定义在实数集 $\mathbf{R}$ 上，函数 $y=f(x-1)$ 与 $y=f(1-x)$ 的图象关于(　　)

A. 直线 $y=1$ 对称　　B. 直线 $x=0$ 对称

C. 直线 $y=0$ 对称　　D. 直线 $x=1$ 对称

解：设 $f(x)=x^2$，则 $f(x-1)=(x-1)^2$，$f(1-x)=(1-x)^2$.

根据一元二次函数的图象和性质可知，函数 $f(x-1)$ 与 $f(1-x)$ 的图象关于直线 $x=1$ 对称，选 D.

2. 特定函数图象法

有关函数奇偶性、单调性、对称性等问题，都具有明确的几何意义. 因而可考虑利用设定函数的图象，运用数形结合思想来分析解决.

例 2 【1991 年高考题】如果奇函数 $f(x)$ 在区间 $[3,7]$ 上是增函数且最小值为 5，那么 $f(x)$ 在区间 $[-7,-3]$ 上是(　　)

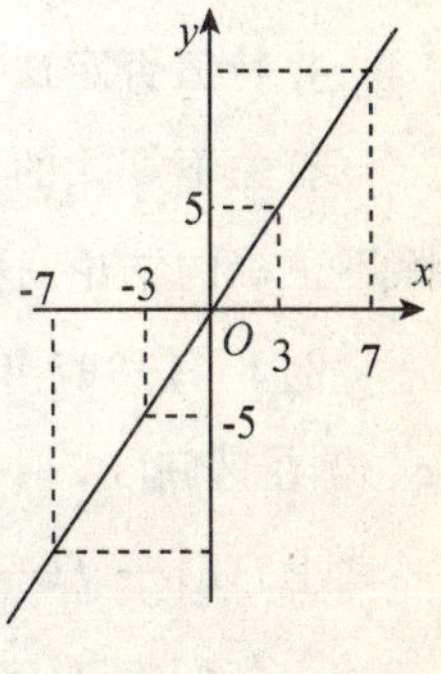

图 5－24

A. 增函数且最小值为 -5

B. 增函数且最大值为 -5

C. 减函数且最小值为 -5

D. 减函数且最大值为 -5

解:作出函数 $f(x)=\frac{5}{3}x$ 的图象,如图 5－24 所示.可知应选 B.

3. 特值计算法

有关数列、不等式等含有参数的问题,隐含着特殊与一般、个性与共性的辩证统一思想,可通过赋予参数特殊值而将其转化为具体问题求解.

例 3 【1990 年高考题】设实数 a,b 满足 $0<a<b$,且 $a+b=1$,则下列四个数中最大的是(　　)

A. $\frac{1}{2}$　　B. a^2+b^2　　C. $2ab$　　D. a

解:根据题设条件,不妨令 $a=\frac{1}{2},b=\frac{3}{4}$,则 $a^2+b^2=\left(\frac{1}{4}\right)^2+\left(\frac{3}{4}\right)^2=\frac{5}{8}>\frac{1}{2}$,$2ab=2\times\frac{1}{4}\times\frac{3}{4}=\frac{3}{8}<\frac{1}{2}$,显见 a^2+b^2 的值为最大,故选 B.

例 4 【1996 年高考题】等差数列 $\{a_n\}$ 的前 m 项和为 30,前 $2m$ 项和为 100,则它的前 $3m$ 和为(　　)

A. 130　　B. 170　　C. 210　　D. 260

解:令 $m=1$,则 $a_1=S_1=30,S_2=100$,

$\therefore a_2=S_2-S_1=100-30=70,\quad a_3=70+40=110.$

于是 $S_3=a_1+a_2+a_3=30+70+110=210$,故应选 C.

4. 特值否定法

有关不等式的判定、推理等问题,可通过设定参数具体值,然后代入计算,来排除不正确的结论.这是解答多转单型选择题的重要方法之一.

例 5 【1997 年高考题】定义在 $(-\infty,+\infty)$ 的奇函数 $f(x)$ 为增函数,偶函数 $g(x)$ 在区间 $[0,+\infty)$ 的图象与 $f(x)$ 的图象重合.设 $a>b>0$,给出下列不等式:

①$f(b)-f(-a)>g(a)-g(-b)$;②$f(b)-f(-a)<g(a)-g(-b)$;

③$f(a)-f(-b)>g(b)-g(-a)$;④$f(a)-f(-b)<g(b)-g(-a)$.

其中成立的是(　　)

A. ① 与 ④　　B. ② 与 ③　　C. ① 与 ③　　D. ② 与 ④

解:设 $f(x)=x, g(x)=|x|$,

令 $a=2, b=1$,代入 4 个不等式,分别有

①$1+2>2-1$;②$1+2<2-1$;

③$2+1>1-2$;④$2+1<1-2$.

从而否定 A,B,D. 所以应选 C.

5. 区间特征值法

有关选项为区间的数学选择题,可考虑将区间的端点或明显区分不同区间的特征值代入原题,结合特值否定法加以解决.

例 6 【1997 年高考题】不等式组$\begin{cases} x>0 \\ \dfrac{3-x}{3+x}>\left|\dfrac{2-x}{2+x}\right| \end{cases}$的解集是(　　)

A. $\{x \mid 0<x<2\}$　　B. $\{x \mid 0<x<2.5\}$

C. $\{x \mid 0<x<\sqrt{6}\}$　　D. $\{x \mid 0<x<3\}$

解:注意到 4 个选项中,左端都为 0,右端数字关系为 $2<\sqrt{6}<2.5<3$.

将 $x=2$ 代入第二个不等式,得$\dfrac{3-2}{3+2}>\left|\dfrac{2-2}{2+2}\right|$成立,故可排除 A,

将 $x=\sqrt{6}$ 代入第二个不等式,得$\dfrac{3-\sqrt{6}}{3+\sqrt{6}}=5-2\sqrt{6}$,$\left|\dfrac{2-\sqrt{6}}{2+\sqrt{6}}\right|=5-2\sqrt{6}$,

不等式两端相等,据此可排除 B,D. 因此选 C.

6. 特征"关节点"分析法

在分析处理某些运动变化的问题时,可根据变化过程中的特征"关节点"处的状态,作出判断或导出结论.

例 7 【1998 年高考题】向高为 H 的水瓶中注水,注满为止. 如果注水量 v 与水深 h 的函数关系如图 5－25 所示,那么水瓶的形状是(　　)

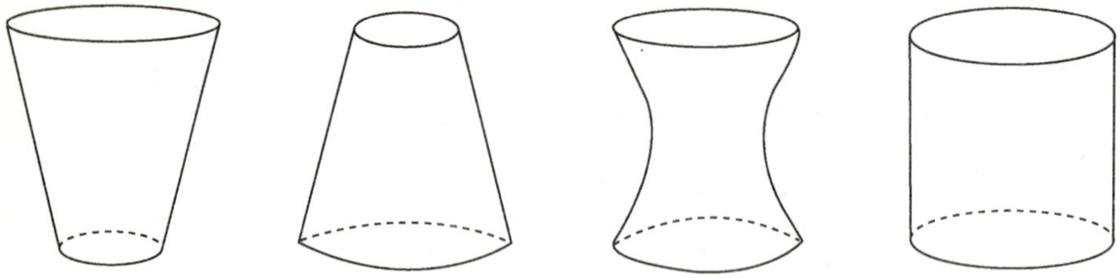

A. B. C. D.

解:注意到注水深度恰为瓶高的一半,即 $h=\dfrac{H}{2}$ 时,水的体积的变化如下:

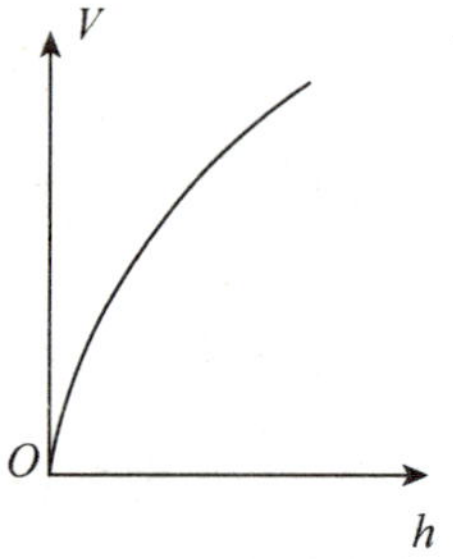

图 5－25

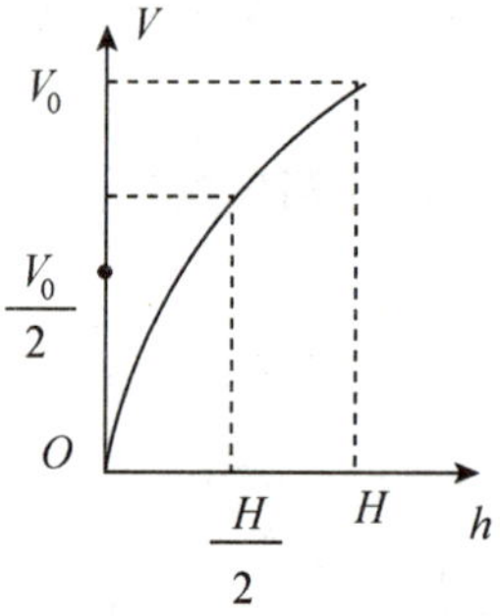

图 5－26

A. $v<\dfrac{v_0}{2}$　　B. $v>\dfrac{v_0}{2}$　　C. $v=\dfrac{v_0}{2}$　　D. $v=\dfrac{v_0}{2}$

结合图 5－26 所示,当选 B.

综上所述,切实掌握特殊化思想,多角度思考问题,选择最优解题方法,是解答好高考数学选择题的基本策略.

注:本文发表于《数学教学研究》,1999.01.

数形结合解答高考复数选择题

近年高考复数选择题突出了对考生数学思想方法和能力的考查,体现了高考的选拔功能.运用数形结合思想分析解答此类问题往往事半功倍,能有效地提高解题效率,减少隐性失分.以下就近年高考复数选择题进行归纳分析,供教学时参考.

1.基本知识点

(1) 复数的几何意义及复数运算的几何意义(略).

(2) 复平面上两点间距离公式 $d=|z_1-z_2|$.

(3) 复平面上圆的方程

$|z-z_0|=r(r>0)$ 表示以 Z_0 为圆心,r 为半径的圆.

$|z-z_0|<r(r>0)$ 表示以 Z_0 为圆心,r 为半径的圆面(不包括圆周).

$|z-z_0|>r(r>0)$ 表示以 Z_0 为圆心,r 为半径的圆的外部平面(不包括圆周).

(4) 复平面上椭圆的方程

$$|z-z_1|+|z-z_2|=2a(a>0) \quad ①$$

若 $2a>|\overrightarrow{Z_1Z_2}|$,方程 ① 表示以 Z_1、Z_2 为焦点,以 $2a$ 为长轴长的椭圆;

若 $2a=|\overrightarrow{Z_1Z_2}|$,方程 ① 表示以 Z_1、Z_2 为端点的线段.

(5) 复平面上双曲线的方程

$$||z-z_1|-|z-z_2||=2a(a>0) \quad ②$$

若 $2a<|\overrightarrow{Z_1Z_2}|$,方程 ② 表示以 Z_1、Z_2 为焦点,以 $2a$ 为实轴长的双曲线;

若 $2a=|\overrightarrow{Z_1Z_2}|$,方程 ② 表示以 Z_1、Z_2 为端点的两条射线(不包括线段 Z_1Z_2).

注:若方程 ② 左边不加绝对值时,方程 ② 仅表示同类曲线的某一支.

(6) 复平面上的直线及有关方程

$|z-z_1|=|z-z_2|$ 表示线段 Z_1Z_2 的垂直平分线方程，

$z=a+yi$(a 为常数，$y\in\mathbf{R}$). 表示垂直于实轴的一条直线，方程为 $x=a$.

$z=x+bi$(b 为常数，$x\in\mathbf{R}$). 表示垂直于虚轴的一条直线，方程为 $y=b$.

(7) 射线方程

$$\arg(z-z_0)=\theta(0\leqslant\theta<2\pi)、 \quad ③$$

表示以 Z_0 为起点，辐角主值为 θ 的向量所在的射线.

(8) 二项方程根的几何意义

方程 $x^n=b(b\in C)$ 的 n 个根均匀分布在以原点为圆心，以 $\sqrt[n]{|b|}$ 为半径的圆上.

2. 例题分析

例 1 【1990 年全国高考试题】把复数 $1+i$ 对应的向量按顺时针方向旋转 $\frac{2\pi}{3}$，所得到的向量对应的复数是(　　)

A. $\frac{1-\sqrt{3}}{2}+\frac{-1+\sqrt{3}}{2}i$　　B. $\frac{-1+\sqrt{3}}{2}+\frac{-1-\sqrt{3}}{2}i$

C. $\frac{-1+\sqrt{3}}{2}+\frac{1-\sqrt{3}}{2}i$　　D. $\frac{1-\sqrt{3}}{2}+\frac{-1-\sqrt{3}}{2}i$

分析：$\because \arg(1+i)=\frac{\pi}{4}$，设 $z_1=1+i$，

将向量 $\overrightarrow{OZ_1}$ 按顺时针方向旋转 $\frac{2\pi}{3}$ 所得到的向量为 $\overrightarrow{OZ_2}$，

如图 5－27 所示，$\overrightarrow{OZ_2}$ 在第四象限，且 $\tan(\arg z_2)<-1$，故选 B.

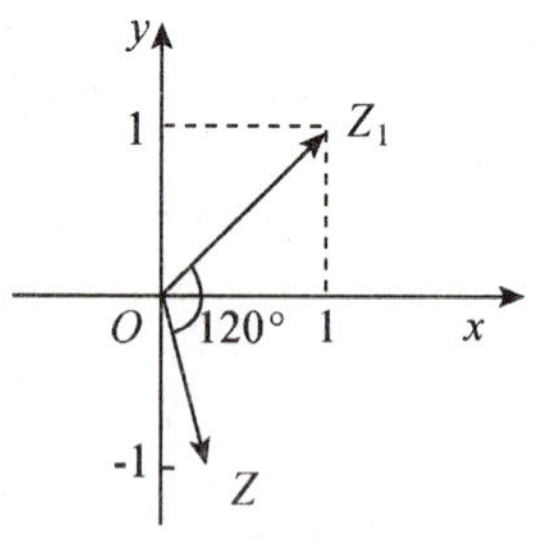

图 5－27

例 2 【1990 年广东高考试题】设 z 是复数，$z+2$ 的辐角为 $\frac{\pi}{3}$，$z-2$ 的辐角为 $\frac{5\pi}{6}$，那么 z 等于(　　)

A. $\frac{-1}{2}+\frac{\sqrt{3}}{2}i$　　B. $-\frac{\sqrt{3}}{2}+\frac{1}{2}i$　　C. $-\sqrt{3}+i$　　D. $-1+\sqrt{3}i$

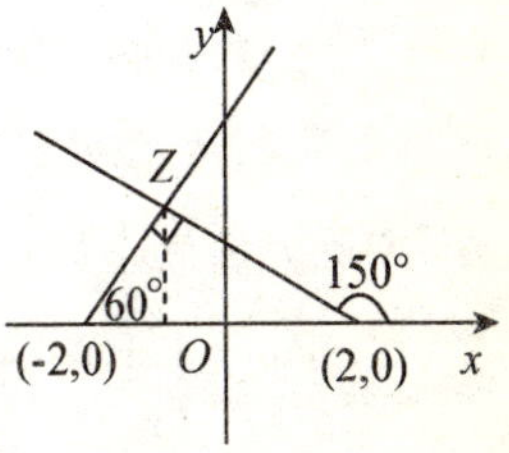

图 5－28

分析：$\because \arg(z+2)=\arg[z-(-2)]=\frac{\pi}{3}$，$\arg(z-2)=\frac{5\pi}{6}$.

如图 5－28 所示，这两条射线的交点坐标为$(-1,\sqrt{3})$，即所求复数 $z=-1+\sqrt{3}i$，故选 D.

例 3 【1990 年广东高考试题】如果复数 $z=3+ai$ $(a\in\mathbf{R})$ 满足 $|z-2|<2$，那么实数 a 的取值范围是（　　）

A. $(-2\sqrt{2},2\sqrt{2})$　　B. $(-2,2)$

C. $(-1,1)$　　D. $(-\sqrt{3},\sqrt{3})$

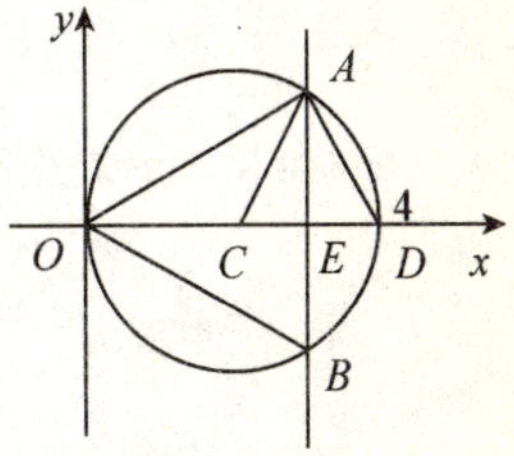

图 5－29

分析：$\because$ 如图 5－29 所示，$AC=CD=DA=2$，

$\therefore AE=\sqrt{3}$，

$\therefore \overrightarrow{OA}$ 所对应的复数为 $3+\sqrt{3}i$，$\overrightarrow{OB}$ 所对应的复数为 $3-\sqrt{3}i$，

$\therefore -\sqrt{3}<a<\sqrt{3}$，故选 D.

例 4 【1992 年全国高考试题】已知复数 z 的模为 2，则 $|z-i|$ 的最大值是（　　）

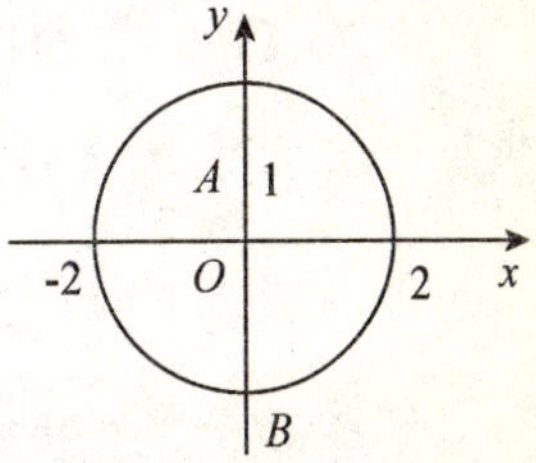

图 5－30

A. 1　　B. 2　　C. $\sqrt{5}$　　D. 3

分析：$\because |z|=2$，如图 5－30 所示，$A(0,1)$ 与圆 O 上任意点的连线中最长的为 $|AB|=3$，

$\therefore |z-i|$ 的最大值是 3，故选 D.

例 5 【1994 年全国高考试题】若复数 z 满足 $|z+i|+|z-i|=2$，则 $|z+1+i|$ 的最小值是（　　）

A. 1　　B. $\sqrt{2}$　　C. 2　　D. $\sqrt{5}$

分析：$\because |z+i|+|z-i|=2$，

如图 5－31 所示，$|z+1+i|=|z-(-1-i)|$，

上式表示定点 $P(-1,-1)$ 与线段 AB 上任意点的距离，其最小值为 $|PB|=1$，

$\therefore |z+1+i|$ 的最小值为 1，故选 A.

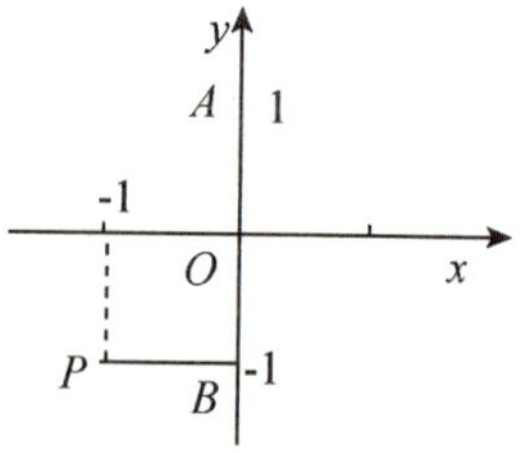

图 5－31

例 6 【1996 年全国高考试题】复数 $\dfrac{(z+zi)^4}{(1-\sqrt{3}i)^5}$ 等于（　　）

A. $1-\sqrt{3}i$　　B. $-1+\sqrt{3}i$　　C. $1+\sqrt{3}i$　　D. $-1-\sqrt{3}i$

分析：$\because \arg(2+2i)=\dfrac{\pi}{4}$，$\arg(2+2i)^4=\pi$，

$$\arg(1-\sqrt{3}i)=\frac{5\pi}{3}, \therefore \arg(1-\sqrt{3}i)^5=\frac{\pi}{3},$$

$\therefore \arg\left(\dfrac{(2+2i)^4}{(1-\sqrt{3}i)^5}\right)=\dfrac{2\pi}{3}$，故复数 z 对应的点在第二象限，所以选 B.

例 7 【1998 年全国高考试题】复数 $-i$ 的一个立方根是 i，它的另外两个立方根是（　　）

A. $\dfrac{\sqrt{3}}{2}\pm\dfrac{1}{2}i$　　B. $-\dfrac{\sqrt{3}}{2}\pm\dfrac{1}{2}i$　　C. $\pm\dfrac{\sqrt{3}}{2}+\dfrac{1}{2}i$　　D. $\pm\dfrac{\sqrt{3}}{2}-\dfrac{1}{2}i$

分析：由二项方程根的均匀分布特征，如图 5－32 所示，当选 D.

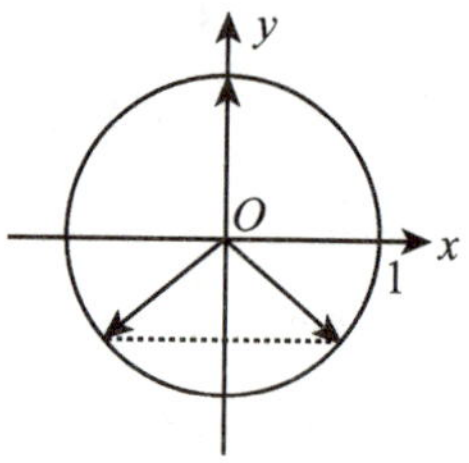

图 5－32

例 8 【2000 年全国高考试题】在复平面内，把复数对应的向量按顺时针方向旋转 $\dfrac{\pi}{3}$，所得向量对应的复数是（　　）

A. $2\sqrt{3}$　　B. $-2\sqrt{3}i$　　C. $\sqrt{3}-3i$　　D. $3+\sqrt{3}i$

分析：$\because \arg(3-\sqrt{3}i)=\dfrac{11\pi}{6}$，设 $z=3-\sqrt{3}i$，则 $\angle XOZ=\dfrac{\pi}{6}$，将向量 $\overrightarrow{OZ}$ 按顺时针方向旋转 $\dfrac{\pi}{3}$ 后对应的向量与虚轴负方向相同，如图 5－

33所示，选B.

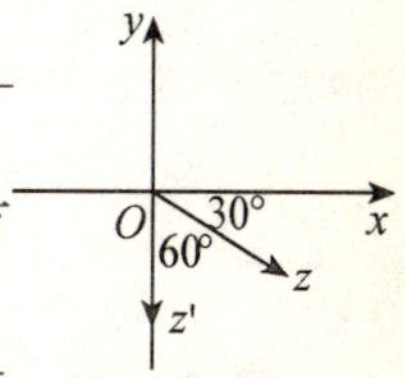

图5－33

例9 【2000年春季高考试题】设复数 $z_1=2\sin\theta+i\cos\theta\left(\frac{\pi}{4}<\theta<\frac{\pi}{2}\right)$ 在复平面上对应向量 $\overrightarrow{OZ_1}$，将 $\overrightarrow{OZ_1}$ 按顺时针方向旋转 $\frac{3}{4}\pi$ 后得到向量 $\overrightarrow{OZ_2}$，$\overrightarrow{OZ_2}$ 对应的复数为 $z_2=r(\cos\varphi+i\sin\varphi)$，则 $\tan\varphi=$（　　）

A. $\frac{2\tan\theta+1}{2\tan\theta-1}$　　B. $\frac{2\tan\theta-1}{2\tan\theta+1}$　　C. $\frac{1}{2\tan\theta+1}$　　D. $\frac{1}{2\tan\theta-1}$

分析：令 $\theta=\frac{\pi}{3}$，$z_1=2\sin\frac{\pi}{3}+i\cos\frac{\pi}{3}=z_1=\sqrt{3}+\frac{1}{2}i$，

如图5－34所示，$\tan\varphi>1$，

$\because\tan\theta=\sqrt{3}$，显然只有 $\frac{2\tan\theta+1}{2\tan\theta-1}>1$，

$\therefore$ 选A.

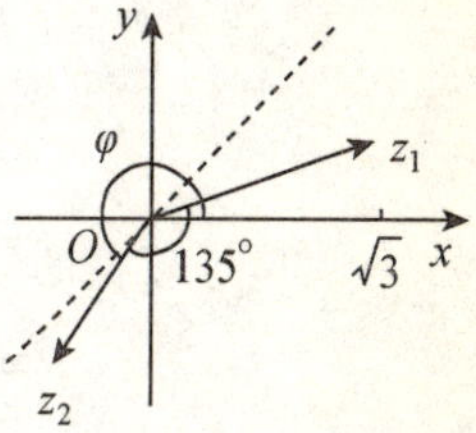

图5－34

例10 【2000年春季高考试题】复数 $z_1=3+i$，$z_2=1-i$，则 $z=z_1\cdot z_2$ 在复平面内的对应点位于（　　）

A. 第一象限　　B. 第二象限　　C. 第三象限　　D. 第四象限

分析：如图5－35所示，$\because 0°<\theta_1<45°$，将向量 $\overrightarrow{OZ_2}$ 按逆时针方向旋转角 θ_1，对应向量仍在第四象限，所以 $z=z_1\cdot z_2$ 在复平面内对应的点位于第四象限，故选D.

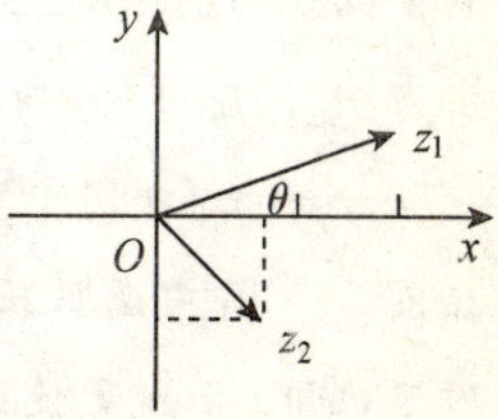

图5－35

注：本文发表于《中学数学》，2001.04.

剪拼方法又三种

题目 【2002年全国高考文22题】

(Ⅰ)给出两块相同的正三角形纸片(如图1,图2)要求用其中一块剪拼成一个正三棱锥模型,另一块剪拼成一个正三棱柱模型,使它们的全面积都与原三角形的面积相等,请设计一种剪拼方法,分别用虚线标示在图5－36、图5－37中,并作简要说明.

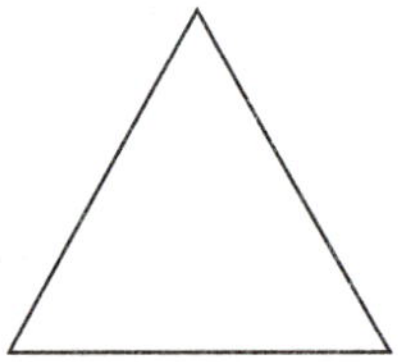

图5－36

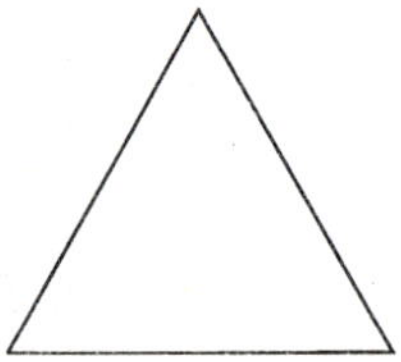

图5－37

(Ⅱ)试比较你剪拼的正三棱锥与正三棱柱的体积大小;

(Ⅲ)(附加题)如果给出的是一块任意三角形纸片(如图5－38),要求剪拼成一个直三棱柱模型,使它的全面积与给出的三角形的面积相等,请设计一种剪拼方法,用虚线标示在图5－38中,并作简要说明.

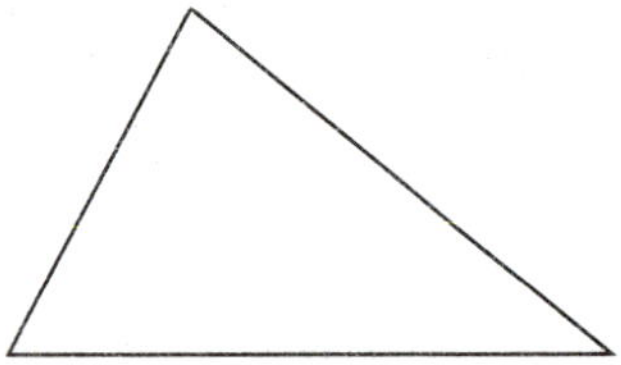

图5－38

分析:(Ⅰ)问中剪拼正三棱锥的模型容易想到,在图5－36中选取三边中点连线折叠即可完成,但剪拼正三棱柱的问题就比较困难了,(Ⅲ)问就更使许多考生望而生畏.

从考场答题情况可以看出许多考生的思维混乱,随意画线,不知所云,充分暴露出基本功不扎实,灵活应用所学数学知识解决问题的能力十分欠缺.下面提供另三种有别于参考解答的剪拼方法供读者参考.

(Ⅰ)对于剪拼正三棱柱模型的问题我们不妨作如下考虑:由正三棱柱的性质可知,上、下底面是全等的正三角形,三个侧面全是全等的矩形.要使剪拼所得的正三棱柱模型的全面积与图5－37所示的正三角形的面积相等,则可将问题转化为如何将图 5－37 恰好剪拼成两个全等的正三角形和三个全等的矩形，且使矩形的一边等于上、下底的边长，具体剪拼方式如下：

剪拼 1：选取三边中点，如图 5－39 连线，将剪下的两个正三角形做正三棱柱的底面，并将所剩菱形如图 5－40 剪拼成三个全等的矩形，即可组成符合题目要求的正三棱柱.

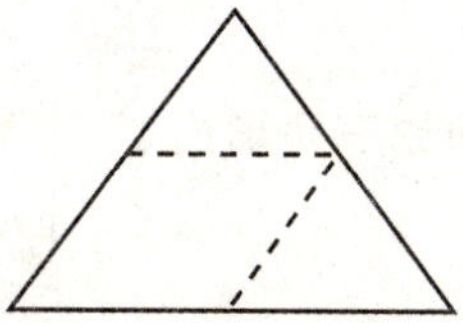

图 5－39

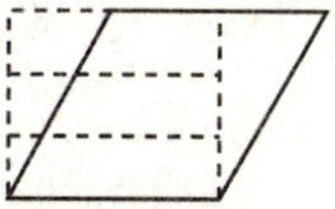

图 5－40

剪拼 2：选取两边中点，过中点分别作另一边的垂线，将所得两直角三角形拼接作正三棱柱的一个底面，再将中间矩形等分成三个全等的矩形如图 5－41 所示.

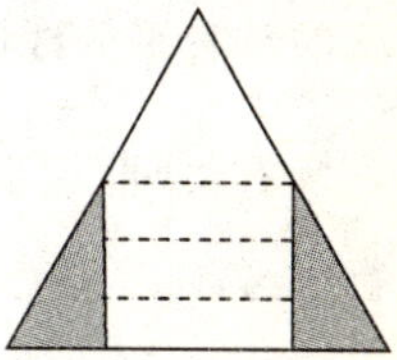

图 5－41

剪拼 3：如图 5－42 所示，先将正三角形剪拼成与之面积相等的一个矩形，再将矩形长边的中点连接，将连线的中点与下边两端点相连，然后将上部矩形三等分.

（Ⅱ）略.

（Ⅲ）根据以上分析思路可知，构成直三棱柱模型需两个全等的三角形作底面，等高且长分别与底面三角形三边对应相等的三个矩形作侧面，为此对图 5－38 可作如下剪拼：仍选三边中点如图 5－43 连线，将剪下的两个三角形做直三棱柱的上下底面，那么剩余平行四边形的面积与直三棱柱的侧面积相等，则关键是如何将该平行四边形剪拼成长分别为$\frac{a}{2}$、$\frac{b}{2}$、$\frac{c}{2}$ 且等高的三个矩形，不妨设高为 h，如何进一步确定 h 的剪法是关键.

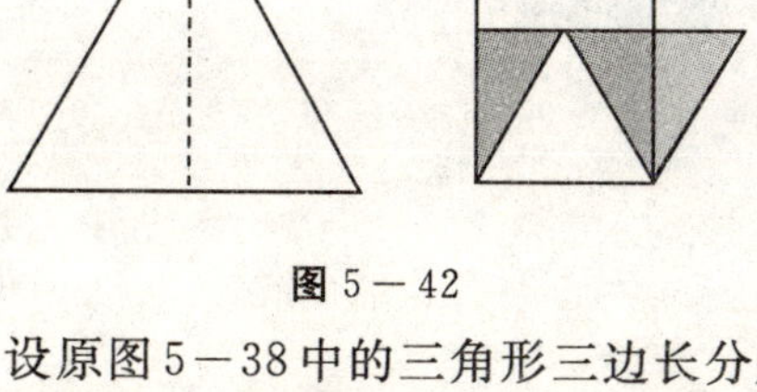

图 5－42

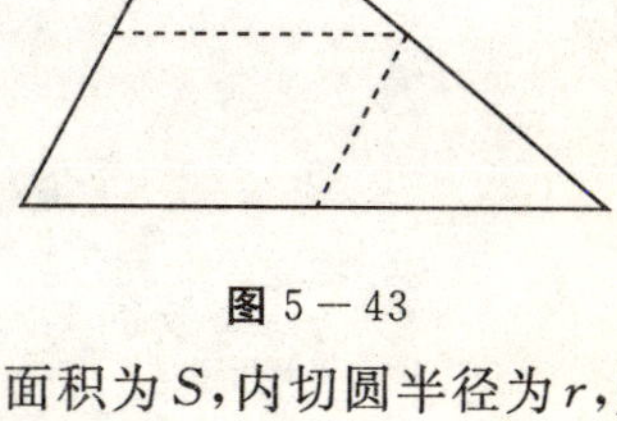

图 5－43

设原图 5－38 中的三角形三边长分别为 a、b、c，面积为 S，内切圆半径为 r，则有

$$2S=(a+b+c)r \quad ①$$

又三个侧面面积之和为

$$\left(\frac{a}{2}+\frac{b}{2}+\frac{c}{2}\right)h=\frac{S}{2},$$

$$\therefore S=(a+b+c)h \quad ②$$

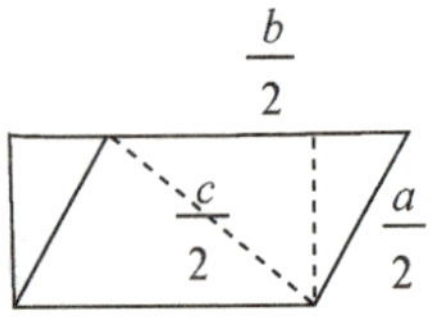

图 5－44

由 ①、② 可得 $h=\frac{r}{2}$，即直三棱柱的高应为原三角形内切圆半径的一半.

在图 5－38 中作两内角平分线即可确定 r，再作 r 所在线段的垂直平分线即可确定$\frac{r}{2}$，具体剪拼如图 5－45 所示.

有关(Ⅲ)问的其他相仿剪法读者可自行思考.

注：本文发表于《中学生学习报》，2003.04.

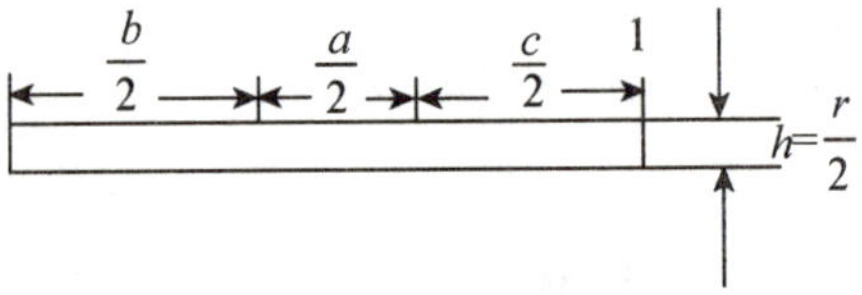

图 5－45

2003 年高考数学(理) 第十七题的四种新解法

题目 【2003 年全国高考理(17) 题】已知复数 z 的辐角为 60°,且 $|z-1|$ 是 $|z|$ 和 $|z-2|$ 的等比中项.求 $|z|$.

解法 1: 设 $z=a+bi\,(a,b\in\mathbf{R})$.

$\because \arg z=60^\circ$, $\therefore \tan 60^\circ=\dfrac{b}{a}$, $b=\sqrt{3}a$.

$\therefore |z|=\sqrt{a^2+b^2}=2a\,(a>0)$,

$|z-1|^2=(a-1)^2+b^2=4a^2-2a+1$,

$|z-2|=\sqrt{(a-2)^2+b^2}=\sqrt{4a^2-4a+4}$.

又 $\because |z-1|^2=|z||z-2|$,

$\therefore 4a^2-2a+1=2a\sqrt{4a^2-4a+4}$.

两边平方并整理,得 $4a^2+4a-1=0$.

解得:$a=\dfrac{\sqrt{2}-1}{2}$ 或 $a=-\dfrac{\sqrt{2}+1}{2}$(舍去),

$|z|=2a=\sqrt{2}-1$.

解法 2: 设 $z=a+bi\,(a,b\in\mathbf{R})$.

$\because \arg z=60^\circ$, $\therefore \tan 60^\circ=\dfrac{b}{a}$, $b=\sqrt{3}a$.

由 $|z-1|^2=|z||z-2| \Leftrightarrow |(z-1)^2|=|z(z-2)|$

$$\Leftrightarrow |(z^2-2z)+1|=|z^2-2z| \qquad ①$$

令 $\mathrm{Re}(z^2-2z)=x$, $\mathrm{Im}(z^2-2z)=y$.

将此式代入 ① 式,得 $x=-\dfrac{1}{2}$.

$\mathrm{Re}(z^2-2z)=a^2-b^2-2a=-\dfrac{1}{2}$,

又 $\because b=\sqrt{3}a$,

$\therefore 4a^2+4a-1=0$(以下同解 1).

解法 3: 如图 5－46 所示,设 P 点所对应的复数为 z.

依题意得

$|OP|=|z|,|PA|=|z-1|,|PB|=|z-2|$.

在 $\triangle POA$ 中,由余弦定理,得

$|z-1|^2=|z|^2+1-2|z|\cos 60^\circ=|z|^2-|z|+1$.

在 $\triangle POB$ 中,由余弦定理,得

$|z-2|^2=|z|^2+4-2|z|\cdot 2\cos 60^\circ=|z|^2-2|z|+4$.

由 $|z-1|^2=|z||z-2|$,得

$|z|^2-|z|+1=|z|\sqrt{|z|^2-2|z|+4}$

两边平方并整理,得

$|z|^2+2|z|-1=0$,解得 $|z|=\sqrt{2}-1$.

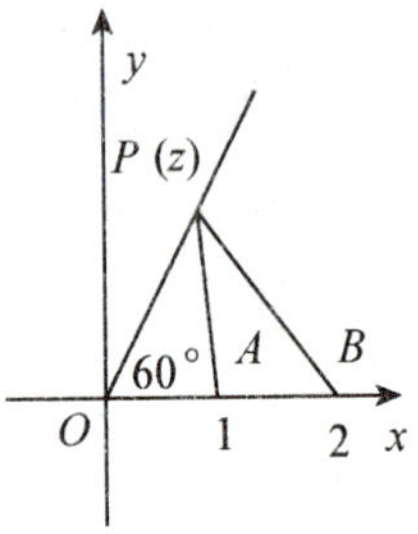

图 5－46

解法 4: 如图 5－47 所示,延长 PA 至 C 点,使得 $PA=AC$,连结 CO,CB,则四边形 $OPBC$ 为平行四边形.

$\therefore |PC|^2+|PB|^2=2(|OP|^2+|PB|^2)$ ①

设 $|OP|=r,|PB|=b,|PA|=a$.

依题知,$a^2=r\cdot b$, ②

$\therefore (2a)^2+2^2=2(r^2+b^2)$,即

$2a^2+2=r^2+b^2$ ③

又由解 3 知,$a^2=r^2+1-r$ ④

由 ②、③、④ 解得 $r=\sqrt{2}-1$.

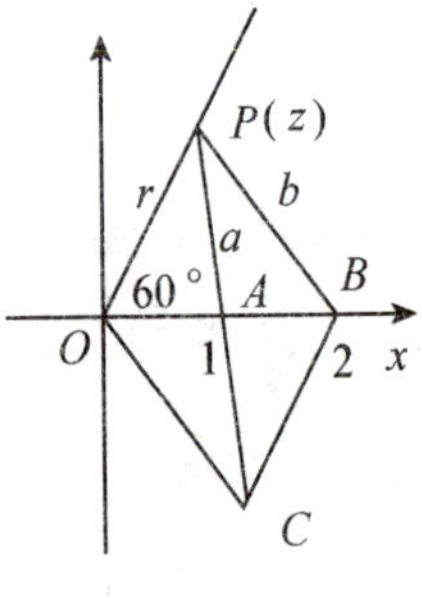

图 5－47

注:本文发表于《中学生学习报》,2003.09.

应用正弦定理、余弦定理解题例说

正、余弦定理在解三角形中有着广泛应用,以下举例说明.

例 1 三角形两边的长分别为 $1,\sqrt{3}$,第三边上的中线长为 1,则该三角形外接圆半径为________.

解:如图 5-48 所示,设 $AD=DB=x$.

在 $\triangle ADC$ 中,$\cos\beta=\dfrac{1^2+x^2-(\sqrt{3})^2}{2x}=\dfrac{x^2-2}{2x}$,

在 $\triangle BDC$ 中,$\cos\alpha=\dfrac{1^2+x^2-1^2}{2x}=\dfrac{x}{2}$.

又 $\alpha+\beta=180°$,$\therefore\cos\alpha=-\cos\beta$.

$\therefore\dfrac{x}{2}=\dfrac{2-x^2}{2x}$,解得 $x=1$,$\therefore AB=2$.

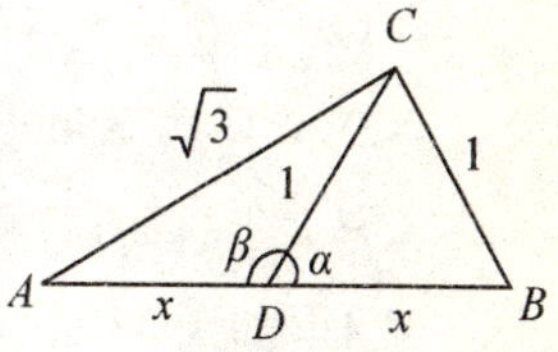

图 5-48

$\therefore\triangle ACB$ 为直角三角形,故其外接圆半径为 1.

点评:抓住互补角关系,建立方程求突破.

例 2 在 $\triangle ABC$ 中,$A=60°$,$b=1$,$S_{\triangle ABC}=\sqrt{3}$,则 $\dfrac{a+b+c}{\sin A+\sin B+\sin C}=$ ( )

A. $\dfrac{8\sqrt{3}}{81}$ B. $\dfrac{2\sqrt{39}}{3}$ C. $\dfrac{26\sqrt{3}}{3}$ D. $2\sqrt{7}$

解:$\because S_{\triangle ABC}=\sqrt{3}=\dfrac{1}{2}bc\sin A$,$b=1$,$A=60°$,$\therefore c=4$.

由余弦定理得,$a^2=b^2+c^2-2bc\cos A=1^2+4^2-2\cdot1\cdot4\cos60°=13$,

$\therefore a=\sqrt{13}$.

由正弦定理得

$$\frac{a}{\sin A}=\frac{b}{\sin B}=\frac{c}{\sin C}\Rightarrow\frac{a+b+c}{\sin A+\sin B+\sin C}=\frac{a}{\sin A}=\frac{\sqrt{13}}{\sin60°}=\frac{2\sqrt{39}}{3}.$$

∴ 选 B.

点评：在正弦定理中注意合分比性质定理的应用.

例 3 已知 $\sin A = \dfrac{\sin B + \sin C}{\cos B + \cos C}$，试判断 $\triangle ABC$ 的形状.

解：由 $\sin A = \dfrac{\sin B + \sin C}{\cos B + \cos C}$，得 $\sin A(\cos B + \cos C) = \sin B + \sin C$.

由正、余弦定理得，$\dfrac{a}{2R}\left(\dfrac{a^2 + c^2 - b^2}{2ac} + \dfrac{a^2 + b^2 - c^2}{2ab}\right) = \dfrac{b}{2R} + \dfrac{c}{2R}$，

$\therefore \dfrac{a^2 + c^2 - b^2}{2c} + \dfrac{a^2 + b^2 - c^2}{2b} = b + c$.

上式两边同乘以 $2bc$ 得，$b(a^2 + c^2 - b^2) + c(a^2 + b^2 - c^2) = 2b^2c + 2bc^2$，

$\therefore (a^2 - b^2 - c^2)(b + c) = 0, a^2 = b^2 + c^2$.

∴ $\triangle ABC$ 为直角三角形.

点评：实施边角转换，分解变形是关键.

例 4 如图 5－49 所示，四边形 $ABCD$ 中，$\angle BAD = \angle BCD = 90°$，$\angle ABC = 60°$，$DA = 3$，$DC = 4$，求对角线 BD 的长.

解：连结 AC，依题意得四边形 $ABCD$ 有外接圆，$\angle ADC = 180° - \angle ABC = 180° - 60° = 120°$.

BD 为其外接圆的一条直径. 在 $\triangle ADC$ 中，由余弦定理得，$AC^2 = 3^2 + 4^2 - 2 \cdot 3 \cdot 4\cos 120° = 37$，$\therefore AC = \sqrt{37}$.

在 $\triangle ADC$ 中，由正弦定理得，

$$2R = \frac{AC}{\sin 120°} = \frac{\sqrt{37}}{\frac{\sqrt{3}}{2}} = \frac{2\sqrt{111}}{3}, \therefore BD = \frac{2\sqrt{111}}{3}.$$

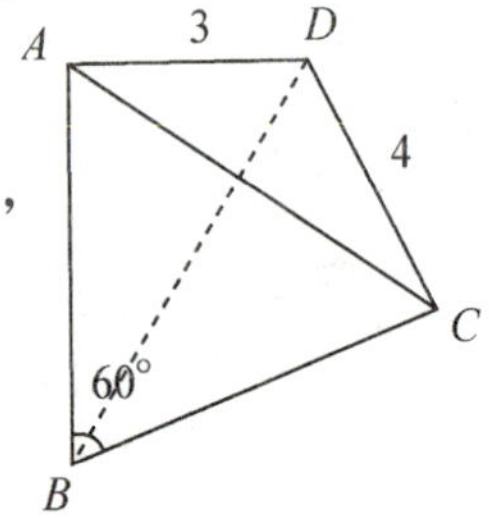

图 5－49

点评：四边形 $ABCD$ 与 $\triangle ADC$ 有相同的外接圆，关键在于抓住 BD 是其外接圆直径.

例 5 【2001 年全国高考题】已知圆内接四边形 $ABCD$ 的边 $AB = 2$，$BC = 6$，$CD = DA = 4$，求四边形 $ABCD$ 的面积.

解：如图 5－50 所示，连结 BD，则四边形 $ABCD$ 的面积

$$S = S_{\triangle ABD} + S_{\triangle CDB}$$

$$= \frac{1}{2}AB \cdot AD\sin A + \frac{1}{2}BC \cdot CD\sin C.$$

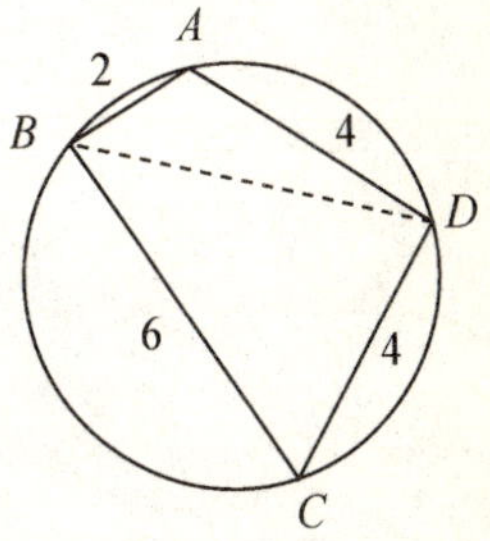

图 5－50

$\because A + C = 180°$， $\therefore \sin A = \sin C$.

$$\therefore S = \frac{1}{2}(AB \cdot AD + BC \cdot CD)\sin A$$

$$= \frac{1}{2}(2 \times 4 + 6 \times 4)\sin A = 16\sin A,$$

在 $\triangle CBD$ 中，由余弦定理得

$BD^2 = CB^2 + CD^2 - 2CB \cdot CD\cos C = 6^2 + 4^2 - 2 \times 6 \times 4\cos C = 52 - 48\cos C$.

$\therefore 20 - 16\cos A = 52 - 48\cos C$,

$\because \cos C = -\cos A$,

$\therefore 64\cos A = -32, \cos A = -\frac{1}{2}$， $\therefore A = 120°$.

$\therefore S = 16\sin 120° = 8\sqrt{3}$.

点评：抓住对角互补关系，借助公共边建立角 A 的关系式.

例 6 甲船在 A 点发现乙船在北偏东 $60°B$ 点处，测得乙船以每小时 a 海里的速度向正北行驶. 已知甲船速度是每小时 $\sqrt{3}a$ 海里，问甲船如何航行才能最快与乙船相遇？

解：如图 5－51 所示，建立坐标系，甲船要最快地与乙船相遇，甲船需沿直线向东北方向行驶. 设两船经过 t 小时在 C 点相遇， 则在 $\triangle ABC$ 中，依题知 $\angle B = 120°$，$\frac{AC}{BC} = \frac{\sqrt{3}at}{at} = \sqrt{3}$.

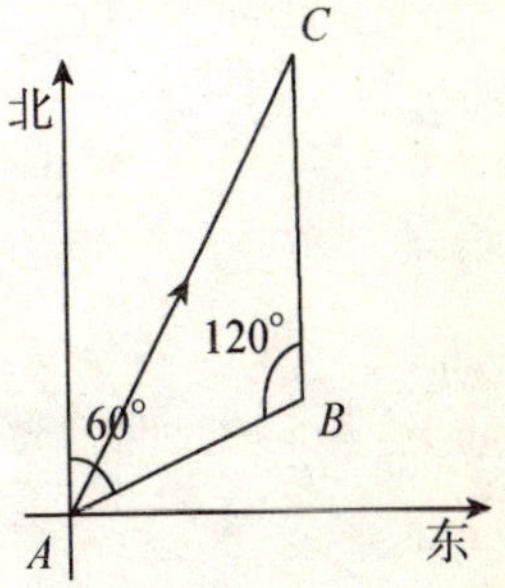

图 5－51

由正弦定理得，$\frac{\sin\angle BAC}{\sin B} = \frac{AC}{BC}$

$\Rightarrow \sin\angle BAC = \frac{1}{\sqrt{3}}\sin 120°$，$\therefore \sin\angle BAC = \frac{1}{2}$，

又 $\angle BAC$ 为锐角，$\therefore \angle BAC = 30°$，故甲船航行的方向为北偏东 $30°$.

第六部分 读刊有感

一个优美的结论

——椭圆内接直角三角形斜边恒过定点的探求

定点问题是圆锥曲线中十分重要的研究课题，蕴涵着动静依存的辩证关系，深刻体现了数学的魅力！高考数学科解析几何问题中常常涉及此类问题，如 2007 年全国高等学校统一招生考试山东卷理科第 21 题，即

题目 已知椭圆C的中心在坐标原点，焦点在x轴上，椭圆C上的点到焦点距离的最大值为 3，最小值为 1.

（Ⅰ）求椭圆 C 的标准方程；

（Ⅱ）若直线 $l: y = kx + m$ 与椭圆C相交于A，B两点（A，B不是左右顶点），且以 AB 为直径的圆过椭圆 C 的右顶点，求证：直线 l 过定点，并求出该定点的坐标.

解略：（Ⅰ）椭圆的标准方程为$\frac{x^2}{4} + \frac{y^2}{3} = 1$；（Ⅱ）直线 l 过定点，定点坐标为$\left(\frac{2}{7}, 0\right)$.

类似在圆锥曲线中考定点的问题是较为普遍的，在此不一一例举.

事实证明，圆锥曲线蕴涵许多“动、静”对立统一的辩证关系，在个别特殊情形下成立的结论往往在一般情形也成立. 为此，笔者在想，若将上述试题中“椭圆 C 的右顶点”改为椭圆上另一个定点，直线 l 是否仍然过定点？带着这样的思考，笔者设计了如下试题.

例 1 已知椭圆$\frac{x^2}{a^2} + \frac{y^2}{b^2} = 1(a > b > 0)$经过点 $A(2,1)$，F_1、F_2 分别为椭圆的左、右焦点，点 P 在椭圆上，且使 $\angle F_1PF_2 = 90°$ 的点 P 有且仅有两个.

（Ⅰ）求椭圆的方程；

（Ⅱ）记椭圆的左顶点为 Q，直线 l 与椭圆交于不同的两点 M，N，且以 MN 为直

径的圆经过点 Q.

求证：直线 MN 恒过 x 轴上一定点；

（Ⅲ）以 MN 为直径的圆经过点 A. 直线 MN 是否恒过定点 $\left(\frac{2}{3},-\frac{1}{3}\right)$.

解析：（Ⅰ）$\frac{x^2}{6}+\frac{y^2}{3}=1$；（Ⅱ）$\left(-\frac{\sqrt{6}}{3},0\right)$；

（Ⅲ）设 AM 的斜率为 k，则其方程为 $y-1=k(x-2)$，即 $y=kx+1-2k$，将其代入椭圆方程，得

$x^2+2[kx+(1-2k)]^2-6=0$，即

$(1+2k^2)x^2+4k(1-2k)x+8k^2-8k-4=0$，

$$2x_M=\frac{8k^2-8k-4}{1+2k^2}\Rightarrow x_M=\frac{4k^2-4k-2}{1+2k^2},$$

$$y_M=kx_M+1-2k=k\times\frac{4k^2-4k-2}{1+2k^2}+1-2k=\frac{-2k^2-4k+1}{1+2k^2},$$

将上述两式中的 k 均换为 $-\frac{1}{k}$，得

$$x_N=\frac{-2k^2+4k+4}{2+k^2},y_N=\frac{k^2+4k-2}{2+k^2}.$$

所以，$y_M-y_N=\frac{-4(1+k^2)(k^2+3k-1)}{(1+2k^2)(2+k^2)}$，$x_M-x_N=\frac{4(1+k^2)(2k^2-3k-2)}{(1+2k^2)(2+k^2)}$，

$$k_{MN}=\frac{y_M-y_N}{x_M-x_N}=\frac{\frac{-4(1+k^2)(k^2+3k-1)}{(1+2k^2)(2+k^2)}}{\frac{4(1+k^2)(2k^2-3k-2)}{(1+2k^2)(2+k^2)}}=-\frac{k^2+3k-1}{2k^2-3k-2}, \text{其中 } k\neq-\frac{1}{2},$$

且 $k\neq 2$.

所以，直线 MN 的方程为 $y-\frac{-2k^2-4k+1}{1+2k^2}=-\frac{k^2+3k-1}{2k^2-3k-2}\left(x-\frac{4k^2-4k-2}{1+2k^2}\right)$，即

$$y=-\frac{k^2+3k-1}{2k^2-3k-2}x+\frac{4k^2-4k-2}{1+2k^2}\times\frac{k^2+3k-1}{2k^2-3k-2}+\frac{-2k^2-4k+1}{1+2k^2}$$

$$=-\frac{k^2+3k-1}{2k^2-3k-2}x+\frac{4k^4+8k^3-18k^2-2k+2+(-4k^4-2k^3+18k^2+5k-2)}{(1+2k^2)(2k^2-3k-2)}$$

$$=-\frac{k^2+3k-1}{2k^2-3k-2}x+\frac{6k^3+3k}{(1+2k^2)(2k^2-3k-2)}$$

$$=-\frac{k^2+3k-1}{2k^2-3k-2}x+\frac{3k}{2k^2-3k-2},$$

令$\frac{3k}{2k^2-3k-2}=m\frac{k^2+3k-1}{2k^2-3k-2}+n$,则

$$\frac{3k}{2k^2-3k-2}=\frac{mk^2+3mk-m+2nk^2-3nk-n2}{2k^2-3k-2}$$

$$=\frac{(m+2n)k^2+(3m-3n)k-(m+2n)}{2k^2-3k-2},$$

所以,$\begin{cases}m+2n=0,\\3m-3n=3.\end{cases}$ 解得 $m=\frac{2}{3}$,$n=-\frac{1}{3}$,则

直线 MN 的方程为 $y=-\frac{k^2+3k-1}{2k^2-3k-2}x+\frac{2}{3}\times\frac{k^2+3k-1}{2k^2-3k-2}-\frac{1}{3}$,即

$$y+\frac{1}{3}=-\frac{k^2+3k-1}{2k^2-3k-2}\left(x-\frac{2}{3}\right),$$

所以直线 MN 经过定点$\left(\frac{2}{3},-\frac{1}{3}\right)$.

易验证,当 $k=0,2,-\frac{1}{2}$ 或 k 不存在时,上述结论均成立,故直线 MN 恒过定点$\left(\frac{2}{3},-\frac{1}{3}\right)$.

在此基础上,笔者进一步通过几何画板直观演示,发现椭圆内接直角三角形(顶点均在椭圆上)的斜边与直角顶点间存在恒定不变的统一规律,这一规律可用如下定理表述:

定理 已知 $\mathbf{Rt}\triangle MAN$ 的三个顶点均在椭圆$\frac{x^2}{a^2}+\frac{y^2}{b^2}=1(a>b>0)$上,其中直角顶点为 $A(x_0,y_0)$,则斜边 MN 所在直线恒过定点$\left(\frac{c^2x_0}{a^2+b^2},-\frac{c^2y_0}{a^2+b^2}\right)$.

注:这是一个十分优美的结论,简洁易记,便于推广,充分体现了形式美、均衡美、简洁美的数学化特征,可与很多初等数学中的公式相媲美.

以下呈现笔者探究这一结论的历程,供同行参考.

解析:设 AM 的斜率为 $k(k\neq 0)$,则其方程为 $y-y_0=k(x-x_0)$,即

$y=kx+y_0-kx_0$,将其代入椭圆方程,得

$b^2x^2+a^2[kx+(y_0-kx_0)]^2-a^2b^2=0$,即

$(b^2+a^2k^2)x^2+2a^2k(y_0-kx_0)x+a^2(y_0-kx_0)^2-a^2b^2=0$,

$$x_0x_M=\frac{a^2(y_0-kx_0)^2-a^2b^2}{b^2+a^2k^2}\Rightarrow x_M=\frac{a^2(y_0-kx_0)^2-a^2b^2}{(b^2+a^2k^2)x_0},$$

又 $a^2(y_0-kx_0)^2-a^2b^2=a^2y_0^2-2a^2kx_0y_0+a^2k^2x_0^2-a^2b^2$

$$=a^2k^2x_0^2-2a^2kx_0y_0-b^2x_0^2.$$

所以,$x_M=\dfrac{a^2k^2x_0-2a^2ky_0-b^2x_0}{b^2+a^2k^2}$,

$$x_M-x_0=\frac{a^2k^2x_0-2a^2ky_0-b^2x_0}{b^2+a^2k^2}-x_0=\frac{-2a^2ky_0-2b^2x_0}{b^2+a^2k^2},$$

$$y_M-y_0=k(x_M-x_0)=k\times\frac{-2a^2ky_0-2b^2x_0}{b^2+a^2k^2}$$

$$\Rightarrow y_M=\frac{-a^2k^2y_0-2b^2kx_0+b^2y_0}{b^2+a^2k^2}.$$

将上述两式中的 k 均换为 $-\dfrac{1}{k}$,得

$$x_N=\frac{a^2x_0+2a^2ky_0-b^2k^2x_0}{a^2+b^2k^2},y_N=\frac{-a^2y_0+2b^2kx_0+b^2k^2y_0}{a^2+b^2k^2}.$$

所以,

$$y_M-y_N=\frac{-a^2k^2y_0-2b^2kx_0+b^2y_0}{b^2+a^2k^2}-\frac{-a^2y_0+2b^2kx_0+b^2k^2y_0}{a^2+b^2k^2},$$

$$=\frac{(-a^2k^2y_0-2b^2kx_0+b^2y_0)(a^2+b^2k^2)-(b^2+a^2k^2)(-a^2y_0+2b^2kx_0+b^2k^2y_0)}{(b^2+a^2k^2)(a^2+b^2k^2)}$$

$=[-a^4k^2y_0-2a^2b^2kx_0+a^2b^2y_0-a^2b^2k^4y_0-2b^4k^3x_0+b^4k^2y_0-(-a^2b^2y_0-a^4k^2y_0+2b^4kx_0+2a^2b^2k^3x_0+b^4k^2y_0+a^2b^2k^4y_0)]/(b^2+a^2k^2)(a^2+b^2k^2)$

$$=\frac{-2a^2b^2kx_0+2a^2b^2y_0-2a^2b^2k^4y_0-2b^4k^3y_0-2b^4kx_0-2a^2b^2k^3x_0}{(b^2+a^2k^2)(a^2+b^2k^2)}$$

$$=\frac{-2b^2(a^2kx_0+a^2k^3x_0+a^2y_0k^4-a^2y_0+b^2k^3x_0+b^2kx_0)}{(b^2+a^2k^2)(a^2+b^2k^2)}$$

$$=\frac{-2b^2[a^2kx_0(1+k^2)+a^2y_0(k^2-1)(k^2+1)+b^2kx_0(1+k^2)]}{(b^2+a^2k^2)(a^2+b^2k^2)}$$

$$=\frac{-2b^2(1+k^2)[a^2kx_0+a^2y_0(k^2-1)+b^2kx_0]}{(b^2+a^2k^2)(a^2+b^2k^2)},$$

$$x_M-x_N=\frac{a^2k^2x_0-2a^2ky_0-b^2x_0}{b^2+a^2k^2}-\frac{a^2x_0+2a^2ky_0-b^2k^2x_0}{a^2+b^2k^2},$$

$$=\frac{(a^2k^2x_0-2a^2ky_0-b^2x_0)(a^2+b^2k^2)-(b^2+a^2k^2)(a^2x_0+2a^2ky_0-b^2k^2x_0)}{(b^2+a^2k^2)(a^2+b^2k^2)}$$

$$=[a^4k^2x_0-2a^4ky_0-a^2b^2x_0+a^2b^2k^4x_0-2a^2b^2k^3y_0-b^4k^2x_0-(a^2b^2x_0+a^4k^2x_0$$

$$+2a^2b^2ky_0+2a^4k^3y_0-b^4k^2x_0-a^2b^2k^4x_0)]/(b^2+a^2k^2)(a^2+b^2k^2)$$

$$=\frac{2a^2b^2k^4x_0-2a^2b^2x_0-2a^4ky_0-2a^4k^3y_0-2a^2b^2k^3y_0-2a^2b^2ky_0}{(b^2+a^2k^2)(a^2+b^2k^2)}$$

$$=\frac{2a^2[b^2x_0(k^2-1)(1+k^2)-a^2y_0k(1+k^2)-b^2y_0k(1+k^2)]}{(b^2+a^2k^2)(a^2+b^2k^2)}$$

$$=\frac{2a^2(1+k^2)[b^2x_0(k^2-1)-a^2y_0k-b^2y_0k]}{(b^2+a^2k^2)(a^2+b^2k^2)},$$

所以，

$$k_{MN}=\frac{y_M-y_N}{x_M-x_N}=\frac{\dfrac{-2b^2(1+k^2)[a^2kx_0+a^2y_0(k^2-1)+b^2kx_0]}{(b^2+a^2k^2)(a^2+b^2k^2)}}{\dfrac{2a^2(1+k^2)[b^2x_0(k^2-1)-a^2y_0k-b^2y_0k]}{(b^2+a^2k^2)(a^2+b^2k^2)}}$$

$$=-\frac{b^2[a^2kx_0+a^2y_0(k^2-1)+b^2kx_0]}{a^2[b^2x_0(k^2-1)-a^2y_0k-b^2y_0k]}.$$

所以，直线 MN 的方程为 $y-y_M=k_{MN}(x-x_M)$，即

$$y=-\frac{b^2[a^2kx_0+a^2y_0(k^2-1)+b^2kx_0]}{a^2[b^2x_0(k^2-1)-a^2y_0k-b^2y_0k]}x$$

$$+\frac{b^2[a^2kx_0+a^2y_0(k^2-1)+b^2kx_0]}{a^2[b^2x_0(k^2-1)-a^2y_0k-b^2y_0k]}\times\frac{a^2k^2x_0-2a^2ky_0-b^2x_0}{b^2+a^2k^2}$$

$$+\frac{-a^2k^2y_0-2b^2kx_0+b^2y_0}{b^2+a^2k^2}$$

又 $\dfrac{b^2[a^2kx_0+a^2y_0(k^2-1)+b^2kx_0]}{a^2[b^2x_0(k^2-1)-a^2y_0k-b^2y_0k]}\times\dfrac{a^2k^2x_0-2a^2ky_0-b^2x_0}{b^2+a^2k^2}$

$$+\frac{-a^2k^2y_0-2b^2kx_0+b^2y_0}{b^2+a^2k^2}$$

$$=\frac{b^2(a^2+b^2)kx_0+a^2b^2y_0(k^2-1)}{a^2b^2x_0(k^2-1)-a^2(a^2+b^2)ky_0}\times\frac{a^2k^2x_0-2a^2ky_0-b^2x_0}{b^2+a^2k^2}$$

$$+\frac{-a^2k^2y_0-2b^2kx_0+b^2y_0}{b^2+a^2k^2}.$$

令 $m=(a^2+b^2)k, n=a^2b^2(k^2-1)$，

所以$\frac{b^2(a^2+b^2)kx_0+a^2b^2y_0(k^2-1)}{a^2b^2x_0(k^2-1)-a^2(a^2+b^2)ky_0}\times\frac{a^2k^2x_0-2a^2ky_0-b^2x_0}{b^2+a^2k^2}$

$$+\frac{-a^2k^2y_0-2b^2kx_0+b^2y_0}{b^2+a^2k^2}$$

$$=\frac{b^2mx_0+ny_0}{nx_0-a^2my_0}\times\frac{a^2k^2x_0-2a^2ky_0-b^2x_0}{b^2+a^2k^2}+\frac{-a^2k^2y_0-2b^2kx_0+b^2y_0}{b^2+a^2k^2}$$

$$=\frac{(b^2mx_0+ny_0)(a^2k^2x_0-2a^2ky_0-b^2x_0)+(nx_0-a^2my_0)(-a^2k^2y_0-2b^2kx_0+b^2y_0)}{(nx_0-a^2my_0)(b^2+a^2k^2)},$$

其中$(b^2mx_0+ny_0)(a^2k^2x_0-2a^2ky_0-b^2x_0)+(nx_0-a^2my_0)(-a^2k^2y_0-2b^2kx_0+b^2y_0)$

$=(a^2b^2mk^2x_0^2+a^2k^2nx_0y_0-2a^2b^2mkx_0y_0-2a^2kny_0^2-b^4mx_0^2-b^2nx_0y_0)-(a^2k^2nx_0y_0-2b^2knx_0^2+nb^2x_0y_0+a^4k^2my_0^2+2a^2b^2mkx_0y_0-a^2b^2my_0^2)$

$=a^2b^2mk^2x_0^2-2a^2kny_0^2-b^4mx_0^2-2b^2knx_0^2+a^4k^2my_0^2-a^2b^2my_0^2$

$=a^2b^2(a^2+b^2)k^3x_0^2-2a^4b^2(k^2-1)ky_0^2-b^4(a^2+b^2)kx_0^2-2a^2b^4k(k^2-1)x_0^2+a^4k^3(a^2+b^2)y_0^2-a^2b^2(a^2+b^2)ky_0^2=a^2b^2(a^2+b^2)k^3(b^2x_0^2+a^2y_0^2)-b^2(a^2+b^2)k(b^2x_0^2+a^2y_0^2)-2a^2b^2k(k^2-1)(b^2x_0^2+a^2y_0^2)$

$=(b^2x_0^2+a^2y_0^2)k(a^4k^2+a^2b^2k^2-a^2b^2-b^4-2a^2b^2k^2+2a^2b^2)$

$=(b^2x_0^2+a^2y_0^2)k(a^4k^2-a^2b^2k^2+a^2b^2-b^4)$

$=(b^2x_0^2+a^2y_0^2)k[a^2(a^2k^2+b^2)-b^2(a^2k^2+b^2)]$

$=(b^2x_0^2+a^2y_0^2)k(a^2k^2+b^2)(a^2-b^2)=a^2b^2c^2k(a^2k^2+b^2)$

所以，

$$\frac{b^2[a^2kx_0+a^2y_0(k^2-1)+b^2kx_0]}{a^2[b^2x_0(k^2-1)-a^2y_0k-b^2y_0k]}\times\frac{a^2k^2x_0-2a^2ky_0-b^2x_0}{b^2+a^2k^2}$$

$$+\frac{-a^2k^2y_0-2b^2kx_0+b^2y_0}{b^2+a^2k^2}$$

$$=\frac{a^2b^2c^2k(a^2k^2+b^2)}{(nx_0-a^2my_0)(b^2+a^2k^2)}=\frac{a^2b^2c^2k}{nx_0-a^2my_0},$$

令$\frac{a^2b^2c^2k}{nx_0-a^2my_0}=R\times\frac{b^2mx_0+ny_0}{nx_0-a^2my_0}+T$,则

$$\frac{a^2b^2c^2k}{nx_0-a^2my_0}=\frac{Rb^2mx_0+Rny_0+Tnx_0-Ta^2my_0}{nx_0-a^2my_0}$$

$$=\frac{(Rb^2x_0-Ta^2y_0)m+(Ry_0+Tx_0)n}{nx_0-a^2my_0},$$

又令 $m=(a^2+b^2)k, n=a^2b^2(k^2-1)$,

所以,$(Rb^2x_0-Ta^2y_0)m+(Ry_0+Tx_0)n$

$$=(Rb^2x_0-Ta^2y_0)(a^2+b^2)k+(Ry_0+Tx_0)a^2b^2(k^2-1)=a^2b^2c^2k,$$

所以,$\begin{cases}Ry_0+Tx_0=0,\\(Rb^2x_0-Ta^2y_0)(a^2+b^2)=a^2b^2c^2.\end{cases}$

$T=-\frac{Ry_0}{x_0}$ 代入 $(Rb^2x_0-Ta^2y_0)(a^2+b^2)=a^2b^2c^2$ 并整理,得

$R(b^2x_0^2+a^2y_0^2)(a^2+b^2)=a^2b^2c^2x_0$,即 $Ra^2b^2(a^2+b^2)=a^2b^2c^2x_0$,

解得 $R=\frac{c^2x_0}{a^2+b^2}$,$T=-\frac{Ry_0}{x_0}=-\frac{y_0}{x_0}\times\frac{c^2}{a^2+b^2}x_0=-\frac{c^2y_0}{a^2+b^2}$,

所以,直线 MN 的方程为 $y=-\frac{b^2mx_0+ny_0}{nx_0-a^2my_0}x+R\times\frac{b^2mx_0+ny_0}{nx_0-a^2my_0}+T$,即

$y-T=-\frac{b^2mx_0+ny_0}{nx_0-a^2my_0}(x-R)$,所以直线 MN 经过定点 (R,T),即 $\left(\frac{c^2x_0}{a^2+b^2},-\frac{c^2y_0}{a^2+b^2}\right)$.

易验证,当 $k=0$,或 k 不存在及 MN 的斜率不存在时,上述结论均成立,故直线 MN 恒过定点 $\left(\frac{c^2x_0}{a^2+b^2},-\frac{c^2y_0}{a^2+b^2}\right)$.

完成上述探究过程并非一帆风顺,除了有坚定的信念支撑外,还需较高的运算

技能. 完成这一探究过程花费了 5 个多小时，虽身心疲惫，但当这一"$\left(\frac{c^2x_0}{a^2+b^2},-\frac{c^2y_0}{a^2+b^2}\right)$"优美的结论浮现眼前时,笔者不仅为解决心中的疑惑感到由衷的高兴,也为椭圆中所蕴涵的"优美"结论而深深折服!高兴之余,又感略有缺憾,是否可以简化上述运算?

解法的改进:

解析:设 AM 的方程为 $x=my+n$,将其代入椭圆方程,得

$b^2(m^2y^2+2mny+n^2)+a^2y^2-a^2b^2=0$,即

$(b^2m^2+a^2)y^2+2mnb^2y+b^2n^2-a^2b^2=0$,$\Delta>0$,设 $M(x_1,y_1)$,$N(x_2,y_2)$,

$y_1+y_2=\frac{-2mnb^2}{b^2m^2+a^2}$,$y_1y_2=\frac{b^2n^2-a^2b^2}{b^2m^2+a^2}$,

又 $my=x-n$,$b^2m^2x^2+a^2m^2y^2-a^2b^2m^2=0$,

所以,$b^2m^2x^2+a^2(x^2-2nx+n^2)-a^2b^2m^2=0$,即

$(b^2m^2+a^2)x^2-2a^2nx+a^2n^2-a^2b^2m^2=0$,

$\Delta'>0$,$x_1+x_2=\frac{2a^2n}{b^2m^2+a^2}$,$x_1x_2=\frac{a^2n^2-a^2b^2m^2}{b^2m^2+a^2}$,

又$\overrightarrow{AM}=(x_1-x_0,y_1-y_0)$,$\overrightarrow{AN}=(x_2-x_0,y_2-y_0)$,

由$\overrightarrow{AM}\cdot\overrightarrow{AN}=0$,得$(x_1-x_0,y_1-y_0)\cdot(x_2-x_0,y_2-y_0)=0$,即

$x_1x_2-x_0(x_1+x_2)+x_0^2+y_1y_2-y_0(y_1+y_2)+y_0^2=0$,将以上四式代入并整理,得

$$\frac{a^2n^2-a^2b^2m^2}{b^2m^2+a^2}-\frac{2a^2nx_0}{b^2m^2+a^2}+x_0^2+\frac{b^2n^2-a^2b^2}{b^2m^2+a^2}+\frac{2mnb^2y_0}{b^2m^2+a^2}+y_0^2=0,\text{即}$$

$a^2n^2-a^2b^2m^2-2a^2nx_0+b^2m^2x_0^2+a^2x_0^2+b^2n^2-a^2b^2+2mnb^2y_0+b^2m^2y_0^2+a^2=0$

$\Leftrightarrow(b^2x_0^2+b^2y_0^2-a^2b^2)m^2+2mnb^2y_0+a^2n^2+b^2n^2-2a^2nx_0+a^2x_0^2-a^2b^2+a^2y_0^2=0$

$\Leftrightarrow m^2y_0^2b^2-m^2y_0^2a^2+2mnb^2y_0+a^2n^2+b^2n^2-2a^2nx_0+a^2x_0^2-a^2b^2+a^2y_0^2=0\Leftrightarrow(b^2m^2y_0^2+2mnb^2y_0+b^2n^2)+(a^2n^2-2a^2nx_0+a^2x_0^2)-m^2y_0^2a^2-(a^2b^2-a^2y_0^2)$

$= 0$

$\Leftrightarrow b^2(my_0+n)^2+a^2(n-x_0)^2-m^2y_0^2a^2-b^2x_0^2=0$

$\Leftrightarrow b^2(my_0+n-x_0)(my_0+n+x_0)+a^2(n-x_0+my_0)(n-x_0-my_0)=0$，

因为点(x_0,y_0)不在直线$x=my+n$上，所以$my_0+n-x_0\neq 0$，

故$b^2(my_0+n+x_0)+a^2(n-x_0-my_0)=0$，

整理，得$(a^2+b^2)n=c^2(x_0+my_0)$，即$n=\dfrac{x_0+my_0}{a^2+b^2}c^2$，所以

$$x=my+\frac{x_0+my_0}{a^2+b^2}c^2=my+\frac{c^2x_0}{a^2+b^2}+\frac{mc^2y_0}{a^2+b^2}$$

$$\Leftrightarrow x-\frac{c^2x_0}{a^2+b^2}=m\left(y+\frac{c^2y_0}{a^2+b^2}\right),$$

即直线 MN 的方程为$x-\dfrac{c^2x_0}{a^2+b^2}=m\left(y+\dfrac{c^2y_0}{a^2+b^2}\right)$，

所以，直线 MN 经过定点$\left(\dfrac{c^2x_0}{a^2+b^2},-\dfrac{c^2y_0}{a^2+b^2}\right)$.

对于其他特殊的情形仍然成立.

综上，直线 MN 恒过定点$\left(\dfrac{c^2x_0}{a^2+b^2},-\dfrac{c^2y_0}{a^2+b^2}\right)$.

至此，几年来心中的一个疑惑终于尘埃落定，心中倍感踏实！在今后的数学教学研究中，充分发挥“由特殊到一般”的科学思维方法的重要作用，不断拓展认知领域，高瞻远瞩，不断提高数学教学效率.

注：本文发表于《数学通报》，2013.02.

再谈《一个错误的结论》

《数学通报》2007 年第 11 期的文章《一个错误的结论》中通过函数 $y=0.028^x$ 与 $y=\log_{0.028}{}^x$ 的图象(如图 6－1)关系说明了“从反函数的性质考虑问题，利用原函数与反函数的图象交点落在直线 $y=x$ 上”的结论是错误的，这个举例无疑是正确的. 但要靠描点画出这两个函数的示意图来确定它们的交点是难以做到的，所以需借助几何画板或图形计算器等工具才能有效地实现这一目的. 为了更好地说明问题，本文试举三例并对“利用原函数与反函数的图象交点落在直线 $y=x$ 上的条件”进行探究，供读者参考.

1. 已知函数 $y=\left(\frac{1}{16}\right)^x$ 与函数 $y=\log\left(\frac{1}{16}\right)^x$ 互为反函数，

易知它们必有一个交点在直线 $y=x$ 上，同时我们注意到当 $x=\frac{1}{2}$ 时，$y=\left(\frac{1}{16}\right)^x=\left(\frac{1}{16}\right)^{\frac{1}{2}}=\frac{1}{4}$，

$y=\log\left(\frac{1}{16}\right)^x=\log\left(\frac{1}{16}\right)^{\frac{1}{2}}=\frac{1}{4}$；

当 $x=\frac{1}{4}$ 时，$y=\left(\frac{1}{16}\right)^x=\left(\frac{1}{16}\right)^{\frac{1}{4}}=\frac{1}{2}$，$y=\log\left(\frac{1}{16}\right)^x=\log\left(\frac{1}{16}\right)^{\frac{1}{4}}=\frac{1}{2}$，

这说明函数 $y=\left(\frac{1}{16}\right)^x$ 与函数 $y=\log\left(\frac{1}{16}\right)^x$ 的图象还有两个交点 $\left(\frac{1}{2},\frac{1}{4}\right)$ 和

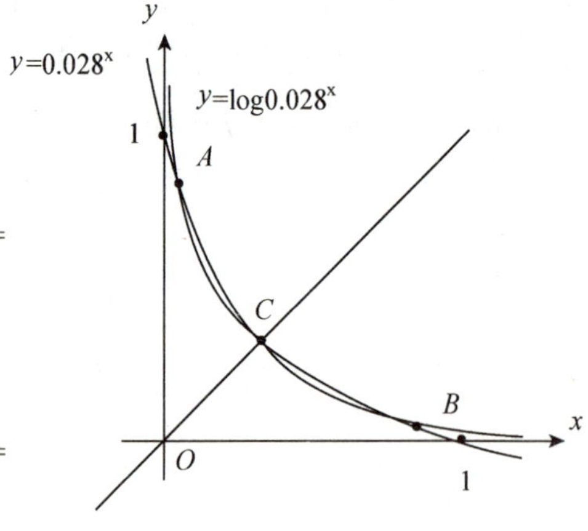

图 6－1

$\left(\frac{1}{4},\frac{1}{2}\right)$. 显然这两个点不在直线 $y=x$ 上.

2. 设函数 $y=f(x)$ 的图象如图 6－2 所示，在同一直角坐标系中函数 $y=f(x)$ 与其反函数 $y=f^{-1}(x)$ 的图象如图 6－3 所示. 显然函数 $y=f(x)$ 与其反函数 $y=f^{-1}(x)$ 的图象的两个交点不在直线 $y=x$ 上.

3. 因为函数 $y=\frac{1}{x}$ 的反函数是它本身，就此而言，这两个函数的图象有无穷多个公共点，只有点(1,1) 在直线 $y=x$ 上，除此以外的公共点均不在直线 $y=x$ 上.

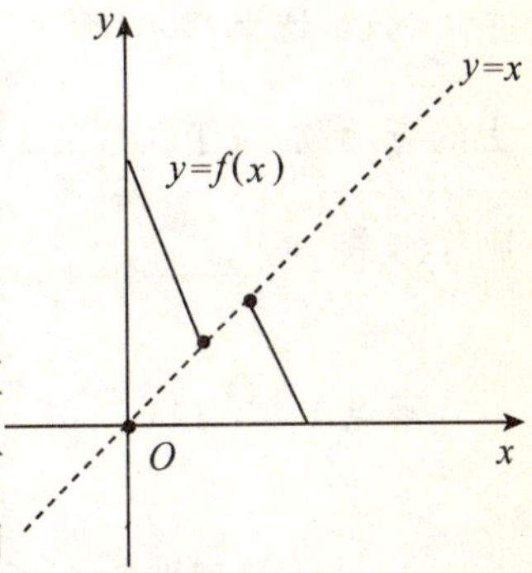

图 6－2

通过以上三例，使我们从不同的角度对函数 $y=f(x)$ 与其反函数 $y=f^{-1}(x)$ 的图象的交点不一定在直线 $y=x$ 上有了更加清晰的认识. 与此同时，探究"在什么条件下，函数 $y=f(x)$ 与其反函数 $y=f^{-1}(x)$ 的图象的交点一定在直线 $y=x$ 上?"是十分必要的. 在此，我们可以确定一个十分重要的定理如下，即

定理 若函数 $y=f(x)$ 在区间 D 上是单调递增函数且与其反函数 $y=f^{-1}(x)$ 的图象有公共点，则它们的公共点都在直线 $y=x$ 上.

证明：设点 $P(x_0,y_0)$ 为函数 $y=f(x)$ 与其反函数 $y=f^{-1}(x)$ 的图象的任一公共点，则 P 关于直线 $y=x$ 的对称点 $P'(y_0,x_0)$ 也必在这两个函数的图象上，故

$y_0=f(x_0)$，$x_0=f(y_0)$，

又函数 $y=f(x)$ 在区间 D 上是单调递增函数，

若 $x_0<y_0$，则有 $f(x_0)<f(y_0)\Rightarrow y_0<x_0$，这与题设 $x_0<y_0$ 矛盾；

若 $x_0>y_0$，则有 $f(x_0)>f(y_0)\Rightarrow y_0>x_0$，这与题设 $x_0>y_0$ 矛盾.

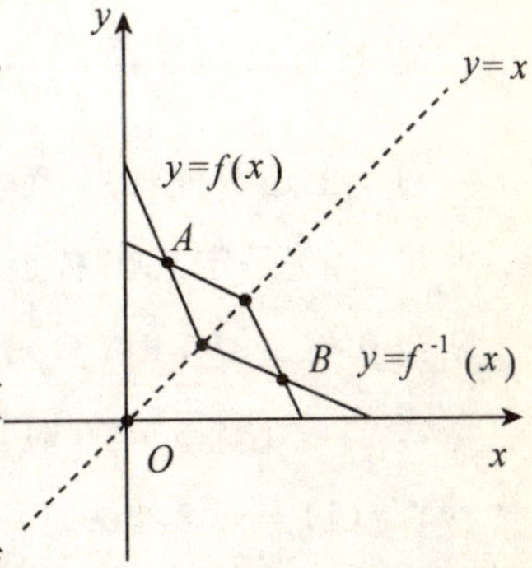

图 6－3

故 $x_0=y_0$ 必成立，即定理得证.

关于"问题 62"不同结果的原因探究

《数学通讯》2004 年第 7 期《争鸣》中的问题 62 如下：设函数 $f(x)$ 是定义在 $\mathbf{R}$ 上的奇函数，对于任意的 $x\in\mathbf{R}$，$f(x+1)=\dfrac{1-f(x)}{1+f(x)}$，当 $0<x\leqslant 1$ 时，$f(x)=2x$，则 $f(5.5)=$ ________.

观点 1 $\because f(x+2)=\dfrac{1-f(x+1)}{1+f(x+1)}=\dfrac{1-\dfrac{1-f(x)}{1+f(x)}}{1+\dfrac{1-f(x)}{1+f(x)}}=f(x)$，

$\therefore f(x)$ 是周期为 2 的周期函数.

$\therefore f(5.5)=-f(-5.5)=-f[0.5+(-6)]=-f(0.5)=-1$，

即 $f(5.5)=-1$.

观点 2 $\because f(x)$ 是周期为 2 的周期函数，

$\therefore f(5.5)=f(4+1.5)=f(1.5)$.

又 $f(1.5)=\dfrac{1-f(0.5)}{1+f(0.5)}=0$，$\therefore f(5.5)=0$.

对于上述两种观点，笔者认为都是错误的. 其原因如下：

$\because f(x)$ 是定义在 $\mathbf{R}$ 上的奇函数，且

当 $0<x\leqslant 1$ 时，$f(x)=2x$，

$\therefore$ 当 $-1\leqslant x<0$ 时，$f(x)=2x$.

$\therefore f(1)=-2$，$f(-1)=2$，$f(1)\neq f(-1)$.

这显然与 $f(x)$ 是周期为 2 的周期函数的结论相矛盾，故上述两种观点是站不住脚的.

另一方面，由已知条件可得，$f(0)=0$，则由 $x\in\mathbf{R}$，$f(x+1)=\dfrac{1-f(x)}{1+f(x)}$ 得，

$f(0+1)=\dfrac{1-f(0)}{1+f(0)}=1$,即 $f(1)=1$,

又当 $0<x\leqslant 1$ 时,$f(x)=2x$,则 $f(1)=2$.

由此可见,题目中的条件"函数 $f(x)$ 是定义在 $\mathbf{R}$ 上的奇函数,对于任意的 $x\in\mathbf{R}$,$f(x+1)=\dfrac{1-f(x)}{1+f(x)}$"和条件"当 $0<x\leqslant 1$ 时,$f(x)=2x$"是不相容的.

同时,我们也注意到由函数 $f(x)$ 是定义在 $\mathbf{R}$ 上的奇函数可得 $f(0)=0$,则由 $x\in\mathbf{R}$,$f(x+1)=\dfrac{1-f(x)}{1+f(x)}$ 得,$f(0+1)=\dfrac{1-f(0)}{1+f(0)}=1$,即 $f(1)=1$,所以 $f(-1)=-f(1)=-1$,$f(0)=f(-1+1)=\dfrac{1-f(-1)}{1+f(-1)}$ 不存在.

由此可见题目中的条件"函数 $f(x)$ 是定义在 $\mathbf{R}$ 上的奇函数"和条件"对于任意的 $x\in\mathbf{R}$,$f(x+1)=\dfrac{1-f(x)}{1+f(x)}$"也是不相容的.

所以究其根本,问题的结果之所以不同是由于题目自身的错误导致的.

对一类三角不等式通用证法的再探讨

文[1]着重分析了巧配 60° 角证明一类三角不等式的重要方法，拜读之后深受启发，同时激发了笔者极大的探索热情．立足于三角变换和配方法笔者找到了一条解决这类不等式证明的有效途径．以下分析，供同行参考．

一、余弦和形式的三角不等式

例 1 在 $\triangle ABC$ 中，求证：$\cos A+\cos B+\cos C\leqslant\frac{3}{2}$.

证明：$\because \cos A+\cos B+\cos C=2\cos\frac{A+B}{2}\cos\frac{A-B}{2}+\cos[\pi-(A+B)]$

$$=2\cos\frac{A+B}{2}\cos\frac{A-B}{2}-\cos(A+B)$$

$$=-2\cos^2\frac{A+B}{2}+2\cos\frac{A+B}{2}\cos\frac{A-B}{2}+1$$

$$=-2[\cos\frac{A+B}{2}-\frac{1}{2}\cos\frac{A-B}{2}]^2+\frac{1}{2}\cos^2\frac{A-B}{2}+1,$$

当 $\cos\frac{A+B}{2}=\frac{1}{2}\cos\frac{A-B}{2}$，且 $A=B$ 时，即 $A=B=C=60^\circ$ 时，

$\cos A+\cos B+\cos C$ 有最大值 $\frac{3}{2}$，

即 $\cos A+\cos B+\cos C\leqslant\frac{3}{2}$.

例 2 在 $\triangle ABC$ 中，求证：$\cos 2A+\cos 2B+\cos 2C\geqslant-\frac{3}{2}$.

证明：$\cos 2A+\cos 2B+\cos 2C$

$$=2\cos(A+B)\cos(A-B)+\cos 2[\pi-(A+B)]$$

$$=2\cos(A+B)\cos(A-B)+2\cos^2(A+B)-1$$

$$=2\left[\cos(A+B)+\frac{1}{2}\cos(A-B)\right]^2-\frac{1}{2}\cos^2(A-B)-1.$$

当 $\cos(A+B)=-\frac{1}{2}\cos(A-B)$，且 $A=B$ 时，即 $A=B=C=60^\circ$ 时，

$\cos2A+\cos2B+\cos2C$ 有最小值 $-\frac{3}{2}$，

即 $\cos2A+\cos2B+\cos2C\geqslant-\frac{3}{2}$.

推论 1 △ABC 中，求证：$\cos(2k-1)A+\cos(2k-1)B+\cos(2k-1)C\leqslant\frac{3}{2}(k\in\mathbf{Z})$

证明：∵ $\cos(2k-1)A+\cos(2k-1)B+\cos(2k-1)C$

$$=2\cos\frac{(2k-1)(A+B)}{2}\cos\frac{(2k-1)(A-B)}{2}+\cos(2k-1)[\pi-(A+B)]$$

$$=2\cos\frac{(2k-1)(A+B)}{2}\cos\frac{(2k-1)(A-B)}{2}-\cos(2k-1)(A+B)$$

$$=-2\cos^2\frac{(2k-1)(A+B)}{2}+2\cos\frac{(2k-1)(A+B)}{2}\cos\frac{(2k-1)(A-B)}{2}+1$$

$$=-2\left[\cos\frac{(2k-1)(A+B)}{2}-\frac{1}{2}\cos\frac{(2k-1)(A-B)}{2}\right]^2+\frac{1}{2}\cos^2\frac{(2k-1)(A-B)}{2}+1,$$

当 $\cos\frac{(2k-1)(A+B)}{2}=\frac{1}{2}\cos\frac{(2k-1)(A-B)}{2}$，且 $A=B$ 时，

$\cos(2k-1)A+\cos(2k-1)B+\cos(2k-1)C$ 有最大值 $\frac{3}{2}$，

即 $\cos(2k-1)A+\cos(2k-1)B+\cos(2k-1)C\leqslant\frac{3}{2}$.

推论 2 △ABC 中，求证：$\cos2kA+\cos2kB+\cos2kC\geqslant-\frac{3}{2}\quad(k\in\mathbf{Z})$，

证明：∵ $\cos2kA+\cos2kB+\cos2kC$

$$=2\cos k(A+B)\cos k(A-B)+\cos2k[\pi-(A+B)]$$

$$=2\cos k(A+B)\cos k(A-B)+\cos2k(A+B)$$

$$=2\cos^2k(A+B)+2\cos k(A+B)\cos k(A-B)-1$$

$$=2\left[\cos k(A+B)+\frac{1}{2}\cos k(A-B)\right]^2-\frac{1}{2}\cos^2k(A-B)-1.$$

当 $\cos k(A+B)=-\frac{1}{2}\cos k(A-B)$，且 $A=B$ 时，

$\cos 2kA+\cos 2kB+\cos 2kC$ 有最小值 $-\frac{3}{2}$，

即 $\cos 2kA+\cos 2kB+\cos 2kC\geqslant-\frac{3}{2}$.

二、正弦和形式的不等式

例 3 在 $\triangle ABC$ 中，求证：$\sin\frac{A}{2}+\sin\frac{B}{2}+\sin\frac{C}{2}\leqslant\frac{3}{2}$.

证明：∵ $\sin\frac{A}{2}+\sin\frac{B}{2}+\sin\frac{C}{2}$

$$=2\sin\frac{A+B}{4}\cos\frac{A-B}{4}+\sin\frac{\pi-(A+B)}{2}$$

$$=2\sin\frac{A+B}{4}\cos\frac{A-B}{4}+\cos\frac{A+B}{2}$$

$$=-2\sin^2\frac{A+B}{4}+2\sin\frac{A+B}{4}\cos\frac{A-B}{4}+1$$

$$=-2\left(\sin\frac{A+B}{4}-\frac{1}{2}\cos\frac{A-B}{4}\right)^2+\frac{1}{2}\cos^2\frac{A-B}{4}+1,$$

当 $\sin\frac{A+B}{4}=\frac{1}{2}\cos\frac{A-B}{4}$，且 $A=B$ 时，即 $A=B=C=60^\circ$ 时，

$\sin\frac{A}{2}+\sin\frac{B}{2}+\sin\frac{C}{2}$ 有最大值 $\frac{3}{2}$，

即 $\sin\frac{A}{2}+\sin\frac{B}{2}+\sin\frac{C}{2}\leqslant\frac{3}{2}$.

三、余弦积形式的不等式

例 4 在 $\triangle ABC$ 中，求证：$\cos A\cos B\cos C\leqslant\frac{1}{8}$.

证明：∵ $\cos A\cos B\cos C$

$$=\frac{1}{2}[\cos(A+B)+\cos(A-B)]\cos[\pi-(A+B)]$$

$$=-\frac{1}{2}\cos^2(A+B)-\frac{1}{2}\cos(A+B)\cos(A-B)$$

$$=-\frac{1}{2}[\cos(A+B)+\frac{1}{2}\cos(A-B)]^2+\frac{1}{8}\cos^2(A-B).$$

当 $\cos(A+B)=-\frac{1}{2}\cos(A-B)$，且 $A=B$ 时，即 $A=B=C=60^\circ$ 时，

$\cos A\cos B\cos C$ 有最大值$\frac{1}{8}$，

即 $\cos A\cos B\cos C\leqslant\frac{1}{8}$.

例 5 在 $\triangle ABC$ 中，求证：$\cos 2A\cos 2B\cos 2C\geqslant-\frac{1}{8}$.

证明：$\because$ $\cos 2A\cos 2B\cos 2C$

$$=\frac{1}{2}[\cos(2A+2B)+\cos(2A-2B)]\cos 2[\pi-(A+B)]$$

$$=\frac{1}{2}\cos^2(2A+2B)+\frac{1}{2}\cos(2A+2B)\cos(2A-2B)$$

$$=\frac{1}{2}[\cos(2A+2B)+\frac{1}{2}\cos(2A-2B)]^2-\frac{1}{8}\cos^2(2A-2B).$$

当 $\cos(2A+2B)=-\frac{1}{2}\cos(2A-2B)$，且 $A=B$ 时，

$\cos 2A\cos 2B\cos 2C$ 有最小值 $-\frac{1}{8}$，

即 $\cos 2A\cos 2B\cos 2C\geqslant-\frac{1}{8}$.

四、正弦积形式的不等式

例 6 在 $\triangle ABC$ 中，求证：$\sin\frac{A}{2}\sin\frac{B}{2}\sin\frac{C}{2}\leqslant\frac{1}{8}$.

证明：$\because$ $\sin\frac{A}{2}\sin\frac{B}{2}\sin\frac{C}{2}$

$$=-\frac{1}{2}\left(\cos\frac{A+B}{2}-\cos\frac{A-B}{2}\right)\sin\frac{\pi-(A+B)}{2}$$

$$=-\frac{1}{2}\cos^2\frac{A+B}{2}+\frac{1}{2}\cos\frac{A+B}{2}\cos\frac{A-B}{2}$$

$$=-\frac{1}{2}\left(\cos\frac{A+B}{2}-\frac{1}{2}\cos\frac{A-B}{2}\right)^2+\frac{1}{8}\cos^2\frac{A-B}{2},$$

当 $\cos\frac{A+B}{2}=\frac{1}{2}\cos\frac{A-B}{2}$ 时，$\sin\frac{A}{2}\sin\frac{B}{2}\sin\frac{C}{2}$ 有最大值$\frac{1}{8}$，

即 $\sin\frac{A}{2}\sin\frac{B}{2}\sin\frac{C}{2}\leqslant\frac{1}{8}$.

综上所述，立足于三角恒等变换和配方法就可将这类三角不等式有效地转化为二次函数的最值问题加以解决，的确不失为一种可行的通用证法. 而对于某些个例，可在上述所证不等式的基础上，利用$(a+b+c)^2\leqslant 3(a^2+b^2+c^2)$ 或三角和积等量关系转化求解. 如：

例 7 $\triangle ABC$ 中，求证：$\cos\frac{A}{2}+\cos\frac{B}{2}+\cos\frac{C}{2}\leqslant\frac{3\sqrt{3}}{2}$.

证明：∵ $\left(\cos\frac{A}{2}+\cos\frac{B}{2}+\cos\frac{C}{2}\right)^2\leqslant 3\left(\cos^2\frac{A}{2}+\cos^2\frac{B}{2}+\cos^2\frac{C}{2}\right)$

$$=3\left(\frac{1+\cos A}{2}+\frac{1+\cos B}{2}+\frac{1+\cos C}{2}\right)=\frac{9}{2}+\frac{3}{2}(\cos A+\cos B+\cos C).$$

又 ∵$\cos A+\cos B+\cos C\leqslant\frac{3}{2}$，

∴$\left(\cos\frac{A}{2}+\cos\frac{B}{2}+\cos\frac{C}{2}\right)^2\leqslant\frac{9}{2}+\frac{3}{2}\times\frac{3}{2}=\frac{27}{4}$，

∴$\cos\frac{A}{2}+\cos\frac{B}{2}+\cos\frac{C}{2}\leqslant\frac{3\sqrt{3}}{2}$.

例 8 在 $\triangle ABC$ 中，求证：$\sin A+\sin B+\sin C\leqslant\frac{3\sqrt{3}}{2}$.

证明：∵ $(\sin A+\sin B+\sin C)^2\leqslant 3(\sin^2 A+\sin^2 B+\sin^2 C)$

$$=3\left(\frac{1-\cos 2A}{2}+\frac{1-\cos 2B}{2}+\frac{1-\cos 2C}{2}\right)$$

$$= \frac{9}{2} - \frac{3}{2}(\cos 2A + \cos 2B + \cos 2C)$$

又 $\because \cos 2A + \cos 2B + \cos 2C \geqslant -\frac{3}{2}$,

$\therefore -(\cos 2A + \cos 2B + \cos 2C) \leqslant \frac{3}{2}$,

$\therefore (\sin A + \sin B + \sin C)^2 \leqslant \frac{27}{4}$,

$\therefore \sin A + \sin B + \sin C \leqslant \frac{3\sqrt{3}}{2}$.

推论 3 在 $\triangle ABC$ 中,求证:$\sin kA + \sin kB + \sin kC \leqslant \frac{3\sqrt{3}}{2}(k \in \mathbf{Z})$.

证明: $\because (\sin kA + \sin kB + \sin kC)^2 \leqslant 3(\sin^2 kA + \sin^2 kB + \sin^2 kC)$

$$= 3\left(\frac{1-\cos 2kA}{2} + \frac{1-\cos 2kB}{2} + \frac{1-\cos 2kC}{2}\right)$$

$$= \frac{9}{2} - \frac{3}{2}(\cos 2kA + \cos 2kB + \cos 2kC)$$

又 $\because \cos 2kA + \cos 2kB + \cos 2kC \geqslant -\frac{3}{2}$,

$\therefore -(\cos 2kA + \cos 2kB + \cos 2kC) \leqslant \frac{3}{2}$,

$\therefore (\sin kA + \sin kB + \sin kC)^2 \leqslant \frac{27}{4}$,

$\therefore \sin kA + \sin kB + \sin kC \leqslant \frac{3\sqrt{3}}{2}$.

例 9 在 $\triangle ABC$ 中,求证:$\cos\frac{A}{2}\cos\frac{B}{2}\cos\frac{C}{2} \leqslant \frac{3\sqrt{3}}{8}$.

证明: $\because \cos\frac{A}{2}\cos\frac{B}{2}\cos\frac{C}{2} = \frac{1}{4}(\sin A + \sin B + \sin C)$,

又 $\because \sin A + \sin B + \sin C \leqslant \frac{3\sqrt{3}}{2}$,

$\therefore \cos\frac{A}{2}\cos\frac{B}{2}\cos\frac{C}{2} \leqslant \frac{3\sqrt{3}}{8}$.

例 10　在 $\triangle ABC$ 中,求证:$\sin A\sin B\sin C \leqslant \frac{3\sqrt{3}}{8}$.

证明:$\because$ $\sin A\sin B\sin C$

$$=-\frac{1}{2}[\cos(A+B)-\cos(A-B)]\sin(A+B)$$

$$=-\frac{1}{2}[\cos(A+B)\sin(A+B)-\cos(A-B)\sin(A+B)]$$

$$=\frac{1}{4}(\sin 2A+\sin 2B+\sin 2C)\leqslant\frac{1}{4}\times\frac{3\sqrt{3}}{2}=\frac{3\sqrt{3}}{8}.$$

当且仅当 $A=B=C=60^\circ$ 时,$\sin A\sin B\sin C$ 有最大值$\frac{3\sqrt{3}}{8}$,

即 $\sin A\sin B\sin C\leqslant\frac{3\sqrt{3}}{8}$.

推论 4　在 $\triangle ABC$ 中,求证:$\sin kA\sin kB\sin kC\leqslant\frac{3\sqrt{3}}{8}(k\in\mathbf{Z})$.

证明:$\because$ $\sin kA\sin kB\sin kC$

$$=-\frac{1}{2}[\cos k(A+B)-\cos k(A-B)]\sin k[\pi-(A+B)],$$

当 $k=2m+1$ 时$(m\in\mathbf{Z})$,

$\sin kA\sin kB\sin kC=\frac{1}{4}(\sin 2kA+\sin 2kB+\sin 2kC)$.

当 $k=2m$ 时$(m\in\mathbf{Z})$,

$\sin kA\sin kB\sin kC=-\frac{1}{4}(\sin 2kA+\sin 2kB+\sin 2kC)$.

又　$\because(\sin kA+\sin kB+\sin kC)^2\leqslant\frac{27}{4}$,

$\therefore -\frac{3\sqrt{3}}{2}\leqslant\sin kA+\sin kB+\sin kC\leqslant\frac{3\sqrt{3}}{2}$,

$\sin kA\sin kB\sin kC\leqslant\frac{3\sqrt{3}}{8}(k\in\mathbf{Z})$.

避开判别式减少致误因素

《中学生学习报》第 807 期载文《用判别式求值域可靠吗?》. 该文正视难点,纠错觅因,揭示了在应用判别式时因定义域变化导致解题失误的常见类型,对同学们提高应用此法解题的准确性大有裨益. 本文试从另一个角度出发,就如何避开判别式,减少致误因素,应用不等式的基本性质及重要不等式求此类复合函数值域的问题作一浅析,供读者参考.(以下均用原文例题)

例 1 求函数 $y=\dfrac{1}{2x^2-3x+1}$ 的值域.

解: 函数的定义域为 $\left(-\infty,\dfrac{1}{2}\right)\cup\left(\dfrac{1}{2},1\right)\cup(1,+\infty)$.

令 $u=2x^2-3x+1$,则 $u=2\left(x-\dfrac{3}{4}\right)^2-\dfrac{1}{8}$,

$\therefore u\geqslant-\dfrac{1}{8}$,且 $u\neq0$,即 $u\in\left[-\dfrac{1}{8},0\right)\cup(0,+\infty)$,

$\therefore \dfrac{1}{u}\in(-\infty,-8]\cup(0,+\infty)$.

故所求函数的值域为$(-\infty,-8]\cup(0,+\infty)$.

例 2 求函数 $y=2x-3+\sqrt{13-4x}$ 的值域.

解: $\because y=2x-3+\sqrt{13-4x}$

$=-\dfrac{1}{2}(13-4x)+\dfrac{7}{2}+\sqrt{13-4x}$,

令 $\sqrt{13-4x}=t(t\geqslant0)$,

$\therefore y=-\dfrac{1}{2}t^2+t+\dfrac{7}{2}=-\dfrac{1}{2}(t-1)^2+4$,

$\therefore y_{\max}=4$.

故所求函数的值域为$(-\infty,4]$.

例 3 已知函数 $y=f(x)$满足方程 $yx^2+2yx-(3y+1)=0$,求函数 $y=f(x)$的值域.

解:方程 $yx^2+2yx-(3y+1)=0$ 可化为

$$y(x^2+2x-3)=1 \qquad ①$$

显然,$y\neq 0$ 且 $x^2+2x-3\neq 0$,即 $x\neq -3$ 且 $x\neq 1$,

由 ①,得

$$y=\frac{1}{x^2+2x-3}=\frac{1}{(x+1)^2-4},$$

令 $u=(x+1)^2-4$,则

$\therefore u\geqslant -4$,且 $u\neq 0$,即 $u\in[-4,0)\cup(0,+\infty)$,

$\therefore \frac{1}{u}\in\left(-\infty,-\frac{1}{4}\right]\cup(0,+\infty)$.

故所求函数的值域为$\left(-\infty,-\frac{1}{4}\right]\cup(0,+\infty)$.

例 4 求函数 $y=\frac{x^2-x-3}{x^2-x-1}$ 的值域.

解:函数的定义域为$\left(-\infty,\frac{1-\sqrt{5}}{2}\right)\cup\left(\frac{1-\sqrt{5}}{2},\frac{1+\sqrt{5}}{2}\right)\cup\left(\frac{1+\sqrt{5}}{2},+\infty\right)$.

$$\because y=\frac{x^2-x-3}{x^2-x-1}=1+\frac{-2}{x^2-x-1}=1+\frac{-2}{\left(x-\frac{1}{2}\right)^2-\frac{5}{4}},$$

令 $u=\left(x-\frac{1}{2}\right)^2-\frac{5}{4}$,则

$\therefore u\geqslant -\frac{5}{4}$,且 $u\neq 0$,即 $u\in\left[-\frac{5}{4},0\right)\cup(0,+\infty)$,

$\therefore \frac{1}{u}\in\left(-\infty,-\frac{4}{5}\right]\cup(0,+\infty)$,$\frac{-2}{u}\in(-\infty,0)\cup\left[\frac{8}{5},+\infty\right)$,

$1+\frac{-2}{u}\in(-\infty,1)\cup\left[\frac{13}{5},+\infty\right)$.

在此需要指出的一点是,原文的答案 $y\in\left[-\frac{13}{5},1\right)$是错误的,因为原函数取

分母变形后正确结果应是$(y-1)x^2+(1-y)x+3-y=0$，而并非$(y-1)x^2+(1-y)x+3+y=0$.

例 5 已知函数$y=f(x)$满足方程$yx^2-x^2+xy+x+y-1=0$，求函数$y=f(x)$的值域.

解：方程$yx^2-x^2+xy+x+y-1=0$可化为$(x^2+x+1)y=x^2-x+1$，

$\therefore y=\dfrac{x^2-x+1}{x^2+x+1}=1-\dfrac{2x}{x^2+x+1}$,

当$x=0$时，$y=1$；

当$x\neq 0$时，$y=1-\dfrac{2}{x+\dfrac{1}{x}+1}$,

(ⅰ)若$x>0$，则$x+\dfrac{1}{x}\geqslant 2$，$\therefore 0<\dfrac{2}{x+\dfrac{1}{x}+1}\leqslant\dfrac{2}{3}$,

$\dfrac{1}{3}\leqslant 1-\dfrac{2}{x+\dfrac{1}{x}+1}<1$，即$\dfrac{1}{3}\leqslant y<1$.

(ⅱ)若$x<0$，则$x+\dfrac{1}{x}\leqslant -2$，$\therefore -2\leqslant\dfrac{2}{x+\dfrac{1}{x}+1}<0$,

$1<1-\dfrac{2}{x+\dfrac{1}{x}+1}\leqslant 3$，即$1<y\leqslant\dfrac{1}{3}$.

故所求函数的值域为$\left[\dfrac{1}{3},3\right]$.

由此可见，求此类函数的值域除判别式法外，还可通过配方、换元、拆项、相除等方法变形，使之转化为某个简单函数的值域，运用不等式的基本性质求解. 这不失为一条有效途径.

注：本文发表于《中学生学习报》，2000.831.

避开重心更简捷

细阅《中学生学习报》第965期华老师信箱栏目刊登的《用方程思想求解》一文后，感觉方法有些繁琐，若能避开重心求解则思路更为简捷.

题目 在 $\triangle ABC$ 中，已知顶点 $A(1,2)$ 和 AB、AC 边上的中线所在直线方程为 $5x-3y-3=0$，$7x-3y-5=0$，求 $\triangle ABC$ 的边 BC 所在的直线方程.

解：如图6－4所示，设 $B(x_1,y_1)$，$C(x_2,y_2)$，E、F 分别为 AC、AB 的中点，则

$E\left(\frac{1+x_2}{2},\frac{2+y_2}{2}\right)$，$F\left(\frac{1+x_1}{2},\frac{2+y_1}{2}\right)$.

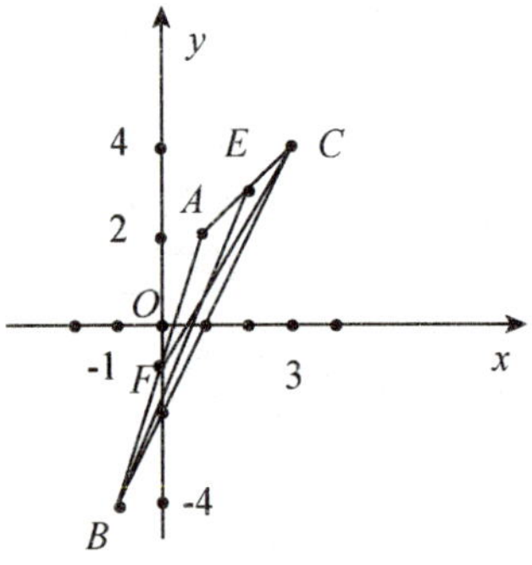

图6－4

由 B 在 AC 边的中线上，F 在 AB 边的中线上，得

$$\begin{cases}7x_1-3y_1-5=0,\\ 5\cdot\frac{1+x_1}{2}-3\cdot\frac{2+y_1}{2}-3=0.\end{cases}$$

即 $\begin{cases}7x_1-3y_1-5=0,\\ 5x_1-3y_1-7=0.\end{cases}$ 解得 $\begin{cases}x_1=-1,\\ y_1=-4.\end{cases}$

$\therefore B(-1,-4)$.

由 C 在 AB 边的中线上，E 在 AC 边的中线上，得

$$\begin{cases}5x_2-3y_2-3=0,\\ 7\cdot\frac{1+x_2}{2}-3\cdot\frac{2+y_2}{2}-5=0.\end{cases}$$ 即 $\begin{cases}5x_2-3y_2-3=0,\\ 7x_2-3y_2-9=0.\end{cases}$

解得 $\begin{cases}x_2=3,\\ y_2=4.\end{cases}$ $\therefore C(3,4)$，$\therefore k_{BC}=\frac{-4-4}{-1-3}=2$，

故所求 $\triangle ABC$ 的边 BC 所在的直线方程为 $y-4=2(x-3)$，

即 $2x-y-2=0$.

注：本文发表于《中学生学习报》，2002.955.

一种更有普遍意义的解法

《中学生学习报》第745期“华老师信箱”中有这样一道题：

例1 试求函数 $y=f(x)=\dfrac{x^2}{1+x^4}$ 的值域.

谢辉刚同学运用判别式法得出了 $y\in\left[-\dfrac{1}{2},\dfrac{1}{2}\right]$ 的错误结论，“华老师信箱”对此解法加注了求解讨论、结果检验的环节后得到了 $y\in\left[0,\dfrac{1}{2}\right]$ 的正确结论.

诸如谢辉刚同学因忽视判别式的应用条件及解的范围而导致错解的例子，在运用判别式法解题中屡见不鲜. 因此，解题时尽可能避开判别式的应用，减少致误因素，将有利于提高解题的准确性.

事实上，对此类函数的值域问题，通过等价变形化归，运用均值不等式求解则简明、快捷.

解析：当 $x=0$ 时，$f(x)=0$；

当 $x\neq 0$ 时，$x^2>0$，

$\therefore f(x)=\dfrac{x^2}{1+x^4}>0$，

$$\therefore f(x)=\frac{x^2}{1+x^4}=\frac{1}{x^2+\frac{1}{x^2}}\leqslant\frac{1}{2\sqrt{x^2\cdot\frac{1}{x^2}}}=\frac{1}{2},$$

综上，$0<f(x)\leqslant\dfrac{1}{2}$.

$\therefore$ 函数 $f(x)=\dfrac{x^2}{1+x^4}$ 的值域为 $\left[0,\dfrac{1}{2}\right]$.

值得我们注意和深刻领会的是：像上述分子、分母同除以某项的等价变形方法在解决许多分式型函数的最值问题时具有普遍性，在运用均值不等式解题中具有方向性和目的性，同时，也是近几年高考不等式应用方面的重点考查内容之一. 以下试举两例，以引起重视.

例 2 【1999 年全国理】设复数 $z=3\cos\theta+i\sin\theta$，求函数 $y=\tan(\theta-\arg z)$ $\left(0<\theta<\frac{\pi}{2}\right)$的最大值以及对应的 θ 值.

解：由 $0<\theta<\frac{\pi}{2}$ 得，$\tan\theta>0$，

由 $z=3\cos\theta+i\sin\theta$，得 $y=\tan(\arg z)=\frac{\sin\theta}{3\cos\theta}=\frac{1}{3}\tan\theta$，

故 $y=\tan(\theta-\arg z)=\dfrac{\tan\theta-\frac{1}{3}\tan\theta}{1+\tan^2\theta}=\dfrac{\frac{2}{3}\tan\theta}{1+\tan^2\theta}$

$$=\frac{2}{\frac{3}{\tan\theta}+\tan\theta}\leqslant\frac{2}{2\sqrt{\frac{3}{\tan\theta}\cdot\tan\theta}}=\frac{\sqrt{3}}{3},$$

当且仅当$\frac{3}{\tan\theta}=\tan\theta\left(0<\theta<\frac{\pi}{2}\right)$，即 $\tan\theta=\sqrt{3}$ 时，上式取等号.

所以，当 $\theta=\frac{\pi}{3}$ 时，函数 y 取得最大值$\frac{\sqrt{3}}{3}$.

例 3 求函数 $f(x)=\frac{2x}{x^2+x+1}(x\geqslant 0)$的值域.

解：（ⅰ）当 $x=0$ 时，$f(x)=0$；

（ⅱ）当 $x>0$ 时，$f(x)>0$，

$$\therefore f(x)=\frac{2}{x+\frac{1}{x}+1}\leqslant\frac{1}{2\sqrt{x\cdot\frac{1}{x}}+1}=\frac{2}{3},$$

综上，$0\leqslant f(x)\leqslant\frac{2}{3}$.

$\therefore$ 函数 $f(x)=\frac{2x}{x^2+x+1}(x\geqslant 0)$的值域为$\left[0,\frac{2}{3}\right]$.

由上可见，切实掌握分子、分母同除以某项的变形化归方法，并注意分类讨论思想方法的应用，必将有效地解决此类分式型函数的值域问题.

注：本文发表于《中学生学习报》，2000. 777.

分歧在何处?

某刊【2001 年第 11 期数学奥赛月月练(2)】中有这样一道数列题:

例 1 在等比数列 $\{a_n\}$ 中,已知 $a_1+a_2=4, a_5+a_6=64$,则 $a_3+a_4=$( )

A. 32 B. 8 C. 16 D. ± 16

对此题我班里的许多同学都给出了如下的解答.

解法 1:设等比数列 $\{a_n\}$ 的公比为 q,则 $a_5+a_6=q^4(a_1+a_2)$.

$\because a_5+a_6=64, a_1+a_2=4$,

$\therefore q^4=32, q=\pm 2$.

$\therefore a_3+a_4=q^2(a_1+a_2)=16$. 故选 C.

但该刊 2001 年第 12 期数学奥赛月月练(3) 中却提供了如下解答.

解法 2:设 q 为等比数列 $\{a_n\}$ 的公比.

$\because a_3+a_4=q^2(a_1+a_2), a_5+a_6=q^2(a_3+a_4)$,

$\therefore (a_3+a_4)^2=q^2(a_1+a_2)(a_3+a_4)=(a_1+a_2)(a_5+a_6)=4\times 64$.

$\therefore a_3+a_4=\pm\sqrt{4\times 64}=\pm 16$. 故选 D.

以上两种结果孰是孰非我颇感困惑,认真对比思考,解法 2 从整体入手,滴水不漏,其正确性毋庸置疑. 可解法 1 的方法是我们解等比数列题时经常采用的方程思想,思路也应该是完全正确的,为什么结果却与参考答案不同呢?重新检查解法 1 的方程,由 $q^4=32$ 得 $q=\pm 2$ 的过程引起了我的注意. 若在复数范围内考虑的话,$q^4=32$ 应有 4 个根,除 $q=\pm 2$ 外还应有 $q=\pm 2i$,将后者代入求解 a_3+a_4 将有 -16 的结果,至此我恍然大悟,解法 1 的问题就是没有考虑到 $q=\pm 2i$ 造成的.

知心点评:这篇谈解题分歧的文章,向我们提出了两个问题.

1. 关于学数学的问题.

这篇文章能对自己的解题过程进行主动地反思,表明其数学学习已进入到一个较自觉的层次. 根据我们的体会,中学生的学数学过程,通常经历简单模仿、反复练习、自发领悟三个阶段，能进行自觉反思，表明已经迈进领悟阶段. 这就为进行"自觉分析"的第四阶段打下了基础. 我们提倡大家对典型题目的解题过程进行分析，并且认为这是学会数学的有效途径，谁也不能教会我们所有的习题，重要的是通过有限道题的反思分析，领悟那能用来解决无限道题的数学机智.

2. 关于数列是否自动扩展到复数的问题.

从数学科学的角度看，这是理所当然的. 人类的新认识肯定要充实到原有的认识中去. 但从教学的角度看，却又取决于教学的需要与命题的意图. 如果题目出在复数一章，其意图是在复数范围内开方；如果题目不是与复数相配套，我们的意见是在题目中注明：在哪个数集内求解，否则会引起歧义，而歧义的责任主要在命题教师，不在答题学生. 1996 年高考文科 21 题求数列的公比 q 时，标准答案就只求实数值. 而学生既有答实数的也有答复数的.

例 2 【**1996 年全国高考文科第 21 题**】设等比数列 $\{a_n\}$ 的前 n 项和为 S_n，若 $S_3 + S_6 = 2S_9$，求数列的公比 q.

由 $S_3 = a_1(1+q+q^2)$，$S_6 = S_3 + S_3q^3$，$S_9 = S_3 + S_3q^3 + S_3q^6$.

有 $0 = 2S_9 - S_6 - S_3 = S_3(2q^6 + q^3) = a_1q^3(1+q+q^2)(2q^3+1)$.

由等比数列知 $a_1 \neq 0, q \neq 0$，故得 $(1+q+q^2)(2q^3+1) = 0$.

这是一个 5 次方程，在复数范围内有 5 个根. 但标准答案只给出一个根

$$q = -\frac{\sqrt[3]{4}}{2}.$$

最后指出，解法 1 中有一个笔误，由

$$\begin{cases} a_5 + a_6 = q^4(a_1 + a_2), \\ a_5 + a_6 = 64, \\ a_1 + a_2 = 4. \end{cases}$$

应得出 $q^4 = 16$，而不是 $q^4 = 32$. 而由 $q^4 = 32$ 又不能得出 $q = \pm 2$. 这个笔误($q^4 = 32$)在文中出现了 3 次，主要属心理性错误，而不是知识性错误，我们没有理由认为高中生和高三指导教师会除法不过关$\left(\text{认为 } q^4 = \frac{64}{4} = 32\right)$.

注：本文发表于《中学生学习报》，2000. 10.

利用函数 $y=x+\dfrac{a}{x}(a>0)$ 的单调性解三角题

细阅本报第1025期上《高中数学竞赛中三角题的解法》一文后，对文中例6、例8两题的解法我有一些新的认识. 以下着重分析以函数 $y=x+\dfrac{a}{x}(a>0)$ 的单调性为切入点，减少分类讨论的解题过程，以求化繁为简，便于掌握.

例1 【原文例6】k 在什么范围内，对于 $\theta\in\left[0,\dfrac{\pi}{2}\right]$，总有不等式 $\cos^2\theta+2k\sin\theta-2k-2<0$ 成立？

新解：$\because \cos^2\theta+2k\sin\theta-2k-2<0$

$$\Leftrightarrow 2k(\sin\theta-1)<2-\cos^2\theta, \qquad ①$$

$\because \theta\in\left[0,\dfrac{\pi}{2}\right]$，$\quad\therefore -1\leqslant\sin\theta-1\leqslant 0$.

当 $\theta=\dfrac{\pi}{2}$ 时，$\sin\theta-1=0$ 此时对一切 $k\in\mathbf{R}$ 不等式 ① 恒成立；

当 $\theta\in\left[0,\dfrac{\pi}{2}\right)$ 时，$-1\leqslant\sin\theta-1<0$，此时不等式 ① 可化为

$$k>\frac{2-\cos^2\theta}{2(\sin\theta-1)}=\frac{(\sin\theta-1)^2+2(\sin\theta-1)+2}{2(\sin\theta-1)}$$

$$=\frac{1}{2}\left[(\sin\theta-1)+\frac{2}{\sin\theta-1}+2\right]=-\frac{1}{2}\left[(1-\sin\theta)+\frac{2}{1-\sin\theta}-2\right],$$

令 $t=1-\sin\theta$，则 $0<t\leqslant 1$.

又函数 $y=t+\dfrac{2}{t}$ 在 $(0,1]$ 上是减函数，

$\therefore y=t+\dfrac{2}{t}$ 的最小值为3，故 $y-2\geqslant 1$，$-\dfrac{1}{2}(y-2)\leqslant-\dfrac{1}{2}$.

要使 $k>-\dfrac{1}{2}(y-2)$ 对 $\theta\in\left[0,\dfrac{\pi}{2}\right)$ 均成立，则需 $k>-\dfrac{1}{2}$.

综上所述，$k>-\frac{1}{2}$.

例 2 【原文例 8】设 $a>1$，a，θ 均为实数，试求当 θ 变化时，函数 $y=\frac{(a+\sin\theta)(4+\sin\theta)}{1+\sin\theta}$ 的最小值.

新解：$y=\frac{(a+\sin\theta)(4+\sin\theta)}{1+\sin\theta}=\frac{\sin^2\theta+(a+4)\sin\theta+4a}{1+\sin\theta}$

$$=(\sin\theta+1)+\frac{3(a-1)}{\sin\theta+1}+a+2,$$

令 $x=\sin\theta+1$，则 $0<x\leqslant 2$，设 $g(x)=x+\frac{3(a-1)}{x}$ 在 $(0,+\infty)$ 内的单调区间分界点为 $\sqrt{3(a-1)}$，即当 $x\in(0,\sqrt{3(a-1)}]$ 时，$g(x)$ 为减函数，当 $x\in[\sqrt{3(a-1)},+\infty)$ 时，$g(x)$ 为增函数.

当 $0<\sqrt{3(a-1)}\leqslant 2$，即 $1<a\leqslant\frac{7}{3}$ 时，$g(x)$ 的最小值为 $2\sqrt{3(a-1)}$，此时原函数的最小值为 $2\sqrt{3(a-1)}+a+2$；

当 $\sqrt{3(a-1)}>2$ 时，则有 $(0,2]\subseteq(0,\sqrt{3(a-1)}]$，所以 $g(x)$ 在该区间上的最小值为 $g(2)=\frac{3a+1}{2}$，即当 $a>\frac{7}{3}$ 时，原函数的最小值为 $\frac{3a+1}{2}+a+2=\frac{5(a+1)}{2}$.

综上所述，当 $1<a\leqslant\frac{7}{3}$ 时，原函数的最小值为 $2\sqrt{3(a-1)}+a+2$；当 $a>\frac{7}{3}$ 时，原函数的最小值为 $\frac{5(a+1)}{2}$.

函数 $y=x+\frac{a}{x}(a>0)$ 的单调性在最值问题中有着十分重要的应用，同学们在学习中要予以足够的重视.

注：本文发表于《中学生学习报》，2002. 11.

转化思想　帮你解题

转化是重要的数学思想方法之一.切实掌握并灵活应用它,定能有效地提高解题能力.以下例析转化思想在解题中的应用,供同学们学习时参考.

一、复实转化

例1　复数z满足条件$|2z+1|=|z-i|$,那么z对应的点的轨迹是(　　)

A. 圆　　B. 椭圆　　C. 双曲线　　D. 抛物线

解:设$z=x+yi(x,y\in\mathbf{R})$,则$|2x+2yi+1|=|x+yi-i|$,即

$\sqrt{2(x+1)^2+4y^2}=\sqrt{x^2+(y-1)^2}$,$\therefore 3x^2+3y^2+4x+2y=0$.故选A.

点评:复平面内轨迹方程类型的判断一般有两种方法:① 利用模、辐角主值的几何意义直接判断;② 将复平面内的方程通过代数形式转化为实数平面内的方程再加以判断,此法具有普遍性.

类题1.设$z\in\mathbf{C}$,则复数方程$|z+1|^2-|z+i|^2=1$与$|z+1|-|z+i|=0$所表示的两条曲线的位置关系是________.

2.已知$z=a+bi(a,b\in\mathbf{R},a>0)$,且满足$|z-1|=a$,那么点$z$在复平面内所表示的曲线是(　　)

A. 圆　　B. 抛物线　　C. 椭圆　　D. 双曲线

二、数形转化

例2　若$z_1\in\mathbf{C}$,且$|z_1|\leqslant\frac{1}{2}$,$z_2=z_1+i$,则$z_2$的辐角主值范围是(　　)

A. $\left[\frac{\pi}{3},\frac{2\pi}{3}\right]$　　B. $\left[\frac{\pi}{6},\frac{5\pi}{6}\right]$　　C. $\left[\frac{4\pi}{3},\frac{5\pi}{6}\right]$　　D. $\left[0,\frac{\pi}{2}\right]\cup\left[\frac{5\pi}{3},2\pi\right]$

解:由$z_2=z_1+i$得$z_2-i=z_1$,又$|z_1|\leqslant\frac{1}{2}$,$|z_2-i|=|z_1|\leqslant\frac{1}{2}$,即

$|z_2-i|\leqslant\frac{1}{2}$.

$\therefore z_2$ 对应的点的集合是以 $(0,1)$ 为圆心，$\frac{1}{2}$ 为半径的圆及圆内的部分. 如图 6－5 所示，$\arg z_2$ 最小值是切线 $\overrightarrow{OA}$ 的倾斜角，$\arg z_2$ 的最大值是切线 $\overrightarrow{OB}$ 的倾斜角，故 $\arg z_2\in\left[\frac{\pi}{3},\frac{2\pi}{3}\right]$.

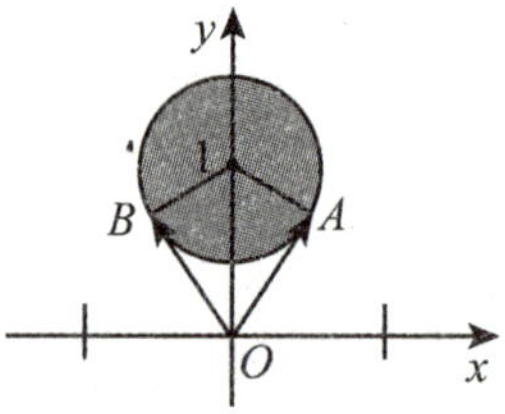

图 6－5

点评：正确理解复数及复数及其运算的几何意义，注意数形结合是解复数题的常用方法.

类题 1. $|z|=1$，$|z+1-i|$ 取最大值时，$\arg z$ 的值是(　　)

A. $\frac{\pi}{4}$　　B. $\frac{3\pi}{4}$　　C. $\frac{7\pi}{4}$　　D. $\frac{3\pi}{4}$ 或 $\frac{7\pi}{4}$

2. 在复平面上，复数 z 满足 $\arg(z+3)=\frac{3\pi}{4}$，则 $|z+6|+|z-3i|$ 的最小值为________.

三、正逆转化

例 3　设 $x\in\mathbf{R}$，求 $f(x)=\sqrt{x^2-4x+13}+\sqrt{x^2-10x+26}$ 的最小值.

解：$\because f(x)=\sqrt{(x-2)^2+3^2}+\sqrt{(x-5)^2+1^2}$

$$=|(x-2)+3i|+|(5-x)+i|$$

$$\geqslant|(x-2)+3i+(5-x)+i|=|3+4i|=5.$$

当且仅当 $(x-2)+3i=k[(5-x)+i]\ (k>0)$ 时，等号成立，

此时 $x=\frac{17}{4}\ (k=3)$，$\therefore f(x)_{\min}=5$.

点评：根据 $|z|=\sqrt{a^2+b^2}$ 对此进行逆向转化变形，然后利用模的重要性质：$||z_1|-|z_2||\leqslant|z_1\pm z_2|\leqslant|z_1|+|z_2|$ 求解，必须注意等号成立的条件，必要时数形结合更可靠.

类题 1. 求函数 $y=\sqrt{x^2+3}-\sqrt{x^2-8x+17}$ 的最大值.

2. 对于 $x\in\mathbf{R}$，求函数 $y=\sqrt{x^2+x+1}-\sqrt{x^2-x+1}$ 的值域.

四、整体转化

例 4 设复数 α、β、γ 满足 $|\alpha|=|\beta|=|\gamma|=1$.

证明：$\dfrac{(\alpha+\beta)(\beta+\gamma)(\gamma+\alpha)}{\alpha\beta\gamma}$ 是实数.

证明： $\because|\alpha|=|\beta|=|\gamma|=1\Leftrightarrow\alpha\bar{\alpha}=\beta\bar{\beta}=\gamma\bar{\gamma}\Leftrightarrow\bar{\alpha}=\dfrac{1}{\alpha},\bar{\beta}=\dfrac{1}{\beta},\bar{\gamma}=\dfrac{1}{\gamma}$，

设 $p=\dfrac{(\alpha+\beta)(\beta+\gamma)(\gamma+\alpha)}{\alpha\beta\gamma}$，则

$$\bar{p}=\overline{\left[\frac{(\alpha+\beta)(\beta+\gamma)(\gamma+\alpha)}{\alpha\beta\gamma}\right]}=\frac{(\bar{\beta}+\bar{\gamma})(\bar{\gamma}+\bar{\alpha})(\bar{\alpha}+\bar{\beta})}{\overline{\alpha\beta\gamma}}$$

$$=\frac{\left(\frac{1}{\beta}+\frac{1}{\gamma}\right)\left(\frac{1}{\gamma}+\frac{1}{\alpha}\right)\left(\frac{1}{\alpha}+\frac{1}{\beta}\right)}{\frac{1}{\alpha}\cdot\frac{1}{\beta}\cdot\frac{1}{\gamma}}=\frac{(\gamma+\beta)(\alpha+\gamma)(\beta+\alpha)}{\alpha^2\beta^2\gamma^2}\cdot\alpha\beta\gamma=p.$$

故命题得证.

点评：在解决有关复数问题时要注意利用 $z\in\mathbf{R}\Leftrightarrow z=\bar{z}$，$|z|=1\Leftrightarrow z\cdot\bar{z}=1$ 的知识点及两边取共轭等技巧，通过研究问题的整体形式、整体结构，避开复杂运算，简捷求解.

类题 1. 已知 $z\in C$，$\left|\dfrac{z-1}{z}\right|=\dfrac{1}{2}$，且 $\arg\left(\dfrac{z-1}{z}\right)=\dfrac{\pi}{3}$，求复数 z.

2. 如果虚数 z 满足 $z^3=8$，求 z^3+z^2+2z+2 的值.

五、分解转化

例 5 从 1、3、5、7、9 中取 2 个，从 0、2、4、6、8 中取 2 个组成能被 5 整除的四位数有多少个？

解： 因为能被 5 整除的数的个位数是 0 或 5. 所以满足题设要求的四位数总体上可分为以下三类：

(1) 有 0 无 5；

此时 0 只能在个位，共有 $C_4^1\cdot C_4^2\cdot P_3^3$ 个.

(2) 有 5 无 0；

此时 5 只能在个位，共有 $C_4^1 \cdot C_4^2 \cdot P_3^3$ 个.

(3) 有 0 无 5.

① 0 在个位时共有 $C_4^1 \cdot C_4^1 \cdot P_3^3$ 个；

② 5 在个位，0 不能在千位时共有 $C_4^1 \cdot C_4^1 \cdot P_2^1 \cdot P_2^2$ 个.

综上所述，这样的四位数共有

$C_4^1 \cdot C_4^2 \cdot P_3^3 + C_4^1 \cdot C_4^2 \cdot P_3^3 + C_4^1 \cdot C_4^1(P_3^3 + P_2^1 P_2^2) = 488$(个).

点评：处理某些复杂的综合问题时，通常可选择恰当的对象进行分解转化，使之化为若干个简单的问题加以解决. 值得注意的是分解转化时要做到不重不漏.

类题 1. 某电脑用户计划使用不超过 500 元的资金购买单价分别为 60 元、70 元的单片软件和盒装磁盘. 根据需要，软件至少 3 片，磁盘至少 2 盘，则不同的选购方式共有(　　)

A. 5 种　　B. 6 种　　C. 7 种　　D. 8 种

2. 9 名翻译中，6 个懂英语，4 个懂日语，从中选拔 5 人参加外事活动，要求其中 3 人担任英语翻译，2 人担任日语翻译，选拔方法有________种(用数字作答).

六、方程互化

例 6　方程 $\begin{cases} x = \sin 2\theta, \\ y = \cos\theta + \sin\theta. \end{cases}$ (θ 为参数 $0 \leqslant \theta < 2\pi$)表示的曲线是________.

解：$y^2 = (\cos\theta + \sin\theta)^2 = \sin^2\theta + \cos^2\theta + 2\sin\theta\cos\theta = 1 + \sin 2\theta = 1 + x$，即 $y^2 = x + 1$. 又 $0 \leqslant \theta < 2\pi$，$x = \sin 2\theta$，$\therefore -1 \leqslant x \leqslant 1$.

故该方程表示的曲线是抛物线的一部分.

例 7　极坐标方程是 $\rho = \cos\theta$ 和 $\rho = \sin\theta$ 的两圆的圆心距是(　　)

A. $\frac{\sqrt{2}}{2}$　　B. $\sqrt{2}$　　C. 2　　D. 1

解：由互化公式 $\rho^2 = x^2 + y^2$，$\rho\cos\theta = x$，$\rho\sin\theta = y$ 得两圆方程分别为 $\rho = \cos\theta \Rightarrow \rho^2 = \rho\cos\theta$，化为普通方程为 $x^2 + y^2 = x$，即 $\left(x - \frac{1}{2}\right)^2 + y^2 = \frac{1}{4}$.

$\rho=\sin\theta \Rightarrow \rho^2=\rho\sin\theta$，化为普通方程为 $x^2+y^2=y$，即 $x^2+\left(y-\frac{1}{2}\right)^2=\frac{1}{4}$.

∴ 两圆圆心距为 $\sqrt{\left(\frac{1}{2}-0\right)^2+\left(0-\frac{1}{2}\right)^2}=\frac{\sqrt{2}}{2}$. 故选 A.

点评：只有切实掌握互化公式及消参方法，才能实现极坐标方程和参数方程与普通方程的互化.

类题 1. 参数方程 $\begin{cases} x=e^t+e^{-t}, \\ y=e^t-e^{-t}. \end{cases}$ $(t\in \mathbf{R})$所表示的曲线是________.

2. 以极坐标系中的点(1,1)为圆心，1为半径的圆的方程是(　　)

A. $\rho=2\cos\left(\theta-\frac{\pi}{4}\right)$　　B. $\rho=2\sin\left(\theta-\frac{\pi}{4}\right)$

C. $\rho=2\cos(\theta-1)$　　D. $\rho=2\sin(\theta-1)$

类题参考答案

一、1. 平行　2. B　二、1. B　2. $3\sqrt{5}$　三、1. $\sqrt{20-2\sqrt{3}}$　2. $(-1,1)$

四、1. $z=1+\frac{\sqrt{3}}{3}i$　2. 6　五、1. C　2. 90　六、1. 双曲线的右支 2. C

注：本文发表于《中学生学习报》，2002.06.

例说直线方程“$x=my+n$”在定点问题中的应用

定点问题是圆锥曲线中十分重要的研究课题，蕴涵着动静依存的辩证关系，深刻体现了数学的魅力！直线过定点的问题是高中解析几何研究的重要问题之一，也是历来高考数学科的考查热点. 当涉及的直线不与 x 轴重合时，利用方程“$x=my+n$”探求直线经过的定点较为简捷. 以下具体例析，供读者参考.

例 1　已知直线 l 与抛物线 $y^2=2px(p>0)$ 交于 A、B 两点，O 为坐标原点，且 $OA\perp OB$.

求证：直线 l 恒过 x 轴上一定点.

证明：设 $A(x_1,y_1)$，$B(x_2,y_2)$，直线 l 的方程为 $x=my+n$，

$\because OA\perp OB$，　$\therefore \overrightarrow{OA}\cdot\overrightarrow{OB}=0$，即 $x_1x_2+y_1y_2=0$，

又 ${y_1}^2{y_2}^2=4p^2x_1x_2$，由此得 $y_1y_2=-4p^2$，$x_1x_2=4p^2$.

将 $x=my+n$ 代入抛物线 $y^2=2px$ 得，$y^2-2pmy-2pn=0$，

$\Delta>0$ 时，$y_1y_2=-2pn=-4p^2$，　$\therefore n=2p$，

所以直线 AB 恒过点 $(2p,0)$.

例 2　已知 $C(x_0,y_0)$ 为抛物线 $y^2=2px(p>0)$ 上的一个定点，$A(x_1,y_1)$、$B(x_2,y_2)$ 为其上的任意两点，$CA\perp CB$.

求证：直线 AB 过定点 $(2p+x_0,-y_0)$.

证明：设直线 AB 的方程为 $x=my+n$，将 $x=my+n$ 代入抛物线 $y^2=2px$ 得，

$y^2-2pmy-2pn=0$，

$\Delta>0$ 时，$y_1y_2=-2pn$，$y_1+y_2=-2pm$，

$\because CA\perp CB$，　$\therefore \overrightarrow{CA}\cdot\overrightarrow{CB}=0$，

由 $\overrightarrow{CA}=(x_1-x_0,y_1-y_0)$，$\overrightarrow{CB}=(x_2-x_0,y_2-y_0)$，

$\overrightarrow{CA}\cdot\overrightarrow{CB}=(x_1-x_0)(x_2-x_0)+(y_1-y_0)(y_2-y_0)$

$=x_1x_2-x_0(x_1+x_2)+x_0^2+y_1y_2-y_0(y_1+y_2)+y_0^2$

$=m^2y_1y_2+mn(y_1+y_2)+n^2-x_0[m(y_1+y_2)+2n]+x_0^2+y_1y_2-y_0(y_1+y_2)$

$+y_0^2=(m^2+1)y_1y_2+(mn-mx_0-y_0)(y_1+y_2)+n^2-2nx_0+x_0^2+y_0^2$

$=-2pm^2n-2pn+2pm^2n-2pm^2x_0-2pmy_0+n^2-2nx_0+x_0^2+y_0^2=0$,

$\therefore 2pm^2x_0+2pmy_0+2pn-n^2+2nx_0-x_0^2-y_0^2=0$,

将 $2px_0=y_0^2$ 代入上式，得 $y_0^2m^2+2pmy_0+2p(n-x_0)-(n-x_0)^2=0$,

即 $y_0^2m^2+2pmy_0+(n-x_0)[2p-(n-x_0)]=0$,

$\therefore[y_0m+(n-x_0)][y_0m+(2p-n+x_0)]=0$,

$y_0m+n-x_0=0$，或 $y_0m+(2p-n+x_0)=0$,

因为 $-x_0\neq my_0+n$，所以 $n=my_0+2p+x_0$,

所以 $x=my+n=my+my_0+2p+x_0$,

即 $m(y+y_0)=x-(2p+x_0)$,

故直线 AB 过定点 $(2p+x_0,-y_0)$.

点评：论证的难点在于多项式“$2pm^2x_0+2pmy_0+2pn-n^2+2nx_0-x_0^2-y_0^2$”的因式分解变形，首先要认真体会的是“$2px_0=y_0^2$”的灵活应用，其次要认真体会以“$m$”为主元的思想.

事实上，当 $y_0\neq 0$ 时，$y_0^2m^2+2pmy_0+(n-x_0)[2p-(n-x_0)]=0$ 可变为：$m^2+\frac{2p}{y_0}m+\frac{(n-x_0)}{y_0}\cdot\frac{[2p-(n-x_0)]}{y_0}=0$，容易看出 $\frac{-(n-x_0)}{y_0}+\frac{-[2p-(n-x_0)]}{y_0}=\frac{-2p}{y_0}$，所以 $\left[m+\frac{(n-x_0)}{y_0}\right]\cdot\left[m+\frac{2p-(n-x_0)}{y_0}\right]=0\Rightarrow[y_0m+(n-x_0)][y_0m+(2p-n+x_0)]=0$.

例 3 已知点 $C(2,4)$ 为抛物线 $y^2=8x$ 上的一个定点，$A(x_1,y_1)$、$B(x_2,y_2)$ 为其上的任意两点，$CA\perp CB$. 直线 AB 是否过定点？并说明理由.

解析：设直线 AB 的方程为 $x=my+n$，将 $x=my+n$ 代入抛物线 $y^2=8x$ 得，$y^2-8my-8n=0$,

$\Delta>0$ 时，$y_1y_2=-8n$，$y_1+y_2=-8m$,

$\because CA\perp CB$. $\quad\therefore \overrightarrow{CA}\cdot\overrightarrow{CB}=0$,

由$\overrightarrow{CA}=(x_1-2,y_1-4)$,$\overrightarrow{CB}=(x_2-2,y_2-4)$,

$$\begin{aligned}\overrightarrow{CA}\cdot\overrightarrow{CB}&=(x_1-2)(x_2-2)+(y_1-4)(y_2-4)\\&=x_1x_2-2(x_1+x_2)+4+y_1y_2-4(y_1+y_2)+16\\&=m^2y_1y_2+mn(y_1+y_2)+n^2-2[m(y_1+y_2)+2n]+y_1y_2-\\&\quad 4(y_1+y_2)+20\\&=(m^2+1)y_1y_2+(mn-2m-4)(y_1+y_2)+n^2-4n+20\\&=-8m^2n-8n+8m^2n-16m^2-32m+n^2-4n+20=0,\end{aligned}$$

$\therefore 16m^2+32m-n^2+12n-20=0\Leftrightarrow 16(m+1)^2-(n-6)^2=0$,

即$(n-6)^2=16(m+1)^2$,

$\therefore n-6=\pm 4(m+1)$,$n=4m+10$,或$n=-4m+2$,

因为$2\neq 4m+n$,所以$n=4m+10$,

所以$x=my+n=my+4m+10$,

即$m(y+4)=x-10$,

故直线AB过定点$(10,-4)$.

点评:在一个特定的具体问题中,远没有在一般性问题中那么复杂,关于变量“m,n”的线性关系的确定可通过配方法有效解决,如“$16m^2+32m-n^2+12n-20=0\Leftrightarrow 16(m+1)^2-(n-6)^2=0$”,由此可见,直线方程“$x=my+n$”在研究直线是否过定点的问题中有着十分重要的价值.

例4 设椭圆$\dfrac{x^2}{a^2}+\dfrac{y^2}{b^2}=1(a>b>0)$的右顶点为$Q(a,0)$,$A(x_1,y_1)$、$B(x_2,y_2)$为其上的任意两点,且$QA\perp QB$.

求证:直线AB过定点.

证明:设AB的方程为$x=my+n$,则

$\begin{cases}x=my+n,\\ b^2x^2+a^2y^2=a^2b^2.\end{cases}$ 消去x,得$(m^2b^2+a^2)y^2+2mnb^2y+n^2b^2-a^2b^2=0$,

在直线$y=kx+m$与抛物线相交的前提下,则

$y_1+y_2=\frac{-2mnb^2}{m^2b^2+a^2}, y_1y_2=\frac{n^2b^2-a^2b^2}{m^2b^2+a^2}$,

由$\overrightarrow{QA}=(x_1-a,y_1),\overrightarrow{QB}=(x_2-a,y_2)$,

$$\begin{aligned}\overrightarrow{QA}\cdot\overrightarrow{QB}&=(x_1-a)(x_2-a)+y_1y_2=x_1x_2-a(x_1+x_2)+a^2+y_1y_2\\&=m^2y_1y_2+mn(y_1+y_2)+n^2-a[m(y_1+y_2)+2n]+a^2+y_1y_2\\&=(m^2+1)y_1y_2+(mn-am)(y_1+y_2)+n^2-2na+a^2\\&=(m^2+1)\frac{n^2b^2-a^2b^2}{m^2b^2+a^2}+(mn-am)\frac{-2mnb^2}{m^2b^2+a^2}+n^2-2na+a^2=0,\end{aligned}$$

化简并整理,得$(a^2+b^2)n^2-2a^3n+a^2c^2=0$,

即$\Delta=4a^6-4a^2c^2(a^2+b^2)=4a^2b^4$,

解得$n=\frac{2a^3\pm 2ab^2}{2(a^2+b^2)}=\frac{a^3\pm ab^2}{a^2+b^2}$,即$n=\frac{ac^2}{a^2+b^2}$,或$n=a$,

当$n=a,x=my+n=my+a$,不合题意;

当$n=\frac{ac^2}{a^2+b^2}$时,$x=my+n=my+\frac{ac^2}{a^2+b^2}$,

所以直线AB经过定点$\left(\frac{ac^2}{a^2+b^2},0\right)$.

点评:若能注意到方程“$(a^2+b^2)n^2-2a^3n+a^2c^2=0$”的一个根为$a$,则可以如下分解:

$[(a^2+b^2)n-A](n-a)=0$,则易知$A=ac^2$,从而知方程的另一个解为$n=\frac{ac^2}{a^2+b^2}$.

例 5 已知椭圆$\frac{x^2}{4}+y^2=1$中心为O,右顶点为M,过定点$D(t,0)(t\neq\pm 2)$作直线l交椭圆于A、B两点.

(Ⅰ)若直线l与x轴垂直,求三角形OAB面积的最大值;

(Ⅱ)若$t=\frac{6}{5}$,直线l的斜率为1,求证:$\angle AMB=90°$;

(Ⅲ)在x轴上,是否存在一点E,使直线AE和BE的斜率的乘积为非零常数?若存在,求出点E的坐标和这个常数;若不存在,说明理由.

解：设直线 l 与椭圆的交点坐标为 $A(x_1, y_1)$、$B(x_2, y_2)$.

（Ⅰ）把 $x=t$ 代入 $\frac{x^2}{4}+y^2=1$ 可得：$y=\pm\frac{1}{2}\sqrt{4-t^2}$，

则 $S_{\triangle OAB}=|OD||AD|=\frac{1}{2}|t|\sqrt{4-t^2}\leqslant 1$，当且仅当 $t=\pm\sqrt{2}$ 时取等号.

（Ⅱ）由 $\begin{cases} y=x-\frac{6}{5}, \\ \frac{x^2}{4}+y^2=1. \end{cases}$ 得 $125x^2-240x+44=0$，$x_1x_2=\frac{44}{125}$，$x_1+x_2=\frac{48}{25}$.

所以 $k_{AM}k_{BM}=\frac{y_1y_2}{(x_1-2)(x_2-2)}=\frac{\left(x_1-\frac{6}{5}\right)\left(x_2-\frac{6}{5}\right)}{(x_1-2)(x_2-2)}$

$$=\frac{x_1x_2-\frac{6}{5}(x_1+x_2)+\frac{36}{25}}{x_1x_2-2(x_1+x_2)+4}=\frac{\frac{44}{125}-\frac{6}{5}\cdot\frac{48}{25}+\frac{36}{25}}{\frac{44}{125}-2\cdot\frac{48}{5}+4}=\frac{-64}{64}=-1$$

$\Rightarrow\angle AMB=90°$

（Ⅲ）依题设直线 l 的方程为：$x=my+t$，

由 $\begin{cases} x=my+t, \\ \frac{x^2}{4}+y^2=1. \end{cases}$ 消去 x 整理，得 $(m^2+4)y^2+2mty+t^2-4=0$，

则 $\begin{cases} \Delta>0, \\ y_1+y_2=\frac{-2mt}{m^2+4}, \\ y_1y_2=\frac{t^2-4}{m^2+4}. \end{cases}$ ①

又 $\begin{cases} x_1=my_1+t, \\ x_2=my_2+t. \end{cases}$ ②

若存在定点 $E(s,0)$ 符合题意，且 $k_{AE}\times k_{BE}=r$（r 为非零常数），则

$$k_{AE}k_{BE}=\frac{y_1y_2}{(x_1-s)(x_2-s)}=\frac{y_1y_2}{x_1x_2-m(x_1+x_2)+m^2}=r. \quad ③$$

由 ② 得，$x_1x_2=m^2y_1y_2+mt(y_1+y_2)+t^2$，$x_1+x_2=m(y_1+y_2)+2t$，

所以

$x_1x_2-s(x_1+x_2)+s^2=m^2y_1y_2+mt(y_1+y_2)+t^2-sm(y_1+y_2)-2st+s^2$,

$\therefore y_1y_2=rm^2y_1y_2+rmt(y_1+y_2)+rt^2-rsm(y_1+y_2)-2rst+rs^2$

$\Leftrightarrow(rm^2-1)y_1y_2+(rmt-rsm)(y_1+y_2)+rt^2-2rst+rs^2$,

把①代入上式,得

$(rm^2-1)(t^2-4)+(rmt-rsm)(-2mt)+(rt^2-2rst+rs^2)(m^2+4)=0$

$\Leftrightarrow rm^2t^2-4rm^2-t^2+4-2rm^2t^2+2m^2rst+rm^2t^2+4rt^2-2m^2rst-8rst+rs^2m^2+4rs^2=0$

$\Leftrightarrow 4rm^2-t^2+4+4rt^2-8rst+rs^2m^2+4rs^2=0$

$\Leftrightarrow m^2r(s^2-4)+4-t^2+4rt^2-8rst+4rs^2=0$(其中 r、t、s 都是常数).

要使得上式对变量 $m(m\neq 0)$ 恒成立,当且仅当

$\begin{cases}s^2-4=0,\\4-t^2+4rt^2-8rst+4rs^2=0.\end{cases}$ 解得 $s=\pm 2$.

当 $s=2$ 时,定点 E 就是椭圆的右顶点$(2,0)$,此时,$r=\dfrac{t+2}{4(t-2)}$;

当 $s=-2$ 时,定点 E 就是椭圆的左顶点$(-2,0)$,此时,$r=\dfrac{t-2}{4(t+2)}$;

所以,存在一点 $E(2,0)$(或$(-2,0)$),使直线 AE 和 BE 的斜率的乘积为非零常数$\dfrac{t+2}{4(t-2)}\left(\text{或}\dfrac{t-2}{4(t+2)}\right)$.

点评:应用方程 $x=my+t$ 首先避免了关于直线是否垂直于 x 轴的分类讨论,其次运算量相对较小.本题另一个特点是字母符号多,解题中要区分 r、t、s、m 四个子母中的常量与变量,辩证地理解常量和变量,不断提高理性思维能力.

利用“几率均等”解排列组合应用题

在分析解答某些较为复杂的排列组合应用问题时，常需要分类考虑，稍有疏漏就会导致错解. 在此情况下，若能变换思考角度，把握某些关键元素在同一事件中出现几率均等的特征进行分析求解，则能事半功倍.

例 1 A、B、C、D、E 五人并排站成一排，如果 B 必须站在 A 的右边(A、B 可以不相邻)，那么不同的排法共有(　　)

A. 24 种　　B. 60 种　　C. 90 种　　D. 120 种

分析：因为 A、B、C、D、E 五人并排站成一排的方法共有 A_5^5 种，又 A 在 B 的左边的排法几率相等，所以符合题目要求的所有排法共有 $\frac{A_5^5}{A_2^2}=60$(种)，选 B.

例 2 有 8 名学生并坐一排照相，其中甲、乙、丙按一定顺序排列(可以不相邻)，则有多少种不同的排法？

分析：因 8 名学生并坐一排照相的排法共有 A_3^3 种，甲、乙、丙之间的不同顺序共有 A_3^3 种，所以，当甲、乙、丙按一定顺序排列时其所有排法共有 $\frac{A_8^8}{A_3^3}=\frac{8\times7\times6\times5\times4\times3!}{3!}=6720$(种).

例 3 书架上原来排放着 6 本书，现要在插入 3 本书，则不同的插法种数为(　　)

A. A_7^3　　B. A_4^4　　C. $9\times8\times7$　　D. $2A_3^3$

分析：因为 9 本书排成一列的所有方法共有 A_9^9 种，又书架上原来 6 本书的相对顺序不变，所以符合题目要求的插法共有 $\frac{A_9^9}{A_6^6}=\frac{9\times8\times7\times6!}{6!}=9\times8\times7$，选 C.

注：本文发表于《中学生学习报》，2002.05.

一道抛物线竞赛题的简解

——兼谈抛物线内接直角三角形斜边的一个重要定理的证明

【2011 年全国高中数学联赛一试试题(A 卷) 第 7 题】

题目 直线 $x-2y-1=0$ 与抛物线 $y^2=4x$ 交于 A、B 两点,C 为抛物线上一点,$\angle ACB=90°$,则点 C 的坐标为________.

文[1] 已经用三种方法给出了本题的解答,文[2] 对这道竞赛试题进行了推广.拜读之后,受益匪浅,源于自己多年对高中数学教学的研习和积累,也不由得产生了一个自认为有效的简解,以下叙述如下,供读者参考.

简解:设 $C(x_0,y_0)$,则当 $\angle ACB=90°$ 时,对于抛物线 $y^2=2px(p>0)$ 而言,直线 AB 恒过定点 $(x_0+2p,-y_0)$,对于本题而言,直线 AB 恒过定点 $(x_0+4,-y_0)$,将其代入直线 $x-2y-1=0$,得

$x_0+2y_0+3=0$,即 $x_0=-2y_0-3$,又 $y_0^2=4x_0$,从而,得 $y_0^2+8y_0+12=0$,解得 $y_0=-2$ 或 $y_0=-6$,

当 $y_0=-2$ 时,$x_0=1$;$y_0=-6$ 时,$x_0=9$,

所以点 C 的坐标为 $(1,-2)$ 或 $(9,-6)$.

评析:上述解法源于笔者对抛物线内接直角三角形(三个顶点均在抛物线上)斜边的一个重要性质的探究和认识,即当直角顶点为定点时,斜边恒过定点.

以下将该性质叙述如下:

定理 已知 $C(x_0,y_0)$ 为抛物线 $y^2=2px(p>0)$ 上的一个定点,$A(x_1,y_1)$、$B(x_2,y_2)$ 为其上的任意两点,$CA\perp CB$.则直线 AB 过定点 $(2p+x_0,-y_0)$.

证明 1:设 CA 的斜率 $k(k\neq 0)$,其方程为 $y-y_0=k(x-x_0)$,则

CB 的斜率为 $-\dfrac{1}{k}$,

其方程为 $y-y_0=-\frac{1}{k}(x-x_0)$，

将 $x=\frac{y^2}{2p}$ 代入 $y-y_0=k(x-x_0)$ 得 $y-y_0=k\left(\frac{y^2}{2p}-x_0\right)$，

整理得 $ky^2-2py+2py_0-2pkx_0=0$，

由韦达定理得 $y_1+y_0=\frac{2p}{k}$，$\therefore y_1=\frac{2p}{k}-y_0$，

同理可得　　$y_2+y_0=-2pk$，$\therefore y_2=-2pk-y_0$，则

$y_1+y_2=\frac{2p}{k}-2pk-2y_0$，$y_1y_2=-4p^2+2pky_0-\frac{2py_0}{k}+y_0{}^2$，

将其代入

$(y_1+y_2)y=2px+y_1y_2$ 得

$\left(\frac{2p}{k}-2pk-2y_0\right)y=2px-4p^2+2pky_0-\frac{2py_0}{k}+y_0{}^2$，整理得

$\left(\frac{2p}{k}-2pk-2y_0\right)y=2p(x-2p)+\left(2pk-\frac{2p}{k}+2y_0\right)y_0-y_0{}^2$，即

$\left(\frac{2p}{k}-2pk-2y_0\right)(y+y_0)=2p(x-2p)-2px_0=2p(x-2p-x_0)$.

由此可知直线 AB 此时过定点 $(2p+x_0,-y_0)$；

当 $x_1=x_2$ 时，则 $y_1=-y_2$，依题得

$y_0{}^2-y_1{}^2=-4p^2$，即 $2px_0-2px_1=-4p^2$，解得 $x_1=2p+x_0$，此时直线 AB 过定点 $(2p+x_0,-y_0)$.

综上所述，直线 AB 恒过定点 $(2p+x_0,-y_0)$.

感悟：在利用抛物线中的弦方程 $(y_1+y_2)y=2px+y_1y_2$ 研究直线是否过定点的问题时，寻求 y_1+y_2 与 y_1y_2 的关系是关键，即如何将 y_1y_2 用含有 y_1+y_2 关系式表示.

证明2： 当 $x_1\neq x_2$ 时，$\frac{y_1-y_2}{x_1-x_2}=\frac{2p}{y_1+y_2}$，即 $k_{AB}=\frac{2p}{y_1+y_2}$，所以直线 AB 的方程为

$$y-y_1=\frac{2p}{y_1+y_2}(x-x_1)$$

化简并整理得

$(y_1+y_2)y-{y_1}^2-y_1y_2=2px-2px_1$，即$(y_1+y_2)y=2px+y_1y_2$ ①

又∵$CA\perp CB$， ∴$\overrightarrow{CA}\cdot\overrightarrow{CB}=0$，即

$(x_1-x_0)(x_2-x_0)+(y_1-y_0)(y_2-y_0)=0$ ②

将$x_1=\frac{y_1^2}{2p}$，$x_2=\frac{y_2^2}{2p}$，$x_0=\frac{y_0^2}{2p}$代入②式，化简并整理得

$(y_1-y_0)(y_2-y_0)\frac{(y_1+y_0)(y_2+y_0)+4p^2}{4p^2}=0$，

∴$(y_1+y_0)(y_2+y_0)+4p^2=0$ ③

由③得$(y_1+y_2)y_0+{y_0}^2+y_1y_2+4p^2=0$，即

$(y_1+y_2)y_0=-2px_0-y_1y_2-4p^2$ ④

①式+④式可得

$(y_1+y_2)(y+y_0)=2p(x-x_0-2p)=2p[x-(x_0+2p)]$

由此可知直线AB此时过定点$(2p+x_0,-y_0)$；

当$x_1=x_2$时，则$y_1=-y_2$，由③得

${y_0}^2-{y_1}^2=-4p^2$，即$2px_0-2px_1=-4p^2$，解得$x_1=2p+x_0$，此时直线AB过定点$(2p+x_0,-y_0)$.

综上所述，直线AB恒过定点$(2p+x_0,-y_0)$.

感悟：认真体会利用$x_1=\frac{y_1^2}{2p}$，$x_2=\frac{y_2^2}{2p}$，$x_0=\frac{y_0^2}{2p}$代换解决抛物线问题的重要性和灵活性.

证明3：(1) 当$AB\perp x$轴时，

$A(2p+x_0,\sqrt{4p^2+y_0^2})$，$B(2p+x_0,-\sqrt{4p^2+y_0^2})$，

此时，$\overrightarrow{CA}=(2p,\sqrt{4p^2+y_0^2}-y_0)$，$\overrightarrow{CB}=(2p,-\sqrt{4p^2+y_0^2}-y_0)$，

$\overrightarrow{CA}\cdot\overrightarrow{CB}=4p^2+y_0^2-(4p^2+y_0^2)=0$，所以，$CA\perp CB$. 反之亦然；

(2) 当AB与x轴不垂直时，设AB的方程为$y=kx+b(k\neq0)$，则

$\begin{cases}y=kx+b,\\y^2=2px.\end{cases}$消去$y$，得$k^2x^2+(2kb-2p)x+b^2=0$，

消去 x，得 $ky^2-2py+2pb=0$，

在直线 $y=kx+b$ 与抛物线相交的前提下，则

$x_1+x_2=\dfrac{-2kb+2p}{k^2}$，$x_1x_2=\dfrac{b^2}{k^2}$，$y_1+y_2=\dfrac{2p}{k}$，$y_1y_2=\dfrac{2pb}{k}$，

由 $\overrightarrow{CA}=(x_1-x_0,y_1-y_0)$，$\overrightarrow{CB}=(x_2-x_0,y_2-y_0)$，

$$\begin{aligned}\overrightarrow{CA}\cdot\overrightarrow{CB}&=(x_1-x_0)(x_2-x_0)+(y_1-y_0)(y_2-y_0)\\&=x_1x_2-x_0(x_1+x_2)+x_0^2+y_1y_2-y_0(y_1+y_2)+y_0^2\\&=\frac{b^2}{k^2}-x_0\times\frac{-2kb+2p}{k^2}+x_0^2+\frac{2pb}{k}-y_0\times\frac{2p}{k}+y_0^2=0,\end{aligned}$$

化简并整理，得

$$b^2+2kbx_0-2px_0+k^2x_0^2+2pbk-2pky_0+k^2y_0^2=0 \quad ①$$

以 b 为主元整理，得 $b^2+(2kx_0+2pk)b=-k^2x_0^2+2px_0+2pky_0-k^2y_0^2$，

配方，得 $[b+(kx_0+pk)]^2=-k^2x_0^2+2px_0+2pky_0-k^2y_0^2+k^2x_0^2+p^2k^2+2pk^2x_0$，

又因为 $y_0^2=2px_0$，

所以

$$[b+(kx_0+pk)]^2=y_0^2+2pky_0+p^2k^2=(y_0+pk)^2 \quad ②$$

则 $b+(kx_0+pk)=\pm(y_0+pk)$，

当 $b+(kx_0+pk)=y_0+pk$ 时，$b=-kx_0+y_0$，此时 $y-y_0=k(x-x_0)$，不合题意；

当 $b+(kx_0+pk)=-(y_0+pk)$ 时，$b=-kx_0-y_0-2pk$，

此时 $y=kx+(-kx_0-y_0-2pk)=k(x-x_0-2p)+y_0$，即

$y-y_0=k[x-(x_0+2p)]$，所以直线 AB 过点 $(2p+x_0,-y_0)$.

综上，直线 AB 过定点 $(2p+x_0,-y_0)$.

感悟：客观地讲，进行至②式，对 k,b 关系的揭示有些看不清，没有好的思路，一时不知如何因式分解？想到了主元思想，先以 k 为主元尝试，感觉复杂就放弃了，再以 b 为主元进行尝试，结果较顺利，取得了成功！因此，在复杂多变量的多项式面前，要突出以某个变量为主线的主元思想，往往能使分解变形顺利实现，突破解题

瓶颈.

证明4: 设直线l的方程为$x=my+n$,将$x=my+n$代入抛物线$y^2=2px$得,

$$y^2-2pmy-2pn=0,$$

$\Delta>0$时,$y_1y_2=-2pn$,$y_1+y_2=-2pm$,

$\because CA\perp CB$. $\therefore \overrightarrow{CA}\cdot\overrightarrow{CB}=0$,

由$\overrightarrow{CA}=(x_1-x_0,y_1-y_0)$,$\overrightarrow{CB}=(x_2-x_0,y_2-y_0)$,

$$\begin{aligned}\overrightarrow{CA}\cdot\overrightarrow{CB}&=(x_1-x_0)(x_2-x_0)+(y_1-y_0)(y_2-y_0)\\&=x_1x_2-x_0(x_1+x_2)+x_0^2+y_1y_2-y_0(y_1+y_2)+y_0^2\\&=m^2y_1y_2+mn(y_1+y_2)+n^2-x_0[m(y_1+y_2)+2n]+x_0^2+y_1y_2-\\&\quad y_0(y_1+y_2)+y_0^2\\&=(m^2+1)y_1y_2+(mn-mx_0-y_0)(y_1+y_2)+n^2-2nx_0+x_0^2+y_0^2\\&=-2pm^2n-2pn+2pm^2n-2pm^2x_0-2pmy_0+n^2-2nx_0+x_0^2+y_0^2=0,\end{aligned}$$

$\therefore 2pm^2x_0+2pmy_0+2pn-n^2+2nx_0-x_0^2-y_0^2=0$,

将$2px_0=y_0^2$代入上式,得$y_0^2m^2+2pmy_0+2p(n-x_0)-(n-x_0)^2=0$,

即$y_0^2m^2+2pmy_0+(n-x_0)[2p-(n-x_0)]=0$,

$\therefore[y_0m+(n-x_0)][y_0m+(2p-n+x_0)]=0$,

$y_0m+n-x_0=0$,或$y_0m+(2p-n+x_0)=0$,

因为$-x_0\neq my_0+n$,所以$n=my_0+2p+x_0$,

所以$x=my+n=my+my_0+2p+x_0$,

即$m(y+y_0)=x-(2p+x_0)$,

故直线AB过定点$(2p+x_0,-y_0)$.

感悟:论证的难点在于多项式“$2pm^2x_0+2pmy_0+2pn-n^2+2nx_0-x_0^2-y_0^2$”的因式分解变形,首先要认真体会的是“$2px_0=y_0^2$”的灵活应用,其次要认真体会以“$m$”为主元的思想.

事实上,当$y_0\neq0$时,$y_0^2m^2+2pmy_0+(n-x_0)[2p-(n-x_0)]=0$可变为:$m^2+\dfrac{2p}{y_0}m+\dfrac{(n-x_0)}{y_0}\cdot\dfrac{[2p-(n-x_0)]}{y_0}=0$,容易看出$\dfrac{-(n-x_0)}{y_0}+$

$\frac{-[2p-(n-x_0)]}{y_0}=\frac{-2p}{y_0}$，所以$\left[m+\frac{(n-x_0)}{y_0}\right]\cdot\left[m+\frac{2p-(n-x_0)}{y_0}\right]=0\Rightarrow[y_0m+(n-x_0)][y_0m+(2p-n+x_0)]=0$.

参考文献

[1] 刘康宁，汪程. 2011 年全国高中数学联合竞赛一试试题（A 卷）解法集锦[J]. 中学数学教学参考（上旬），2011(12)：50－54.

[2] 罗增儒. 一道抛物线竞赛题的三步推广[J]. 中学数学教学参考（上旬），2012(1－2)：31－36.

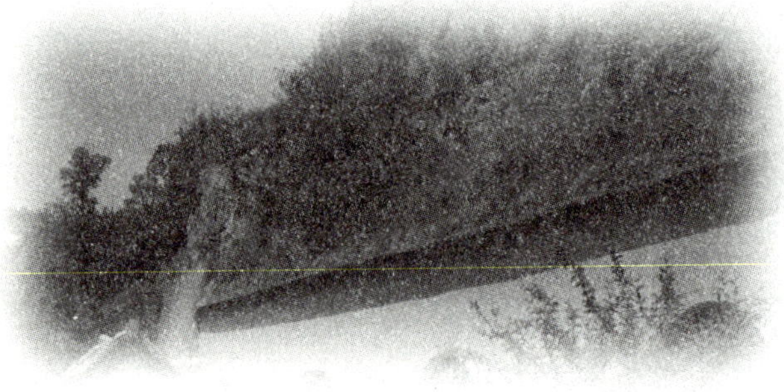

朴素自然　通俗易懂

——再议一道台湾高校招生试题的解法

文[1]对2010年台湾高校招生(对澳门地区)试题(2,3组填充题第1题)从多维度、多视角进行了有效的探究,给出了五种解法,读后受益匪浅,但又觉意犹未尽.

题目　设 $f(x)=\sqrt{x^2-2x+5}+\sqrt{x^2-4x+13}$,则 $f(x)$ 的最小值为________.

多年来,笔者在相关资料上常常会看到此类试题,对它的解法基本停留在文[2]中以两点间距离公式为模型转化的单一层面上,拜读文[1]使我开阔了视野,激起了探究欲望.文[1]的五种解法对高中数学知识的综合应用提出了较高的要求,对大多数学生来说是难以达成的.我不禁在想,有没有更一般的方法解决这一问题?带着这样的思考,结合课本中对根式转化的常用方法,笔者进行了如下探索,结果成功了!

具体过程如下:

分析:因该函数的定义域为 $\mathbf{R}$,因此先将其中一个根式移项,然后两边平方,再将含有根式的项整理到方程的一端,再平方转化,进而整理成关于自变量 x 的一元二次方程,据此在 $\mathbf{R}$ 上有解的充要条件"$\Delta\geqslant 0$"解关于 y 的不等式即可.

解:因为函数 $f(x)=\sqrt{x^2-2x+5}+\sqrt{x^2-4x+13}$ 的定义域为 $\mathbf{R}$,

所以 $y-\sqrt{x^2-2x+5}=\sqrt{x^2-4x+13}$　①

又　$y-\sqrt{x^2-2x+5}\geqslant 0$,即 $y\geqslant\sqrt{x^2-2x+5}=\sqrt{(x-1)^2+4}=2$,

对①式两边平方,得

$y^2-2y\sqrt{x^2-2x+5}+x^2-2x+5=x^2-4x+13$,

整理,得 $y^2-8+2x=2y\sqrt{x^2-2x+5}$　②

对②式两边平方，得

$(y^2-8)^2+4x(y^2-8)+4x^2=4y^2(x^2-2x+5)$,

再整理，得

$$(4y^2-4)x^2-(12y^2-32)x-y^4+36y^2-64=0. \quad ③$$

因 $4y^2-4>0, x\in\mathbf{R}$,

所以 $\Delta=(12y^2-32)^2-4(4y^2-4)(-y^4+36y^2-64)\geqslant 0$,

化简并整理，得 $y^6-28y^4+52y^2\geqslant 0$，即

$y^2(y^4-28y^2+52)\geqslant 0 \Leftrightarrow y^2(y^2-2)(y^2-26)\geqslant 0$,

又 $y>2$，所以 $y^2\geqslant 26, y\geqslant\sqrt{26}$,

当 $y=\sqrt{26}$ 时，方程③为 $100x^2-280x+196=0$,

即 $25x^2-70x+49=0$,

解得 $x=\dfrac{7}{5}$,

故函数 $f(x)$ 的最小值为 $\sqrt{26}$.

上述解法起点低，符合大多数高中学生的认知基础，易于学生理解和掌握. 能够用朴素自然、通俗易懂的基本方法解决那些所谓的难题，对提升学生的数学学习兴趣和自信心无疑是大有裨益的. 同时，上述移项、平方转化的方法能够有效地解决这一类问题，不失为解决此类问题的通性通法. 为进一步体会此法的应用，读者不妨试做以下问题，即

设 $f(x)=\sqrt{x^2-2x+10}+\sqrt{x^2-4x+13}$，则 $f(x)$ 的最小值为________.

答案：$\sqrt{37}$.

参考文献

[1] 侯典峰，郝明泉. 一道台湾高校招生试题的多维度、多层面探究与思考[J]. 中学数学教学参考(上旬)，2012(1－2)：40－42.

[2] 魏泽夫，周明. 例谈 2010 年台湾高校招生试题中的数学思想方法[J]. 数学通讯(上)，2011(9)：52－54.

第七部分 教学相长

一道选择题的解法

——来自学生的精彩解法

【2011年北京东城区一模文8】

空间点到平面的距离定义如下：过空间一点作平面的垂线，这个点和垂足之间的距离叫做这个点到这个平面的距离，平面α,β,γ两两互相垂直，点$A\in\alpha$，点A到平面β,γ的距离都是3，点P是α上的动点，且满足P到β的距离是P到点A距离的2倍，则点P到平面γ的距离的最小值为(　　)

A. $\sqrt{3}$　　B. $3+\sqrt{3}$　　C. 6　　D. $3-\sqrt{3}$

一、合情推理

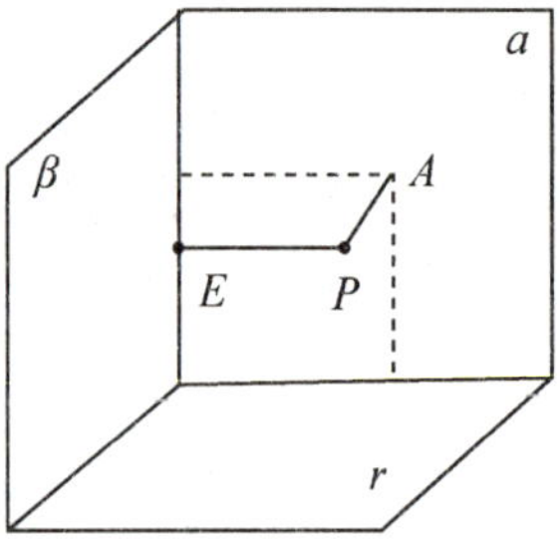

图7－1

解1：如图7－1，点P到平面γ的距离的最小值一定小于3，且其最小值一定为$3-a$的形式，据此，根据选项的信息，大胆推测点P到平面γ的距离的最小值为$3-\sqrt{3}$.

注：有一定的冒险性.

二、精确判断

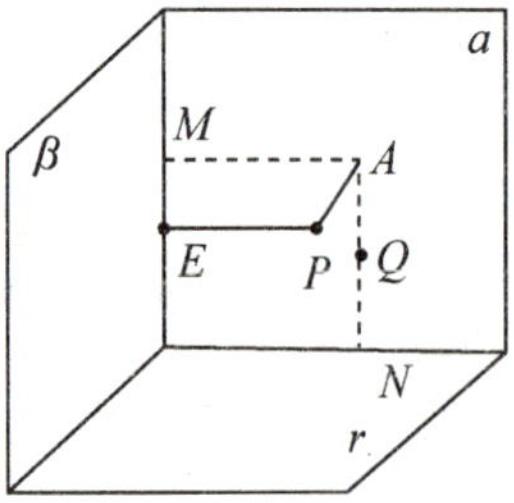

图7－2

解2(常远同学)：如图7－2，取AN的中点Q，则Q是符合题设条件的一个特殊点，且$|QN|=1.5$，在上述四个选项中，只有$3-\sqrt{3}<1.5$，故选D.

三、函数模型

解3(杨春雪同学)：如图7－3，过点P做γ的垂线，垂足分为H，设$|PA|=x$，则$|PE|=2x$，在$\mathrm{Rt}\triangle PTA$中，

$|PT|=\sqrt{x^2-(3-2x)^2}=\sqrt{-3x^2+12x-9}$

$=\sqrt{-3(x-2)^2+3}$,

当 $x=2$ 时,$|PT|_{\max}=\sqrt{3}$,

所以,点 P 到平面 γ 的距离的最小值为 $3-\sqrt{3}$.故选 D.

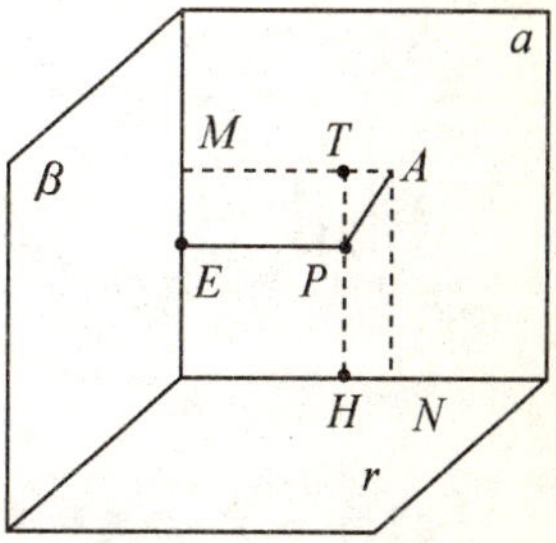

图 7—3

四、轨迹方程

解 4:如图 7—4 建立直角坐标系,设 $P(x,y)$,$A(3,0)$,

则由 $|PE|=2|PA|$,得 $|x|=2\sqrt{(x-3)^2+y^2}$,

两边平方并整理,得 $\frac{(x-4)^2}{4}+\frac{y^2}{3}=1$,

这说明点 P 的轨迹是以 $(4,0)$ 为中心,长半轴为 4,短半轴为 $\sqrt{3}$ 的椭圆,所以当点 P 为 $(4,-\sqrt{3})$ 时,点 P 到平面 γ 的距离的最小值为 $3-\sqrt{3}$.故选 D.

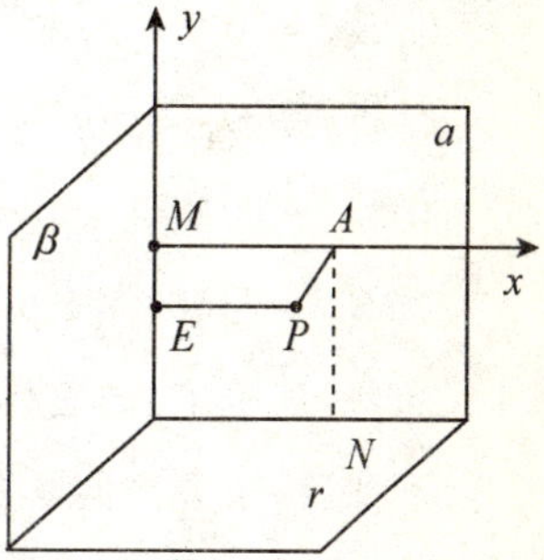

图 7—4

五、坐标法

解 5(赵盈盈同学):如图 7—5 建立直角坐标系,设 $P(x,y)$,$A(3,3)$,

则由 $|PE|=2|PA|$,得

$|x|=2\sqrt{(x-3)^2+(y-3)^2}$,

两边平方并整理,得

$3(x-4)^2+4(y-3)^2=12$,

显然,当 $x=4$ 时,$4(y-3)^2\leqslant 12$

$\Leftrightarrow (y-3)^2\leqslant 3$,

即 $-\sqrt{3}\leqslant y-3\leqslant\sqrt{3}$,

所以,$3-\sqrt{3}\leqslant y\leqslant\sqrt{3}+3$,

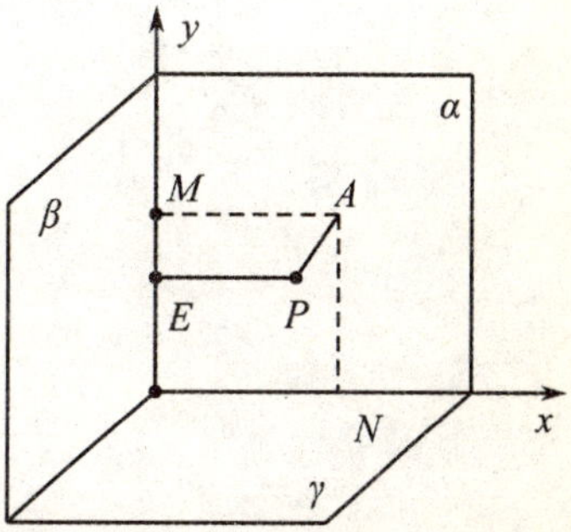

图 7—5

故 y 的最小值为 $3-\sqrt{3}$,点 P 到平面 γ 的距离的最小值为 $3-\sqrt{3}$.故选 D.

利用“$S_n = An^2 + Bn$”解等差数列前 n 项和问题

题目 等差数列 $\{a_n\}$ 前 n 项和为 S_n，满足 $S_{20} = S_{40}$，则下列结论中正确的是（ ）

A. s_{30} 是 S_n 中的最大值　　B. S_{30} 是 S_n 中的最小值

C. $S_{30} = 0$　　D. $S_{60} = 0$

解析：设 $S_n = An^2 + Bn$，其中 A，B 为常数，则由 $S_{20} = S_{40}$，得

$400A + 20B = 1600A + 40B \Leftrightarrow 1200A + 20B = 0 \Leftrightarrow 60A + B = 0$，

又 $S_{60} = 3600A + 60B = 60(60A + B) = 0$，故选 D.

点评：设而不求，整体突破.

下课后，杨春雪同学找我交流其解法，如下：

设 $S_n = An^2 + Bn$，其中 A，B 为常数，则由 $S_{20} = S_{40}$，得 S_n 关于直线 $x = 30$ 对称，记 $S_0 = 0$，则 $S_{60} = 0$，故选 D.

点评：对称转化，事半功倍.

关于一个不等式的证明

——来自课堂上的精彩解答

题目 设 $f(x)=\frac{a}{x}+x\ln x, g(x)=x^3-x^2-3$.

(Ⅰ)当 $a=2$ 时,求曲线 $y=f(x)$ 在 $x=1$ 处的切线方程;

(Ⅱ)如果存在 $x_1,x_2\in[0,2]$,使得 $g(x_1)-g(x_2)\geqslant M$ 成立,求满足上述条件的最大整数 M;

(Ⅲ)当 $a\geqslant 1$ 时,证明对于任意的 $s,t\in\left[\frac{1}{2},2\right]$ 都有 $f(s)\geqslant g(t)$ 成立.

参考解答:(Ⅰ)当 $a=2$ 时,$f(x)=\frac{2}{x}+x\ln x, f'(x)=-\frac{2}{x^2}+\ln x+1$,

$\therefore f(1)=2, f'(1)=-1$,

$\therefore y=f(x)$ 在 $x=1$ 处的切线方程为 $y=-x+3$.

(Ⅱ)存在 $x_1,x_2\in[0,2]$,使得 $g(x_1)-g(x_2)\geqslant M$ 成立.

如下表,对照 $g(x)=x^3-x^2-3, g'(x)=3x^2-2x=3x(x-\frac{2}{3})$.

x	0	$(0,\frac{2}{3})$	$\frac{2}{3}$	$(\frac{2}{3},2)$	2
$g'(x)$		$-$	0	$+$	
$g(x)$	-3	↘	极小值 $-\frac{85}{27}$	↗	1

由上表可知 $g(x)_{\min}=g\left(\frac{2}{3}\right)=-\frac{85}{27}$,

$g(x)_{\max}=g(2)=1$. $g(x)_{\max}-g(x)_{\min}=\frac{112}{27}$.

$\therefore$ 满足条件的最大整数 $M=4$.

(Ⅲ)由(Ⅱ)知,在区间$\left[\frac{1}{2},2\right]$上,$g(x)$的最大值为$g(2)=1$.

∵当$a\geqslant 1$时,且$x\in\left[\frac{1}{2},2\right]$时,$f(x)=\frac{a}{x}+x\ln x\geqslant\frac{1}{x}+x\ln x$,

记$h(x)=\frac{1}{x}+x\ln x,h'(x)=-\frac{1}{x^2}+\ln x+1<0,h'(1)=0$.

当$x\in\left[\frac{1}{2},1\right),h'(x)=-\frac{1}{x^2}+\ln x+1<0$;

当$x\in(1,2],h'(x)=-\frac{1}{x^2}+\ln x+1>0$;

∴函数$h(x)=\frac{1}{x}+x\ln x$在区间$x\in\left[\frac{1}{2},1\right)$上递减,在区间$(1,2]$上递增.

∴$h(x)_{\min}=h(1)=1$,即$h(x)\geqslant 1$.

即当$a\geqslant 1$时,且$x\in\left[\frac{1}{2},2\right]$时,$f(x)\geqslant 1$成立.

∴$f(x)\geqslant g(2)$∴$f(x)\geqslant g(x)$.

即当$a\geqslant 1$时,对于任意的$s,t\in\left[\frac{1}{2},2\right]$都有$f(s)\geqslant g(t)$成立.

点评:上述证明的难点在于"当$a\geqslant 1$时,且$x\in\left[\frac{1}{2},2\right]$时,$f(x)=\frac{a}{x}+x\ln x\geqslant\frac{1}{x}+x\ln x$"这一步的转化,体现了一般与特殊的辩证关系在数学解题中的灵活应用.

以下就(Ⅲ)重点摘录两位学生的精彩解答:

邹雨浓同学:

由(Ⅱ)知,在区间$\left[\frac{1}{2},2\right]$上,$g(x)$的最大值为$g(2)=1$

欲证当$a\geqslant 1$时,对于任意的$s,t\in\left[\frac{1}{2},2\right]$都有$f(s)\geqslant g(t)$成立,

需证$f(s)\geqslant 1$,即证$\frac{a}{s}+s\ln s\geqslant 1\Leftrightarrow a\geqslant s-s^2\ln s$,

设$h(s)=s-s^2\ln s,h'(s)=1-(2s\ln s+s)==1-s-2s\ln s$,

注意到 $h'(1)=0$，且当 $\frac{1}{2}\leqslant s<1$ 时，$1-s>0$，$\ln s<0$，所以 $h'(s)>0$；

当 $1<s\leqslant 2$ 时，$1-s<0$，$\ln s>0$，所以 $h'(s)<0$.

故函数 $h(s)$ 在区间 $\left[\frac{1}{2},1\right)$ 上单调递增，在区间 $(1,2]$ 上单调递减，所以 $h(s)$ 的最大值为 $h(1)=1$，

由此可见，$a\geqslant s-s^2\ln s$ 成立，需满足 $a\geqslant 1$，这与已知条件完全相符，即不等式得证.

点评：邹雨浓同学的转化证明简捷明了.

赵盈盈同学：

因为 $f(x)=\frac{a}{x}+x\ln x$，所以 $f'(x)=-\frac{a}{x^2}+1+\ln x$，$a\geqslant 1$，$x\in\left[\frac{1}{2},2\right]$，

设 $p(x)=f'(x)$，则 $p'(x)=\frac{2a}{x^3}+\frac{1}{x}>0$，所以 $f'(x)$ 在区间 $\left[\frac{1}{2},2\right]$ 上是增函数，

注意到 $f'(\frac{1}{2})=-4a+1+\ln\frac{1}{2}<0$，$f'(1)=-a+1\leqslant 0$，

$f'(2)=-\frac{a}{4}+1+\ln 2$（符号不确定）.

① 当 $f'(2)=-\frac{a}{4}+1+\ln 2\leqslant 0$，即 $a\geqslant 4+4\ln 2$ 时，$f'(x)<0$，

函数 $f(x)=\frac{a}{x}+x\ln x$ 在区间 $\left[\frac{1}{2},2\right]$ 上是减函数，$f(x)_{\min}=\frac{a}{2}+2\ln 2>1$；

② 当 $f'(2)=-\frac{a}{4}+1+\ln 2>0$，即 $1\leqslant a<4+4\ln 2$ 时，存在唯一的 $x_0\in[1,2)$，使得 $f'(x_0)=0$，即 $-\frac{a}{x_0^2}+1+\ln x_0=0$，

易知 $f(x)_{\min}=f(x_0)=\frac{a}{x_0}+x_0\ln x_0$，

由 $-\frac{a}{x_0^2}+1+\ln x_0=0$，得 $x_0+x_0\ln x_0=\frac{a}{x_0}$，

所以 $f(x)_{\min}=f(x_0)=x_0+2x_0\ln x_0\geqslant 1$.

综上，当 $a \geqslant 1$ 时，证明对于任意的 $s,t \in \left[\frac{1}{2},2\right]$ 都有 $f(s) \geqslant g(t)$ 成立.

点评：赵盈盈同学的方法为我们解决超越方程“存在零点但不可解”问题的有效尝试，化解这一难点的有效措施是“设而不求、等量代换”. 具体在本题中就是要体会“由 $-\frac{a}{x_0^2}+1+\ln x_0=0$ 得 $x_0+x_0\ln x_0=\frac{a}{x_0}$”的关键环节.

驻足观察　柳暗花明

——对一道最值问题解法的思考

近期老师印发的测试卷中出现了如下试题：

题目　已知 $a>b>0$，则 $a^2+\dfrac{25}{b(a-b)}$ 的最小值为________.

面对此题，我的思考、分析及解答过程如下：

对于求两个正数和的最小值问题，容易想到均值定理，即

$a>b>0$，所以 $a^2+\dfrac{25}{b(a-b)}\geqslant 2\sqrt{a^2\cdot\dfrac{25}{b(a-b)}}$，

但是未出现以往运用均值定理时常遇见的可以约分化简为定值的情况，似乎难以走通. 此时，我想到对不等式右边式子进行简单整理再观察：

$2\sqrt{a^2\cdot\dfrac{25}{b(a-b)}}=2\sqrt{\dfrac{25a^2}{b(a-b)}}$，

现在的形式很容易联想起老师讲过两类题：

一是求解椭圆离心率时，常在化简后得到形如“$2c^2+ac-a^2=0$”的式子，我们会在等号两边同时除以 a^2，得 $2e^2+e-1=0$，则 $e=\dfrac{1}{2}$.

二是在解析几何中常会遇到形如“$y=\dfrac{12t}{3t^2+1}$”的函数，当 $t\neq0$ 时，我们会在分子分母同时除以 t，得 $y=\dfrac{12}{3t+\dfrac{1}{t}}$ 后，再用均值定理求最值.

有了这两种模式的积累，我想到了在整理后的根式内，在分子分母上同时除以 a^2，即得 $2\sqrt{\dfrac{25a^2}{b(a-b)}}=10\sqrt{\dfrac{1}{\dfrac{b}{a}-\dfrac{b^2}{a^2}}}$，那么令 $t=\dfrac{b}{a}(0<t<1)$，易知函数 $y=t-$

t^2 在 $t=\frac{1}{2}$ 时有最大值$\frac{1}{4}$，此时 $a=2b$，所以 $10\sqrt{\frac{1}{\frac{b}{a}-\frac{b^2}{a^2}}}\geqslant 10\sqrt{\frac{25}{\frac{1}{4}}}=20$，

验证等号成立条件：

$\begin{cases}a^2=\frac{25}{b(a-b)},\\ a=2b.\end{cases}$ 解得 $a=\sqrt{10}$，$b=\frac{\sqrt{10}}{2}$，

综上所述，$a^2+\frac{25}{b(a-b)}$ 的最小值为 20.

教师点评：在以往的教学中，笔者对此题的处理对策是先进行 $b(a-b)$ 的变形，即 $b(a-b)\leqslant\left[\frac{b(a-b)}{2}\right]^2=\frac{1}{4}$，进而有 $a^2+\frac{25}{b(a-b)}\geqslant a^2+\frac{100}{a^2}\geqslant 2\sqrt{a^2\cdot\frac{100}{a^2}}=20$，等号成立的条件同上. 也进行过"$a^2+\frac{25}{b(a-b)}\geqslant 2\sqrt{a^2\cdot\frac{25}{b(a-b)}}$"这样的尝试，但因为没有定值出现而放弃了. 邹雨浓同学的可贵之处在于解题受阻时他没有轻言放弃，而是联想到日常学习中积累的一些类似模型，进行了尝试，结果成功了！由此可见，作为一个文科学生，邹雨浓同学展示出了良好的思维品质，他在解题受阻时，不轻言放弃、敢于尝试的成功体验相信对同学们解题有所启示.

当然，其解法还可以做如下优化，使其更加流畅，具体如下：

因为 $a>b>0$，所以

$$a^2+\frac{25}{b(a-b)}\geqslant 2\sqrt{\frac{25a^2}{b(a-b)}}=10\sqrt{\frac{1}{\frac{b}{a}-\frac{b^2}{a^2}}}=10\sqrt{\frac{1}{\frac{b}{a}\left(1-\frac{b}{a}\right)}}$$

$$\geqslant 10\sqrt{\frac{4}{\left[\frac{b}{a}+\left(1-\frac{b}{a}\right)\right]^2}}=20,$$

当且仅当$\frac{b}{a}=1-\frac{b}{a}$，$a^2=\frac{25}{b(a-b)}$，即 $a=\sqrt{10}$，$b=\frac{\sqrt{10}}{2}$ 时，$a^2+\frac{25}{b(a-b)}$ 的最小值为 20.

利用“A 与 $\overline{A}$”的关系巧解一道选择题

题目 【北京市西城区 2011—2012 学年度第一学期期末试卷高三数学文科 8】

有限集合 P 中元素的个数记作 $card(P)$. 已知 $card(M)=10, A\subseteq M, B\subseteq M, A\cap B=\varnothing$，且 $card(A)=2, card(B)=3$. 若集合 X 满足 $X\subseteq M$，且 $A\not\subseteq X$，$B\not\subseteq X$，则集合 X 的个数是(　　)

A. 672　　　B. 640　　　C. 384　　　D. 352

分析：对于不要求学习排列组合知识的文科学生而言，这道题无疑有一定的难度. 命题者重在考查学生应用分类与整合思想、转换与化归思想解决复杂问题的能力.

解 1：不妨设 $M=\{0,1,2,3,4,5,6,7,8,9\}$，$A=\{0,1\}$，$B=\{2,3,4\}$，$C=\{5,6,7,8,9\}$.

若集合 X 满足 $X\subseteq M$，且 $A\not\subseteq X$，$B\not\subseteq X$，则根据题意，知

集合 A、B 中的元素均至少有一个不属于 X，分以下 4 种情况统计集合 X 的个数：

(1) 集合 C 的所有子集都是符合题意的集合 X，共有 2^5 个；

(2) 集合 C 的所有子集分别与集合 $\{0\}$，$\{1\}$，$\{2\}$，$\{3\}$，$\{4\}$ 并在一起形成的集合都是符合题意的集合 X，共有 5×2^5 个；

(3) 集合 C 的所有子集分别与集合 $\{0,2\}$，$\{0,3\}$，$\{0,4\}$，$\{1,2\}$，$\{1,3\}$，$\{1,4\}$，$\{2,3\}$，$\{2,4\}$，$\{3,4\}$ 并在一起形成的集合都是符合题意的集合 X，共有 9×2^5 个；

(4) 集合 C 的所有子集分别与集合 $\{0,2,3\}$，$\{0,2,4\}$，$\{0,3,4\}$，$\{1,2,3\}$，$\{1,2,4\}$，$\{1,3,4\}$ 并在一起形成的集合都是符合题意的集合 X，共有 6×2^5 个.

综上，符合题意的集合 X 共有 $(1+5+9+6)\times 2^5=21\times 32=672$ 个，故选 B.

解 2：(赵盈盈提供)

设事件 A:“若 $X\subseteq M$,且 $A\not\subseteq X$,$B\not\subseteq X$”,则事件 $\overline{A}$:“若 $X\subseteq M$,且 $A\not\subseteq X$,或 $B\not\subseteq X$”.

(1) 当 $A\subseteq X$ 时,除 A 外集合 M 中的其余 8 个元素组成的集合的所有子集个数是 2^8,这些子集并上 A 形成集合 X,共有 2^8 个;

(2) 当 $B\subseteq X$ 时,除 B 外集合 M 中的其余 7 个元素组成的集合的所有子集个数是 2^7,这些子集并上 B 形成集合 X,共有 2^7 个;

(3) 当 $A\subseteq X$ 且 $B\subseteq X$ 时,除 A、B 外集合 M 中的其余 5 个元素组成的集合的所有子集个数是 2^5,这些子集并上 $A\cup B$ 形成集合 X,共有 2^5 个.

综上,符合条件“若 $X\subseteq M$,且 $A\subseteq X$,或 $B\subseteq X$”的集合 X 的个数共计有($2^8+2^7-2^5$)个,所以,符合条件“若 $X\subseteq M$,且 $A\not\subseteq X$,$B\not\subseteq X$”的集合 X 的个数共计有:$2^{10}-(2^8+2^7-2^5)=672$ 个.

一个“非等比”到“等比”的转化

在近期老师布置的拓展延伸作业中有这样一道题：

题目 已知数列$\{a_n\}$满足$a_{n+1}=\dfrac{a_n(a_n^2+3)}{3a_n^2+1}$.

（Ⅰ）若方程$f(x)=x$的解称为函数$y=f(x)$的不动点，求$a_{n+1}=f(a_n)$的不动点的值；

（Ⅱ）若$a_1=2$，$b_n=\dfrac{a_n-1}{a_n+1}$，求证：数列$\{\ln b_n\}$是等比数列，并求数列$\{b_n\}$的通项；

（Ⅲ）当任意$n\in\mathbf{N}^*$时，求证：$b_1+b_2+b_3+\cdots+b_n<\dfrac{1}{2}$.

前两问的简解：

（Ⅰ）由方程$a_{n+1}=f(a_n)$，得$a_n=\dfrac{a_n(a_n^2+3)}{3a_n^2+1}$，

解得$a_n=0$，或$a_n=-1$，或$a_n=1$；

（Ⅱ）$\because a_{n+1}+1=\dfrac{a_n(a_n^2+3)}{3a_n^2+1}+1=\dfrac{(a_n+1)^3}{3a_n^2+1}$，

$a_{n+1}-1=\dfrac{a_n(a_n^2+3)}{3a_n^2+1}-1=\dfrac{(a_n-1)^3}{3a_n^2+1}$，

$\therefore$两式相除得$\dfrac{a_{n+1}+1}{a_{n+1}-1}=\dfrac{(a_n+1)^3}{(a_n-1)^3}$，即$b_{n+1}=b_n^3$，

由$a_1=2$可以得到$b_n>0$，则$\ln b_{n+1}=3\ln b_n$，

又$b_1=\dfrac{a_1-1}{a_1+1}=\dfrac{1}{3}$，得$\ln b_1=-\ln 3$，

$\therefore$数列$\{\ln b_n\}$是以$-\ln 3$为首项，3为公比的等比数列.

$\therefore \ln b_n=(-\ln 3)\cdot 3^{n-1}=\ln\left(\dfrac{1}{3}\right)^{3^{n-1}}$， 从而$b_n=\left(\dfrac{1}{3}\right)^{3^{n-1}}$ $(n\in\mathbf{N}^*)$.

第三问的参考解答：

证明：任意 $n\in\mathbf{N}^*$，$3^{n-1}\geqslant n$，$\therefore b_n=\left(\frac{1}{3}\right)^{3^{n-1}}\leqslant\left(\frac{1}{3}\right)^n$，

从而 $b_1+b_2+b_3+\cdots+b_n<\frac{1}{3}+\left(\frac{1}{3}\right)^2+\left(\frac{1}{3}\right)^3+\cdots+\left(\frac{1}{3}\right)^n$

$$=\frac{\frac{1}{3}\left[1-\left(\frac{1}{3}\right)^n\right]}{1-\frac{1}{3}}=\frac{1}{2}\left[1-\left(\frac{1}{3}\right)^n\right]<\frac{1}{2}.$$

我的解答过程如下：

解析：因为 $S_n=b_1+b_2+b_3+\cdots+b_n=\left(\frac{1}{3}\right)^1+\left(\frac{1}{3}\right)^3+\left(\frac{1}{3}\right)^9+\cdots+\left(\frac{1}{3}\right)^{3^{n-1}}$，其中数列 $\{b_n\}$ 不是等比数列，所以不能直接求和，若将和式“$\left(\frac{1}{3}\right)^1+\left(\frac{1}{3}\right)^3+\left(\frac{1}{3}\right)^9+\cdots+\left(\frac{1}{3}\right)^{3^{n-1}}$”填补变为连续型和式“$\left(\frac{1}{3}\right)^1+\left(\frac{1}{3}\right)^2+\left(\frac{1}{3}\right)^3+\cdots+\left(\frac{1}{3}\right)^{3^{n-1}-1}+\left(\frac{1}{3}\right)^{3^{n-1}}$”，则有 $S_n<\left(\frac{1}{3}\right)^1+\left(\frac{1}{3}\right)^2+\left(\frac{1}{3}\right)^3+\cdots+\left(\frac{1}{3}\right)^{3^{n-1}-1}+\left(\frac{1}{3}\right)^{3^{n-1}}=\frac{\frac{1}{3}\left[1-\frac{1}{3^{3^{n-1}}}\right]}{1-\frac{1}{3}}=\frac{1}{2}\left[1-\frac{1}{3^{3^{n-1}}}\right]<\frac{1}{2}$，即

$$b_1+b_2+b_3+\cdots+b_n<\frac{1}{2}.$$

教师点评：吴正阳同学采用的“填补式”放大法直接将数列 $\{b_n\}$ 转变成等比数列，达到了求和的目的．虽然数列的项数由“n”变大为“3^{n-1}”，但放大并不过头，恰到好处，有效地解决了问题，较参考解答更简捷．

“裂项”巧证数列型不等式

在近期老师布置的拓展延伸作业中有这样一道题：

题目 已知数列$\{a_n\}$满足$a_{n+1}=\dfrac{a_n(a_n^2+3)}{3a_n^2+1}$.

（Ⅰ）若方程$f(x)=x$的解称为函数$y=f(x)$的不动点，求$a_{n+1}=f(a_n)$的不动点的值；

（Ⅱ）若$a_1=2, b_n=\dfrac{a_n-1}{a_n+1}$，求证：数列$\{\ln b_n\}$是等比数列，并求数列$\{b_n\}$的通项；

（Ⅲ）当任意$n\in\mathbf{N}^*$时，求证：$b_1+b_2+b_3+\cdots+b_n<\dfrac{1}{2}$.

前两问的简解：

（Ⅰ）由方程$a_{n+1}=f(a_n)$得$a_n=\dfrac{a_n(a_n^2+3)}{3a_n^2+1}$，

解得$a_n=0$，或$a_n=-1$，或$a_n=1$；

（Ⅱ）$\because a_{n+1}+1=\dfrac{a_n(a_n^2+3)}{3a_n^2+1}+1=\dfrac{(a_n+1)^3}{3a_n^2+1}$，

$a_{n+1}-1=\dfrac{a_n(a_n^2+3)}{3a_n^2+1}-1=\dfrac{(a_n-1)^3}{3a_n^2+1}$，

$\therefore$ 两式相除，得$\dfrac{a_{n+1}+1}{a_{n+1}-1}=\dfrac{(a_n+1)^3}{(a_n-1)^3}$，即$b_{n+1}=b_n^3$，

由$a_1=2$可以得到$b_n>0$，则$\ln b_{n+1}=3\ln b_n$，

又$b_1=\dfrac{a_1-1}{a_1+1}=\dfrac{1}{3}$，得$\ln b_1=-\ln 3$，

$\therefore$ 数列$\{\ln b_n\}$是以$-\ln 3$为首项，3为公比的等比数列.

$\therefore \ln b_n=(-\ln 3)\cdot 3^{n-1}=\ln\left(\dfrac{1}{3}\right)^{3^{n-1}}$，从而$b_n=\left(\dfrac{1}{3}\right)^{3^{n-1}}$，

$(n \in \mathbf{N}^*)$.

关于第三问，我的分析解答过程如下：

分析：以往遇到类似题目通常先求数列的前 n 项和 S_n，然后再用放缩法证明.

于是，记

$$S_n = b_1 + b_2 + b_3 + \cdots + b_n = \left(\frac{1}{3}\right)^1 + \left(\frac{1}{3}\right)^3 + \left(\frac{1}{3}\right)^9 + \cdots + \left(\frac{1}{3}\right)^{3^{n-1}},$$

但数列 $\{b_n\}$ 不是等差也不是等比数列，很难直接求出 S_n 的数学表达式，而不等式左边又较为复杂，一时间束手无策.

梳理数列求和的诸多方法，一个"裂项"求和的典型案例浮现眼前，即"数列 $\left\{\frac{1}{n(n+1)}\right\}$ 的前 n 项和 $T_n = \frac{1}{1\times 2} + \frac{1}{2\times 3} + \cdots + \frac{1}{n(n+1)} = 1 - \frac{1}{2} + \frac{1}{2} - \frac{1}{3} + \cdots + \frac{1}{n} - \frac{1}{n+1} = 1 - \frac{1}{n+1}$"，于是进行了如下尝试：

首先将不等式等价变形为：$\frac{2}{3} + \frac{2}{3^3} + \frac{2}{3^9} + \cdots + \frac{2}{3^{3^{n-1}}} < 1$，注意到"$2 = 3 - 1$"，则有 $\frac{2}{3^{3^{n-1}}} = \frac{3-1}{3^{3^{n-1}}} = \frac{1}{3^{3^{n-1}-1}} - \frac{1}{3^{3^{n-1}}}$，于是

$$\frac{2}{3} + \frac{2}{3^3} + \frac{2}{3^9} + \cdots + \frac{2}{3^{3^{n-1}}} < 1$$

$$\Leftrightarrow 1 - \frac{1}{3} + \frac{1}{3^2} - \frac{1}{3^3} + \frac{1}{3^8} - \frac{1}{3^9} + \cdots + \frac{1}{3^{3^{n-2}-1}} - \frac{1}{3^{3^{n-2}}} + \frac{1}{3^{3^{n-1}-1}} - \frac{1}{3^{3^{n-1}}} < 1$$

$$\Leftrightarrow 1 - \frac{1}{3} + \frac{1}{3^2} - \frac{1}{3^3} + \frac{1}{3^8} - \frac{1}{3^9} + \cdots + \frac{1}{3^{3^{n-2}-1}} - \frac{1}{3^{3^{n-2}}} + \frac{1}{3^{3^{n-1}-1}} - \frac{1}{3^{3^{n-1}}} < 1$$

$$\Leftrightarrow -\frac{1}{3} + \frac{1}{3^2} - \frac{1}{3^3} + \frac{1}{3^8} - \frac{1}{3^9} + \cdots + \frac{1}{3^{3^{n-2}-1}} - \frac{1}{3^{3^{n-2}}} + \frac{1}{3^{3^{n-1}-1}} - \frac{1}{3^{3^{n-1}}} < 0$$

$$\Leftrightarrow \frac{1}{3} - \frac{1}{3^2} + \frac{1}{3^3} - \frac{1}{3^8} + \frac{1}{3^9} - \cdots - \frac{1}{3^{3^{n-2}-1}} + \frac{1}{3^{3^{n-2}}} - \frac{1}{3^{3^{n-1}-1}} + \frac{1}{3^{3^{n-1}}} > 0$$

$$\Leftrightarrow \left(\frac{1}{3} - \frac{1}{3^2}\right) + \left(\frac{1}{3^3} - \frac{1}{3^8}\right) + \frac{1}{3^9} - \cdots - \frac{1}{3^{3^{n-2}-1}} + \left(\frac{1}{3^{3^{n-2}}} - \frac{1}{3^{3^{n-1}-1}}\right) + \frac{1}{3^{3^{n-1}}} > 0$$

因为函数 $y = \frac{1}{3^x}$ 在 $\mathbf{R}$ 上是增函数，所以

$\frac{1}{3}-\frac{1}{3^2}>0,\frac{1}{3^3}-\frac{1}{3^8}>0,\cdots,\frac{1}{3^{3^{n-2}}}-\frac{1}{3^{3^{n-1}-1}}>0,\frac{1}{3^{3^{n-1}}}>0,$

所以$\left(\frac{1}{3}-\frac{1}{3^2}\right)+\left(\frac{1}{3^3}-\frac{1}{3^8}\right)+\frac{1}{3^9}-\cdots-\frac{1}{3^{3^{n-2}-1}}+\left(\frac{1}{3^{3^{n-2}}}-\frac{1}{3^{3^{n-1}-1}}\right)+\frac{1}{3^{3^{n-1}}}>0$成立,即

$b_1+b_2+b_3+\cdots+b_n<\frac{1}{2}$成立.

教师点评:杨忆同学巧妙地把不等式右边分母的“2”转化到左边的分子上是突破难点的关键所在,从而有效地实现了“裂项”,即“$\frac{2}{3^{3^{n-1}}}=\frac{1}{3^{3^{n-1}-1}}-\frac{1}{3^{3^{n-1}}}$”,进而重组变形转化为$n$个正数的和,即得不等式“$\left(\frac{1}{3}-\frac{1}{3^2}\right)+\left(\frac{1}{3^3}-\frac{1}{3^8}\right)+\frac{1}{3^9}-\cdots-\frac{1}{3^{3^{n-2}-1}}+\left(\frac{1}{3^{3^{n-2}}}-\frac{1}{3^{3^{n-1}-1}}\right)+\frac{1}{3^{3^{n-1}}}>0$”,使问题得到证明.

杨忆同学独立思考、不落俗套、创造性地解决问题的方法让人耳目一新.我由衷地为有这样优秀的学生而感到自豪!

差之毫厘，失之千里

在用数形结合思想解答问题时，因对图形把握得不够准确而导致错解的例子屡见不鲜．本文就有关方程根的个数问题的典型错解进行例析，供同学们参考．

例 1 若 $x\in\left(-\frac{\pi}{2},\frac{\pi}{2}\right)$，则方程 $\sin x=\tan x$ 的根的个数为（　　）

A. 1　　B. 2　　C. 3　　D. 4

错解：如图 7－6 所示，函数 $y=\sin x$ 与 $y=\tan x$ 的图象在 $x\in\left(-\frac{\pi}{2},\frac{\pi}{2}\right)$ 上有三个交点，故选 C.

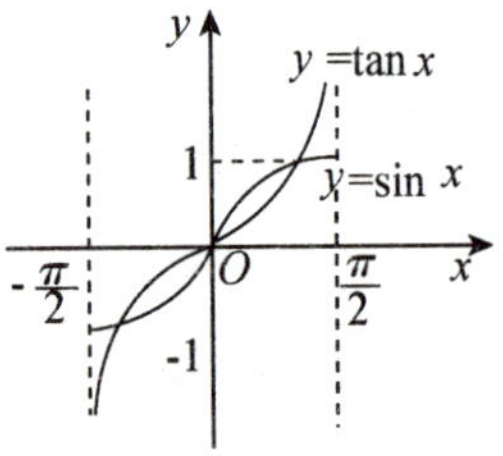

图 7－6

辨析：产生错解的主要原因是对 $y=\sin x$ 和 $y=\tan x$ 的图象的性质认识不清．事实上，当 $x\in\left(0,\frac{\pi}{2}\right)$ 时，$\tan x>\sin x$，因此 $y=\sin x$ 与 $y=\tan x$ 的 $\left(0,\frac{\pi}{2}\right)$ 上无交点．

当 $x=0$ 时，$\sin x=\tan x$．据对称性可知，$y=\sin x$ 与 $y=\tan x$ 的 $x\in\left(-\frac{\pi}{2},0\right)$ 时也无交点．

故正确的解答为：如图 7－7 所示，$y=\sin x$ 与 $y=\tan x$ 在 $\left(-\frac{\pi}{2},\frac{\pi}{2}\right)$ 上的图象只有一个交点 $O(0,0)$，故选 A.

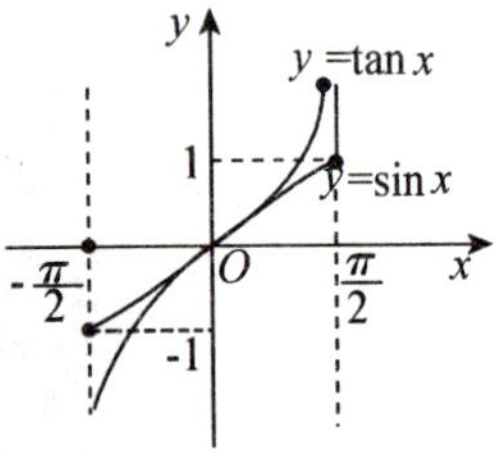

图 7－7

例 2 方程 $\lg x=\sin x$ 的根的个数为________.

错解：如图 7－8 所示，函数 $y=\lg x$ 与 $y=\sin x$ 的图象只有一个公共点，因此该方程的根仅有一个．

辨析：产生错解的主要原因是对函数 $y=\lg x$ 的图象的性质把握得不够准确．应注意到，函数 $y=\lg x$ 的图象过 $(1,0)$ 和 $(10,1)$ 这两个关键点．当 $x>10$，由 $y=$

$\lg x$ 的单调性知 $y=\lg x$ 与 $y=\sin x$ 的图象无交点，因此，需要考虑在$(0,10]$上两函数的图象交点个数.事实上，如图 7－9 所示，函数 $y=\lg x$ 与 $y=\sin x$ 的图象在$(0,10]$上有三个交点.因此，该方程有三个根.

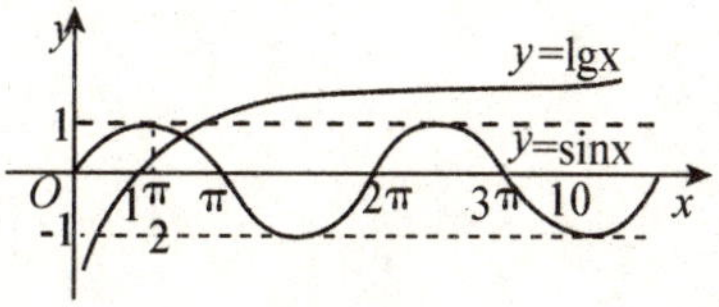

图 7－8

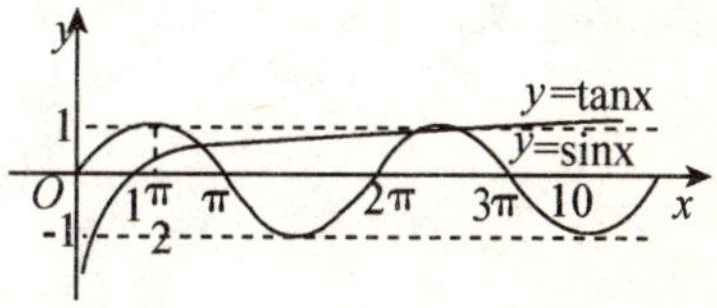

图 7－9

例 3 方程 $2^x=x^2$ 的根的个数为(　　)

A. 1　　　B. 2　　　C. 3　　　D. 4

错解：如图 7－10 所示，函数 $y=2^x$ 与 $y=x^2$ 的图象有两个交点，故选 B.

辨析：此错误产生的原因是对函数 $y=2^x$ 与 $y=x^2$ 的图象变化趋势认识不清.事实上，如图 7－11 所示，函数 $y=2^x$ 与 $y=x^2$ 的图象在$(0,+\infty)$上有两个交点，即点$(2,4)$和$(4,16)$，在$(-\infty,0]$上有唯一的一个交点.

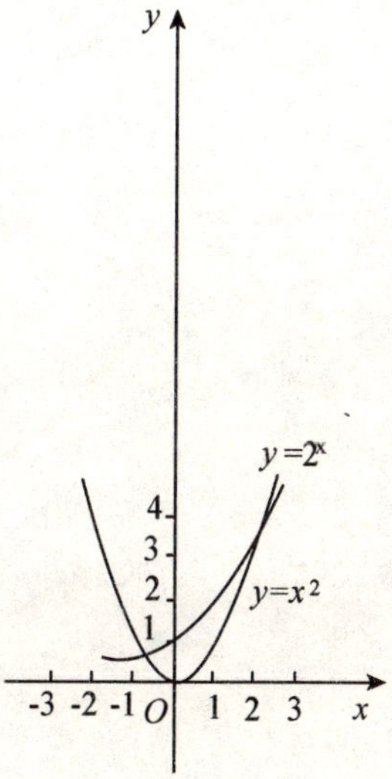

图 7－10

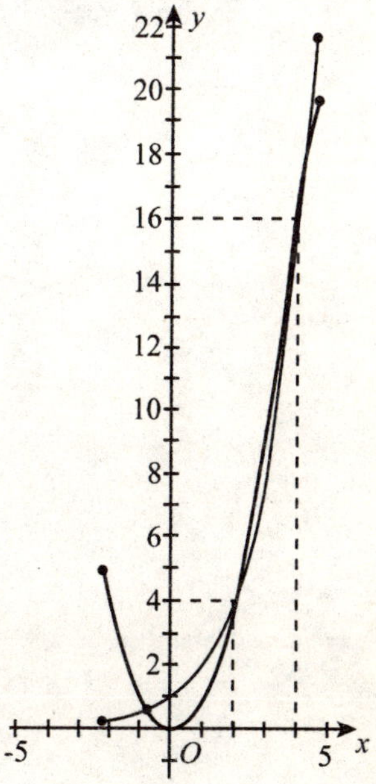

图 7－11

故函数 $y=2^x$ 与 $y=x^2$ 的图象共有三个交点，故选 C.

综上所述，在应用数形结合思想求解方程根的个数问题时，图象要有足够的准确性，否则，将失之毫厘，差之千里.

注：本文发表于《数学通讯》，2003.06.

抛物线弦中点轨迹的一个重要结论

以下三道关于抛物线弦中点的轨迹问题引起了我的思考，即：

例 1 直线 l 过抛物线 $y^2=4x$ 的顶点，与抛物线相交所得的弦为 PQ，求 PQ 的中点 M 的轨迹方程.

例 2 直线 l 过抛物线 $y^2=16x$ 的焦点，与抛物线相交所得的弦为 PQ，求 PQ 的中点 M 的轨迹方程.

例 3 直线 l 过 $(0,4)$ 点，与抛物线 $x^2=8y$ 相交所得的弦为 PQ，求 PQ 的中点 M 的轨迹方程.

将以上三题的相关结果列表如下：

内容 题号	抛物线方程	弦中点轨迹方程	弦所过定点	弦中点轨迹定顶点	抛物线通径	弦中点轨迹通径
例 1	$y^2=4x$	$y^2=2x$	$(0,0)$	$(0,0)$	4	2
例 2	$y^2=16x$	$y^2=8(x-4)$	$(4,0)$	$(4,0)$	16	8
例 3	$x^2=8y$	$x^2=4(y-4)$	$(0,4)$	$(0,4)$	8	4

分析上表可推测得如下结论，即：

过抛物线内对称轴上一定点（包括顶点）的直线截抛物线所得弦的中点的轨迹是一条以该定点为顶点，通径为原抛物线的一半的抛物线，且所得抛物线开口方向和对称轴与原抛物线相同.

以下证明上述结论.

已知：抛物线 $y^2=2px(p>0)$，被直线 l 所截得的弦为 PQ，且 l 过定点 $A(a,0)(a\geqslant 0)$，求 PQ 的中点 M 的轨迹方程.

证明： 设直线 l 为 $y=k(x-a)$，联立方程组，得

$\begin{cases} y = k(x-a), \\ y^2 = 2px. \end{cases}$ 消去 y,整理得

$k^2x^2 - (2ak^2 + 2p)x + k^2a^2 = 0$,

设直线与抛物线两交点的坐标分别为 $P(x_1, y_1)$,$Q(x_2, y_2)$,中点 $M(x, y)$,则

M 点横坐标 $x = \frac{1}{2}(x_1 + x_2) = a + \frac{p}{k^2}$,

把 M 点横坐标代入直线方程 $y = k(x-a)$,得 $y = \frac{p}{k}$,

消去参数 k,得 $y^2 = p(x-a)$.

若 l 垂直于对称轴,则中点 $(a, 0)$ 也适合该方程.

综上所述,M 点的轨迹方程是 $y^2 = p(x-a)$.

注:本文发表于《数学通讯》,2002.12.

等一等,别急着讲……

在今天的数学课上,我给学生出了一道比较大小的问题,具体如下:

题目 当 $x>0$ 时,比较 e^x 与 x^e 的大小.

这道题是我在《中学数学》上看到的,觉得很不错,于是推荐给了学生.

刘旦妮解法:

设 $f(x)=\ln e^x-\ln x^e=x-e\ln x$,则

$f'(x)=1-\dfrac{e}{x}$,令 $f'(x)=0$ 得 $x=e$,

当 $0<x<e$ 时,$f'(x)<0$,函数 $f(x)$ 在区间 $(0,e)$ 内单调递减;

当 $x>e$ 时,$f'(x)>0$,函数 $f(x)$ 在区间 $(e,+\infty)$ 内单调递增.

所以 $f(x)_{\min}=f(e)=e-e\ln e=0$,故 $f(x)\geqslant 0$ 在 $(0,+\infty)$ 上恒成立,即 $\ln e^x\geqslant\ln x^e\Leftrightarrow e^x\geqslant x^e$.

点评:简捷漂亮!

黄信解法:

设 $f(x)=e^x-x^e$,则

$f'(x)=e^x-ex^{e-1}$,令 $f'(x)=0$ 得 $e^{x-1}=x^{e-1}$,即 $x=e$,

当 $0<x<e$ 时,$f'(x)<0$,函数 $f(x)$ 在区间 $(0,e)$ 内单调递减;

当 $x>e$ 时,$f'(x)>0$,函数 $f(x)$ 在区间 $(e,+\infty)$ 内单调递增.

所以 $f(x)_{\min}=f(e)=e^e-e^e=0$,故 $f(x)\geqslant 0$ 在 $(0,+\infty)$ 上恒成立,即 $e^x\geqslant x^e$.

点评:简捷有效!稍有欠缺.

一道值得研究的高考数学选择题

——兼谈高考真题在数学教学中的应用策略

【2010 年高考数学重庆卷理科第 15 题】

已知函数 $f(x)$ 满足：$f(1)=\frac{1}{4}$，$4f(x)f(y)=f(x+y)+f(x-y)(x,y\in\mathbf{R})$，则 $f(2010)=$ ________.

文[1]应用类比归纳，观察得出 $4f(x)f(y)=f(x+y)+f(x-y)$" 与 "$2\cos x\cos y=\cos(x+y)+\cos(x-y)$" 关系式结构的相似性，进而找到满足条件的特征函数 $f(x)=\frac{1}{2}\cos\frac{\pi}{3}x$，由此推出 $f(2010)=\frac{1}{2}\cos\frac{2010\pi}{3}=\frac{1}{2}\cos 670\pi=\frac{1}{2}$.

诚如文[1]所言："从发现关系结构的相似性，通过类比、试探、推理，在解决问题的方法上有新的突破." 细阅之后真是受益匪浅，但又感意犹未尽. 于是笔者进行了如下思考：

新问题的提出：

已知函数 $f(x)$ 满足：$f(1)=\frac{1}{4}$，$4f(x)f(y)=f(x+y)+f(x-y)(x,y\in\mathbf{R})$.

（Ⅰ）若 $f(x)=A\cos\omega x(A>0,\omega>0)$，求 A 的值及 ω 的最小正值；

解析：由 $4f(x)f(y)=f(x+y)+f(x-y)$，得

$4A^2\cos\omega x\cos\omega y=A\cos(\omega x+\omega y)+A\cos(\omega x-\omega y)$，

化简并整理，得

$4A^2\cos\omega x\cos\omega y=2A\cos\omega x\cos\omega y$，

因为 $A>0$， 所以 $A=\dfrac{1}{2}$，

又 $f(1)=\dfrac{1}{4}$，所以，$\dfrac{1}{2}\cos\omega=\dfrac{1}{4}\Rightarrow\cos\omega=\dfrac{1}{2}$，即 $\omega=\dfrac{\pi}{3}$.

(Ⅱ)求证：$f(x)$ 是偶函数；

证明：因为 $4f(x)f(y)=f(x+y)+f(x-y)(x,y\in\mathbf{R})$，交换 x,y 得

$4f(y)f(x)=f(y+x)+f(y-x)$，所以 $f(x-y)=f(y-x)$，

故 $f(x)$ 是偶函数.

(Ⅲ)求证：$f(x)$ 是周期为 6 的函数；

证明：由 $4f(x)f(y)=f(x+y)+f(x-y)$，得

$4f(x)f(1)=f(x+1)+f(x-1)$，即

$f(x)=f(x+1)+f(x-1)$，将 x 换为 $x+1$，得 $f(x+1)=f(x+2)+f(x)$，

比较两式，得 $f(x+2)=-f(x-1)$，再将 x 换为 $x+1$，得 $f(x+3)=-f(x)$，

再将 x 换为 $x+3$，得 $f(x+6)=-f(x+3)=f(x)$，

故 $f(x)$ 是周期为 6 的函数；

(Ⅳ)求证：$f(x)$ 关于直线 $x=3$ 对称；

证明：由 $f(x+6)=f(x)$，$f(-x)=f(x)$，所以 $f(x+6)=f(-x)$，

即 $f(x+3)=f(3-x)$，所以 $f(x)$ 关于直线 $x=3$ 对称；

(Ⅴ)求证：$f(x)$ 关于点 $\left(\dfrac{3}{2},0\right)$ 中心对称；

证明：由 $f(x+3)=-f(x)$，将 x 换为 $x-\dfrac{3}{2}$，得

$f\left(x+\dfrac{3}{2}\right)=-f\left(x-\dfrac{3}{2}\right)=-f\left(\dfrac{3}{2}-x\right)$，即 $f\left(x+\dfrac{3}{2}\right)=-f\left(\dfrac{3}{2}-x\right)$，

故 $f(x)$ 关于点 $\left(\dfrac{3}{2},0\right)$ 中心对称；

(Ⅵ)求 $f(0)$，$f(2)$，$f(3)$ 的值.

解析：$4f(0)f(y)=f(y)+f(-y)=2f(y)$，所以 $f(0)=\dfrac{1}{2}$，

$4f(1)f(1)=f(2)+f(0)$，所以 $f(2)=-\dfrac{1}{4}$

$4f(2)f(1)=f(3)+f(1)$，得 $f(3)=4f(2)f(1)-f(1)=-\frac{1}{2}$.

如上所述，在高三数学教学中，要选好高考真题，切忌“就题论题，浅尝辄止”，充分挖掘高考试题的营养价值，提高复习效率.

参考文献

[1] 曹凤山，赵冬梅. 高考数学试题是如何考查继续学习潜能的[J]. 中学数学教学参考(上旬)，2011，11.

1990 问题的几何意义及简解

已知 $a>0,b>0,\frac{\sqrt{3}}{a}+\frac{1}{b}=2$,求 $a+b-\sqrt{a^2+b^2}$ 的最大值[1].

为了便于说明问题,现引用部分原解,即

原解:(增量法) 由 $a>0,b>0$,得 $a>\frac{\sqrt{3}}{2},b>\frac{1}{2}$.

故可设 $a=\frac{\sqrt{3}}{2}+\frac{1}{2}\tan\theta,\theta\in\left(0,\frac{\pi}{2}\right)$.

代入已知,解得 $b=\frac{1}{2}+\frac{\sqrt{3}}{2}\cot\theta$. 所以,

$$
\begin{aligned}
a^2+b^2&=\left(\frac{\sqrt{3}}{2}+\frac{\sin\theta}{2\cos\theta}\right)^2+\left(\frac{1}{2}+\frac{\sqrt{3}\cos\theta}{2\sin\theta}\right)^2\\
&=1+\frac{\sqrt{3}}{2}\left(\frac{\sin\theta}{\cos\theta}+\frac{\cos\theta}{\sin\theta}\right)^2+\frac{1-\cos^2\theta}{4\cos^2\theta}+\frac{3(1-\sin^2\theta)}{4\sin^2\theta}\\
&=1+\frac{\sqrt{3}}{2\sin\theta\cos\theta}+\left(\frac{1}{4\cos^2\theta}-\frac{1}{4}\right)+\left(\frac{3}{4\sin^2\theta}-\frac{3}{4}\right)\\
&=\frac{3}{4\sin^2\theta}+\frac{\sqrt{3}}{2\sin\theta\cos\theta}\frac{1}{4\cos^2\theta}\\
&=\left(\frac{\sqrt{3}}{2\sin\theta}+\frac{1}{\cos\theta}\right)^2,
\end{aligned}
$$

…

至此,完成了对 a^2+b^2 的化简,即求出了 $\sqrt{a^2+b^2}=\frac{\sqrt{3}}{2\sin\theta}+\frac{1}{\cos\theta}$.

上述过程略显繁杂. 事实上,将 $\frac{\sqrt{3}}{a}+\frac{1}{b}=2$ 变形,得 $\frac{\sqrt{3}}{2a}+\frac{1}{2b}=1$,可见直线 $\frac{x}{a}+\frac{y}{b}=1(a>0,b>0)$ 过定点 $P\left(\frac{\sqrt{3}}{2},\frac{1}{2}\right)$,如图 7－12 所示,

显然有，$a=|OA|=\dfrac{\sqrt{3}}{2}+\dfrac{1}{2}\cot\theta$，

$b=|OB|=\dfrac{1}{2}+\dfrac{\sqrt{3}}{2}\tan\theta$，

$|PA|=\dfrac{1}{2\sin\theta}$，$|PB|=\dfrac{\sqrt{3}}{2\cos\theta}$，其中 $\theta\in\left(0,\dfrac{\pi}{2}\right)$.

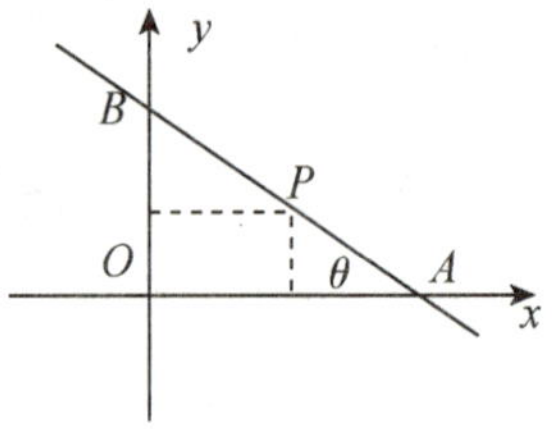

图 7－12

所以，$\sqrt{a^2+b^2}=|AB|=|PA|+|PB|$

$$=\frac{\sqrt{3}}{2\cos\theta}+\frac{1}{2\sin\theta},$$

故 $a+b-\sqrt{a^2+b^2}=\left(\dfrac{\sqrt{3}}{2}+\dfrac{1}{2}\cot\theta\right)+\left(\dfrac{1}{2}+\dfrac{\sqrt{3}}{2}\tan\theta\right)-\left(\dfrac{1}{2\sin\theta}+\dfrac{\sqrt{3}}{2\cos\theta}\right)$

$$=\frac{\sqrt{3}+1}{2}+\frac{\cos\theta-1}{2\sin\theta}+\frac{\sqrt{3}(\sin\theta-1)}{2\cos\theta}$$

$$=\frac{\sqrt{3}+1}{2}+\frac{-2\sin^2\frac{\theta}{2}}{4\sin\frac{\theta}{2}\cos\frac{\theta}{2}}+\frac{-\sqrt{3}\left(\cos\frac{\theta}{2}-\sin\frac{\theta}{2}\right)^2}{2\left(\cos^2\frac{\theta}{2}-\sin^2\frac{\theta}{2}\right)}$$

$$=\frac{\sqrt{3}+1}{2}-\frac{\sin\frac{\theta}{2}}{2\cos\frac{\theta}{2}}+\frac{-\sqrt{3}\left(\cos\frac{\theta}{2}-\sin\frac{\theta}{2}\right)}{2\left(\cos\frac{\theta}{2}+\sin\frac{\theta}{2}\right)}$$

$$=\frac{\sqrt{3}+1}{2}-\frac{1}{2}\tan\frac{\theta}{2}+\frac{-\sqrt{3}\left(1-\tan\frac{\theta}{2}\right)}{2\left(1+\tan\frac{\theta}{2}\right)}$$

$$=\frac{\sqrt{3}+1}{2}-\frac{1}{2}\left(\tan\frac{\theta}{2}+1\right)+\frac{1}{2}+\frac{\sqrt{3}\left(1+\tan\frac{\theta}{2}\right)-2\sqrt{3}}{2\left(1+\tan\frac{\theta}{2}\right)}$$

$$=\sqrt{3}+1-\frac{1}{2}\left(\tan\frac{\theta}{2}+1\right)-\frac{\sqrt{3}}{1+\tan\frac{\theta}{2}}$$

$$=\sqrt{3}+1-\left[\frac{1}{2}\left(\tan\frac{\theta}{2}+1\right)+\frac{\sqrt{3}}{1+\tan\frac{\theta}{2}}\right]$$

$\leqslant \sqrt{3}+1-2\sqrt{\frac{1}{2}\times\sqrt{3}}=\sqrt{3}+1-\sqrt[4]{12}$,

当且仅当 $\frac{1}{2}\left(\tan\frac{\theta}{2}+1\right)=\frac{\sqrt{3}}{1+\tan\frac{\theta}{2}}$, 即 $\tan\frac{\theta}{2}=\sqrt[4]{12}-1$ 时, $a+b-\sqrt{a^2+b^2}$ 取得最大值 $\sqrt{3}+1-\sqrt[4]{12}$.

与此同时,需要指出的是:"$a+b-\sqrt{a^2+b^2}$"的结合意义是 $\mathrm{Rt}\triangle AOB$ 的内切圆的直径,如图 7－13 所示.因此,原问题相当于求 $\mathrm{Rt}\triangle AOB$ 内切圆的直径的最大值.

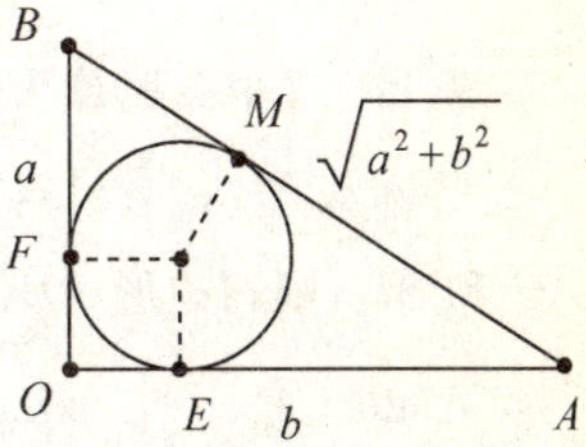

图 7－13

参考文献

[1] 王勇. 数学问题解答 1990. 数学通报,2011.3.

对角线互垂的圆内接四边形面积的最大值求解

题目 【中央民族大学附中 2012 届高三 4 月检测试题 4】

已知圆 $M: x^2+y^2-8x-6y=0$，过圆 M 内定点 $P(1,2)$ 作两条相互垂直的弦 AC 和 BD，则四边形 $ABCD$ 面积的最大值为（　　）

A. $20\sqrt{15}$　　B. $16\sqrt{6}$　　C. $5\sqrt{15}$　　D. 40

解析 1：易求当 AC 的斜率为 0 或不存在时，四边形 $ABCD$ 的面积为 $16\sqrt{6}$；设 AC 的斜率为 $k(k\neq 0)$，则其方程为 $y-2=k(x-1)$，即 $kx-y+2-k=0$，则

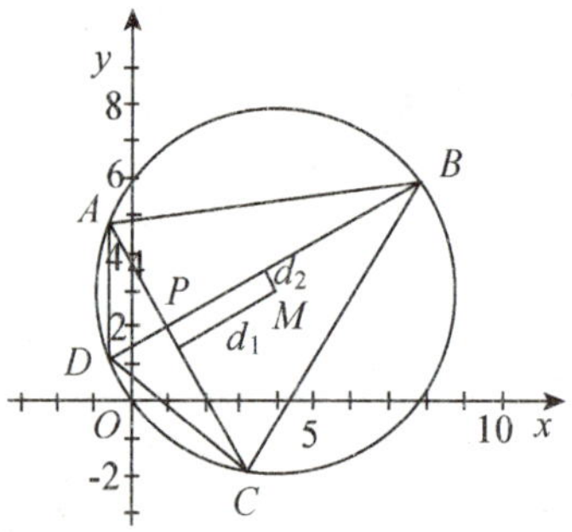

图 7－14

圆心 $M(4,3)$ 到直线 AC 的距离

$d_1=\dfrac{|3k-1|}{\sqrt{k^2+1}}$，所以，

$$|AC|=\sqrt{25-d_1^2}=\sqrt{25-\frac{(3k-1)^2}{k^2+1}}$$

$$=\sqrt{\frac{16k^2+6k+24}{k^2+1}},$$

同理，将 $|AC|=2\sqrt{\dfrac{16k^2+6k+24}{k^2+1}}$ 中的 k 换为 $-\dfrac{1}{k}$，得

$$|BD|=2\sqrt{\frac{16-6k+24k^2}{k^2+1}},$$

$$\therefore S=\frac{1}{2}|AC||BD|=2\sqrt{\frac{16k^2+6k+24}{k^2+1}}\times\sqrt{\frac{16-6k+24k^2}{k^2+1}}$$

$$=\frac{4\sqrt{8k^2+3k+12}\times\sqrt{8-3k+12k^2}}{k^2+1},$$

又 $\sqrt{8k^2+3k+12}\times\sqrt{8-3k+12k^2}$

$$\leqslant \frac{8k^2+3k+12+8-3k+12k^2}{2}=10(k^2+1),$$

$$\therefore S \leqslant \frac{40(k^2+1)}{k^2+1}=40,$$

当且仅当“$k=2$,或 $k=-\frac{1}{2}$”时,等号成立.

解析 2:因为 $|AC|=2\sqrt{25-d_1^2}$,$|BD|=2\sqrt{25-d_2^2}$,

$$\therefore S=\frac{1}{2}|AC||BD|=2\sqrt{25-d_1^2}\times\sqrt{25-d_2^2}\leqslant(25-d_1^2)+(25-d_2^2)$$

$$=50-(d_1^2+d_2^2).$$

又 $d_1^2+d_2^2=PM^2=10$,

$\therefore S\leqslant 40$,

当且仅当“$d_1=d_2$”时,等号成立.

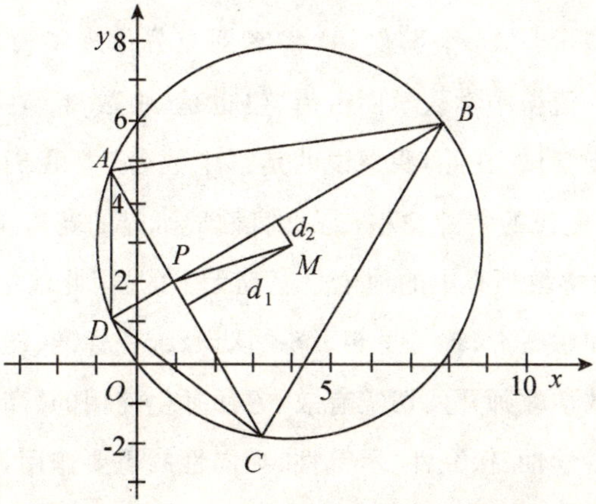

图 7－15

关于高考数学专题复习教学设计的思考与实践

正如文[1]所言:“专题复习是高考总复习的重要环节.它没有固定教材可依,因此,有许多教学问题值得大家共同去探讨.”

也正因为没有固定教材可依,所以在专题复习的教学实践中如笔者一样的许多同行常常倍感困惑.许多现成的教辅资料照搬使用不尽如人意,个人选编有时难免随意,大量的试卷测试、讲评取代了专题教学设计.教学时常陷入疲态,导致专题不专,效率低下,想必许多一线同行跟笔者有同感!

《中学数学教学参考》上旬刊(以下简称《中数参》)推出的2012年高考数学专题复习课设计示例展示了14个案例,这些案例充分体现了设计者的数学教学理念、智慧和实践经验,值得中学数学同行借鉴!也是《中数参》在高考数学专题复习教学领域所作的初步尝试.在此,我想说的是:《中数参》是我们一线数学教师的良师益友,是我们专业成长的精神食粮,是我们教学研究的宽广平台.毋庸置疑,《中数参》在广大中学数学教师心中的地位是至高无上的!因此,《中数参》应发挥在中学数学界的影响力和感召力,统一思想、统一认识、统一标准、统一模式,求同存异,组织广大一线优秀数学教师开发切实有效、方便师生使用的《高考数学专题复习教学案》,充分发挥其科学性、探究性、示范性、导向性的重要作用,使广大一线教师有章可循,切实减轻负担,提高教学效率,增强职业幸福感!

以下笔者结合自己的教学实践,谈谈自己对高考数学专题复习的认识和体会,供大家讨论.

一、目标定位

笔者认为,通常意义下的高考数学专题复习是指在一轮基础知识的复习结束后,依据考试说明,针对高考数学科考试的考查热点、重点及难点内容所进行的系统复习.高考数学专题复习目标和定位是:跟踪热点、突出重点、突破难点,分层指导，使不同的学生有不同的发展.

二、基本原则

鉴于高考数学专题复习的目标和定位，在进行专题教学设计时应遵循以下基本原则：

(1) 回顾真题，捕捉考查热点的原则；

(2) 重点突出，兼顾巩固基础的原则；

(3) 题型归类，坚持多样解法的原则；

(4) 变式创新，合情预测考题的原则；

(5) 专题细化，灵活选用整合的原则；

(6) 求同存异，关注地区差异的原则.

三、实践案例

直线和圆锥曲线中的最值问题

(一) 重点基础回眸

弦长公式：设 $P(x_1, y_1)$，$Q(x_2, y_2)$，直线 PQ 的斜率为 k，则

$|PQ| = \sqrt{1+k^2} \cdot |x_1 - x_2|$，或 $|PQ| = \sqrt{1+\frac{1}{k^2}} \cdot |y_1 - y_2|$.

注：此公式也适用于直线被圆锥曲线（椭圆、双曲线及抛物线）截得的弦长计算.

教学说明：弦长的计算是解析几何的常考内容，也是教学的重、难点. 对学生而言，常因计算能力制约而出现失误，通常的途径是根据“$\sqrt{1+k^2} \cdot |x_1 - x_2| = \sqrt{1+k^2} \cdot \sqrt{(x_1+x_2)^2 - 4x_1x_2}$”求解，教学实践表明，由“$\sqrt{1+k^2} \cdot |x_1 - x_2| = \frac{\sqrt{\Delta}}{|a|} \cdot \sqrt{1+k^2}$”求解较简捷，学生掌握起来并不困难，建议教学时对“$\sqrt{1+k^2} \cdot |x_1 - x_2| = \frac{\sqrt{\Delta}}{|a|} \cdot \sqrt{1+k^2}$”加以证明，并引领学生使用其求弦长. 这里的“$a$”指关于 x 的一元二次方程的二次项系数，“Δ”是其判别式.

（二）高考真题例析

例 1 【2011 北京理】已知椭圆 $G:\frac{x^2}{4}+y^2=1$. 过点$(m,0)$作圆 $x^2+y^2=1$ 的切线 l 交椭圆 G 于 A，B 两点.

（Ⅰ）求椭圆 G 的焦点坐标和离心率；

（Ⅱ）将 $|AB|$ 表示为 m 的函数，并求 $|AB|$ 的最大值.

例 2 【2010 北京文】已知椭圆 C 的左、右焦点坐标分别是$(-\sqrt{2},0)$，$(\sqrt{2},0)$，离心率是$\frac{\sqrt{6}}{3}$，直线 $y=t$ 交椭圆 C 于不同的两点 M，N，以线段 MN 为直径作圆 P，圆心为 P.

（Ⅰ）求椭圆 C 的方程；

（Ⅱ）若圆 P 与 x 轴相切，求圆心 P 的坐标；

（Ⅲ）设 $Q(x,y)$ 是圆 P 上的动点，当 t 变化时，求 y 的最大值.

例 3 【2008 北京文】已知 $\triangle ABC$ 的顶点 A，B 在椭圆 $x^2+3y^2=4$ 上，C 在直线 $l:y=x+2$ 上，且 $AB\,/\!/\,l$.

（Ⅰ）当 AB 边通过坐标原点 O 时，求 AB 的长及 $\triangle ABC$ 的面积；

（Ⅱ）当 $\angle ABC=90°$，且斜边 AC 的长最大时，求 AB 所在直线的方程.

例 4 【2008 北京理】已知菱形 $ABCD$ 的顶点 A，C 在椭圆 $x^2+3y^2=4$ 上，对角线 BD 所在直线的斜率为 1.

（Ⅰ）当直线 BD 过点$(0,1)$时，求直线 AC 的方程；

（Ⅱ）当 $\angle ABC=60°$ 时，求菱形 $ABCD$ 面积的最大值.

教学设计如何体现原则的说明：

(1) 以上最值问题的解决归结于四个函数，即 $|AB|=\frac{4\sqrt{3}|m|}{m^2+3}$，$y=t+\sqrt{3(1-t^2)}$，$|AC|^2=-m^2-2m+10$，$S=\frac{\sqrt{3}}{4}(-3n^2+16)$. 从中可以看出解析几何中最值问题函数化是考查的重点和热点，而且常见的类型主要集中于分子分母均为 x 的多项式型的分式函数、二次函数及简单的无理函数等. 备考复习中要着力

解决这些函数的最值问题求解方法的探究，并适度延伸拓展，上述几例均适合于文科学生，关于理科教学可参考选用专题研修部分的试题予以补充.

(2) 函数 $y=-m^2-2m+10$ 与 $S=\frac{\sqrt{3}}{4}(-3n^2+16)$ 是一元二次函数，对此高考试题仍然重点考查. 由此可见，在专题复习时，要重点突出，也要兼顾基础知识的再巩固. 选择这些具有典型性的高考真题，一方面能引起学生对基础知识的高度重视，也能切实加强专题复习的针对性，力求少走弯路，提高复习效率.

(3) 归类试题进行专题复习，容易形成知识体系，提高学生的模式识别能力，能有效地提高分析问题和解决问题的能力. 在教学中教师应侧重梳理通性通法、力求多题一解. 与此同时，也应鼓励学生勤于思考、突破定式、勇于创新，搭建师生交流平台，展示学生富有个性的解题方法，充分调动学生的数学学习兴趣，保持良好的心理状态和形成良好的解题状态.

(4) 对高考真题的有效教学对策应是固本和发展兼顾，所谓固本就是要求首先要切实掌握所选试题的分析、转化和解决方法，所谓发展就是不能“就题论题，浅尝辄止”，对所选试题在完成固本目标的前提下，要做适度的拓展和变化，这样才能充分发挥高考试题的营养价值，才能有效地远离题海“苦海”，也是切实为教学减负的有效举措，也才能有效地提高数学复习效率. 如何“发展”试题？没有一成不变的模式，教师重要的是要有这样的教学策略和意识，不能长期固守一种教学模式而不求变化，这样时间长了我们自己都会烦，何况学生呢？

所以试着改变一下我们的教学策略，往往会收到意想不到的效果，尤其是努力把“发展”试题这种教学实践演绎成师生共同参与的双边、多边教学活动时，相信学生的收获就不仅仅是这一道题. 长期坚持这种数学教学策略并付诸实践，我们有充分的理由相信：“成就学生的同时也能成就我们自己！发展学生的同时也能使我们自己得到发展！”相信我们的职业幸福感就不会随着时间的推移而日渐低落，理应是与日俱增.

(5) 专题细化意在面对高考数学科考查重点、热点问题的分析探究时，题型归类要力求突出一个中心或一个主题，而不宜涉及面太广，广而不精，往往会导致一带而过如蜻蜓点水，难以激起波澜. 如本节专题定位于“直线和圆锥曲线中的最值问题”进行设计和教学，无疑有很强的针对性，想必学生通过本节教学对解决“直线和圆锥曲线中的最值问题”会有较为全面系统的认识，复习的实效性是可测的. 而如专题定位于“直线和圆锥曲线的综合问题”，无疑涉及面太广，在两节抑或四节课时内真不知该突出什么?倒不如细化如下：

专题一：圆锥曲线的定义及其应用

专题二：直线和圆锥曲线中的定值问题

专题三：直线和圆锥曲线中的定点问题

专题四：直线和圆锥曲线中的最值问题

专题五：直线和圆锥曲线中含参取值范围的问题

专题六：解析几何中存在性问题与探究性问题

……

设计这样极具针对性的专题，让使用者根据各自的教学实际进行选用，我以为较之如“直线和圆锥曲线的综合问题”这样的大专题来说，效果会更好.

当然，凡是高考数学科考查的重点主干板块，如函数与导数、三角与向量、立体几何、概率与统计、数列与不等式等专题设计都可以如上进行“小专题”设计，切实提高专题教学的针对性与实效性.

(6) 现在全国有半数以上的省市高考已自主命题，所以在高考专题教学设计中应充分考虑地区差异，切实关注各地一线教学的实际需求. 为此，首先要依照教育部制定的《普通高等学校招生全国统一考试考试说明》并结合自主命题的各省市《考试说明》的共同要求，进行高考数学科专题复习教学设计课题、标准及框架的制定，同时在选题时要充分考虑各地《考试说明》的不同要求，在试题的出处、具体要求程度[如北京文科 2012：函数的极值、最值(其中多项式函数不超过三次)] 均应明确标注，以方便教学使用.

以上是笔者关于高考数学专题复习教学设计的思考与实践的一些粗浅认识和体会，本着学习、实践、反思、交流提高的目的呈现于此，期望得到广大数学同仁和专家的批评指正！以便更好地提升个人的数学专业素养，进行有效的数学教学，向高效的数学教学目标努力！也衷心希望《中数参》能带领全国各地中学数学一线优秀教师，开发出高水平、有特色、能引领的《高考数学专题复习教学案》，切实方便师生使用，切实减轻师生负担，切实提高中学数学教学效率.

（三）学习效果检测

1. 已知椭圆 $C:\frac{x^2}{a^2}+\frac{y^2}{b^2}=1(a>b>0)$ 经过点 $M\left(1,\frac{3}{2}\right)$，其离心率为 $\frac{1}{2}$.

（Ⅰ）求椭圆 C 的方程；

（Ⅱ）设直线 l 与椭圆 C 相交于 A、B 两点，以线段 OA，OB 为邻边作平行四边形 $OAPB$，其中顶点 P 在椭圆 C 上，O 为坐标原点. 求 O 到直线距离的 l 最小值.

2. 已知椭圆 $\frac{y^2}{a^2}+\frac{x^2}{b^2}=1(a>b>0)$ 的离心率为 $\frac{\sqrt{2}}{2}$，且两个焦点和短轴的一个端点是一个等腰三角形的顶点. 斜率为 $k(k\neq 0)$ 的直线 l 过椭圆的上焦点且与椭圆相交于 P,Q 两点，线段 PQ 的垂直平分线与 y 轴相交于点 $M(0,m)$.

（Ⅰ）求椭圆的方程；

（Ⅱ）求 m 的取值范围.

3. 已知椭圆 $C:\frac{x^2}{a^2}+\frac{y^2}{b^2}=1(a>b>0)$ 经过点 $M\left(1,\frac{3}{2}\right)$ 其离心率为 $\frac{1}{2}$.

（Ⅰ）求椭圆 C 的方程；

（Ⅱ）设直线 $l:y=kx+m\left(|k|\leqslant\frac{1}{2}\right)$ 与椭圆 C 相交于 A、B 两点，以线段 OA，OB 为邻边作平行四边形 $OAPB$，其中顶点 P 在椭圆 C 上，O 为坐标原点. 求 $|OP|$ 的取值范围.

4. 已知椭圆 $\frac{x^2}{a^2}+\frac{y^2}{b^2}=1(a>b>0)$ 的离心率为 $\frac{\sqrt{6}}{3}$，长轴长为 $2\sqrt{3}$，直线 $l:y=kx+m$ 交椭圆于不同的两点 A,B.

（Ⅰ）求椭圆的方程；

（Ⅱ）若 $m=1$，且 $\overrightarrow{OA}\cdot\overrightarrow{OB}=0$，求 k 的值（O 点为坐标原点）；

（Ⅲ）若坐标原点 O 到直线 l 的距离为 $\frac{\sqrt{3}}{2}$，求 $\triangle AOB$ 面积的最大值.

教学说明：以上最值问题的解决归结于下列四个函数，即 $d=\frac{1}{2}\sqrt{\frac{3+4k^2}{1+k^2}}$，$S_{\triangle MPQ}=\sqrt{2m(1-m)^3}$，$|OP|=\sqrt{\frac{16k^2+9}{4k^2+3}}$，$S_{\triangle AOB}=\frac{\sqrt{3}}{4}\cdot\frac{\sqrt{(1+k^2)(27k^2+3)}}{1+3k^2}$.

从选题角度而言，力求与高考真题部分接轨，从而进一步体会分式函数、二次函数及简单的无理函数在解析几何最值问题中的重要性，以便有效地把握重点，及时检测教学效果，切实提高专题教学的针对性和时效性.

（四）专题研修（供理科学生选用或教师参考）

样题1：过椭圆 $\frac{x^2}{4}+\frac{y^2}{3}=1$ 的左焦点 F_1 作一直线交椭圆于 P、Q 两点，A 为椭圆的右顶点. 求 $\triangle PAQ$ 面积的最大值.

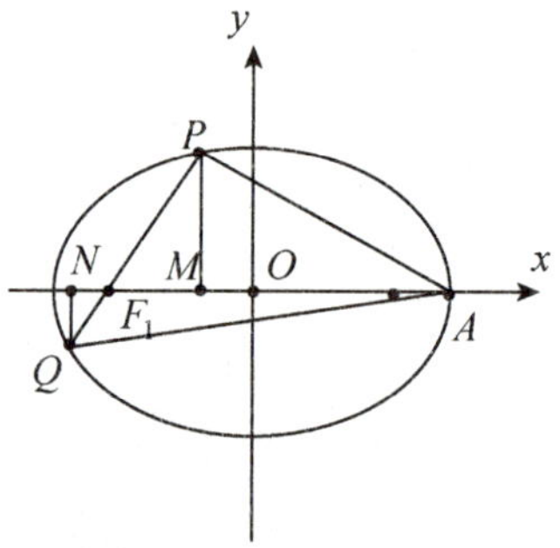

图 7－16

分析：因为 $F_1(-1,0)$，$A(2,0)$，且当直线 PQ 的斜率不存在时，$|y_1-y_2|=3$，

$$S_{\triangle PAQ}=\frac{1}{2}|y_1-y_2||F_1A|=\frac{3}{2}|y_1-y_2|$$

$$=\frac{9}{2}.$$

当直线 PQ 的斜率存在时，设直线 PQ 的方程为 $y=k(x+1)(k\neq 0)$，$P(x_1,y_1)$，$Q(x_2,y_2)$，

联立方程组得

$\begin{cases}y=k(x+1),\\3x^2+4y^2-12=0.\end{cases}$ 消去 x 并整理得

$(3+4k^2)y^2-6ky-9k^2=0$，显然 $\Delta>0$，

$\therefore y_1+y_2=\frac{6k}{3+4k^2}$，$y_1y_2=-\frac{9k^2}{3+4k^2}$，

$$\therefore |y_1-y_2|=\sqrt{(y_1+y_2)^2-4y_1y_2}=\sqrt{(\frac{6k}{3+4k^2})^2+\frac{36k^2}{3+4k^2}}$$

$$=\sqrt{\frac{36k^2+36k^2(3+4k^2)}{(3+4k^2)^2}}=12\sqrt{\frac{k^4+k^2}{(3+4k^2)^2}},$$

$\therefore S_{\triangle PAQ}=\frac{1}{2}|y_1-y_2||F_1A|=18\sqrt{\frac{k^4+k^2}{(3+4k^2)^2}}$.

或联立方程组$\begin{cases}y=k(x+1),\\3x^2+4y^2-12=0.\end{cases}$消去$y$并整理,得

$(3+4k^2)x^2+8k^2x+4k^2-12=0$,

$\therefore x_1+x_2=\frac{-8k^2}{3+4k^2}, x_1x_2=\frac{4k^2-12}{3+4k^2}$,

$\therefore |x_1-x_2|=\sqrt{(x_1+x_2)^2-4x_1x_2}$

$=\sqrt{\left(\frac{-8k^2}{3+4k^2}\right)^2-\frac{4(4k^2-12)(3+4k^2)}{(3+4k^2)^2}}=\frac{12\sqrt{k^2+1}}{3+4k^2}$,

$\therefore |PQ|=\sqrt{k^2+1}|x_1-x_2|=\frac{12(k^2+1)}{3+4k^2}$,

又$\because A(2,0)$到直线$y=k(x+1)$的距离$d=\frac{|2k-0+k|}{\sqrt{k^2+1}}=\frac{3|k|}{\sqrt{k^2+1}}$,

$\therefore S_{\triangle PAQ}=\frac{1}{2}|PQ|d=\frac{1}{2}\times\frac{12(k^2+1)}{3+4k^2}\times\frac{3|k|}{\sqrt{k^2+1}}=18\sqrt{\frac{k^4+k^2}{(3+4k^2)^2}}$,

记$S_{\triangle PAQ}=S$,则$S=18\sqrt{\frac{k^4+k^2}{(3+4k^2)^2}}$.

由此可见,求S的最大值问题,关键在于求函数$f(k)=\frac{k^4+k^2}{(3+4k^2)^2}(k\neq 0)$的最大值.以下就函数$f(k)$最大值问题进行多角度的研究.

策略一:转化分子分离常数

$$f(k)=\frac{k^4+k^2}{(3+4k^2)^2}=\frac{k^4+k^2}{16k^4+24k^2+9}=\frac{\frac{1}{16}(16k^4+24k^2+9)-\frac{1}{2}k^2-\frac{9}{16}}{16k^4+24k^2+9}$$

$$=\frac{1}{16}\left[1-\frac{8k^2+9}{16k^4+24k^2+9}\right]<\frac{1}{16},$$

所以,$S=18\sqrt{\frac{k^4+k^2}{(3+4k^2)^2}}<\frac{18}{4}=\frac{9}{2}$.

综上,$\triangle PAQ$面积的最大值为$\frac{9}{2}$.

策略二:转化分母分离常数

$$f(k)=\frac{k^4+k^2}{(3+4k^2)^2}=\frac{k^4+k^2}{16k^4+24k^2+9}=\frac{k^4+k^2}{16(k^4+k^2)+8k^2+9}$$

$$=\frac{1}{16+\dfrac{8k^2+9}{k^4+k^2}}<\frac{1}{16}.$$

策略三:配方换元转化二次

$$f(k)=\frac{\frac{1}{16}(4k^2+3)^2-\frac{1}{8}(4k^2+3)-\frac{3}{16}}{(4k^2+3)^2}=\frac{1}{16}-\frac{1}{8(4k^2+3)}-\frac{3}{16(4k^2+3)^2},$$

令 $t=\dfrac{1}{4k^2+3}$,则 $0<t<\dfrac{1}{3}$,

$\therefore f(k)=g(t)=-\dfrac{1}{16}(3t^2+2t-1)=-\dfrac{3}{16}\left(t+\dfrac{1}{3}\right)^2-\dfrac{1}{24}$

又 $\because$ 函数 $g(t)$ 在 $\left(0,\dfrac{1}{3}\right)$ 上是减函数,$\therefore g(\dfrac{1}{3})<g(t)<g(0)$,即

$0<g(t)<\dfrac{1}{16}$.

策略四:取分母化二次方程

$y=\dfrac{k^4+k^2}{(3+4k^2)^2}(y>0)$,则 $y(3+4k^2)^2=k^4+k^2$,整理,得

$(16y-1)k^4+(24y-1)k^2+9y=0$ ①

当 $16y-1=0$ 时,$y=\dfrac{1}{16}$(此时直线 PQ 的斜率不存在);

当 $16y-1\neq 0$ 时,$\Delta=(24y-1)^2-4(16y-1)9y$,

令 $t=k^2$,则 $t>0$,设 $f(t)=(16y-1)t^2+(24y-1)t+9y$,

其对称轴为 $t=\dfrac{24y-1}{-2(16y-1)}$,

此时方程 ① 转化为$(16y-1)t^2+(24y-1)t+9y=0$ ②

$\therefore$ 当 $\Delta\geqslant 0$ 时,即$(24y-1)^2-4(16y-1)9y\geqslant 0$,

化简得,$-16y+1\geqslant 0$,解得 $0<y\leqslant\dfrac{1}{16}$,

且 $16y-1\neq 0$，所以 $0<y<\frac{1}{16}$，此时 $16y-1<0$，则 $\frac{9y}{16y-1}<0$.

所以方程 ② 有正根，符合题意.

策略五：换元化为三角函数

设 $k=\tan\theta$，其中 $\theta\in\left(0,\frac{\pi}{2}\right)\cup\left(\frac{\pi}{2},\pi\right)$，则

$$f(k)=g(\theta)=\frac{(\tan^2\theta+1)\tan^2\theta}{(3+4\tan^2\theta)^2}=\left(\frac{\sec\theta\tan\theta}{3+4\tan^2\theta}\right)^2$$

$$=18\times\frac{|\sec\theta\times\tan\theta|}{4\sec^2\theta-1}=18\times\frac{|\sin\theta|}{3+\sin^2\theta}=18\times\frac{1}{\frac{3}{|\sin\theta|}+|\sin\theta|},$$

设 $f(t)=t+\frac{3}{t}$，$t\in(0,1)$，则函数 $f(t)$ 在 $(0,1)$ 上是减函数，

所以 $f(t)>f(1)=4$，

$\therefore S_{\triangle PAQ}=18f(t)<\frac{9}{2}$；当 $\theta=\frac{\pi}{2}$ 时，$S_{\triangle PAQ}=\frac{9}{2}$.

综上，$\triangle PAQ$ 面积的最大值为 $\frac{9}{2}$.

评注：该解法巧用三角代换法将无理函数转变为有理函数，起到了简化运算、化繁为简的作用，收到了事半功倍的效果，值得认真品味.

样题 2：在平面直角坐标系 xOy 中，点 B 与点 $A(-1,-1)$ 关于原点 O 对称，P 是动点，且直线 AP 与 BP 的斜率之积等于 $-\frac{1}{9}$.

（Ⅰ）求动点 P 的轨迹 C 的方程；

（Ⅱ）在（Ⅰ）的条件下，曲线 C 上是否存在两点 M,N，使得四边形 $AMBN$ 为菱形，若存在，求 M,N 的坐标；若不存在，请说明理由；

（Ⅲ）当 $\triangle PAB$ 的面积最大时，求点 P 的坐标.

分析：（Ⅰ）用基本轨迹法（通常也称五步法）求解，即建系设标、约束条件、坐标转化、整理化简、验证称述.

解：因为点 B 与 $A(-1,-1)$ 关于原点 O 对称，所以点 B 的坐标为 $(1,1)$.

设点 P 的坐标为 (x,y)，　由题意得 $\frac{y-1}{x-1}\cdot\frac{y+1}{x+1}=-\frac{1}{9}$，

化简得　$x^2+9y^2=10(x\neq\pm1)$.

故动点 P 的轨迹 C 的方程为 $x^2+9y^2=10(x\neq\pm1)$.

点评：注意轨迹方程中要注明条件"$x\neq\pm1$"，在轨迹方程的求解问题中要注意"曲线与方程的关系问题"，即要明确认识"曲线的方程和方程的曲线"的基本概念及其满足的条件.

（Ⅱ）不存在；

假设存在两点 M,N，使得四边形 $AMBN$ 为菱形，则线段 MN 与线段 AB 一定互相垂直平分，依题得，$M(1,-1)$，$N(-1,1)$ 或 $N(1,-1)$，$M(-1,1)$，这与 $x^2+9y^2=10(x\neq\pm1)$ 矛盾. 故假设不成立，所以不存在两点 M,N，使得四边形 $AMBN$ 为菱形.

点评：解好第一问，才能有效解答第二问.

以下重点探究第（Ⅲ）问的解决对策.

策略一：数形结合、切线转化

解 1：设直线 l 的方程为 $y=x+b$，将其代入 $x^2+9y^2=10$ 并整理，得

$10x^2+18bx+9b^2-10=0$，则

当 $\Delta=(18b)^2-40(9b^2-10)=324b^2-360b^2+400=0$，即直线 l 与椭圆 $x^2+9y^2=10(x\neq\pm1)$ 相切时，$\triangle PAB$ 的面积最大，此时

$b^2=\frac{400}{36}$，$b=\pm\frac{10}{3}$，此时 $x^2\pm6x+9=0$，解得 $x=\pm3$，

当 $x=3$ 时，$y=-\frac{1}{3}$；当 $x=-3$ 时，$y=\frac{1}{3}$，

所以点 P 的坐标为 $\left(3,-\frac{1}{3}\right)$ 或 $\left(-3,\frac{1}{3}\right)$.

点评：利用切线法解决此类问题无疑事半功倍，但教学实践表明，学生能用此法者寥寥无几. 学生的一般想法是设出点 P 的坐标，建立面积函数的关系求最值的通性通法.

这样的通性通法能顺利实施吗？又会遇到哪些新的困惑呢？让我们在具体探究

过程中回答以上问题.

如:设(Ⅲ)设 $P(x_0,y_0)$,则点 P 到直线 $y=x$ 的距离为 $d=\dfrac{|x_0-y_0|}{\sqrt{2}}$,又 $x_0^2+9y_0^2=10$,

$$S=\frac{1}{2}|AB|d=|x_0-y_0| \qquad ①$$

点评:大多数学生能得到 ① 式,但无力求这个函数的最值.就其认知基础而言,多数学生有能力解决二元一次方程和二元二次方程联立所得方程组解的问题,对于像 ① 式含有绝对值的方程,就有些心里没底,无所适从了.究其原因,我认为还是学生数学思想方法的意识的淡薄,转化求变能力不足,探究创新精神不强.冰冻三尺,非一日之寒!提高这些方面的意识和能力不可能一蹴而就,需要教师在数学教学中长久坚持引导和培养.

策略二:假设限制条件,去绝对值简化方程结构.

依题不妨设 $x_0>y_0$,则 $S=x_0-y_0 \Leftrightarrow y_0=x_0-S$,将其代入 $x_0^2+9y_0^2=10$,并整理得

$$10x_0^2-18Sx_0+9S^2-10=0 \qquad ②$$

要注意到 $-\sqrt{10}\leqslant x_0\leqslant\sqrt{10}$,且 $x_0\neq\pm1$,

方程 ② 的 $\Delta=(18S)^2-40(9S^2-10)=-36S^2+400$,要是方程 ② 在 $-\sqrt{10}\leqslant x_0\leqslant\sqrt{10}$,且 $x_0\neq\pm1$ 的范围中有解,需要满足条件:$\Delta\geqslant0$,解得 $0<S\leqslant\dfrac{10}{3}$.

当 $S=\dfrac{10}{3}$ 时,方程 ② 为:$x_0^2-6x_0+9=0$,解的 $x_0=3$.以下同解 1.

策略三:直接取绝对值转化.

由 $S=|x_0-y_0|\Leftrightarrow y_0=x_0\pm S$,将其代入 $x_0^2+9y_0^2=10$,并整理得

$$10x_0^2\pm18Sx_0+9S^2-10=0 \qquad ②$$

以下同解 2.

策略四:由 $\sin^2\theta+\cos^2\theta=1$ 代换求解.

先将方程 $x_0^2+9y_0^2=10$ 变为 $\left(\dfrac{x_0}{\sqrt{10}}\right)^2+\left(\dfrac{y_0}{\frac{\sqrt{10}}{3}}\right)^2=1$,

令 $\dfrac{x_0}{\sqrt{10}}=\cos\theta,\dfrac{y_0}{\frac{\sqrt{10}}{3}}=\sin\theta$，即

$x_0=\sqrt{10}\cos\theta,y_0=\dfrac{\sqrt{10}}{3}\sin\theta$，则

$$S=|x_0-y_0|=\left|\sqrt{10}\cos\theta-\frac{\sqrt{10}}{3}\sin\theta\right|=\frac{\sqrt{10}}{3}|\sin\theta-3\cos\theta|$$

$$=\frac{10}{3}|\sin(\theta-\varphi)|,$$

其中，$\tan\varphi=3\left(0<\varphi<\dfrac{\pi}{2}\right)$，则 $\sin\varphi=\dfrac{3}{\sqrt{10}},\cos\varphi=\dfrac{1}{\sqrt{10}}$，

当 $|\sin(\theta-\varphi)|=1$ 时，$S\leqslant\dfrac{10}{3}$，此时，$\theta-\varphi=k\pi+\dfrac{\pi}{2},k\in\mathbf{Z}$，即

$\theta=k\pi+\dfrac{\pi}{2}+\varphi,k\in\mathbf{Z}$，

所以，$\sin\theta=\sin\left(k\pi+\dfrac{\pi}{2}+\varphi\right)=\cos(k\pi+\varphi)$，

$\cos\theta=\cos\left(k\pi+\dfrac{\pi}{2}+\varphi\right)=-\sin(k\pi+\varphi)$

当 k 为偶数时，$\sin\theta=\cos\varphi=\dfrac{1}{\sqrt{10}},\cos\theta=-\sin\varphi=-\dfrac{3}{\sqrt{10}}$，

当 k 为奇数时，$\sin\theta=-\cos\varphi=-\dfrac{1}{\sqrt{10}},\cos\theta=\sin\varphi=\dfrac{3}{\sqrt{10}}$，

所以点 P 的坐标为 $\left(3,-\dfrac{1}{3}\right)$ 或 $\left(-3,\dfrac{1}{3}\right)$.

策略五：三角形面积的多角度表达

至此，我们有效地解决了上述问题，但换一个全新的视角，我们便会得到如下有趣的转化，即设 PO 的方程为 $y=kx(k\neq1)$，则点 $B(1,1)$ 到直线 PO 的距离为

$d_B=\dfrac{|k-1|}{\sqrt{1+k^2}},|PO|=\sqrt{\dfrac{10(1+k^2)}{9k^2+1}}$，

$$S=|PO|d_B=\sqrt{\frac{10(1+k^2)}{9k^2+1}}\times\frac{|k-1|}{\sqrt{k^2+1}}=\sqrt{\frac{10}{9k^2+1}}\times|k-1|$$

$$=\sqrt{\frac{10(k-1)^2}{9k^2+1}}=\sqrt{\frac{10}{10+18(k-1)+9(k-1)^2}}$$

$$=\sqrt{\frac{10}{\frac{10}{(k-1)^2}+\frac{18}{k-1}+9}}=\sqrt{\frac{10}{10\left(\frac{1}{k-1}+\frac{9}{10}\right)^2+\frac{9}{10}}}\leqslant\sqrt{\frac{10}{\frac{9}{10}}}=\frac{10}{3}.$$

当且仅当$\frac{1}{k-1}+\frac{9}{10}=0$，即 $k=-\frac{1}{9}$ 时取等号.

此时，由 $x_0^2+9y_0^2=x_0^2+9\times\frac{x_0^2}{81}=10$，得 $x_0=\pm 3$.

样题3：已知椭圆$\frac{x^2}{3}+\frac{y^2}{2}=1$，过点 $P(0,1)$ 的两条互相垂直的动直线分别交椭圆于 A，C 两点和 B，D 两点，且 $AC\perp BD$. 求四边形 $ABCD$ 的面积的取值范围.

解：（ⅰ）当 BD 的斜率 k 存在且 $k\neq 0$ 时，BD 的方程为 $y=kx+1$，代入椭圆方程$\frac{x^2}{3}+\frac{y^2}{2}=1$，并化简得 $(2+3k^2)x^2+6kx-3=0$.

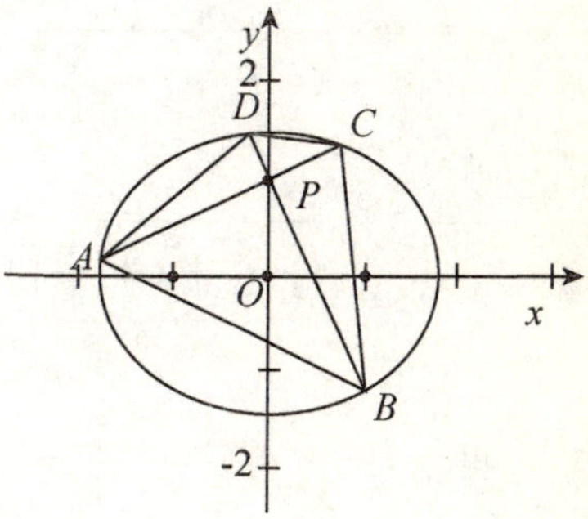

图 7－17

设 $B(x_1,y_1)$，$D(x_2,y_2)$，则

$$x_1+x_2=-\frac{6k}{2k^2+3},\ x_1x_2=\frac{-3}{2k^2+3}$$

$$|BD|=\sqrt{1+k^2}\cdot|x_1-x_2|$$

$$=\sqrt{(1+k^2)\cdot[(x_2+x_2)^2-4x_1x_2]}$$

$$=\frac{2\sqrt{6}\sqrt{1+k^2}\sqrt{1+3k^2}}{2+3k^2};$$

因为 AC 与 BC 相交于点 M，且 AC 的斜率为$-\frac{1}{k}$，

所以，$|AC|=\dfrac{2\sqrt{6}\sqrt{1+\frac{1}{k^2}}\sqrt{1+\frac{3}{k^2}}}{2+\frac{3}{k^2}}=\dfrac{2\sqrt{6}\sqrt{k^2+1}\sqrt{k^2+3}}{2k^2+3}$.

四边形 $ABCD$ 的面积

$$S=\frac{1}{2}\cdot|BD||AC|=\frac{12(k^2+1)\sqrt{(3k^2+1)(k^2+3)}}{(3k^2+2)(2k^2+3)},$$

又$\dfrac{(k^2+1)^2(3k^2+1)(k^2+3)}{(3k^2+2)^2(2k^2+3)^2}=\dfrac{(k^2+1)^2[3(k^2+1)-2][(k^2+1)+2]}{[3(k^2+1)-1]^2[2(k^2+1)+1]^2}$

$$=\frac{\left(3-\frac{2}{k^2+1}\right)\left(1+\frac{2}{k^2+1}\right)}{\left(3-\frac{1}{k^2+1}\right)^2\left(2+\frac{1}{k^2+1}\right)^2},$$

令$\dfrac{1}{k^2+1}=t,0<t<1$,则

$$y=\frac{(3-2t)(1+2t)}{(3-t)^2(2+t)^2}=\frac{-4t^2+4t+3}{(-t^2+t+6)^2}=4\times\frac{-t^2+t+\frac{3}{4}}{\left(-t^2+t+\frac{3}{4}+\frac{21}{4}\right)^2}$$

$$=4\times\frac{-t^2+t+\frac{3}{4}}{\left(-t^2+t+\frac{3}{4}\right)^2+\frac{21}{2}\times\left(-t^2+t+\frac{3}{4}\right)+\left(\frac{21}{4}\right)^2}$$

$$=4\times\frac{1}{\left(-t^2+t+\frac{3}{4}\right)+\left(\frac{21}{4}\right)^2\times\frac{1}{\left(-t^2+t+\frac{3}{4}\right)}+\frac{21}{2}},$$

再令$s=-t^2+t+\dfrac{3}{4}=-\left(t-\dfrac{1}{2}\right)^2+1$,则$\dfrac{3}{4}<s\leqslant 1$.

所以$y=\dfrac{4}{s+\left(\frac{21}{4}\right)^2\times\frac{1}{s}+\frac{21}{2}}=\dfrac{4}{s+\frac{441}{16s}+\frac{21}{2}}$,

易知$f(s)=s+\dfrac{441}{16s}$在$\left(\dfrac{3}{4},1\right]$上单调递减,

所以$\dfrac{457}{16}=f(1)<s+\dfrac{441}{16s}\leqslant f\left(\dfrac{3}{4}\right)=\dfrac{65}{2}$,

所以$\dfrac{625}{16}<s+\dfrac{441}{16s}+\dfrac{21}{2}\leqslant 48,\dfrac{1}{12}<\dfrac{4}{s+\frac{441}{16s}+\frac{21}{2}}\leqslant\dfrac{64}{625}$,即$\dfrac{1}{12}<y\leqslant\dfrac{64}{625}$,

又因为$S=12\sqrt{y}$,所以$2\sqrt{3}<S\leqslant\dfrac{96}{25}$.

(ⅱ)当BD的斜率$k=0$或斜率不存在时,四边形$ABCD$的面积$S=2\sqrt{3}$.

综上，四边形 $ABCD$ 的面积的取值范围是$\left[2\sqrt{3},\frac{96}{25}\right]$.

评注：本题是一道高考试题的变式拓展，难度较大，理科教学可参考.

四、实践案例部分参考解析

（一）高考真题例析

例 1 （Ⅰ）由已知得 $a=2,b=1$. 所以 $e=\sqrt{a^2-b^2}-\sqrt{3}$，所以椭圆 G 的焦点坐标为$(-\sqrt{3},0)$，$(\sqrt{3},0)$，离心率为 $e=\frac{c}{a}=\frac{\sqrt{3}}{2}$.

（Ⅱ）由题意知，$|m|\geqslant 1$. 当 $m=1$ 时，切线 l 的方程 $x=1$，点 A,B 的坐标分别为$\left(1,\frac{\sqrt{3}}{2}\right)$，$\left(1,-\frac{\sqrt{3}}{2}\right)$，此时 $|AB|=\sqrt{3}$ 当 $m=-1$ 时，同理可得 $|AB|=\sqrt{3}$.

当 $|m|>1$ 时，设切线 l 的方程为 $y=k(x-m)$，由$\begin{cases}y=k(x-m),\\ \frac{x^2}{4}+y^2=1.\end{cases}$ 得

$(1+4k^2)x^2-8k^2mx+4k^2m^2-4=0$，

设 A,B 两点的坐标分别为(x_1,y_1)，(x_2,y_2)，则

$$x_1+x_2=\frac{8k^2m}{1+4k^2},$$

$$x_1x_2=\frac{4k^2m^2-4}{1+4k^2}.$$

又由 l 与圆 $x^2+y^2=1$ 相切，得$\frac{|km|}{\sqrt{k^2+1}}=1$，即

$m^2k^2=k^2+1$. 所以 $|AB|=\sqrt{(x_2-x_1)^2+(y_2-y_1)^2}$

$$=\sqrt{(1+k^2)\left[\frac{64k^4m^2}{(1+4k^2)^2}-\frac{4(4k^2m^2-4)}{1+4k^2}\right]}=\frac{4\sqrt{3}\,|m|}{m^2+3}.$$

由于当 $m=\pm 3$ 时，$|AB|=\sqrt{3}$，

所以 $|AB|=\frac{4\sqrt{3}\,|m|}{m^2+3}$，$m\in(-\infty,-1]\cup[1,+\infty)$.

因为 $|AB|=\dfrac{4\sqrt{3}\,|m|}{m^2+3}=\dfrac{4\sqrt{3}}{|m|+\dfrac{3}{|m|}}\leqslant 2$,

且当 $m=\pm\sqrt{3}$ 时, $|AB|=2$,所以 $|AB|$ 的最大值为 2..

点评:最值问题函数化的体现,能用均值不等式求解体现了试题解法的多样性和选择性,有利于不同层次的学生发挥,体现了高考试题的选拔功能.

例 2 (Ⅰ)因为 $\dfrac{c}{a}=\dfrac{\sqrt{6}}{3}$,且 $c=\sqrt{2}$,所以 $a=\sqrt{3}$, $b=\sqrt{a^2-c^2}=1$,

所以椭圆 C 的方程为 $\dfrac{x^2}{3}+y^2=1$.

(Ⅱ)由题意知 $p(0,t)(-1<t<1)$,由 $\begin{cases} y=t, \\ \dfrac{x^2}{3}+y^2=1. \end{cases}$ 得 $x=\pm\sqrt{3(1-t^2)}$,

所以圆 P 的半径为 $\sqrt{3(1-t^2)}$,

解得 $t=\pm\dfrac{\sqrt{3}}{2}$,所以点 P 的坐标是 $(0,\pm\dfrac{\sqrt{3}}{2})$.

(Ⅲ)由(Ⅱ)知,圆 P 的方程 $x^2+(y-t)^2=3(1-t^2)$. 因为点 $Q(x,y)$ 在圆 P 上,所以 $y=t\pm\sqrt{3(1-t^2)-x^2}\leqslant t+\sqrt{3(1-t^2)}$.

设 $t=\cos\theta$, $\theta\in(0,\pi)$,则 $t+\sqrt{3(1-t^2)}=\cos\theta+\sqrt{3}\sin\theta=2\sin(\theta+\dfrac{\pi}{6})$.

当 $\theta=\dfrac{\pi}{3}$,即 $t=\dfrac{1}{2}$,且 $x=0$, y 取最大值 2.

例 3 (Ⅰ)因为 $AB\parallel l$,且 AB 边通过点 $(0,0)$,

所以 AB 所在直线的方程为 $y=x$.

设 A, B 两点坐标分别为 (x_1,y_1), (x_2,y_2).

由 $\begin{cases} x^2+3y^2=4, \\ y=x. \end{cases}$ 得 $x=\pm 1$. 所以 $|AB|=\sqrt{2}\,|x_1-x_2|=2\sqrt{2}$.

又因为 AB 边上的高 h 等于原点到直线 l 的距离.

所以 $h=\sqrt{2}$, $S_{\triangle ABC}=\dfrac{1}{2}|AB|\cdot h=2$.

（Ⅱ）设 AB 所在直线的方程为 $y=x+m$，

由 $\begin{cases}x^2+3y^2=4,\\ y=x+m.\end{cases}$ 得 $4x^2+6mx+3m^2-4=0$. 因为 A,B 在椭圆上，

所以 $\Delta=-12m^2+64>0$.

设 A、B 两点坐标分别为 (x_1,y_1)、(x_2,y_2)，则

$x_1+x_2=-\dfrac{3m}{2}, x_1x_2=\dfrac{3m^2-4}{4}$,

所以 $|AB|=\sqrt{2}|x_1-x_2|=\dfrac{\sqrt{32-6m^2}}{2}$.

又因为 BC 的长等于点 $(0,m)$ 到直线 l 的距离，即 $|BC|=\dfrac{|2-m|}{\sqrt{2}}$.

所以 $|AC|^2=|AB|^2+|BC|^2=-m^2-2m+10=-(m+1)^2+11$.

所以当 $m=-1$ 时，AC 边最长，(这时 $\Delta=-12+64>0$)

此时 AB 所在直线的方程为 $y=x-1$.

例 4 （Ⅰ）由题意得直线 BD 的方程为 $y=x+1$.

因为四边形 $ABCD$ 为菱形，所以 $AC\perp BD$.

于是可设直线 AC 的方程为 $y=-x+n$.

由 $\begin{cases}x^2+3y^2=4,\\ y=-x+n.\end{cases}$ 得 $4x^2-6nx+3n^2-4=0$. 因为 A,C 在椭圆上，

所以 $\Delta=-12n^2+64>0$，解得 $-\dfrac{4\sqrt{3}}{3}<n<\dfrac{4\sqrt{3}}{3}$.

设 A、C 两点坐标分别为 (x_1,y_1)、(x_2,y_2)，

则 $x_1+x_2=\dfrac{3n}{2}, x_1x_2=\dfrac{3n^2-4}{4}, y_1=-x_1+n, y_2=-x_2+n$.

所以 $y_1+y_2=\dfrac{n}{2}$.

所以 AC 的中点坐标为 $\left(\dfrac{3n}{4},\dfrac{n}{4}\right)$. 由四边形 $ABCD$ 为菱形可知，点 $\left(\dfrac{3n}{4},\dfrac{n}{4}\right)$

在直线 $y=x+1$ 上，

所以$\frac{n}{4}=\frac{3n}{4}+1$,解得$n=-2$.所以直线$AC$的方程为$y=-x-2$,

即$x+y+2=0$.

(Ⅱ)因为四边形$ABCD$为菱形,且$\angle ABC=60°$,

所以$|AB|=|BC|=|CA|$.所以菱形$ABCD$的面积$S=\frac{\sqrt{3}}{2}|AC|^2$.

由(Ⅰ)可得$|AC|^2=(x_1-x_2)^2+(y_1-y_2)^2=\frac{-3n^2+16}{2}$,

所以$S=\frac{\sqrt{3}}{4}(-3n^2+16)\left(-\frac{4\sqrt{3}}{3}<n<\frac{4\sqrt{3}}{3}\right)$.

所以当$n=0$时,菱形$ABCD$的面积取得最大值$4\sqrt{3}$.

(二)学习效果检测

1.(Ⅰ)由已知,$e^2=\frac{a^2-b^2}{a^2}=\frac{1}{4}$,所以$3a^2=4b^2$ ①

又点$M(1,\frac{3}{2})$在椭圆C上,所以$\frac{1}{a^2}+\frac{9}{4b^2}=1$ ②

由①②解之,得$a^2=4,b^2=3$.故椭圆C的方程为$\frac{x^2}{4}+\frac{y^2}{3}=1$.

(Ⅱ)当直线l有斜率时,设$y=kx+m$时,

则由$\begin{cases}y=kx+m,\\ \frac{x^2}{4}+\frac{y^2}{3}=1.\end{cases}$

消去y,得 $(3+4k^2)x^2+8\text{km}x+4m^2-12=0$,

$\Delta=64k^2m^2-4(3+4k^2)(4m^2-12)=48(3+4k^2-m^2)>0$ ③

设A,B,P点的坐标分别为$(x_1,y_1),(x_2,y_2),(x_0,y_0)$,则:

$x_0=x_1+x_2=-\frac{8\text{km}}{3+4k^2}$,$y_0=y_1+y_2=k(x_1+x_2)+2m=\frac{6m}{3+4k^2}$,

由于点P在椭圆C上,所以$\frac{x_0^2}{4}+\frac{y_0^2}{3}=1$.

从而$\frac{16k^2m^2}{(3+4k^2)^2}+\frac{12m^2}{(3+4k^2)^2}=1$,化简得$4m^2=3+4k^2$,经检验满足③式.

又点 O 到直线 l 的距离为：

$$d=\frac{|m|}{\sqrt{1+k^2}}=\frac{\sqrt{\frac{3}{4}+k^2}}{\sqrt{1+k^2}}=\sqrt{1-\frac{1}{4(1+k^2)}}\geqslant\sqrt{1-\frac{1}{4}}=\frac{\sqrt{3}}{2}.$$

当且仅当 $k=0$ 时等号成立，

当直线 l 无斜率时，由对称性知，点 P 一定在 x 轴上，从而 P 点为 $(-2,0)$，$(2,0)$，直线 l 为 $x=\pm 1$，所以点 O 到直线 l 的距离为 1，所以点 O 到直线 l 的距离最小值为 $\frac{\sqrt{3}}{2}$.

2.（Ⅰ）依题意可得，$\frac{c}{a}=\frac{\sqrt{2}}{2}$，$b=c$，又 $a^2=b^2+c^2$，

可得 $b=1$，$a=\sqrt{2}$. 所以椭圆方程为 $\frac{y^2}{2}+x^2=1$.

（Ⅱ）设直线 l 的方程为 $y=kx+1$，

由 $\begin{cases}y=kx+1,\\ \frac{y^2}{2}+x^2=1.\end{cases}$ 可得 $(k^2+2)x^2+2kx-1=0$.

设 $P(x_1,y_1)$，$Q(x_2,y_2)$，则 $x_1+x_2=\frac{-2k}{k^2+2}$，$x_1x_2=-\frac{1}{k^2+2}$.

可得 $y_1+y_2=k(x_1+x_2)+2=\frac{4}{k^2+2}$.

设线段 PQ 中点为 N，则点 N 的坐标为 $\left(\frac{-k}{k^2+2},\frac{2}{k^2+2}\right)$，

由题意有 $k_{MN}\cdot k=-1$，可得 $\frac{m-\frac{2}{k^2+2}}{\frac{k}{k^2+2}}\cdot k=-1$. 可得 $m=\frac{1}{k^2+2}$，

又 $k\neq 0$，所以 $0<m<\frac{1}{2}$.

（Ⅲ）设椭圆上焦点为 F，则 $S_{\triangle MPQ}=\frac{1}{2}|FM||x_1-x_2|$.

$$|x_1-x_2|=\sqrt{(x_1+x_2)^2-4x_1x_2}=\sqrt{\frac{8(k^2+1)}{(k^2+2)^2}},$$

由 $m=\dfrac{1}{k^2+2}$，可得 $k^2+2=\dfrac{1}{m}$.

所以 $|x_1-x_2|=\sqrt{\dfrac{8(\frac{1}{m}-1)}{\frac{1}{m^2}}}=\sqrt{8m(1-m)}$. 又 $|FM|=1-m$，

所以 $S_{\triangle MPQ}=\sqrt{2m(1-m)^3}$.

所以 $\triangle MPQ$ 的面积为$\sqrt{2}\ \sqrt{m(1-m)^3}\left(0<m<\dfrac{1}{2}\right)$.

设 $f(m)=m(1-m)^3$，则 $f'(m)=(1-m)^2(1-4m)$.

可知 $f(m)$ 在区间$(0,\dfrac{1}{4})$ 单调递增，在区间$\left(\dfrac{1}{4},\dfrac{1}{2}\right)$单调递减.

所以，当$\left(0,\dfrac{1}{4}\right)$时，$f(m)=m(1-m)^3$ 有最大值 $f\left(\dfrac{1}{4}\right)=\dfrac{27}{64}$.

所以，当$\left(0,\dfrac{1}{4}\right)$时，$\triangle MPQ$ 的面积有最大值$\dfrac{3\sqrt{6}}{8}$.

3.（Ⅰ）由已知可得 $e^2=\dfrac{a^2-b^2}{a^2}=\dfrac{1}{4}$，所以 $3a^2=4b^2$ ①

又点 $M\left(1,\dfrac{3}{2}\right)$在椭圆 C 上，所以$\dfrac{1}{a^2}+\dfrac{9}{4b^2}=1$ ②

由 ①② 解之，得 $a^2=4,b^2=3$.

故椭圆 C 的方程为$\dfrac{x^2}{4}+\dfrac{y^2}{3}=1$.

（Ⅱ）由$\begin{cases}y=kx+m,\\ \dfrac{x^2}{4}+\dfrac{y^2}{3}=1.\end{cases}$

消去 y，化简整理得：$(3+4k^2)x^2+8\mathrm{km}x+4m^2-12=0$，

$$\Delta=64k^2m^2-4(3+4k^2)(4m^2-12)=48(3+4k^2-m^2)>0. \quad ③$$

设 A,B,P 点的坐标分别为(x_1,y_1)，(x_2,y_2)，(x_0,y_0)，则

$x_0=x_1+x_2=-\dfrac{8km}{3+4k^2}$，$y_0=y_1+y_2=k(x_1+x_2)+2m=\dfrac{6m}{3+4k^2}$.

由于点 P 在椭圆 C 上，所以 $\frac{x_0^2}{4}+\frac{y_0^2}{3}=1$.

从而 $\frac{16k^2m^2}{(3+4k^2)^2}+\frac{12m^2}{(3+4k^2)^2}=1$，化简得 $4m^2=3+4k^2$，经检验满足③式.

又 $|OP|=\sqrt{x_0^2+y_0^2}=\sqrt{\frac{64k^2m^2}{(3+4k^2)^2}+\frac{36m^2}{(3+4k^2)^2}}$

$$=\sqrt{\frac{4m^2(16k^2+9)}{(3+4k^2)^2}}=\sqrt{\frac{16k^2+9}{4k^2+3}}=\sqrt{4-\frac{3}{4k^2+3}}.$$

因为 $|k|\leqslant\frac{1}{2}$，得 $3<4k^2+3\leqslant 4$，有 $\frac{3}{4}\leqslant\frac{3}{4k^2+3}<1$，

故 $\sqrt{3}\leqslant|OP|\leqslant\frac{\sqrt{13}}{2}$. 即所求 $|OP|$ 的取值范围是 $[\sqrt{3},\frac{\sqrt{13}}{2}]$.

4.（Ⅰ）$\frac{c}{a}=\frac{\sqrt{6}}{3}$，$2a=2\sqrt{3}\Rightarrow a=\sqrt{3}$，$b=1$，所以 $\frac{x^2}{3}+y^2=1$；

（Ⅱ）若 $m=1$，则直线 $y=kx+1$ 必过点 $(0,1)$，且入 $\overrightarrow{OA}\cdot\overrightarrow{OB}=0$，

则 $k=\pm\frac{\sqrt{3}}{3}$；

（Ⅲ）将 $y=kx+m$ 代入 $\frac{x^2}{3}+y^2=1$，

化简并整理，得 $(1+3k^2)x^2+6\text{km}x+3m^2-3=0$，

$\Delta=36k^2m^2-4(1+3k^2)(3m^2-3)=36k^2-12m^2+12$，

由 $\Delta\geqslant 0$，得 $36k^2-12m^2+12\geqslant 0$，即 $3k^2+1\geqslant m^2$，

再由 $\frac{|m|}{\sqrt{1+k^2}}=\frac{\sqrt{3}}{2}$，得 $m^2=\frac{3}{4}(1+k^2)$，则 $k\in\mathbf{R}$，

设 $A(x_1,y_1)$，$B(x_2,y_2)$，则 $x_1+x_2=\frac{-6km}{1+3k^2}$，$x_1x_2=\frac{3m^2-3}{1+3k^2}$，

$|AB|=\sqrt{1+k^2}\,|x_1-x_2|=\sqrt{1+k^2}\,\sqrt{(x_1-x_2)^2-4x_1x_2}$

$$=\frac{\sqrt{1+k^2}}{1+3k^2}\sqrt{27k^2+3},$$

所以 $S_{\triangle AOB}=\frac{1}{2}\times|AB|\times\frac{\sqrt{3}}{2}=\frac{\sqrt{3}}{4}\cdot\frac{\sqrt{1+k^2}}{1+3k^2}\sqrt{27k^2+3}$，

令 $1+k^2=t(t\geqslant 1)$，则

$$S_{\triangle AOB}=\frac{\sqrt{3}}{4}\times\frac{\sqrt{27t^2-24t}}{3t-2}=\frac{\sqrt{3}}{4}\times\sqrt{\frac{27t^2-24t}{(3t-2)^2}}$$

$$=\frac{\sqrt{3}}{4}\times\sqrt{\frac{3(3t-2)^2+4(3t-2)-4}{(3t-2)^2}}=\frac{\sqrt{3}}{4}\times\sqrt{\frac{-4}{(3t-2)^2}+\frac{4}{3t-2}+3},$$

再令 $\frac{1}{3t-2}=s(0<s\leqslant 1)$，则

$$S_{\triangle AOB}=\frac{\sqrt{3}}{4}\sqrt{-4s^2+4s+3}=\frac{\sqrt{3}}{4}\sqrt{-(2s-1)^2+4},$$

当 $2s-1=0, s=\frac{1}{2}, t=\frac{4}{3}, k=\pm\frac{\sqrt{3}}{3}$ 时，$\triangle AOB$ 面积的最大值为 $\frac{\sqrt{3}}{2}$.

另解思考： $\sqrt{1+k^2}\sqrt{27k^2+3}=\sqrt{3+3k^2}\sqrt{9k^2+1}$

$$\leqslant\frac{(3+3k^2)+(9k^2+1)}{2}=6k^2+2,$$

所以，$\frac{\sqrt{1+k^2}}{1+3k^2}\sqrt{27k^2+3}\leqslant\frac{2+6k^2}{1+3k^2}=2, S_{\triangle AOB}\leqslant\frac{\sqrt{3}}{4}\times 2=\frac{\sqrt{3}}{2}$.

当且仅当 $3+3k^2=9k^2+1$，即 $k=\pm\frac{\sqrt{3}}{3}$ 时，等号成立.

注：本文获海淀区高三教育教学专项研究活动一等奖，2013.01.

关于一个椭圆定值问题的延伸

试证 在中心为 O 点的椭圆上任取两点 P、Q，使 $OP \perp OQ$，则 $\frac{1}{|OP|^2}+\frac{1}{|OQ|^2}$ 与 P、Q 点的选取无关[1].

解析：（梁旭然证法）

设椭圆的方程为 $\frac{x^2}{a^2}+\frac{y^2}{b^2}=1(a>b>0)$，

当 OP 与 OQ 两者分别在椭圆的长轴和短轴时，$\frac{1}{|OP|^2}+\frac{1}{|OQ|^2}=\frac{1}{a^2}+\frac{1}{b^2}$；

下面对非特殊情形进行证明.

设 $P(x_1,y_1)$，$Q(x_2,y_2)$，方程 $OP: y=kx$，$OQ: y=-\frac{1}{k}x$，则将 $y=kx$ 代入椭圆方程，得 $(b^2+a^2k^2)x^2=a^2b^2$，则 $x_1^2=\frac{a^2b^2}{b^2+a^2k^2}$，

$|OP|^2=x_1^2+y_1^2=x_1^2+k^2x_1^2=\frac{a^2b^2}{b^2+a^2k^2}(1+k^2)$.

同理可得 $|OQ|^2=x_2^2+y_2^2=x_2^2\left(1+\frac{1}{k^2}\right)=\frac{a^2b^2}{a^2+b^2k^2}(1+k^2)$，

所以，$\frac{1}{|OP|^2}+\frac{1}{|OQ|^2}=\frac{1}{a^2}+\frac{1}{b^2}$.

自然地，我要提两个问题：

（Ⅰ）求 $|PQ|$ 的最小值；

$|PQ|^2=|OP|^2+|OQ|^2\geqslant 2|OP||OQ|\geqslant\frac{4a^2b^2}{a^2+b^2}$，

所以，$|PQ|\geqslant\frac{2ab}{\sqrt{a^2+b^2}}$.

另解： $|PQ|^2=|OP|^2+|OQ|^2=\frac{a^2b^2}{b^2+a^2k^2}(1+k^2)+\frac{a^2b^2}{a^2+b^2k^2}(1+k^2)$

$$=a^2b^2(1+k^2)\left(\frac{1}{b^2+a^2k^2}+\frac{1}{a^2+b^2k^2}\right)$$

$$=a^2b^2(1+k^2)\frac{(a^2+b^2)(1+k^2)}{(b^2+a^2k^2)(a^2+b^2k^2)},$$

又$(b^2+a^2k^2)(a^2+b^2k^2)\leqslant\left[\frac{(b^2+a^2k^2)+(a^2+b^2k^2)}{2}\right]^2$

$$=\frac{(1+k^2)^2(a^2+b^2)^2}{4},$$

所以，$|PQ|^2\geqslant\frac{4a^2b^2}{a^2+b^2}$，$|PQ|\geqslant\frac{2ab}{\sqrt{a^2+b^2}}$.

（Ⅱ）巧用均值定理者：(杨彤)

求 $\triangle POQ$ 面积的最小值.

$|OP||OQ|=\sqrt{\frac{a^2b^2}{b^2+a^2k^2}(1+k^2)}\cdot\sqrt{\frac{a^2b^2}{a^2+b^2k^2}(1+k^2)}$

$$=\frac{a^2b^2(1+k^2)}{\sqrt{b^2+a^2k^2}\cdot\sqrt{a^2+b^2k^2}},$$

又因为$\sqrt{b^2+a^2k^2}\cdot\sqrt{a^2+b^2k^2}\leqslant\frac{(b^2+a^2k^2)+(a^2+b^2k^2)}{2}$

$$=\frac{(1+k^2)(a^2+b^2)}{2},$$

所以，$\frac{a^2b^2(1+k^2)}{\sqrt{b^2+a^2k^2}\cdot\sqrt{a^2+b^2k^2}}\geqslant\frac{a^2b^2(1+k^2)}{\frac{(a^2+b^2)(1+k^2)}{2}}=\frac{2a^2b^2}{a^2+b^2}$，

所以，$S_{\triangle POQ}=\frac{1}{2}|OP||OQ|\geqslant\frac{a^2b^2}{a^2+b^2}$，当且仅当 $k=\pm1$ 时，等号成立.

即 $\triangle POQ$ 面积的最小值为$\frac{a^2b^2}{a^2+b^2}$.

另解思考： $|OP||OQ|=\sqrt{\frac{a^2b^2}{b^2+a^2k^2}(1+k^2)}\cdot\sqrt{\frac{a^2b^2}{a^2+b^2k^2}(1+k^2)}$

$=a^2b^2\sqrt{\frac{k^4+2k^2+1}{a^2b^2k^4+(a^4+b^4)k^2+a^2b^2}}$

$=a^2b^2\sqrt{\frac{k^4+2k^2+1}{a^2b^2(k^4+2k^2+1)+(a^4-2a^2b^2+b^4)k^2}}$

$$=a^2b^2\sqrt{\frac{1}{a^2b^2+\frac{k^2}{k^4+2k^2+1}c^4}}=a^2b^2\sqrt{\frac{1}{a^2b^2+\frac{1}{k^2+2+\frac{1}{k^2}}c^4}},$$

其中，$c^2=a^2-b^2$.

因为 $k^2+2+\frac{1}{k^2}\geqslant 4$，$\frac{c^4}{k^2+2+\frac{1}{k^2}}\leqslant\frac{c^4}{4}$，

所以 $\frac{1}{a^2b^2+\frac{1}{k^2+2+\frac{1}{k^2}}c^4}\geqslant\frac{1}{a^2b^2+\frac{c^4}{4}}=\frac{4}{(a^2+b^2)^2}$，

所以，$a^2b^2\sqrt{\frac{4}{(a^2+b^2)^2}}=\frac{2a^2b^2}{a^2+b^2}$.

自然地，我还要提两个问题：

（Ⅰ）求 $|PQ|$ 的取值范围；

（Ⅱ）求 $\triangle POQ$ 面积的取值范围.

袁柳的巧解：

设 $|OP|$ 的长度为 l_1，$|OQ|$ 的长度为 l_2，$\angle POM=\theta$，则 $\angle QON=\frac{\pi}{2}+\theta$，

因为 $\frac{x^2}{a^2}+\frac{y^2}{b^2}=1(a>b>0)$，所以 $b^2x^2+a^2y^2=a^2b^2$，

$P(l_1\cos\theta,l_1\sin\theta)$，所以 $b^2l_1^2\cos^2\theta+a^2l_1^2\sin^2\theta=a^2b^2$，$l_1^2=\frac{a^2b^2}{b^2\cos^2\theta+a^2\sin^2\theta}$，

同理可得 $l_2^2=\frac{a^2b^2}{b^2\cos^2\left(\frac{\pi}{2}+\theta\right)+a^2\sin^2\left(\frac{\pi}{2}+\theta\right)}=\frac{a^2b^2}{b^2\sin^2\theta+a^2\cos^2\theta}$，

所以，$\frac{1}{l_1^2}+\frac{1}{l_2^2}=\frac{b^2\cos^2\theta+a^2\sin^2\theta}{a^2b^2}+\frac{b^2\sin^2\theta+a^2\cos^2\theta}{a^2b^2}=\frac{a^2+b^2}{a^2b^2}$，

即 $\frac{1}{|OP|^2}+\frac{1}{|OQ|^2}=\frac{1}{a^2}+\frac{1}{b^2}$.

点评：另辟蹊径，不落俗套.

参考文献

[1] 沈呈民. 中学数学思想方法词典[M]. 辽宁教育出版社，2009.

如此美妙的辩证统一

——与椭圆中两定点弦相关的斜率之商探究

题目 已知椭圆 $\Gamma:\frac{x^2}{a^2}+\frac{y^2}{b^2}=1(a>b>0)$ 的离心率为$\frac{2}{3}$，半焦距为 $c(c>0)$，且 $a-c=1$. 经过椭圆的左焦点 F，斜率为 $k_1(k_1\neq 0)$ 的直线与椭圆交于 A，B 两点，O 为坐标原点.

（Ⅰ）求椭圆 Γ 的标准方程；

（Ⅱ）当 $k_1=1$ 时，求 $S_{\triangle AOB}$ 的值；

（Ⅲ）设 $R(1,0)$，延长 AR，BR 分别与椭圆交于 C，D 两点，直线 CD 的斜率为 k_2，求证：$\frac{k_1}{k_2}$ 为定值.

解：（Ⅰ）由题意，得 $\begin{cases}\frac{c}{a}=\frac{2}{3},\\ a-c=1.\end{cases}$ 解得 $\begin{cases}a=3,\\ c=2.\end{cases}$

$\therefore b^2=a^2-c^2=5$，

故椭圆 Γ 的方程为$\frac{x^2}{9}+\frac{y^2}{5}=1$.

（Ⅱ）由（Ⅰ），知 $F(-2,0)$，∴ 直线 AB 的方程为 $y=x+2$，

由 $\begin{cases}y=x+2,\\ \frac{x^2}{9}+\frac{y^2}{5}=1.\end{cases}$ 消去 y 并整理，得 $14x^2+36x-9=0$.

设 $A(x_1,y_1)$，$B(x_2,y_2)$，则 $x_1+x_2=-\frac{18}{7}$，$x_1x_2=-\frac{9}{14}$，

$\therefore |AB|=\sqrt{2}\,|x_1-x_2|=\sqrt{2}\cdot\sqrt{(x_1+x_2)^2-4x_1x_2}=\frac{30}{7}$.

设 O 点到直线 AB 的距离为 d，则 $d=\frac{2}{\sqrt{2}}=\sqrt{2}$.

$\therefore S_{\triangle AOB}=\frac{1}{2}|AB|\cdot d=\frac{1}{2}\times\frac{30}{7}\times\sqrt{2}=\frac{15\sqrt{2}}{7}$.

（Ⅲ）设 $C(x_3,y_3)$，$D(x_4,y_4)$，

由已知，直线 AR 的方程为 $y=\frac{y_1}{x_1-1}(x-1)$，即 $x=\frac{x_1-1}{y_1}y+1$.

由 $\begin{cases}x=\frac{x_1-1}{y_1}y+1,\\ \frac{x^2}{9}+\frac{y^2}{5}=1.\end{cases}$ 消去 x 并整理，得 $\frac{5-x_1}{y_1^2}y^2+\frac{x_1-1}{y_1}y-4=0$.

则 $y_1y_3=-\frac{4y_1^2}{5-x_1}$，

$\because y_1\neq 0$，

$\therefore y_3=\frac{4y_1}{x_1-5}$，

$\therefore x_3=\frac{x_1-1}{y_1}y_3+1=\frac{x_1-1}{y_1}\cdot\frac{4y_1}{x_1-5}+1=\frac{5x_1-9}{x_1-5}$.

$\therefore C\left(\frac{5x_1-9}{x_1-5},\frac{4y_1}{x_1-5}\right)$，同理可得 $D\left(\frac{5x_2-9}{x_2-5},\frac{4y_2}{x_2-5}\right)$.

$$\therefore k_2=\frac{\frac{4y_1}{x_1-5}-\frac{4y_2}{x_2-5}}{\frac{5x_1-9}{x_1-5}-\frac{5x_2-9}{x_2-5}}=\frac{4y_1(x_2-5)-4y_2(x_1-5)}{(5x_1-9)(x_2-5)-(5x_2-9)(x_1-5)}$$

$$=\frac{4y_1(x_2-5)-4y_2(x_1-5)}{16(x_2-x_1)}.$$

$\because y_1=k_1(x_1+2)$，$y_2=k_1(x_2+2)$，

$$\therefore k_2=\frac{4k_1(x_1+2)(x_2-5)-4k_1(x_2+2)(x_1-5)}{16(x_2-x_1)}=\frac{7k_1(x_2-x_1)}{4(x_2-x_1)}=\frac{7k_1}{4},$$

$\therefore \frac{k_1}{k_2}=\frac{4}{7}$ 为定值.

一般性探究：

题目 已知点 $M(m,0)$，$N(n,0)$，过点 $M(m,0)$ 且斜率为 $k_1(k_1\neq 0)$ 的动直线交椭圆于 A，B 两点，直线延长 AN，BN 分别与椭圆交于 C，D 两点，直线 CD 的斜率为 k_2，求证：$\dfrac{k_1}{k_2}$ 为定值.

解析：设 $A(x_1,y_1)$，$B(x_2,y_2)$，$C(x_3,y_3)$，$D(x_4,y_4)$，

由已知，直线 AN 的方程为 $y=\dfrac{y_1}{x_1-n}(x-n)$，即 $x=\dfrac{x_1-n}{y_1}y+n$.

令 $\dfrac{x_1-n}{y_1}=t$，将 $x=ty+n$ 代入椭圆方程 $\dfrac{x^2}{a^2}+\dfrac{y^2}{b^2}=1$，并化简得

$(b^2t^2+a^2)y^2+2ntb^2y+b^2n^2-a^2b^2=0$，

所以 $y_1y_3=\dfrac{b^2n^2-a^2b^2}{b^2t^2+a^2}$，

再将 $\dfrac{x_1-n}{y_1}=t$ 代入 $y_1y_3=\dfrac{b^2n^2-a^2b^2}{b^2t^2+a^2}$，并化简得

$y_1y_3=\dfrac{(b^2n^2-a^2b^2)y_1^2}{a^2b^2+b^2n^2-2nb^2x_1}$，当 $y_1\neq 0$ 时，$y_3=\dfrac{(b^2n^2-a^2b^2)y_1}{a^2b^2+b^2n^2-2nb^2x_1}$，

$$\begin{aligned}\text{所以，}x_3&=\frac{x_1-n}{y_1}y_3+n=\frac{x_1-n}{y_1}\times\frac{(b^2n^2-a^2b^2)y_1}{a^2b^2+b^2n^2-2nb^2x_1}+n\\&=\frac{2a^2b^2n-(a^2b^2+b^2n^2)x_1}{a^2b^2+b^2n^2-2nb^2x_1},\end{aligned}$$

即 $C\left(\dfrac{2a^2b^2n-(a^2b^2+b^2n^2)x_1}{a^2b^2+b^2n^2-2nb^2x_1},\dfrac{(b^2n^2-a^2b^2)y_1}{a^2b^2+b^2n^2-2nb^2x_1}\right)$，

同理可得 $D\left(\dfrac{2a^2b^2n-(a^2b^2+b^2n^2)x_2}{a^2b^2+b^2n^2-2nb^2x_2},\dfrac{(b^2n^2-a^2b^2)y_2}{a^2b^2+b^2n^2-2nb^2x_2}\right)$，

令 $a^2b^2+b^2n^2=Q$，$2a^2b^2n=P$，$2nb^2=S$，

$$\begin{aligned}\text{所以，}k_2&=\frac{y_3-y_4}{x_3-x_4}=\frac{\dfrac{(b^2n^2-a^2b^2)y_1}{Q-Sx_1}-\dfrac{(b^2n^2-a^2b^2)y_2}{Q-Sx_2}}{\dfrac{P-Qx_1}{Q-Sx_1}-\dfrac{P-Qx_2}{Q-Sx_2}}\\&=\frac{k_1(b^2n^2-a^2b^2)[(x_1-m)(Q-Sx_2)-(x_2-m)(Q-Sx_1)]}{(P-Qx_1)(Q-Sx_2)-(P-Qx_2)(Q-Sx_1)}\\&=\frac{k_1(b^2n^2-a^2b^2)(Q-Sm)(x_1-x_2)}{(PS-Q^2)(x_1-x_2)}=\frac{k_1(b^2n^2-a^2b^2)(Q-Sm)}{PS-Q^2},\end{aligned}$$

其中，$PS-Q^2=2a^2b^2n\times 2nb^2-(a^2b^2+b^2n^2)^2=-b^4(a^2-n^2)^2$，

$$Q-Sm=a^2b^2+b^2n^2-2nb^2m=b^2(a^2+n^2-2nm),$$

所以，$k_2=\dfrac{k_1b^4(n^2-a^2)(a^2+n^2-2nm)}{-b^4(a^2-n^2)^2}=\dfrac{k_1(a^2+n^2-2nm)}{a^2-n^2}$，

故$\dfrac{k_1}{k_2}=\dfrac{a^2-n^2}{a^2+n^2-2nm}$.

魅力无穷的椭圆，神奇的辩证统一.

如此数形结合更直观

——对一道不等式问题的再思考

题目 已知关于 x 的不等式 $(2x-1)^2 < ax^2$ 的解集中有三个整数，求实数 a 的取值范围.

文[1]从分类与整合、数形结合两个途径给出了解答，相比较而言，数形结合的解答较为简捷. 基于对含参不等式问题的认识，笔者尝试分离参数转化后再进行数形结合，更觉直观明了，现阐述如下，供读者参考.

解析：依题，知 $a>0$，且 $x \neq 0$.

由此，得 $(2x-1)^2 < ax^2 \Leftrightarrow a > \dfrac{(2x-1)^2}{x^2} = \left(\dfrac{2x-1}{x}\right)^2 \Leftrightarrow \sqrt{a} > \left|\dfrac{2x-1}{x}\right|$，

设 $f(x)=\left|\dfrac{2x-1}{x}\right|$，如图7－18所示，

当且仅当 $f(3) < \sqrt{a} \leqslant f(4)$，即

$\dfrac{5}{3} < \sqrt{a} \leqslant \dfrac{7}{4}$，亦即 $\dfrac{25}{9} < a \leqslant \dfrac{49}{16}$ 时，

$\sqrt{a} > \left|\dfrac{2x-1}{x}\right|$ 的解集中有三个整数 1，2，3.

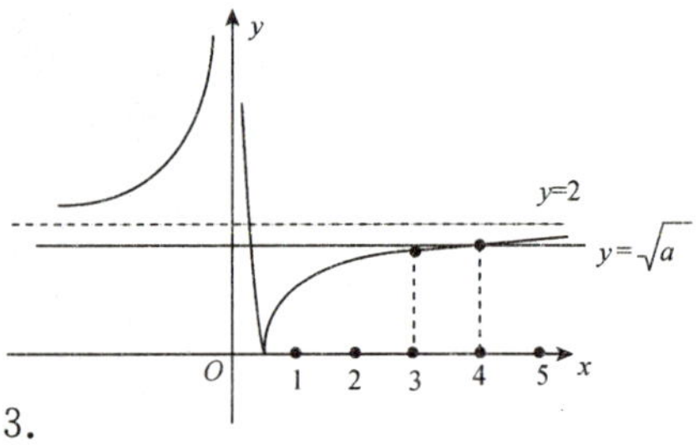

图 7－18

所以，关于 x 的不等式 $(2x-1)^2 < ax^2$ 的解集中有三个整数时，$\dfrac{25}{9} < a \leqslant \dfrac{49}{16}$，

故实数 a 的取值范围是 $\left(\dfrac{25}{9}, \dfrac{49}{16}\right]$.

参考文献

[1] 高进，杨国祥. 一道不等式体的解答历程[J]. 中学数学教学参考，2012.3.

注重整体性思想简化运算过程

题目 【2011 北京理 19】

已知椭圆 $G:\frac{x^2}{4}+y^2=1$. 过点$(m,0)$作圆 $x^2+y^2=1$ 的切线 l 交椭圆G于A，B两点.

（Ⅰ）求椭圆 G 的焦点坐标和离心率；

（Ⅱ）将$|AB|$表示为 m 的函数，并求$|AB|$的最大值.

解析：（Ⅰ）由已知得 $a=2,b=1$. 所以 $e=\sqrt{a^2-b^2}=\sqrt{3}$，所以椭圆 G 的焦点坐标为$(-\sqrt{3},0),(\sqrt{3},0)$，离心率为 $e=\frac{c}{a}=\frac{\sqrt{3}}{2}$.

（Ⅱ）由题意知，$|m|\geqslant 1$.

(1) 当 $m=1$ 时，切线 l 的方程 $x=1$，点 A,B 的坐标分别为 $\left(1,\frac{\sqrt{3}}{2}\right)$，$\left(1,-\frac{\sqrt{3}}{2}\right)$，此时 $|AB|=\sqrt{3}$，当 $m=-1$ 时，同理可得 $|AB|=\sqrt{3}$；

(2) 当 $|m|>1$ 时，设切线 l 的方程为 $y=k(x-m)$，

由 $\begin{cases} y=k(x-m), \\ \frac{x^2}{4}+y^2=1. \end{cases}$ 得

$(1+4k^2)x^2-8k^2mx+4k^2m^2-4=0$，

设 A,B 两点的坐标分别为$(x_1,y_1),(x_2,y_2)$，则

$x_1+x_2=\frac{8k^2m}{1+4k^2}, x_1x_2=\frac{4k^2m^2-4}{1+4k^2}$，

又由 l 与圆 $x^2+y^2=1$ 相切，得 $\frac{|km|}{\sqrt{k^2+1}}=1$，即 $m^2k^2=k^2+1$.

所以 $|AB|=\sqrt{(x_2-x_1)^2+(y_2-y_1)^2}$

$$=\sqrt{(1+k^2)\left[\frac{64k^4m^2}{(1+4k^2)^2}-\frac{4(4k^2m^2-4)}{1+4k^2}\right]}=\frac{4\sqrt{3}\,|m|}{m^2+3}.$$

这是因为 $1+k^2=m^2k^2, k^2=m^2k^2-1$,

$$\therefore \sqrt{m^2k^2\left[\frac{64k^4m^2}{(1+4k^2)^2}-\frac{16k^2}{1+4k^2}\right]}=|mk|\sqrt{\frac{64k^2(k^2+1)-64k^4-16k^2}{(1+4k^2)^2}}$$

$$=\frac{4\sqrt{3}\,|m|\,k^2}{1+4k^2}=\frac{4\sqrt{3}\,|m|}{m^2+3},$$

由于当 $m=\pm 3$ 时, $|AB|=\sqrt{3}$,

所以 $|AB|=\frac{4\sqrt{3}\,|m|}{m^2+3}, m\in(-\infty,-1]\cup[1,+\infty)$.

因为 $|AB|=\frac{4\sqrt{3}\,|m|}{m^2+3}=\frac{4\sqrt{3}}{|m|+\frac{3}{|m|}}\leqslant 2$,

且当 $m=\pm\sqrt{3}$ 时, $|AB|=2$,所以 $|AB|$ 的最大值为 2.

点评:最值问题函数化的体现,能用均值不等式求解体现了试题解法的多样性和选择性,有利于不同层次的学生发挥,体现了高考试题的选拔功能.

探究一类椭圆内接四边形面积的取值范围

内容提要

本文着重探究了对角线互相垂直，且交点在椭圆长轴上的椭圆内接四边形面积的取值范围问题.由此得出的结论是：椭圆中这一类内接四边形面积的最值问题较为复杂，并非都在“对角线的斜率等于± 1或斜率$k=0$或斜率不存在”的条件下取得最值，而是与对角线的交点$M(m,0)$在长轴上所处的位置有关，结论的呈现有六种重要的情形.其中三种特殊的函数都能用均值不等式求解最大(小)值，较为适合高考数学科考试的要求，也可作为平时教学和测试练习素材，更具一般性的问题可供竞赛命题者参考.从而使我们对这一类问题有了较为清晰的认识，以便在高中数学教学中适度拓展，灵活选择，使不同层次的学生得到不同的数学发展.

【2007 年普通高等学校招生全国统一考试理科数学 21 题】

已知椭圆$\frac{x^2}{3}+\frac{y^2}{2}=1$的左，右焦点分别为$F_1$，$F_2$.过$F_1$的直线交椭圆于$B$，$D$两点，过$F_2$的直线交椭圆于$A$，$C$两点，且$AC\perp BD$，垂足为$P$.

(Ⅰ)设P点的坐标为(x_0,y_0)，证明：$\frac{x_0^2}{3}+\frac{y_0^2}{2}<1$；

(Ⅱ)求四边形$ABCD$的面积的最小值.

在众多圆锥曲线的高考试题中，我对此题情有独钟，在教学中常常应用，作为最值问题的经典案例进行分析，供学生学习.为了下文的展开，摘录本题(Ⅱ)问的结论如下：

$$S=\frac{1}{2}|BD||AC|=\frac{24(k^2+1)^2}{(3k^2+2)(2k^2+3)}\geqslant\frac{24(k^2+1)^2}{\left[\frac{(3k^2+2)+(2k^2+3)}{2}\right]^2}$$

$=\frac{96}{25}$.

又 $S=\frac{24(k^2+1)^2}{(3k^2+2)(2k^2+3)}\geqslant\frac{24(k^2+1)^2}{6k^4+13k^2+6}=\frac{24(k^2+1)^2}{6(k^2+1)^2+k^2}$

$\leqslant\frac{24(k^2+1)^2}{6(k^2+1)^2}=4$

综上,$\frac{96}{25}\leqslant S\leqslant 4$,

当 $k^2=1$ 时,S 取最小值;当 BD 的斜率 $k=0$ 或斜率不存在时,S 取最大值 4.

事实上,此题的原型是两条对角线过同一焦点的情形,把其中一条不动,另一条平移至过另一个焦点,由椭圆的对称性可知其长度不变.

从结果来看,本题中四边形 $ABCD$ 的面积的最值是在两种特殊情形下取得的,即"直线 BD 的斜率 $k=\pm1$ 和 BD 的斜率 $k=0$ 或斜率不存在".我们自然地会想,如果两条互相垂直的直线的交点不是椭圆的焦点,而是椭圆长轴上的其他点,结果又将如何?带着这样思考,笔者进行了如下探究,现将探究的结果呈现于此,供同行参考.

为使这一问题的研究更具推广价值,以下将问题一般化,即

题目 已知椭圆$\frac{x^2}{a^2}+\frac{y^2}{b^2}=1(a>b>0)$,过点 $M(m,0)(-a<m<a)$ 的两条互相垂直的动直线分别交椭圆于 A,C 两点和 B,D 两点,且 $AC\perp BD$.求四边形 $ABCD$ 的面积的取值范围.

解析:(ⅰ)当 BD 的斜率 $k=0$ 或斜率不存在时,四边形 $ABCD$ 的面积

$S=2b\sqrt{a^2-m^2}$.

(ⅱ)当 BD 的斜率 k 存在且 $k\neq0$ 时,BD 的方程为 $y=k(x-m)$,代入椭圆方程$\frac{x^2}{a^2}+\frac{y^2}{b^2}=1$,并化简得$(b^2+a^2k^2)x^2-2a^2mk^2x+a^2m^2k^2-a^2b^2=0$,

$\Delta_1=4a^4m^2k^4-4(b^2+a^2k^2)(a^2m^2k^2-a^2b^2)$

$=4a^2b^2(b^2-m^2k^2+a^2k^2)=4a^2b^2[b^2+(a^2-m^2)k^2]$,

设 $B(x_1,y_1)$,$D(x_2,y_2)$,则

$x_1+x_2=\dfrac{2a^2mk^2}{b^2+a^2k^2}, x_1x_2=\dfrac{a^2m^2k^2-a^2b^2}{b^2+a^2k^2}$,

$$|BD|=\sqrt{1+k^2}\,|x_1-x_2|=\sqrt{(1+k^2)[(x_2+x_2)^2-4x_1x_2]}$$

$$=\frac{2ab\sqrt{1+k^2}\sqrt{b^2+(a^2-m^2)k^2}}{b^2+a^2k^2},$$

因为 AC 与 BC 相交于点 M，且 AC 的斜率为 $-\dfrac{1}{k}$，

所以，$|AC|=\dfrac{2ab\sqrt{1+k^2}\sqrt{b^2k^2+a^2-m^2}}{a^2+b^2k^2}$，

四边形 $ABCD$ 的面积

$$S=\frac{1}{2}|BD||AC|=\frac{2a^2b^2(1+k^2)\sqrt{b^2+(a^2-m^2)k^2}\sqrt{b^2k^2+a^2-m^2}}{(a^2+b^2k^2)(b^2+a^2k^2)}.$$

以上我们首先得到了四边形 $ABCD$ 的面积 S 关于斜率 k 的函数表达式，以下重点探究这一函数的值域求解.

首先研究两种特殊情况：

1. 两对角线交点为原点 O：

当 $m=0$ 时，

$$S=\frac{2a^2b^2(1+k^2)\sqrt{b^2+a^2k^2}\sqrt{b^2k^2+a^2}}{(a^2+b^2k^2)(b^2+a^2k^2)}=\frac{2a^2b^2(1+k^2)}{\sqrt{b^2+a^2k^2}\sqrt{b^2k^2+a^2}},$$

又因为 $\sqrt{b^2+a^2k^2}\sqrt{b^2k^2+a^2}\leqslant\dfrac{(b^2+a^2k^2)+(b^2k^2+a^2)}{2}$

$$=\frac{(a^2+b^2)(k^2+1)}{2},$$

所以，$S\geqslant\dfrac{2a^2b^2(1+k^2)}{\dfrac{(a^2+b^2)(1+k^2)}{2}}=\dfrac{4a^2b^2}{a^2+b^2}$，

当且仅当 $k=\pm1$ 时，等号成立.

又 $S=\dfrac{2a^2b^2(1+k^2)}{\sqrt{a^2b^2k^4+(a^4+b^4)k^2+a^2b^2}}$，

其中 $a^4+b^4>2a^2b^2$，

所以 $S=\dfrac{2a^2b^2(1+k^2)}{\sqrt{a^2b^2k^4+(a^4+b^4)k^2+a^2b^2}}<\dfrac{2a^2b^2(1+k^2)}{ab\sqrt{k^4+2k^2+1}}=2ab$,

综上,$\dfrac{4a^2b^2}{a^2+b^2}\leqslant S\leqslant 2ab$.

2. 两对角线交点为焦点 F:

当 $m=c$ 时,$S=\dfrac{2a^2b^4(1+k^2)^2}{(a^2+b^2k^2)(b^2+a^2k^2)}$,

$$又(b^2+a^2k^2)(b^2k^2+a^2)\leqslant\left[\frac{(b^2+a^2k^2)+(b^2k^2+a^2)}{2}\right]^2$$

$$=\frac{(a^2+b^2)^2(k^2+1)^2}{4},$$

$$所以,S\geqslant\frac{2a^2b^4(1+k^2)^2}{\dfrac{(a^2+b^2)^2(1+k^2)^2}{4}}=\frac{8a^2b^4}{(a^2+b^2)^2},$$

当且仅当 $k=\pm1$ 时,等号成立.

$$又\ S=\frac{2b^2(1+k^2)^2}{k^4+\dfrac{a^4+b^4}{a^2b^2}k^2+1},$$

其中 $a^4+b^4>2a^2b^2$,$a^4+b^4>2a^2b^2\Leftrightarrow\dfrac{a^4+b^4}{a^2b^2}>2$,

$$所以,S=\frac{2b^2(1+k^2)^2}{k^4+\dfrac{a^4+b^4}{a^2b^2}k^2+1}<\frac{2b^2(1+k^2)^2}{k^4+2k^2+1}=2b^2.$$

综上,$\dfrac{8a^2b^4}{(a^2+b^2)^2}\leqslant S\leqslant 2b^2$.

其次进行一般情形的探究:

由令 $S=\dfrac{1}{2}\cdot|BD||AC|$

$$=\frac{2a^2b^2(1+k^2)\sqrt{b^2+(a^2-m^2)k^2}\sqrt{b^2k^2+a^2-m^2}}{(a^2+b^2k^2)(b^2+a^2k^2)},$$

令 $k^2+1=t$,$t>1$,则

$$S=\frac{2a^2b^2t\sqrt{b^2+m^2-a^2+(a^2-m^2)t}\sqrt{b^2t+a^2-b^2-m^2}}{(b^2t+a^2-b^2)(a^2t+b^2-a^2)}$$

$$=\frac{2a^2b^2\sqrt{\frac{m^2-c^2}{t}+a^2-m^2}\sqrt{b^2+\frac{c^2-m^2}{t}}}{(b^2+\frac{c^2}{t})(a^2-\frac{c^2}{t})},$$

再令$\frac{1}{t}=r(0<r<1)$，则

$$S=\frac{2a^2b^2\sqrt{(m^2-c^2)r+a^2-m^2}\sqrt{b^2+(c^2-m^2)r}}{(b^2+c^2r)(a^2-c^2r)}$$

$$=\frac{2a^2b^2\sqrt{-(m^2-c^2)^2r^2+(m^2-c^2)^2r+(a^2-m^2)b^2}}{-c^4r^2+c^4r+a^2b^2}$$

$$=\frac{2a^2b^2\mid m^2-c^2\mid}{c^4}\times\frac{\sqrt{-r^2+r+\frac{(a^2-m^2)b^2}{(m^2-c^2)^2}}}{-r^2+r+\frac{(a^2-m^2)b^2}{(m^2-c^2)^2}-\frac{(a^2-m^2)b^2}{(m^2-c^2)^2}+\frac{a^2b^2}{c^4}}$$

$$=\frac{2a^2b^2\mid m^2-c^2\mid}{c^4}\times\frac{\sqrt{-r^2+r+\frac{(a^2-m^2)b^2}{(m^2-c^2)^2}}}{-r^2+r+\frac{(a^2-m^2)b^2}{(m^2-c^2)^2}+\frac{(a^2m^4-2a^2m^2c^2+m^2c^4)b^2}{c^4(m^2-c^2)^2}}$$

$$=\frac{2a^2b^2\mid m^2-c^2\mid}{c^4}$$

$$\times\frac{1}{\sqrt{-r^2+r+\frac{(a^2-m^2)b^2}{(m^2-c^2)^2}}+\frac{(a^2m^4-2a^2m^2c^2+m^2c^4)b^2}{c^4(m^2-c^2)^2\sqrt{-r^2+r+\frac{(a^2-m^2)b^2}{(m^2-c^2)^2}}}}.$$

由 $a^2m^4-2a^2m^2c^2+m^2c^4=0$ 得，$c^2<m^2=\frac{2a^2c^2-c^4}{a^2}<a^2$，即

$m=\pm c\sqrt{2-e^2}$，其中 $e=\frac{c}{a}$.

不妨取 $m=c\sqrt{2-e^2}$，

(1) 当 $m=c\sqrt{2-e^2}$ 时，$S=\frac{2a^2b^2\mid m^2-c^2\mid}{c^4\sqrt{-r^2+r+\frac{(a^2-m^2)b^2}{(m^2-c^2)^2}}}$，

此时 $m^2-c^2=\frac{c^2b^2}{a^2}$，$a^2-m^2=\frac{b^4}{a^2}$，即

$$S=\frac{2c^2b^4}{c^4\sqrt{-r^2+r+\frac{a^2b^2}{c^4}}}=\frac{2b^4}{c^2\sqrt{-(r-\frac{1}{2})^2+\frac{1}{4}+\frac{a^2b^2}{c^4}}}$$

$$=\frac{2b^4}{c^2\sqrt{-(r-\frac{1}{2})^2+\frac{c^4+4a^2b^2}{4c^4}}}=\frac{2b^4}{c^2\sqrt{-(r-\frac{1}{2})^2+\frac{(a^2+b^2)^2}{4c^4}}},$$

因为$\frac{a^2b^2}{c^4}<-(r-\frac{1}{2})^2+\frac{(a^2+b^2)^2}{4c^4}\leqslant\frac{(a^2+b^2)^2}{4c^4}$，

$$\frac{ab}{c^2}<\sqrt{-(r-\frac{1}{2})^2+\frac{(a^2+b^2)^2}{4c^4}}\leqslant\frac{a^2+b^2}{2c^2},$$

$$ab<c^2\sqrt{-(r-\frac{1}{2})^2+\frac{(a^2+b^2)^2}{4c^4}}\leqslant\frac{a^2+b^2}{2},$$

$$\frac{2}{a^2+b^2}\leqslant\frac{1}{c^2\sqrt{-(r-\frac{1}{2})^2+\frac{(a^2+b^2)^2}{4c^4}}}<\frac{1}{ab},$$

所以，$\frac{4b^4}{a^2+b^2}\leqslant\frac{2b^4}{c^2\sqrt{-(r-\frac{1}{2})^2+\frac{(a^2+b^2)^2}{4c^4}}}<\frac{2b^3}{a}$，

综上，$\frac{4b^4}{a^2+b^2}\leqslant S\leqslant\frac{2b^3}{a}$.

(2) 当 $0<m<c\sqrt{2-e^2}$ 时，$a^2m^4-2a^2m^2c^2+m^2c^4<0$，

设 $u=\sqrt{-r^2+r+\frac{(a^2-m^2)b^2}{(m^2-c^2)^2}}$，则

$$\frac{b\sqrt{a^2-m^2}}{|m^2-c^2|}<u\leqslant\frac{\sqrt{m^4-2m^2c^2+c^4+4a^2b^2-4b^2m^2}}{2|m^2-c^2|},$$

又$m^4-2m^2c^2+c^4+4a^2b^2-4b^2m^2=m^4-2m^2(c^2+b^2)+(a^2-b^2)^2+4a^2b^2-2b^2m^2=m^4-2m^2(a^2+b^2)+(a^2+b^2)^2=(a^2+b^2-m^2)^2$，即

$$\frac{b\sqrt{a^2-m^2}}{|m^2-c^2|}<u\leqslant\frac{a^2+b^2-m^2}{2|m^2-c^2|},$$

此时，函数$y=u+\frac{(a^2m^4-2a^2m^2c^2+m^2c^4)b^2}{c^4(m^2-c^2)^2u}$在区间$\left(\frac{b\sqrt{a^2-m^2}}{|m^2-c^2|},\frac{a^2+b^2-m^2}{2|m^2-c^2|}\right]$上

是增函数，则

$$y>\frac{b\sqrt{a^2-m^2}}{|m^2-c^2|}+\frac{(a^2m^4-2a^2m^2c^2+m^2c^4)b^2}{c^4(m^2-c^2)^2\dfrac{b\sqrt{a^2-m^2}}{|m^2-c^2|}}=\frac{a^2b\,|m^2-c^2|}{c^4\sqrt{a^2-m^2}},$$

$$\frac{1}{y}<\frac{c^4\sqrt{a^2-m^2}}{a^2b\,|m^2-c^2|},$$

所以 $S<\dfrac{2a^2b^2\,|m^2-c^2|}{c^4}\times\dfrac{c^4\sqrt{a^2-m^2}}{a^2b\,|m^2-c^2|}=2b\sqrt{a^2-m^2}$，

$$y\leqslant\frac{a^2+b^2-m^2}{2|m^2-c^2|}+\frac{(a^2m^4-2a^2m^2c^2+m^2c^4)b^2}{c^4(m^2-c^2)^2\dfrac{a^2+b^2-m^2}{2|m^2-c^2|}}$$

$$=\frac{a^2+b^2-m^2}{2|m^2-c^2|}+\frac{2(a^2m^4-2a^2m^2c^2+m^2c^4)b^2}{c^4|m^2-c^2|(a^2+b^2-m^2)}$$

$$=\frac{c^4(a^2+b^2-m^2)^2+4a^2b^2m^4-8a^2b^2m^2c^2+4m^2b^2c^4}{2c^4|m^2-c^2|(a^2+b^2-m^2)},$$

又因为$c^4(a^2+b^2-m^2)^2+4a^2b^2m^4-8a^2b^2m^2c^2+4m^2b^2c^4$

$=c^4(a^2+b^2)^2-2c^4(a^2+b^2)m^2+c^4m^4+4a^2b^2m^4-8a^2b^2m^2c^2+4m^2b^2c^4$

$=c^4(a^2+b^2)^2-2c^4a^2m^2-2c^4b^2m^2+(c^4+4a^2b^2)m^4-8a^2b^2m^2c^2+4m^2b^2c^4$

$=c^4(a^2+b^2)^2+(a^2+b^2)^2m^4-2m^2c^2(4a^2b^2-c^2a^2+c^2b^2)$

$=c^4(a^2+b^2)^2+(a^2+b^2)^2m^4-2m^2c^2(a^2+b^2)^2=(a^2+b^2)^2(m^2-c^2)^2$，

所以$y\leqslant\dfrac{(m^2-c^2)^2(a^2+b^2)^2}{2c^4|m^2-c^2|(a^2+b^2-m^2)}=\dfrac{|m^2-c^2|(a^2+b^2)^2}{2c^4(a^2+b^2-m^2)}$，

$$\frac{1}{y}\geqslant\frac{2c^4(a^2+b^2-m^2)}{|m^2-c^2|(a^2+b^2)^2},$$

$$S\geqslant\frac{2a^2b^2\,|m^2-c^2|}{c^4}\times\frac{2c^4(a^2+b^2-m^2)}{|m^2-c^2|(a^2+b^2)^2}=\frac{4a^2b^2(a^2+b^2-m^2)}{(a^2+b^2)^2},$$

综上，$\dfrac{4a^2b^2(a^2+b^2-m^2)}{(a^2+b^2)^2}\leqslant S\leqslant 2b\sqrt{a^2-m^2}$.

(3) 当 $c\sqrt{2-e^2}<m<a$ 时，$a^2m^4-2a^2m^2c^2+m^2c^4>0$，

（ⅰ）当$\frac{b\sqrt{a^2m^4-2a^2m^2c^2+m^2c^4}}{c^2(m^2-c^2)}\leqslant\frac{b\sqrt{a^2-m^2}}{|m^2-c^2|}$，即

$\sqrt{a^2m^4-2a^2m^2c^2+m^2c^4}\leqslant c^2\sqrt{a^2-m^2}\Leftrightarrow a^2m^4-2a^2m^2c^2+m^2c^4$

$\leqslant c^4a^2-c^4m^2$

$\Leftrightarrow a^2m^4+(2c^4-2a^2c^2)m^2-c^4a^2\leqslant 0\Leftrightarrow a^2m^4+2c^2b^2m^2-c^4a^2\leqslant 0$，

上式对应的 $\Delta_2=4c^4b^4+4a^4c^4$，

所以方程 $a^2m^4+2c^2b^2m^2-c^4a^2=0$ 的解为

$$m^2=\frac{2c^2b^2\pm\sqrt{4a^4c^4+4b^4c^4}}{2a^2}=\frac{c^2b^2\pm c^2\sqrt{a^4+b^4}}{a^2},$$

依题，$m^2=\frac{c^2b^2+c^2\sqrt{a^4+b^4}}{a^2}=\frac{a^2c^2}{\sqrt{a^4+b^4}-b^2}$，

即 $c\sqrt{2-e^2}<m\leqslant\frac{ac}{\sqrt{\sqrt{a^4+b^4}-b^2}}$ 时，

函数 $y=u+\frac{(a^2m^4-2a^2m^2c^2+m^2c^4)b^2}{c^4(m^2-c^2)^2u}$ 在区间$\left(\frac{b\sqrt{a^2-m^2}}{|m^2-c^2|},\frac{a^2+b^2-m^2}{2|m^2-c^2|}\right]$上是增函数，结论同(2)；

（ⅱ）当 $\frac{b\sqrt{a^2m^4-2a^2m^2c^2+m^2c^4}}{c^2(m^2-c^2)}\geqslant\frac{a^2+b^2-m^2}{2|m^2-c^2|}$ 时，函数 $y=u+\frac{(a^2m^4-2a^2m^2c^2+m^2c^4)b^2}{c^4(m^2-c^2)^2u}$ 在区间$\left(\frac{b\sqrt{a^2-m^2}}{|m^2-c^2|},\frac{a^2+b^2-m^2}{2|m^2-c^2|}\right]$上是减函数，则

$2b\sqrt{a^2-m^2}\leqslant S\leqslant\frac{4a^2b^2(a^2+b^2-m^2)}{(a^2+b^2)^2}$；

由$\frac{\sqrt{a^2m^4-2a^2m^2c^2+m^2c^4}\,b}{c^2(m^2-c^2)}\geqslant\frac{a^2+b^2-m^2}{2|m^2-c^2|}$得，

$2b\sqrt{a^2m^4-2a^2m^2c^2+m^2c^4}\geqslant c^2(a^2+b^2-m^2)$

$\Leftrightarrow 4b^2(a^2m^4-2a^2m^2c^2+m^2c^4)\geqslant c^4(a^2+b^2-m^2)^2$

$\Leftrightarrow 4a^2b^2m^4-8a^2b^2m^2c^2+4b^2c^4m^2\geqslant c^4[(a^2+b^2)^2-2(a^2+b^2)m^2+m^4]$

$\Leftrightarrow(4a^2b^2-c^4)m^4+[2c^4(a^2+b^2)-8a^2b^2c^2+4b^2c^4]m^2-c^4(a^2+b^2)^2\geqslant 0$ ①

1°. 当 $4a^2b^2-c^4=0$ 时，由

$4a^2b^2-c^4=0\Leftrightarrow c^4-4a^2b^2=0\Leftrightarrow(a^2-b^2)^2-4a^2b^2=0$

$\Leftrightarrow a^4+b^4-6a^2b^2=0\Leftrightarrow\dfrac{a^2}{b^2}+\dfrac{b^2}{a^2}-6=0$,

令 $t=\dfrac{a^2}{b^2}(t>1)$,则 $t+\dfrac{1}{t}-6=0\Leftrightarrow t^2+6t-1=0$,

解得 $t=3+2\sqrt{2}$,即 $a^2=(3+2\sqrt{2})b^2$,

此时,不等式①变为$[2c^4(a^2+b^2)-8a^2b^2c^2+4b^2c^4]m^2-c^4(a^2+b^2)^2\geqslant0$,即

$[2c^2(a^2+b^2)-8a^2b^2+4b^2c^2]m^2\geqslant c^2(a^2+b^2)^2$

$\Leftrightarrow[2(a^2-b^2)(a^2+b^2)-8a^2b^2+4b^2(a^2-b^2)]m^2\geqslant(a^2-b^2)(a^2+b^2)^2$

$\Leftrightarrow[2(a^2-b^2)(a^2+b^2)-4b^2(a^2+b^2)]m^2\geqslant(a^2-b^2)(a^2+b^2)^2$

$\Leftrightarrow2(a^2-3b^2)(a^2+b^2)m^2\geqslant(a^2-b^2)(a^2+b^2)^2$

$\Leftrightarrow2(a^2-3b^2)m^2\geqslant(a^2-b^2)(a^2+b^2)$②

又 $a^2-b^2=(2+2\sqrt{2})b^2$,$a^2+b^2=(4+2\sqrt{2})b^2$,$a^2-3b^2=2\sqrt{2}b^2$

所以,②式变为

$4\sqrt{2}b^2m^2\geqslant(2+2\sqrt{2})(4+2\sqrt{2})b^4\Leftrightarrow m^2\geqslant\dfrac{(1+\sqrt{2})(2+\sqrt{2})}{\sqrt{2}}b^2$

$\Leftrightarrow m^2\geqslant(3+2\sqrt{2})b^2=a^2$,

这与已知条件 $m^2<a^2$ 矛盾.

2°.当 $4a^2b^2-c^4>0$ 时,由

$4a^2b^2-c^4>0\Leftrightarrow c^4-4a^2b^2<0$

$\Leftrightarrow(a^2-b^2)^2-4a^2b^2<0\Leftrightarrow a^4+b^4-6a^2b^2<0\Leftrightarrow\dfrac{a^2}{b^2}+\dfrac{b^2}{a^2}-6<0$,

令 $t=\dfrac{a^2}{b^2}(t>1)$,则 $t+\dfrac{1}{t}-6<0\Leftrightarrow t^2+6t-1<0$,解得 $1<t<3+2\sqrt{2}$,

即 $a^2<(3+2\sqrt{2})b^2$,$a<(1+\sqrt{2})b$.

$\Delta_3=[2c^4(a^2+b^2)-8a^2b^2c^2+4b^2c^4]^2+4(4a^2b^2-c^4)c^4(a^2+b^2)^2$

$=4c^4[c^4(a^2+b^2)^2+16a^4b^4+4b^4c^4-8a^2b^2c^2(a^2+b^2)-16a^2b^4c^2+4(a^2$

$+b^2)b^2c^4+4a^2b^2(a^2+b^2)^2-c^4(a^2+b^2)^2]$

$$= 16b^2c^4[b^2c^4 + 4a^4b^2 + c^4(a^2+b^2) - 4a^2b^2c^2 - 2a^2(a^2+b^2)c^2 + a^2(a^2+b^2)^2]$$

$$= 16b^2c^4[b^2(a^4-2a^2b^2+b^4) + 4a^4b^2 + (a^2-b^2)^2(a^2+b^2) - 4a^2b^2(a^2-b^2) - 2a^2(a^4-b^4) + a^2(a^2+b^2)^2]$$

$$= 16b^2c^4[b^2a^4 - 2a^2b^4 + b^6 + 4a^4b^2 + a^6 - a^4b^2 - a^2b^4 + b^6 - 4a^4b^2 + 4a^2b^4 - 2a^6 + 2a^2b^4 + a^6 + 2a^4b^2 + a^2b^4] = 16b^2c^4[2b^6 + 4a^2b^4 + 2a^4b^2]$$

$$= 32b^4c^4(b^4+2a^2b^2+a^4) = 32b^4c^4(a^2+b^2)^2.$$

所以,方程

$(4a^2b^2-c^4)m^4 + [2c^4(a^2+b^2) - 8a^2b^2c^2 + 4b^2c^4]m^2 - c^4(a^2+b^2)^2 = 0$ 根为

$$m^2 = \frac{-[2c^4(a^2+b^2) - 8a^2b^2c^2 + 4b^2c^4] \pm \sqrt{32b^4c^4(a^2+b^2)^2}}{2(4a^2b^2-c^4)}$$

$$= \frac{-[2c^4(a^2+b^2) - 8a^2b^2c^2 + 4b^2c^4] \pm 4\sqrt{2}b^2c^2(a^2+b^2)}{2(4a^2b^2-c^4)}$$

$$= \frac{-c^4(a^2+b^2) + 4a^2b^2c^2 - 2b^2c^4 \pm 2\sqrt{2}b^2(a^4-b^4)}{4a^2b^2-c^4}$$

$$= \frac{-(a^2-b^2)^2(a^2+b^2) + 4a^2b^2(a^2-b^2) - 2b^2(a^2-b^2)^2 \pm 2\sqrt{2}b^2(a^4-b^4)}{4a^2b^2-c^4}$$

$$= \frac{(3b^2-a^2)(a^4-b^4) \pm 2\sqrt{2}b^2(a^4-b^4)}{4a^2b^2-c^4}$$

$$= \frac{[(3\pm2\sqrt{2})b^2-a^2](a^4-b^4)}{4a^2b^2-c^4}$$,则

不等式 ① 的解集为

$$m^2 \geqslant \frac{[(3+2\sqrt{2})b^2-a^2](a^4-b^4)}{4a^2b^2-c^4}$$

$$= \frac{[(3+2\sqrt{2})b^2-a^2](a^4-b^4)}{[(3+2\sqrt{2})b^2-a^2][a^2-(3-2\sqrt{2})b^2]} = \frac{a^4-b^4}{a^2-(3-2\sqrt{2})b^2},$$

即 $m^2 \geqslant \dfrac{a^4-b^4}{a^2-(3-2\sqrt{2})b^2}\left(\dfrac{a^4-b^4}{a^2-(3-2\sqrt{2})b^2} < a^2\right)$,

这是因为 $\dfrac{a^4-b^4}{a^2-(3-2\sqrt{2})b^2} < a^2 \Leftrightarrow a^4-b^4 < a^2[a^2-(3-2\sqrt{2})b^2]$

$\Leftrightarrow -b^4 < -(3-2\sqrt{2})a^2b^2$

$\Leftrightarrow b^2 > (3-2\sqrt{2})a^2 \Leftrightarrow (3+2\sqrt{2})b^2 > a^2$.

又$\dfrac{a^4-b^4}{a^2-(3-2\sqrt{2})b^2} > \dfrac{a^2c^2}{\sqrt{a^4+b^4}-b^2}$，这是因为

$\dfrac{a^4-b^4}{a^2-(3-2\sqrt{2})b^2} > \dfrac{a^2c^2}{\sqrt{a^4+b^4}-b^2}$,

$\dfrac{a^4-b^4}{a^2-(3-2\sqrt{2})b^2} > \dfrac{a^2c^2}{\sqrt{a^4+b^4}-b^2} \Leftrightarrow \dfrac{(a^2+b^2)(a^2-b^2)}{a^2-(3-2\sqrt{2})b^2} > \dfrac{a^2c^2}{\sqrt{a^4+b^4}-b^2}$

$\Leftrightarrow \dfrac{(a^2+b^2)c^2}{a^2-(3-2\sqrt{2})b^2} > \dfrac{a^2c^2}{\sqrt{a^4+b^4}-b^2} \Leftrightarrow \dfrac{a^2+b^2}{a^2-(3-2\sqrt{2})b^2} > \dfrac{a^2}{\sqrt{a^4+b^4}-b^2}$

$\Leftrightarrow \dfrac{a^2+b^2}{a^2-(3-2\sqrt{2})b^2} > \dfrac{\sqrt{a^4+b^4}+b^2}{a^2}$

$\Leftrightarrow a^4+a^2b^2 > [a^2-(3-2\sqrt{2})b^2](\sqrt{a^4+b^4}+b^2)$

$\Leftrightarrow a^4 > a^2\sqrt{a^4+b^4}-(3-2\sqrt{2})b^2\sqrt{a^4+b^4}-(3-2\sqrt{2})b^4$

$\Leftrightarrow a^4+(3-2\sqrt{2})b^4 > [a^2-(3-2\sqrt{2})b^2]\sqrt{a^4+b^4}$

$\Leftrightarrow [a^4+(3-2\sqrt{2})b^4]^2 > [a^2-(3-2\sqrt{2})b^2]^2(a^4+b^4)$

$\Leftrightarrow a^8+2(3-2\sqrt{2})a^4b^4+(17-12\sqrt{2})b^8 > [a^4-2(3-2\sqrt{2})a^2b^2$

$+(17-12\sqrt{2})b^4](a^4+b^4)$

$\Leftrightarrow a^8+2(3-2\sqrt{2})a^4b^4+(17-12\sqrt{2})b^8 > a^8-2(3-2\sqrt{2})a^6b^2$

$+(17-12\sqrt{2})a^4b^4+a^4b^4-2(3-2\sqrt{2})a^2b^6+(17-12\sqrt{2})b^8$

$\Leftrightarrow (12-8\sqrt{2})a^4b^4 < 2(3-2\sqrt{2})a^2b^2(a^4+b^4) \Leftrightarrow 2a^2b^2 < a^4+b^4$,

又 $a > b > 0$，所以 $a^4+b^4 > 2a^2b^2$.

综上，当 $c\sqrt{\dfrac{a^2+b^2}{a^2-(3-2\sqrt{2})b^2}} \leqslant m < a$ 时，

$2b\sqrt{a^2-m^2} \leqslant S \leqslant \dfrac{4a^2b^2(a^2+b^2-m^2)}{(a^2+b^2)^2}$.

3°. 当 $4a^2b^2-c^4 < 0$ 时，由 2°，知 $a^2 > (3+2\sqrt{2})b^2$，$a > (1+\sqrt{2})b$，

此时,不等式 ① 可变为

$(c^4-4a^2b^2)m^4-[2c^4(a^2+b^2)-8a^2b^2c^2+4b^2c^4]m^2+c^4(a^2+b^2)^2\leqslant 0$ ①′

解得$\dfrac{a^4-b^4}{a^2-(3-2\sqrt{2})b^2}\leqslant m^2\leqslant\dfrac{a^4-b^4}{a^2-(3+2\sqrt{2})b^2}$.

事实上,$a^4-b^4>a^2[a^2-(3-2\sqrt{2})b^2]\Leftrightarrow -b^4>-(3-2\sqrt{2})a^2b^2$

$\Leftrightarrow(3-2\sqrt{2})a^2>b^2\Leftrightarrow a^2>(3+2\sqrt{2})b^2$,

故不等式 ①′ 的解集为空集.

(ⅲ)当$\dfrac{b\sqrt{a^2-m^2}}{|m^2-c^2|}<\dfrac{b\sqrt{a^2m^4-2a^2m^2c^2+m^2c^4}}{c^2(m^2-c^2)}<\dfrac{a^2+b^2-m^2}{2|m^2-c^2|}$.

1°. 当 $4a^2b^2-c^4>0$ 时,由 $a^2m^4+2c^2b^2m^2-c^4a^2>0$,

解得,$m^2>\dfrac{a^2c^2}{\sqrt{a^4+b^4}-b^2}$,

由$(4a^2b^2-c^4)m^4+[2c^4(a^2+b^2)-8a^2b^2c^2+4b^2c^4]m^2-c^4(a^2+b^2)^2<0$,

解得,$m^2<\dfrac{a^4-b^4}{a^2-(3-2\sqrt{2})b^2}$,即$\dfrac{ac}{\sqrt{\sqrt{a^4+b^4}-b^2}}<m<c\sqrt{\dfrac{a^2+b^2}{a^2-(3-2\sqrt{2})b^2}}$,

此时,函数 $f(u)=u+\dfrac{(a^2m^4-2a^2m^2c^2+m^2c^4)b^2}{c^4(m^2-c^2)^2u}$ 在区间$\left(\dfrac{b\sqrt{a^2-m^2}}{|m^2-c^2|},\right.$ $\left.\dfrac{b\sqrt{a^2m^4-2a^2m^2c^2+m^2c^4}}{c^2(m^2-c^2)}\right]$上是减函数,在区间$\left[\dfrac{b\sqrt{a^2m^4-2a^2m^2c^2+m^2c^4}}{c^2(m^2-c^2)},\right.$ $\left.\dfrac{a^2+b^2-m^2}{2|m^2-c^2|}\right)$上是增函数,所以

$$\frac{2b\sqrt{a^2m^4-2a^2m^2c^2+m^2c^4}}{c^2(m^2-c^2)}\leqslant f(u)<\max\left\{f\left(\frac{b\sqrt{a^2-m^2}}{|m^2-c^2|}\right),f\left(\frac{a^2+b^2-m^2}{2|m^2-c^2|}\right)\right\},$$

$$\frac{1}{\max\left\{f\left(\frac{b\sqrt{a^2-m^2}}{|m^2-c^2|}\right),f\left(\frac{a^2+b^2-m^2}{2|m^2-c^2|}\right)\right\}}<\frac{1}{f(u)}$$

$$\leqslant\frac{c^2(m^2-c^2)}{2b\sqrt{a^2m^4-2a^2m^2c^2+m^2c^4}},$$

此时,$\max\left\{f\left(\dfrac{b\sqrt{a^2-m^2}}{|m^2-c^2|}\right),f\left(\dfrac{a^2+b^2-m^2}{2|m^2-c^2|}\right)\right\}=f\left(\dfrac{a^2+b^2-m^2}{2|m^2-c^2|}\right)$

$$=\frac{|m^2-c^2|(a^2+b^2)^2}{2c^4(a^2+b^2-m^2)}.$$

所以 $S=\frac{2a^2b^2|m^2-c^2|}{c^4}\times\frac{1}{f(u)}\leqslant\frac{2a^2b^2|m^2-c^2|}{c^4}\times\frac{c^2(m^2-c^2)}{2b\sqrt{a^2m^4-2a^2m^2c^2+m^2c^4}}$

$$=\frac{a^2b(m^2-c^2)^2}{c^2\sqrt{a^2m^4-2a^2m^2c^2+m^2c^4}},$$

$$S=\frac{2a^2b^2|m^2-c^2|}{c^4}\times\frac{1}{f(u)}>\frac{2a^2b^2|m^2-c^2|}{c^4}\times$$

$$\frac{2c^4(a^2+b^2-m^2)}{|m^2-c^2|(a^2+b^2)^2}=\frac{4a^2b^2(a^2+b^2-m^2)}{(a^2+b^2)^2},$$

综上，$\frac{4a^2b^2(a^2+b^2-m^2)}{(a^2+b^2)^2}\leqslant S\leqslant\frac{a^2b(m^2-c^2)^2}{c^2\sqrt{a^2m^4-2a^2m^2c^2+m^2c^4}}$.

2°. 当 $4a^2b^2-c^4<0$ 时，

$(4a^2b^2-c^4)m^4+[2c^4(a^2+b^2)-8a^2b^2c^2+4b^2c^4]m^2-c^4(a^2+b^2)^2<0$

$\Leftrightarrow(c^4-4a^2b^2)m^4-[2c^4(a^2+b^2)-8a^2b^2c^2+4b^2c^4]m^2+c^4(a^2+b^2)^2>0$,

解得，$m^2<\frac{a^4-b^4}{a^2-(3-2\sqrt{2})b^2}$ 或 $m^2>\frac{a^4-b^4}{a^2-(3+2\sqrt{2})b^2}$,

综上，$\frac{a^2c^2}{\sqrt{a^4+b^4}-b^2}<m^2<a^2$，即 $\frac{ac}{\sqrt{\sqrt{a^4+b^4}-b^2}}<m<a$,

由 1° 知 $2b\sqrt{a^2-m^2}\leqslant S\leqslant\frac{a^2b(m^2-c^2)^2}{c^2\sqrt{a^2m^4-2a^2m^2c^2+m^2c^4}}$.

由此可见，椭圆中这一类内接四边形面积的最值问题较为复杂，并非都在"直线 BD 的斜率 $k=\pm1$ 和 BD 的斜率 $k=0$ 或斜率不存在"的条件下取得最值，而是与点 $M(m,0)$ 在长轴上所处的位置有关，结论的呈现有多种情形，即

(1) 当 $m=0$ 时，$\frac{4a^2b^2}{a^2+b^2}\leqslant S\leqslant 2ab$；

(2) 当 $m=c$ 时，$\frac{8a^2b^4}{(a^2+b^2)^2}\leqslant S\leqslant 2b^2)$；.

(3) 当 $m=c\sqrt{2-e^2}c$ 时，$\frac{4b^4}{a^2+b^2}\leqslant S\leqslant\frac{2b^3}{a}$；

(4) 当 $0 < m < c\sqrt{2-e^2}$，或 $\dfrac{2a^2c^2-c^4}{a^2} < m^2 \leqslant \dfrac{b^2c^2+c^2\sqrt{a^4+b^4}}{a^2}$ 时，

$$\frac{4a^2b^2(a^2+b^2-m^2)}{(a^2+b^2)^2} \leqslant S \leqslant 2b\sqrt{a^2-m^2};$$

(5) 当 $c\sqrt{\dfrac{a^2+b^2}{a^2-(3-2\sqrt{2})b^2}} \leqslant m < a$ 时，

$$2b\sqrt{a^2-m^2} \leqslant S \leqslant \frac{4a^2b^2(a^2+b^2-m^2)}{(a^2+b^2)^2};$$

(6) 当 $\dfrac{ac}{\sqrt{\sqrt{a^4+b^4}-b^2}} < m < c\sqrt{\dfrac{a^2+b^2}{a^2-(3-2\sqrt{2})b^2}}$ 时，

$$\frac{4a^2b^2(a^2+b^2-m^2)}{(a^2+b^2)^2} \leqslant S \leqslant \frac{a^2b(m^2-c^2)^2}{c^2\sqrt{a^2m^4-2a^2m^2c^2+m^2c^4}}.$$

综上所述，椭圆中这一类内接四边形的面积的取值范围在 $m \in [0,a)$ 时的变化的关节点是点 $S\left(\dfrac{ac}{\sqrt{\sqrt{a^4+b^4}-b^2}},0\right)$ 和 $T\left(c\sqrt{\dfrac{a^2+b^2}{a^2-(3-2\sqrt{2})b^2}},0\right)$.

与此同时，三种特殊情形下的面积函数表达式较为简单，即

当 $m=0$ 时，$S=\dfrac{2a^2b^2(1+k^2)}{\sqrt{b^2+a^2k^2}\sqrt{b^2k^2+a^2}}$；

当 $m=c$ 时，$S=\dfrac{2a^2b^4(1+k^2)^2}{(a^2+b^2k^2)(b^2+a^2k^2)}$；

当 $m=c\sqrt{2-e^2}$ 时，$S=\dfrac{2a^2b^2\mid m^2-c^2\mid}{c^4\sqrt{-r^2+r+\dfrac{(a^2-m^2)b^2}{(m^2-c^2)^2}}}$.

以上函数都能用均值不等式求解最大(小)值，较为适合高考数学科考试的要求，也可作为平时教学和测试练习素材，更具一般性的问题可供竞赛命题者参考.

注：本文获“第十四届全国数学教育研究会2012年国际学术年会”论文评选二等奖，2012.07.

一个学习疑难问题的解决对策

题 1 【2009 年海淀一模文 19】

已知 $x\in[-1,1]$ 时，$f(x)=x^2-ax+\frac{a}{2}>0$ 恒成立，求实数 a 的取值范围.

策略：

1. 分离参数

由 $f(x)=x^2-ax+\frac{a}{2}>0$，得 $\left(x-\frac{1}{2}\right)a<x^2$，

(1) 当 $x=\frac{1}{2}$ 时，$a\in\mathbf{R}$；

(2) 当 $\frac{1}{2}<x\leqslant 1$ 时，$a<\frac{2x^2}{2x-1}$，设 $g(x)=\frac{2x^2}{2x-1}$，$g'(x)=\frac{4(x-1)x}{(2x-1)^2}\leqslant 0$，

函数 $g(x)$ 在 $\left(\frac{1}{2},1\right]$ 上为减函数，所以 $g(x)_{\min}=g(1)=2$，此时 $a<2$；

(3) 当 $-1\leqslant x<\frac{1}{2}$ 时，$a>\frac{2x^2}{2x-1}$，由于 $g'(x)=\frac{4(x-1)x}{(2x-1)^2}$，函数 $g(x)$ 在 $[-1,0]$ 上单调递增，在 $\left[0,\frac{1}{2}\right)$ 上单调递减，所以 $g(x)_{\max}=g(0)=0$，此时 $a>0$；

综上，$0<a<2$.

2. 获取必要条件，避免分类讨论

由 $\begin{cases}f(-1)>0,\\ f(1)>0.\end{cases}$ 得"$f(x)=x^2-ax+\frac{a}{2}>0$ 在区间 $[-1,1]$ 恒成立"的必要条件为："$-\frac{2}{3}<a<2$"，

又 $f(x)$ 的对称轴为 $x=\frac{a}{2}$，$-\frac{1}{3}<\frac{a}{2}<1$，所以 $\frac{a}{2}\in[-1,1]$，则

$f(x)_{\min}=f(\frac{a}{2})=-\frac{a^2}{4}+\frac{a}{2}>0$，解得 $0<a<2$，

故实数 a 的取值范围是 $(0,2)$.

3. 数形结合

对于不等式 $\left(x-\frac{1}{2}\right)a<x^2$ 来说，可设函数 $y=a\left(x-\frac{1}{2}\right)$ 与 $y=x^2$.

如图 7－19 所示，经验证，直线 $y=2x-1$ 恰为曲线 $y=x^2$ 在点 $(1,1)$ 处的切线方程，因此，要使直线 $y=a\left(x-\frac{1}{2}\right)$ 在区间 $[-1,1]$ 上处在曲线 $y=x^2$ 的下方，需满足条件 $0<a<2$.

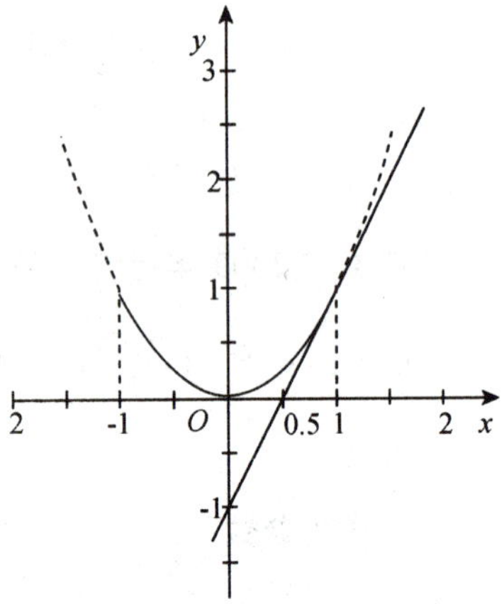

图 7－19

题 2 【2009 年海淀一模文 19】

已知函数 $f(x)$ 是定义在 $\mathbf{R}$ 上的奇函数，当 $x>0$ 时，$f(x)=2x^3+mx^2+(1-m)x$.

（Ⅰ）当 $m=2$ 时，求 $f(x)$ 的解析式；

（Ⅱ）设曲线 $y=f(x)$ 在 $x=x_0$ 处的切线斜率为 k，且对于任意的 $x_0\in[-1,1]$，$-1\leqslant k\leqslant 9$，求实数 m 的取值范围.

解：（Ⅰ）$\because f(x)$ 是定义在 $\mathbf{R}$ 上的奇函数，$\therefore f(0)=0$.

当 $x>0$ 时，$f(x)=2x^3+mx^2+(1-m)x$.

当 $x<0$ 时，$\because f(x)=-f(-x)$，

$$\begin{aligned}\therefore f(x)&=-(-2x^3+mx^2-(1-m)x)\\&=2x^3-mx^2+(1-m)x,\end{aligned}$$

$$\therefore f(x)=\begin{cases}2x^3+mx^2+(1-m)x & (x\geqslant 0)\\ 2x^3-mx^2+(1-m)x & (x<0)\end{cases}.$$

$$\therefore \text{当 } m=2 \text{ 时}, f(x)=\begin{cases}2x^3+2x^2-x & (x\geqslant 0)\\ 2x^3-2x^2-x & (x<0)\end{cases}.$$

(Ⅱ)由(Ⅰ)知 $f'(x)=\begin{cases}6x^2+2mx+(1-m) & (x\geqslant 0),\\ 6x^2-2mx+(1-m) & (x<0).\end{cases}$

又曲线 $y=f(x)$ 在 $x=x_0$ 处的切线斜率对任意的 $x_0\in[-1,1]$,总能不小于 -1 且不大于 9,则在任意 $x_0\in[-1,1]$ 时,$-1\leqslant f'(x)\leqslant 9$ 恒成立.

$\because f'(x)$ 是偶函数,$\therefore$ 对任意 $x_0\in(0,1]$ 时,$-1\leqslant f'(x_0)\leqslant 9$ 恒成立即可.

① 当 $-\dfrac{m}{6}<0$ 时,由题意得

$\begin{cases}f'(0)\geqslant -1,\\ f'(1)\leqslant 9.\end{cases}$ $\quad\therefore 0\leqslant m\leqslant 2$;

② 当 $0<-\dfrac{m}{6}\leqslant 1$ 时,$\begin{cases}f'\left(-\dfrac{m}{6}\right)\geqslant -1,\\ f'(0)\leqslant 9,\\ f'(1)\leqslant 9.\end{cases}$ $\quad\therefore -6\leqslant m<0$;

③ 当 $-\dfrac{m}{6}>1$ 时,$\therefore\begin{cases}f'(0)\leqslant 9,\\ f'(1)\geqslant -1.\end{cases}$ $\quad\therefore -8\leqslant m<6$.

综合 ①②③,得 $-8\leqslant m\leqslant 2$,$\therefore$ 实数 m 的取值范围是 $[-8,2]$.

关于(Ⅱ)问的突破策略探究:

(1) 分离参数:

在任意 $x_0\in[0,1]$ 时,$-1\leqslant f'(x_0)\leqslant 9$ 恒成立,即

$-1\leqslant 6x_0^2+2mx_0+(1-m)\leqslant 9$,亦即

$$-6x_0^2-2\leqslant(2x_0-1)m\leqslant -6x_0^2+8 \quad ①$$

① 当 $x_0=\dfrac{1}{2}$ 时,$m\in\mathbf{R}$;

② 当 $\dfrac{1}{2}<x_0\leqslant 1$ 时,不等式 ① 变为 $\dfrac{-6x_0^2-2}{2x_0-1}\leqslant m\leqslant\dfrac{-6x_0^2+8}{2x_0-1}$,

设 $g(x_0)=\dfrac{-6x_0^2+8}{2x_0-1}$,$g'(x_0)=\dfrac{-12x_0^2+12x_0-16}{(2x_0-1)^2}=\dfrac{-4(x_0^2-3x_0+4)}{(2x_0-1)^2}<0$,函数 $g(x_0)$ 在 $\left(\dfrac{1}{2},1\right]$ 上为减函数,所以 $g(x_0)_{\min}=g(1)=2$,此时 $m\leqslant 2$,

设 $q(x_0)=\dfrac{-6x_0^2-2}{2x_0-1}$，$q'(x_0)=\dfrac{-12x_0^2+12x_0+4}{(2x_0-1)^2}=\dfrac{-12x_0(x_0-1)+4}{(2x_0-1)^2}>0$，函数 $q(x_0)$ 在 $\left(\dfrac{1}{2},1\right]$ 上为增函数，所以 $q(x_0)_{\max}=q(1)=-8$，此时 $m\geqslant -8$；

此时，$-8\leqslant m\leqslant 2$.

③ 当 $0\leqslant x_0<\dfrac{1}{2}$ 时，不等式 ① 变为 $\dfrac{-6x_0^2+8}{2x_0-1}\leqslant m\leqslant\dfrac{-6x_0^2-2}{2x_0-1}$，

由 ② 知，函数 $g(x_0)$ 在 $\left[0,\dfrac{1}{2}\right)$ 上为减函数，所以 $g(x_0)_{\max}=g(0)=-8$，则 $m\geqslant -8$，函数 $q(x_0)$ 在 $\left[0,\dfrac{1}{2}\right)$ 上为增函数，所以 $q(x_0)_{\min}=q(0)=2$，则 $m\leqslant 2$.

此时，$-8\leqslant m\leqslant 2$.

综上所述，实数 m 的取值范围是 $[-8,2]$.

(2) 数形结合（肖冰洁）：

对于不等式 $-6x_0^2-2\leqslant(2x_0-1)m\leqslant -6x_0^2+8$ 做如下考虑：

分别设三个函数 $y=-6x_0^2-2$，$y=-6x_0^2+8$ 与 $y=2m\left(x_0-\dfrac{1}{2}\right)$，则要是过定点的直线系 $y=2m\left(x_0-\dfrac{1}{2}\right)$ 在区间 $[0,1]$ 上处在抛物线弧段 $y=-6x_0^2+8$ 的下方，处在抛物线弧段 $y=-6x_0^2-2$ 的上方，如图 7－20 所示，应满足 $k_{CD}\leqslant 2m\leqslant k_{AB}$，

即 $-16\leqslant 2m\leqslant 4$，解得 $-8\leqslant m\leqslant 2$，

经验证，过点 $(0,8)$ 且与抛物线 $y=-6x_0^2-2$ 相切的直线的切点应满足 $x_0^2=\dfrac{5}{3}>1$，故 $-8\leqslant m\leqslant 2$ 符合题意.

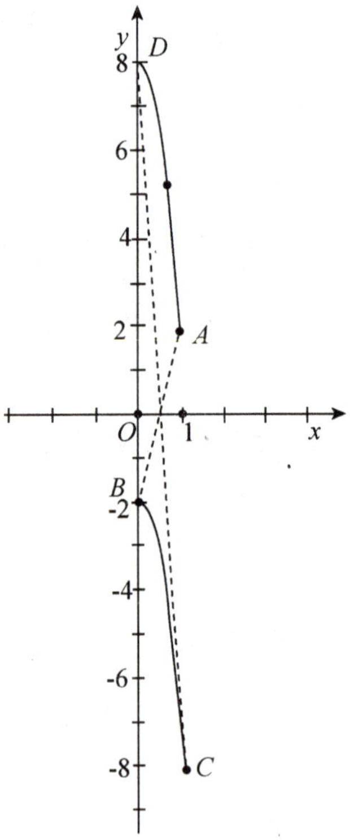

图 7－20

综上所述，实数 m 的取值范围是 $[-8,2]$.

(3) 由必要到充要条件（黄信）：

不等式①在区间[0,1]上恒成立的必要条件是

$-6\times1^2-2\leqslant(2\times1-1)m\leqslant-6\times1^2+8$,即$-8\leqslant m\leqslant2$,

反过来,再证$-8\leqslant m\leqslant2$为不等式①在区间[0,1]上恒成立充分条件.

将不等式①变为$0\leqslant(2x_0-1)m+6x_0^2+2\leqslant10$,

设$t(m)=(2x_0-1)m+6x_0^2+2$,

$t(2)=6x_0^2+4x_0,x_0\in[0,1]$,所以$0\leqslant t(2)\leqslant10$,

$t(-8)=6x_0^2-16x_0+10x_0\in[0,1]$,所以$0\leqslant t(-8)\leqslant10$,

所以$0\leqslant t(m)\leqslant10$,即不等式①在区间[0,1]上恒成立.

综上所述,实数m的取值范围是$[-8,2]$.

参考文献

[1] 石亮.一个学习疑难问题的成因分析[J].数学通报,2010.7.

源于课本　体现能力立意的一道数学选择题

高考数学科考试说明知识要求由低到高分为了解、理解、掌握、灵活和综合运用四个层次，其中关于灵活和综合运用的具体说明是：系统地把握知识的内在联系，并能运用相关知识分析、解决比较综合的问题；对数学思想和方法的考查与数学知识的考查相结合进行，考查时，从学科整体意义和思想含义上立意，注重通性通法，淡化特殊技巧；对数学能力的考查，以抽象概括能力和推理论证能力为核心，全面考查各种能力. 强调探究性、综合性、应用性. 突出数学试题的能力立意，坚持素质教育导向.

题目　【2012年石景山区高三统一测试文科数学8】

如图7－21，已知平面$\alpha \cap \beta = l$，A、B是l上的两个点，C、D在平面β内，且$DA \perp \alpha$，$CB \perp \alpha$，$AD = 4$，$AB = 6$，$BC = 8$，在平面α上有一个动点P，使得$\angle APD = \angle BPC$，则$\triangle PAB$面积的最大值是(　　)

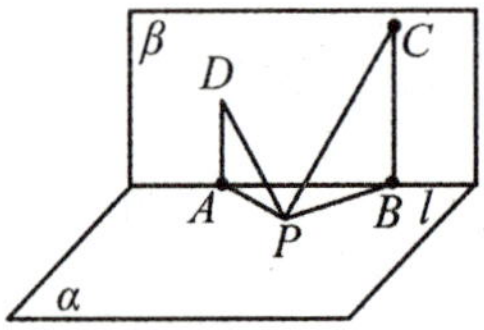

图7－21

A. $\frac{9\sqrt{3}}{2}$　　B. $\frac{36}{5}$　　C. 12　　D. 24

解1：由$DA \perp \alpha$，$CB \perp \alpha$，得$\angle DAP = 90°$，$\angle CBP = 90°$，

又$\angle APD = \angle BPC$，所以，$\mathrm{Rt}\triangle DAP \backsim \mathrm{Rt}\triangle CBP$，$AD = 4$，$BC = 8$，则

$\frac{|PA|}{|PB|} = \frac{4}{8} = \frac{1}{2}$，

设$|PA| = x$，则$|PB| = 2x$，$AB = 6$，在$\triangle PAB$中，由余弦定理，得

$$\cos\angle APB = \frac{x^2 + 4x^2 - 6^2}{2x \times 2x} = \frac{5x^2 - 36}{4x^2},$$

$$\sin\angle APB = \sqrt{1 - \left(\frac{5x^2 - 36}{4x^2}\right)^2} = \frac{\sqrt{-9x^4 + 360x^2 - 36^2}}{4x^2}$$

$$=\frac{3\sqrt{-x^4+40x^2-144}}{4x^2},$$

$$S_{\triangle PAB}=\frac{1}{2}x\times 2x\times\frac{3\sqrt{-x^4+40x^2-144}}{4x^2}=\frac{3}{4}\sqrt{-(x^2-20)^2+256},$$

当 $x^2=20$,即 $x=2\sqrt{5}$ 时,$S_{\triangle PAB}$ 有最大值 12.

解 2:由解 1 知,$|PA|=x$,则 $|PB|=2x$,$AB=6$,则

$$p=\frac{3x+6}{2},p-|PA|=\frac{x+6}{2},p-|PB|=\frac{-x+6}{2},p-|AB|=\frac{3x-6}{2},$$

其中 p 为 $\triangle PAB$ 的半周长,由海伦公式 $S=\sqrt{p(p-a)(p-b)(p-c)}$,得

$$S_{\triangle PAB}=\frac{3}{4}\sqrt{-x^4+40x^2-144},$$

以下同解 1.

点评:考查学生数学知识面的广度和创新精神,在立意上侧重考查学生的个性品质特征.

解 3:建立如图 7-22 所示的直角坐标系,设 $P(x,y)$,$A(-3,0)$,$B(3,0)$,

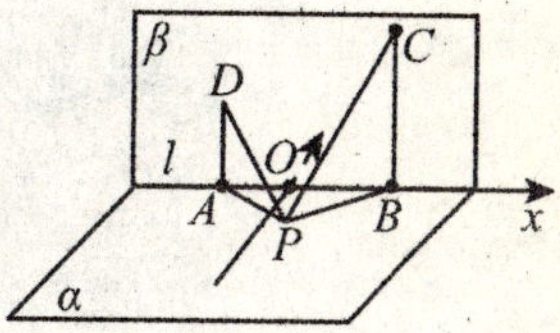

图 7-22

由解 1 知,$|PB|=2|PA|$,即 $\sqrt{(x-3)^2+y^2}=2\sqrt{(x+3)^2+y^2}$,化简并整理,得 $x^2+10x+y^2+9=0$,即 $(x+5)^2+y^2=16$,

所以,点 P 的轨迹为以 $(-5,0)$ 为圆心,以 4 为半径的圆,故点 P 到 AB 的距离的最大值为 4,因此 $\triangle PAB$ 面积的最大值为 12.

点评:以课本例题为蓝本设计试题,充分体现了源于课本的命题指导思想,对引领中学数学回归教材,重视教材具有很好的导向作用.

解 4:合情推理与反证推理相结合

由解 1,知 $|PB|=2|PA|$,注意到 $\angle PAB=90^\circ$ 时,$|PA|=2\sqrt{3}$,此时 $S_{\triangle PAB}=6\sqrt{3}$,所以排除 (A),(B).

假设存在点 P,使得 $S_{\triangle PAB}=24$,不妨设 $P(x,8)$,则

$\sqrt{(x-3)^2+8^2}=2\sqrt{(x+3)^2+8^2}$,

化简并整理,得 $x^2+10x+73=0$,显然该方程无实数解,故假设不成立,所以排除 D.

所以选 C.

课本探源:[人教 B 版必修二 P98 例 3]

点评:(1) 综合性:平面几何、立体几何、解析几何的综合;

(2) 解法的灵活性和多样性;

(3) 理性思维与创新精神的培养;

(4) 源于课本,高于课本的命题指导思想的体现.

再谈"纠错两例"

文[1]涉及的问题之一是:

例1 已知当 $x\in[0,1]$ 时,$f(x)=x^2+ax+3-a>0$ 恒成立,求实数 a 的取值范围.

为了更好地说明问题,现再现原文解析.

错解:原不等式变形为 $ax+2-a>-x^2$ ①

设 $g(x)=ax+3-a$,$h(x)=-x^2$,由于 $x\in[0,1]$ 时,$h(x)_{\max}=0$,

所以,欲使 $f(x)=x^2+ax+3-a>0$ 在 $x\in[0,1]$ 恒成立,只要 $g(x)=ax+3-a$ 在 $x\in[0,1]$ 上恒大于0.

故需 $\begin{cases}g(0)=3-a>0,\\ g(1)=3>0.\end{cases}$ 即 $a<3$.故所求 a 的取值范围是 $(-\infty,3)$.

错因分析:"$g(x)=ax+3-a$ 在 $x\in[0,1]$ 上恒大于0"只是"$f(x)=x^2+ax+3-a>0$ 在 $x\in[0,1]$ 恒成立"的一个充分条件,而不是必要条件.

纠错:要使原不等式成立,当且仅当 $f(x)$ 在 $[0,1]$ 上的最小值小于零,而

$f(x)=\left(x+\frac{a}{2}\right)^2+3-\frac{a^2}{4}$,故有

$$\begin{cases}-\frac{a}{2}<0,\\ f(0)=3>0.\end{cases}\text{或}\begin{cases}0\leqslant-\frac{a}{2}<1,\\ f(-\frac{a}{2})=3-\frac{a^2}{4}>0.\end{cases}\text{或}\begin{cases}-\frac{a}{2}>1,\\ f(1)=4+a>0.\end{cases}$$

由此解得 $a>-4$,故所求 a 的取值范围是 $(-4,\infty)$.

在上述解析过程中,由于疏忽出现了几处失误,在此指出,请予以指正.

失误1:①式"$ax+2-a>-x^2$"应为"$ax+3-a>-x^2$";

失误2:纠错部分"$f(x)=\left(x+\frac{a}{2}\right)^2+3-\frac{a^2}{4}$"应为"$f(x)=\left(x+\frac{a}{2}\right)^2+3-a-\frac{a^2}{4}$",

“$f(0)=3>0$”应为“$f(0)=3-a>0$”,“$f(-\frac{a}{2})=3-\frac{a^2}{4}>0$”应为“$f(-\frac{a}{2})=3-a-\frac{a^2}{4}>0$”,

“$f(1)=4+a>0$”应为“$f(1)=4>0$”,“由此解得 $a>-4$,故所求 a 的取值范围是$(-4,\infty)$”应为“由此解得 $a<3$,故所求 a 的取值范围是$(-\infty,3)$”.

由此可见,原文“错解”提供的答案其实是正确的,但过程有逻辑性错误,正如文[1]所言.

但原文“纠错”提供的结论是错误的,当然错误结果的形成是一系列阴差阳错的失误造成的.

换一个角度再谈“错解”,其实“$f(x)=x^2+ax+3-a>0$ 在 $x\in[0,1]$ 恒成立”的必要条件可通过不等式组$\begin{cases}f(0)=3-a>0,\\f(1)=4>0.\end{cases}$获得,即为 $a<3$,如此一来,“$a<3$”即为“当 $x\in[0,1]$ 时,$f(x)=x^2+ax+3-a>0$ 恒成立”的充分必要条件.

以上可以看作对原文“错解”的顺其自然的一个补救措施,虽有巧合的意味,但也不失为解决问题的有效方法之一.

其实,在得到必要条件“$a<3$”之后,分类考虑,有如下简解,即

解 1:由$\begin{cases}f(0)=3-a>0,\\f(1)=4>0.\end{cases}$得 $a<3$,即

$f(x)=x^2+ax+3-a>0$ 在 $x\in[0,1]$ 恒成立的必要条件是“$a<3$”,

(1) 当 $0\leqslant a<3$ 时,$x\in[0,1]$,则显然有 $x^2+ax+3-a>0$,即 $f(x)>0$;

(2) 当 $a<0$ 时,$x\in[0,1]$,$f(x)=x^2+ax+3-a=x^2+3+a(x-1)>0$,即 $f(x)>0$.

综上所述,当 $a<3$ 时,$f(x)>0$ 在 $x\in[0,1]$ 恒成立.

由此可见,$f(x)>0$ 在 $x\in[0,1]$ 恒成立的充分必要条件为“$a<3$”,故所求 a 的取值范围是$(-\infty,3)$”.

点评:获取必要条件的策略在许多恒成立问题中有十分重要的作用,通常能有效地“缩小”取值范围,简化问题的解答过程.

这类问题通常也可“分离参数”转化为确定型函数问题加以解决.

解 2:由 $x^2+ax+3-a>0$,得 $a(1-x)<x^2+3$,

(1) 当 $x=1$ 时, $a\in\mathbf{R}$;

(2) 当 $0\leqslant x<1$ 时, $a<\dfrac{x^2+3}{1-x}$,

设 $g(x)=\dfrac{x^2+3}{1-x}$,则 $g(x)=\dfrac{(1-x)^2-2(1-x)+4}{1-x}=(1-x)+\dfrac{4}{1-x}-2$

$$=4(1-x)+\frac{4}{1-x}-2-3(1-x)$$

$$\geqslant 2\sqrt{4(1-x)\times\frac{4}{1-x}}-2-3(1-x)\geqslant 3,$$

当且仅当 $x=0$ 时,等号成立.

所以, $a<3$.

点评:上述解法的关键在于整体配方和拆项变形,以达到均值定理中等号成立条件和另一函数最值条件的完全相同,从而巧妙地解决问题.当然,不谈解题技巧,可用导数判断函数的单调性即可.

文[1] 涉及的问题之二是:

例 2 求函数 $f(x)=\dfrac{\sin x}{4\sin^2x+9}$ 的值域.

分析:注意到函数是奇函数的特征,进一步体会分类转化、构造等号成立的条件,进而用均值不等式解决的策略,达到简捷解题的目的.

解:(1) 当 $\sin x=0$ 时, $f(x)=0$;

(2) 当 $0<\sin x\leqslant 1$ 时, $f(x)=\dfrac{1}{4\sin x+\dfrac{9}{\sin x}}=\dfrac{1}{9\sin x+\dfrac{9}{\sin x}-5\sin x}$

$$\leqslant\frac{1}{2\sqrt{9\sin x\times\dfrac{9}{\sin x}}-5\sin x}=\frac{1}{13},$$

当且仅当 $\sin x=1$ 时,等号成立.

注意到函数 $f(x)=\dfrac{\sin x}{4\sin^2x+9}$ 是奇函数,所以函数的值域是 $\left[-\dfrac{1}{13},\dfrac{1}{13}\right]$.

参考文献

[1] 杨立公. 纠错两例[J]. 数学通报,2005.10.

再议一道椭圆中的三角形面积的最值问题

例　已知椭圆$\frac{x^2}{a^2}+\frac{y^2}{b^2}=1(a>b>0)$的离心率为$\frac{\sqrt{6}}{3}$，长轴长为$2\sqrt{3}$，直线$l:y=kx+m$交椭圆于不同的两点$A,B$.

（Ⅰ）求椭圆的方程；

（Ⅱ）若$m=1$，且$\overrightarrow{OA}\cdot\overrightarrow{OB}=0$，求$k$的值($O$点为坐标原点)；

（Ⅲ）若坐标原点O到直线l的距离为$\frac{\sqrt{3}}{2}$，求$\triangle AOB$面积的最大值.

解：（Ⅰ）$\frac{c}{a}=\frac{\sqrt{6}}{3}, 2a=2\sqrt{3}\Rightarrow a=\sqrt{3}, b=1$，所求椭圆的方程为$\frac{x^2}{3}+y^2=1$；

（Ⅱ）若$m=1$，则直线$y=kx+1$必过点$(0,1)$，且$\overrightarrow{OA}\cdot\overrightarrow{OB}=0$，则$k=\pm\frac{\sqrt{3}}{3}$；

（Ⅲ）将$y=kx+m$代入$\frac{x^2}{3}+y^2=1$化简并整理，得

$(1+3k^2)x^2+6kmx+3m^2-3=0$，

$\Delta=36k^2m^2-4(1+3k^2)(3m^2-3)=36k^2-12m^2+12$，

由$\Delta>0$，得$36k^2-12m^2+12>0$，即$3k^2+1>m^2$，

再由$\frac{|m|}{\sqrt{1+k^2}}=\frac{\sqrt{3}}{2}$，得$m^2=\frac{3}{4}(1+k^2)$，则$k\in\mathbf{R}$，

设$A(x_1,y_1),B(x_2,y_2)$，则$x_1+x_2=\frac{-6km}{1+3k^2}, x_1x_2=\frac{3m^2-3}{1+3k^2}$，

$$|AB|=\sqrt{1+k^2}\,|x_1-x_2|=\sqrt{1+k^2}\,\sqrt{(x_1+x_2)^2-4x_1x_2}$$
$$=\frac{\sqrt{1+k^2}}{1+3k^2}\sqrt{27k^2+3},$$

所以$S_{\triangle AOB}=\frac{1}{2}\times|AB|\times\frac{\sqrt{3}}{2}=\frac{\sqrt{3}}{4}\cdot\frac{\sqrt{1+k^2}}{1+3k^2}\cdot\sqrt{27k^2+3}$，

令 $1+k^2=t(t\geqslant 1)$，则 $k^2=t-1$

$$S_{\triangle AOB}=\frac{\sqrt{3}}{4}\times\frac{\sqrt{27t^2-24t}}{3t-2}=\frac{\sqrt{3}}{4}\times\sqrt{\frac{27t^2-24t}{(3t-2)^2}}$$

$$=\frac{\sqrt{3}}{4}\times\sqrt{\frac{3(3t-2)^2+4(3t-2)-4}{(3t-2)^2}}=\frac{\sqrt{3}}{4}\times\sqrt{\frac{-4}{(3t-2)^2}+\frac{4}{3t-2}+3},$$

再令 $\frac{1}{3t-2}=s(0<s\leqslant 1)$，则 $S_{\triangle AOB}=\frac{\sqrt{3}}{4}\sqrt{-4s^2+4s+3}$

$$=\frac{\sqrt{3}}{4}\sqrt{-(2s-1)^2+4},$$

当 $2s-1=0,s=\frac{1}{2},t=\frac{4}{3},k=\pm\frac{\sqrt{3}}{3}$ 时，$\triangle AOB$ 面积的最大值为 $\frac{\sqrt{3}}{2}$.

另解思考：$\sqrt{1+k^2}\cdot\sqrt{27k^2+3}=\sqrt{3+3k^2}\cdot\sqrt{9k^2+1}\leqslant\frac{(3+3k^2)+(9k^2+1)}{2}$

$$=6k^2+2,$$

所以，$\frac{\sqrt{1+k^2}}{1+3k^2}\cdot\sqrt{27k^2+3}\leqslant\frac{2+6k^2}{1+3k^2}=2,S_{\triangle AOB}\leqslant\frac{\sqrt{3}}{4}\times 2=\frac{\sqrt{3}}{2}$.

当且仅当 $3+3k^2=9k^2+1$，即 $k=\pm\frac{\sqrt{3}}{3}$ 时，等号成立.

亦可如下进行：

$$S_{\triangle AOB}=\frac{\sqrt{3}}{4}\cdot\frac{\sqrt{1+k^2}\cdot\sqrt{27k^2+3}}{1+3k^2}=\frac{\sqrt{3}}{4}\sqrt{\frac{27k^4+30k^2+3}{9k^4+6k^2+1}}$$

$$=\frac{\sqrt{3}}{4}\sqrt{3+\frac{12k^2}{9k^4+6k^2+1}},$$

当 $k\neq 0$ 时，$\frac{12k^2}{9k^4+6k^2+1}=\frac{12}{9k^2+\frac{1}{k^2}+6}\leqslant\frac{12}{2\sqrt{9k^2\cdot\frac{1}{k^2}}+6}=1$,

当且仅当 $9k^2=\frac{1}{k^2}$，即 $k=\pm\frac{\sqrt{3}}{3}$ 时，$\triangle AOB$ 面积的最大值为 $\frac{\sqrt{3}}{2}$.

“$f'(x) > 0$”是“可导函数在对应区间内单调递增”的什么条件？

人教 B 版数学选修 1－1P93 关于函数单调性的判断有如下表述：

设函数 $y = f(x)$ 在区间(a,b) 内可导.

(1) 如果在(a,b) 内，$f'(x) > 0$，则 $f(x)$ 在此区间是增函数；

(2) 如果在(a,b) 内，$f'(x) < 0$，则 $f(x)$ 在此区间是减函数.

注释框中又进行了如下说明：

上述法则只说明 $f'(x) > 0$(或 < 0) 是函数 $f(x)$ 为增(减) 函数的充分条件，但不是必要的. 例如，函数 $y = x^3$ 在实数集内是增函数，但有 $f'(0) = 0$.

这无疑清楚地回答了上述问题. 由此可见：

(ⅰ) 可导函数在某个区间内单调递增时，$f'(x) \geqslant 0$；

(ⅱ) 可导函数在某个区间内单调递减时，$f'(x) \leqslant 0$.

即允许个别点处的导数值为 0，且在该点的左右两侧导数的符号相同. 同学们在解决有关单调性和极值问题时，对此要正确认识，谨防解题失误.

如，已知 $f(x) = x^3 + 3x^2 + ax(a \in \mathbf{R})$ 在 $\mathbf{R}$ 上为增函数，求实数 a 的取值范围.

错解：$\because f'(x) = 3x^2 + 6x + a$，

依题，得 $f'(x) > 0$ 在 $\mathbf{R}$ 上恒成立，即

$3x^2 + 6x + a > 0$ 在 $\mathbf{R}$ 上恒成立，

所以　　$\Delta = 3b - 12a < 0 \Rightarrow \quad a > 3$.

正解：依题得　$f'(x) \geqslant 0$ 在 $\mathbf{R}$ 上恒成立，即

$3x^2 + 6x + a \geqslant 0$ 在 $\mathbf{R}$ 上恒成立，

所以　　$\Delta = 36 - 12a \leqslant 0 \Rightarrow \quad a \geqslant 3$.

故 a 的取值范围是$[3, +\infty)$.

后记

我1983年7月初中毕业后升入甘肃省永登师范学校就读，与教师职业的缘分由此开始。1987年7月毕业时，有幸获得了保送上西北师范大学的机会。在填报志愿的时候，因自感数学是强项，所以毫不犹豫地选择数学专业为第一志愿，从此迈出了数学教师的第一步。1991年7月大学毕业后参加工作，先后从事中专数学教学和高中数学教学工作，至今已22年有余。在刚毕业参加工作的5年里，甘肃省农业机械化学校普通课教研组组长石福寿老师对数学教学研究的执著深深地影响了我，1993年他在《数学通报》上发表的文章我至今记忆犹新。可以说，从那时起我有了一个朴素的想法，就是努力在数学刊物上发表自己的文章。

1996年8月因工作调动我开始从事高中数学教学工作，在紧张繁忙的教学工作之余，我开始尝试写一些教学随笔和解题探究之类的短文，并不断尝试投稿。经过不断的积累和努力，至1999年1月，我终于在《数学教学研究》上发表了《运用特殊化思想解答高考数学选择题》一文，这对我而言是极大的鼓励与鞭策。在高中数学教学的十几年历程中，我致力追求实践与创新、教学与教研相结合的执教理念，把成为专家型教师作为岗位追求目标而努力。这十几年来，撰写了200余篇高中数学解题教学探究方面的论文，日积月累，至今已在《数学通报》等刊物上发表论文60余篇。把这些点滴积累的拙文梳理成集，一方面是对我从教20余年教学研究工作的一个阶段性总结，另一方面也期望对读者有所借签。

现在拙作《在解题探究中发展数学能力》即将出版，因水平所限，故诚惶诚恐。但正如罗增儒教授在给本书的序言中所言："这本散发着讲台回响和笔墨留香的文集，是达延俊老师二十多年教学实践的辛勤总结，是达延俊老师潜心课题研究的心血结晶，那些教学随笔、课堂反思、读刊心得、解题探索虽然算不上鸿篇巨著，但确实凝聚了达老师对教育的点点滴滴求索、对解题的丝丝缕缕求真。"

回顾22年的工作历程，我从丝绸古道、陇上兰州一路走来，得到了甘肃省农业机械化学校、兰州第十八中学和兰州第一中学的领导、同事和学生给予的关心、理解与支持！在此，我深表感谢！我还要特别感谢中央民族大学附中田琳校长，各位领导、老师和同学们这些年给予的认可、支持和帮助，使我在中央民族大学附中这个民族基础教育与实践的新天地里取得了新的成绩和突破。

在本书的出版过程中，陕西师范大学罗增儒教授和中央民族大学附中田琳校长给予我极大的支持与鼓励，并分别为本书作序，杨孝恩先生在前期策划时提出了很多宝贵的意见，唐英干老师、范淑芬老师在稿件的编校中提出了重要的意见，北京天利文苑图文制作中心谢盛德先生做了大量的工作，学苑出版社对本书的出版提供了帮助和支持，在此向他们表示由衷的感谢！在此，我还要特别感谢我的家人，感谢他们长久以来给予我的关心、理解与支持！

由于自身水平所限，对数学解题探究的教学实践和研究还比较肤浅，不妥之处在所难免，恳请广大读者及同行批评指正。

达延俊

2013年9月于北京　民大附中

图书在版编目（CIP）数据

在解题探究中发展数学能力 / 达延俊著. ——北京：学苑出版社，2013.9

ISBN 978-7-5077-4373-9

Ⅰ. ①在… Ⅱ. ①达… Ⅲ. ①中学数学课—教学研究 Ⅳ. ①G633.602

中国版本图书馆 CIP 数据核字（2013）第 220664 号

责任编辑：郑泽英
设计制作：北京天利文苑图文制作中心
出版发行：学苑出版社
地　　址：北京市丰台区南方庄 2 号院 1 号楼
邮　　编：100079
网　　址：www.book001.com
电子邮箱：xueyuan@public.bta.net.cn
电　　话：010—67675512、67678944、67601101（邮购）
经　　销：全国新华书店
印　　刷：北京长阳汇文印刷厂
开　　本：710mm×1000mm　1/16
印　　张：29.25 印张
字　　数：450 千字
版　　次：2013 年 9 月北京第 1 版
印　　次：2013 年 9 月北京第 1 次印刷
定　　价：81.00 元